노자가 묻는다

老子
混元之祖太清之尊
五千玄言包括乾坤

화이트헤드 철학을 담은 도덕경 해설서

노자가 묻는다

자연의 IQ는?

이태호

이문

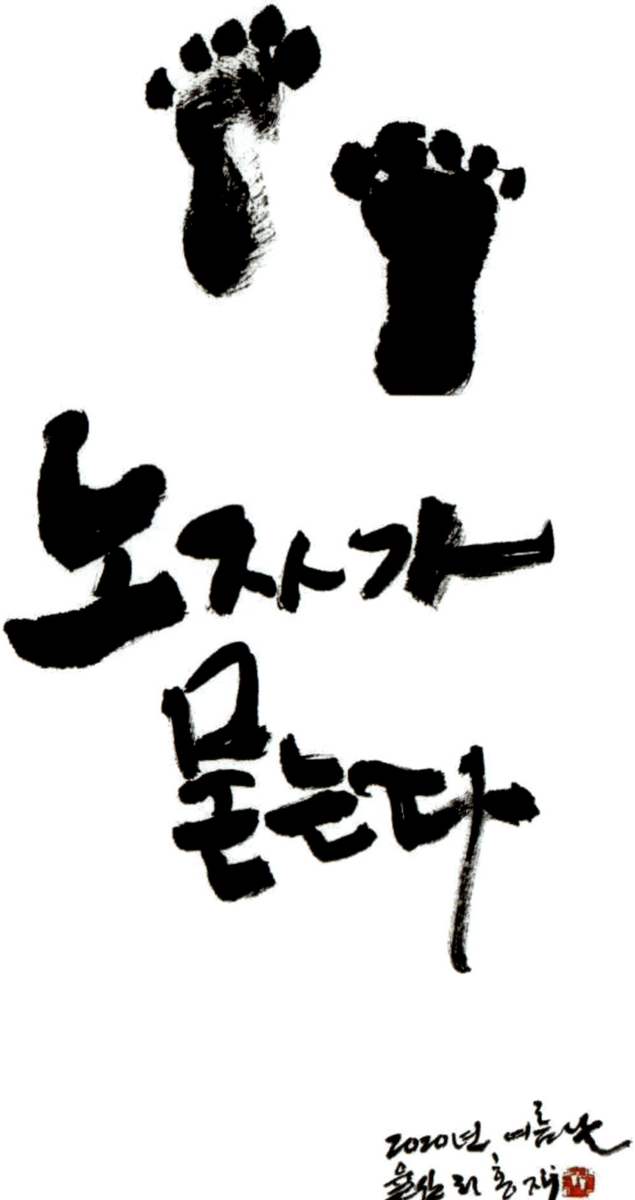

<율산 리홍재 씀>

머리글

머리글

이 책은 10년 전부터 필자가 '노자 도덕경'을 강의하면서 모아두었던 강의록을 정리한 것이다. 이 강의는 필자가 운영하는 '인문학 통청(通靑)아카데미'의 '시민강좌'에서 진행되었다. 이번에 노자 도덕경을 정리하면서, 노자가 우리에게 하고 싶은 말을 한마디로 줄이면 무엇일까 생각해 보았다. 분명한 것은 노자가 우리에게 근원적인 질문을 던지고 있다는 점이다. 노자의 질문은 우리가 무의식적으로 당연하다고 믿고 있는 '사고의 틀'이 정말 믿을 수 있는 것인가 하는 것이다.

우리가 무의식적으로 당연하다고 믿고 있는 '사고의 틀' 가운데 하나는, 우리 인간들이 지구상에 있는 존재들 중에 IQ가 가장 높다고 생각하는 것이다. 이 생각의 연쇄작용으로, 인간은 자신들의 판단이 어느 존재보다 가장 정확하고, 자신들 이외의 존재에 대해 우월감을 가져도 되고, 결국 그들을 마음대로 해도 된다는 '건방진 사고의 틀'을 지니게 되었고, 이것을 당연하다고 믿게 되었다.

이러한 사고의 틀은 인간 내부에서는 우월감과 열등감을 야기하는 '줄 세우기'를 가져왔고, 외부적으로는 자연을 하찮은 것으로 여김으로써 '자연파괴'를 불러일으켰다. 노자는 이 줄 세우기와 자연파괴는 인간들이 자신을 돋보이게 하려는 마음에서 굳이 남 앞에 또한 위에 있으려고 억지를 부리는 데서 기인한다고 생각하였다.

자연에서 보면 어떤 존재이든지 잘 나고 못 나고가 없어서 열등감과 우월감을 가질 이유가 없다. 그리고 자연은 인간보다 월등하게 IQ가 높지만 자신이 높다고 뽐내지 않을 뿐인데도, 인간들은 그것을 모르고 자연을 함부로 대해서 보복을 당하고 있다. 물론 악의적으로 보복하는 것은 아니고 가장 잘되게 하려고 최선을 다하고 있는 것이 자연이다. 이제 우리들은 건방진 사고의 틀을 깨뜨리고 자연에 대한 경외심을 지닌 채 자연의 깊은 소리를 들으려고 노력해야겠다.

우리는 근원적인 해결책으로 자연이 우리에게 보복을 가하도록 만들 것이 아니라 자연을 우리의 가장 친한 우군으로 만들 방법을 찾아야 한다. 이 방법을 찾기 위해서 우리들은 발상의 전환이 필요하다. 필자는 발상의 전환을 돕기 위해서 노자가 우리에게 '자연의 IQ는 얼마인가?'라는 질문을 했다는 가정에서, 『노자가 묻는다. 자연의 IQ는?』을 책 제목으로 정했다.

'자연의 IQ'라고 했을 때의 '자연'은 노자가 도덕경 25장에서 "사람은 땅을 본받고 땅은 하늘을 본받고 하늘은 도를 본받고 도는 자연을 본받는다."고 하였을 때의 자연이다. 따라서 여기서의 자연은 도가 본받는 자연이라는 의미에서 가장 높은 단계의 존재이다.

물론 이 자연은 '스스로 그러하다' 또는 '있는 그대로'라는 의미도 지니고 있다. 그러나 '무엇이 스스로 그러한가?'라고 묻든지, '있는 그대로 있어도 가장 좋은 상태를 유지하는 것이 무엇인가?'라고 물으면 자연이라고 할 수밖에 없기 때문에, 자연은 가장 높은 단계의 존재이다.

가장 높은 단계에 있는 '자연의 IQ는 얼마냐?'라고 필자에게 물으면, 잘 모르겠지만 AI보다는 높을 것 같다고 대답할 것이다. 왜냐하면 AI는 인간들이 자연에서 찾아낸 것들의 총합을 넘지 못하는 데 비해, 자연은 인간들이 아직 찾아내지 못한 것들까지 포함한 전체라서 인간이 찾아낸 총합을 넘어서기 때문이다.

인간과 AI와 자연에는 공통점이 있다. 그것은 자신에게 저장되었거나 알 수 있는 정보들을 종합해서 판단에 사용한다는 것이다. 차이점은 용량과 속도에 의한 정보처리 능력과 그 능력을 사용하는 의도이다.

정보처리 능력 면에서 보면 '인간 〈 AI 〈 자연'의 순서이다. 인간의 두뇌 용량과 정보처리 속도는 AI의 칩을 따라갈 수가 없다. 마찬가지로 AI의 칩이 아무리 발전한다고 해도 모든 있음의 총체인 자연을 능가할 수는 없다. 왜냐하면 부분이 아무리 크다고 해도 그것을 포함하는 전체보다 클 수는 없기 때문이다. 이제 AI시대는 시작되었다. 인간 중에서 상대적으로 우월한 정보처리 능력을 지닌 전문가 집단의 자리는 이제 AI가 대신할 것이다. 인간보다 AI의 IQ가 더 높기 때문이다.

정보처리능력을 사용하는 의도라는 면에서 보면, 인간은 정보처리 능력을 가치 있다고 여겨지는 곳에 사용한다. 이때 가치 있는 곳이란 어떤 형태로든지 자신에게 좋다고 여겨지는 곳이다. 이에 비해 AI는 그러한 의도가 없이 무가치적이다. 주어진 임무를 그대로 완수할 뿐이다. 그렇다면 자연은 어떤가? 인간처럼 가치적인 의도를 지니고 있는가, 아니면 AI처럼 무가치적인가?

근대 이후에 기계론적 유물론의 영향을 받은 우리들은, 자연을 거대한 기계처럼 생각하는 경향이 강하다. 그래서 우리들은 자연이 인간처럼 가치적인 의도를 가질 수 없으며 AI처럼 무가치적이라고 생각한다. 노자와 화이트헤드는 자연을 기계가 아닌 유기체로 본다. 자연은 자신의 삶을 보다 좋은 쪽으로 가게 하려고 최선을 다한다. 따라서 유기체인 자연은 가치를 추구하는 의도를 지닌 존재이다.

자연이 지닌 의도 중에 가장 큰 것은 자애이다. 이때의 자애는 부모가 자녀에게 지니는 사랑이지만, 인간의 자녀는 적은 숫자에 불과한데 비해 자연은 만물 전체가 자녀이다. 자연은 만물을 모두 공평하게 사랑하기 때문에 각각의 존재자들에게는 냉정하게 보인다. 그래서 그 사랑의 의도가 잘 보이지 않아 마치 없는 것처럼 보이기 때문에, 인간들은 자연의 능력과 의도를 잘 모르고 있다.

그렇지만 사실상 자연은 IQ가 엄청 높은 어머니 같은 존재이다. 그런데 우리는 그 자연을 IQ도 낮은 물질 덩어리로만 본다. 그래서 자연에 대한 경외심 따위는 없을 뿐만 아니라 무시하면서 함부로 대하고 있다. 이것은 마치 우리들을 누구보다도 깊이 사랑하는 현명한 어머니를 '말 못하는 벙어리'라면서 뒷방 늙은이 취급을 해버리는 것 같다. 그러면서 우리들은 자신의 얕은 IQ를 가장 높다고 생각하고 어머니의 말을 들으려고 하지 않는다. 이제는 반성을 하고 경외심을 지닌 채 노자가 전해주는 자연의 소리를 들어보자.

노자가 전해주는 자연의 소리를 들려준다는 마음으로 강의록을 정리하면서 몇 가지를 염두에 두었다.

첫째는 젊은이들이 쉽게 읽을 수 있도록 하자는 것이다. 그러나 도덕경의 내용이 어려워서 쉽게 하는 일이 오히려 어려웠다. 그래서 우선 대다수의 젊은이들이 한문이나 한자에 거부감이 있을 것 같아서 한문과 한자를 최소한으로 줄이려고 하였다. 그렇지만 한문에 친숙한 독자를 위해 각 장의 '내용' 다음에 원문(한문)을 수록하였고, 사전을 찾기 쉽게 하려고 한글 토도 달아 놓았다.

둘째는 독자들의 이해를 돕기 위해 서술형식으로 된 내용을 한눈에 볼 수 있게 도표로 제시하였다. 81장 모두를 도표로 제시하였고, 몇 장은 참고도표까지 제시하였다. 도표를 만드는 작업을 하면서 노자 공부에 큰 도움이 되었다. 요약 정리하는 데는 도표가 중요하다는 것도 이번에 확인하게 되었다. 이 작업에 시간이 꽤 걸렸고 체력이 많이 소진되어 힘들었다. 그래도 부족한 부분이 있을 것이다. 다음 판을 낸다면 거듭 고쳐나가겠다.

셋째는 각 장의 해설이 끝난 후에 질문을 두 개에서 세 개 정도 달았다. 이 질문은 일단 독자가 필자나 노자에게 하는 형식을 갖추었지만, 사실은 노자가 우리에게 되묻는 질문일 수도 있다. 노자의 생각을 보다 깊이 이해하는 데 도움이 되도록 생각거리로 제시하였다. 어떤 질문들은 그 장의 해설을 한마디로 이해하는 데 도움이 될 것이다. 그렇지만 다른 질문들은 노자의 생각에 이의를 제기하면서 토론거리를 제공할 것이다.

이 책은 위에서 제시한 세 가지인 한글 위주, 도표 제시, 질문 첨가라는 형식적인 특징 외에 내용면에서도 주요한 특징이 있다. 해설의 바탕에 현대서양철학자인 화이트헤드(A.N. Whitehead)의 유기체철학이 놓여 있다는 것이다. 그의 유기체철학은 동서고금을 회통시킬 수 있는 형이상학을 담고 있다. 그래서 그의 존재론, 인식론, 가치론이 노자 사상의 핵심을 이해하는 도구로 쓰이고 있다는 점이 이 책의 큰 특징이다.

그렇다고 화이트헤드의 유기체철학만 도구로 쓴 것은 물론 아니다. 서양철학의 전반에 걸친 여러 사고들도 필요한 경우 인용하였다. 그리고 좀 더 폭을 넓혀 다른 학자나 여러 작가들의 작품도 도구로 사용하였다. 다른 도덕경 해설서와 달리 서양의 사고와 대비를 많이 하였지만, 동양철학인 불교와 유교와의 대비도 소홀히 하지 않았다. 따라서 독자들은 이 책을 통해 포괄적인 사고를 접하면서 색다른 느낌을 받을 것이다.

어쨌든 이 책을 통해 독자들이 노자의 생각에 좀 더 친숙해져서, 노자처럼 편안하고 즐거운 생활을 할 수 있으면 좋겠다. 이 책의 81장 중에 한 장이라도 아니면 한 문장이라도 독자의 심금을 울려서 생활에 좋은 변화를 일으킬 수 있다면 보람이 될 것이다. 그렇지만, 필자의 여러 가지 부족으로 아까운 시간과 책 읽는 노고만 빼앗는 것은 아닌지 염려된다.

2020년 가을

차 례

차례

차례

차례

안내글

안내글

안내 글에서는 세 가지를 제시하고자 한다. 첫째는 이 책을 읽을 때 좀 더 집중해서 보면 책읽기에 도움이 될 만한 관점 포인트를 제시하고자 한다. 둘째는 혹시 필자의 해설을 보고 그 근거에 대한 의문이 들거나 필자는 어떻게 해서 이러한 사고를 갖게 되었는지에 대해 궁금한 사람들이 있을 것인데, 이들을 위해 그 보충자료를 볼 수 있는 방법을 제시하고자 한다. 셋째는 이 책의 특징 중 하나인 질문사항을 통해 독자들과 소통을 하고 싶다는 필자의 의도를 알리고, 그 방법을 제시하고자 한다.

첫째, 관점 포인트를 다음과 같이 제시한다.

책을 읽으면서 관심을 갖고 보아야 할 관점 포인트 중 하나는 '억지가 있음(有爲)'과 '억지가 없음(無爲)'이라고 할 때의 '억지'이다. 노자가 어느 정도까지를 억지라고 하는지 이해하게 되면 훨씬 더 재미있게 책을 읽을 수 있을 것이다. 우리가 일상에서 흔히 '억지 부리지 마라.'고 할 때의 '억지'와 기본적으로는 같지만, 그 범위가 더 넓고 깊다.

관점 포인트 중 다른 하나는 '이분법'이다. 그리고 이분법을 알기 위한 한정형식이다. 한정형식을 알면 이분법이 이해가 되고, 노자가 말한 '이름(名)'의 의미를 제대로 알게 된다. 이것을 모르면 이 책의 큰 맥락을 놓치게 된다. 큰 맥락을 놓치면 노자의 사고세계에 들어가기가 어렵다. 사고세계에 들어가지 못하면 노자를 신비주의자로 만들게 된다. 그러면 노자를 난해한 철학자로, 현실의 생활과는 거리가 먼 학자로 치부해 버리게 된다. 사실은 노자만큼 현실적인 학자가 없다.

노자를 현실적인 학자로 이해하려면 이분법이 극복되어야 한다. 이분법이 극복되면 도덕경을 자신의 생활 철학으로 받아들이게 된다. 이분법 극복에 도움이 될 것 같아서 「도덕경 이해를 위한 이분법적 사고의 극복」이라는 주제로 발표한 논문을 요약하고 정리해서 이 책 마지막에 붙여 놓았다. 이것부터 읽어도 좋을 것이다.

관점 포인트 중 또 다른 하나는 우리들이 흔히 인생의 목표로 생각하는 '성공'에 대한 인식이다. 이 책에는 세속적인 성공에 대한 부정적인 분위기가 강하다. 그런데 사실은 가장 성공적인 인생을 말하고 있다. 따라서 독자들은 진정한 성공이 무엇이며, 왜 실패의 인생을 살게 되는지에 대한 열쇠를 쥐게 되고, 이 열쇠로 성공의 문을 열 수 있을 것이다. 이것 말고도 있겠지만 이 정도만 해도 될 것 같다.

둘째, 보충자료 보는 방법을 다음과 같이 제시한다.

필자가 이 책을 내기 전에 노자 도덕경 해설과 관련된 논문을 여러 학회에 발표한 적이 있었다. 그 발표 논문을 보면 좀 더 깊은 논의들을 접할 수 있을 것이다. 이 논문들은 필자의 사이버 창고인 홈페이지(http://cafe.daum.net/universelee)의 [자료실] 중 '공개자료실 3'에 가면 모두 볼 수 있다. 필요한 논문부터 찾아 읽으면 도움이 될 것이다.

직접 관련된 논문은 「화이트헤드의 한정형식이론에 의한 노자의 존재론적 구조분석」, 「화이트헤드의 과정철학적 관점에서 노자 도덕경 1장 해석」, 「노자의 존재론적 관점에서 도덕경 10장, 11장 번역과 해설」, 「노자의 '무거움과 가벼움'에 대한 상대론적 관점」, 「노자 도덕경 이해를 위한 이분법적 사고의 극복」, 「노자의 명(名)개념에 대한 화이트헤드적 시각」, 「노자와 화이트헤드는 상대론자인가」, 「화이트헤드와 노자의 환경관 비교」이다.

이 논문들에서 사용한 도덕경의 단어와 문장들은 이번처럼 한글 위주로 다듬기 전이기 때문에 한문 투로 되어 있다. 그리고 논문을 발표한 시기가 각기 다르기 때문에 노자의 핵심어나 핵심문장에 대한 번역이 통일되어 있지 않을 것이다. 감안해서 살펴보기 바란다. 그리고 연구가 진행되면서 논문들 사이에 부정합(不整合)이 발견될 수 있다. 필자의 학문적 성장의 과정이며 앞으로도 성장은 지속될 것이다.

간접적으로 도움이 되는 논문으로는 「불교와 화이트헤드 철학의 존재론」, 「화이트헤드의 상대성 원리와 불교의 불이(不二)사상 비교」, 「화이트헤드의 상대성 원리와 범주도식」, 「화이트헤드의 환경철학 소고」Ⅰ, Ⅱ, Ⅲ, Ⅳ 등이다. 이 논문들은 존재론이 무엇인지, 노자 도덕경 해설의 바탕에 놓인 화이트헤드 철학의 기조가 무엇인지, 도덕경과 불교적 사고의 근본적 차이를 알 수 있는 존재론과 인식론의 대비, 상대성원리에 대한 지식을 갖게 됨으로써 이번 책의 해설을 이해하는 데 도움이 될 것이다.

셋째, 독자와 소통할 수 있는 방법을 다음과 같이 제시한다.

각 장의 끝에 나오는 '질문'들에 대해 독자 나름의 대답을 필자에게 이메일(jsglth@naver.com)로 보내주면 필자와 대화를 전개할 수 있다. 도반(道伴)이 되어 함께 도를 닦아 가면 좋겠다. 이때 필자의 부족분을 지적해주는 일은 고마운 일이지만, 자신의 생각이 옳고 상대의 생각이 틀렸다고 단정하면서 싸움을 거는 소모적인 논쟁은 노자가 지향하는 바가 아니다. 상생적인 대화가 되어 서로의 도를 높이는 계기가 되었으면 한다.

몸통글

도경(道經)

1장 ~ 37장

1장

내 용

도(道)라고 생각하여 말할 수 있는 도는 항상의 도가 아니다. 왜냐하면 도라고 생각하여 말할 수 있기 위해서는 이름을 붙여야 하는데, 이름을 붙여 부를 수 있는 이름은 항상의 이름이 아니기 때문이다. 이름 없음이 천지의 시작이고, 이름 있음이 만물의 어미이다. 그러므로 늘 이름 붙이고자 함이 없어야 그 대상의 오묘한 실재(實在, reality)를 보고, 늘 이름 붙이고자 함이 있어야 그 대상의 분명한 현상(現象, appearance)을 본다.

이 실재와 현상은 같은 곳에서 나왔으며 이름이 없고 있고의 차이가 있을 뿐이다. 이 양자는 만물들 사이의 '차이'를 드러내는 방향으로 나아가면 더욱 분명해지겠지만, '같음' 방향으로 나아가면 그 경계는 모호해진다. 모호하고 더욱 모호한 곳으로 나아가면 여러 오묘한 궁극적 실재의 세계로 들어가는 문이 나온다.

道可道 非常道 名可名 非常名 無名天地之始 有名萬物之母 故常無欲以觀其妙 常有欲以觀其徼 此兩者同出而異名 同謂之玄 玄之又玄 衆妙之門(도가도 비상도 명가명 비상명 무명천지지시 유명만물지모

고상무욕이관기묘 상유욕이관기요 차양자동출이이명 동위지현 현지우현 중묘지문)

도 표

도(道)는 없음과 있음을 모두 포함하는 오묘한 궁극적 실재의 세계임	
도라고 생각하여 말할 수 있는 도는 항상의 도가 아님	
이름을 붙여 부를 수 있는 이름은 항상의 이름이 아님	
있음의 세계	없음의 세계
이름 있음	이름 없음
만물의 어미	천지의 시작
늘 이름 붙이고자 함	늘 이름 붙이지 않고자 함
경계가 있는 분명함을 봄	경계가 없는 오묘함을 봄
있음의 세계인 현상과 없음의 세계인 실재는 같은 곳에서 나왔음	
그 같은 곳을 모호함이라고 함	
계속 모호한 곳으로 나아가면 여러 오묘한 궁극적 실재세계의 문이 나옴	

해 설

노자의 도(道)는 모호하고 오묘하다. 이 모호하고 오묘한 현묘(玄妙)의 세계는 서양철학의 언어로 표현하면 궁극적 실재(窮極的 實在, ultimate reality)이다. 궁극적 실재는 무엇이라고 정의(定義, definition)하기 어렵다. 왜냐하면 정의하는 순간 한정(限定, define)되어서 한정되지 않는 영역과 구분되면서 궁극적 실재가 될 수 없기 때문이다.

한정된 영역과 한정되지 않는 영역이 있다는 것은 한정된 영역보다 외연(外延, extension)[1]이 더 큰 영역이 존재해야만 가능한데, 외연이 더 큰 영역이 존재하면 한정된 영역은 이미 궁극적 실재는 아니다. 만약에 궁극적 실재보다 외연이 더 큰 것이 있다면 더 큰 그것이 궁극적 실재가 되기 때문이다.

노자도 25장에서 "나는 그 이름을 알지 못하므로 임시로 도라고 부르겠다. 굳이 의미에 가깝게 이름 붙인다면 그것은 크다고 할 수 있다."고 하였다. 그리고 이어서 "크다는 것은 끊임없이 나아가는 것이라 할 수 있고, 끊임없이 나아가는 것은 멀리 근원에 이르는 것이라 할 수 있고, 근원에 이른다는 것은 다시 되돌아가는 것이라 할 수 있다."고 하였다.

이 말을 통해 알 수 있는 것은 노자의 도는 항상 동일한 상태로 고정되어 있지 않다는 것이다. 결국 25장에서 우리는 도에 대해서

---

1) 외연(外延, extension)은 논리학 용어로서 '일정한 개념이 적용되는 사물의 전 범위'를 말한다. 예를 들면, 동물의 외연은 모든 동물이 해당되며, 식물은 여기에 포함되지 않는다. 그러나 생물의 외연은 동물과 식물이 모두 포함된다.

두 가지 사실을 알 수 있다. 하나는 도가 큰 것이며, 다른 하나는 도가 유동한다는 것이다.

도는 유동하기 때문에 이행(移行, transition)할 수 있는 도라고도 할 수 있다. 이렇게 이행할 수 있는 도는 당연히 항상 동일한 상태로 있는 '항상(恒常)의 도'가 아니다. 항상의 도는 유동하는 실재의 도가 아니며, 현상으로 우리들의 감각기관에 포착된 인상(impression)이며 포착된 이후에는 머릿속에서 기억되고 재생되는 관념(idea)으로서의 도이다.

이러한 도는 현대서양철학자인 화이트헤드(A. N. Whitehead)의 영원한 대상(永遠한 對象, eternal object)이다.[2] 영원한 대상은 불변하는 한정형식(限定形式, forms of definiteness)으로 어떤 한 대상을 다른 대상과 구별할 수 있게끔 사물의 차이를 드러내는 존재자(存在者, entity)이다.

우리들의 의식 속에서 대상의 차이를 드러내기 위해서는 그 대상에 이름을 붙여야 한다. 예를 들어 집에서 양과 염소를 함께 기른다고 할 때, 양을 양이라 하고 염소를 염소라고 이름 붙여야 두 동물의 차이를 드러내 구별할 수 있다. 그리고 양과 염소의 숫자가 많지 않을 때는 양과 염소들 안에서도 차이를 드러내 구별하기 위해서 순둥이, 시샘이 등의 또 다른 이름을 붙여 부른다.

숫자가 많을 경우에는 양1, 양2, 양3, 염소1, 염소2, 염소3 등으로

---

2) 화이트헤드의 영원한 대상은 생멸을 거듭하면서 유동하는 현실적 존재자(現實的存在者, actual entity)에게 진입(進入, ingression)하여 그것을 다른 것과 구분할 수 있도록 한정하는 형식이다. 이것은 완전하며 영원하다는 면에서 플라톤의 이데아(Idea))와 유사하지만, 플라톤이 이데아를 실재(實在, reality)로 본 것에 비해 화이트헤드는 실재로 보지 않는다는 면에서 다르다.

이름을 붙여나가면서 목에 명찰을 달아서라도 구별하려고 한다. 우리들은 일상생활에서 우리들 앞에 놓인 수많은 대상들에게 이렇게 이름을 붙여 불러야 혼돈을 피할 수 있으며, 서로 무엇을 지적하는지 알 수 있어서 상호소통이 가능하다.

그런데 이름 붙일 대상이 생멸과 이행을 하기 때문에 그 대상에 붙인 이름도 항상의 이름이 될 수 없다. 또한 이름의 의미도 시대와 장소에 따라 변하고 다르기 때문에 항상의 이름이 될 수 없다. 그래서 노자는 "불릴 수 있는 이름은 항상의 이름이 아니다."고 하였다.

'사람은 죽어서 이름을 남기고 호랑이는 죽어서 가죽을 남긴다.'는 말이 있다. 이 말이 성립되기 위해서는 '사람의 일생은 짧지만 이름은 오래 간다.'는 의미가 전제(前提, premise)되어 있다. 그런데 노자는 이름도 대개 이름이 지칭하는 대상보다는 오래가지만 영원하지는 않다고 말한다. 노자는 1장에서 왜 이 말을 하는가? 사람들의 사고가 이름에 매여 있어 오류에 빠지기 쉬운 점을 지적하고, 이 오류에서 벗어나야 자신이 말하는 도의 세계를 이해할 수 있기 때문이다.

우리가 마주치는 대상에 이름을 붙인다는 것은 그 대상만이 지니는 고유한 한정특성(限定特性)을 드러내어 그 대상과 다른 대상의 차이를 분명하게 하기 위해서이다. 그래야 그 대상과 다른 대상을 구별할 수 있다. 이렇게 이름을 붙여 대상들 간의 차이를 더 많이 드러내어 구별하는 방향으로 나아가면 수많은 만물을 구별할 수 있다. 이것은 분석적 방법으로 노자가 경계하는 것이며 지식이 많아지는 방향이다.

이에 비해 차이점보다 공통점을 드러내는 방향으로 나아가면 이름이 줄고 줄어서 하늘과 땅인 천지(天地)밖에 없는 상태가 된다. 이것은 종합적 방법으로 노자가 선호하는 것이며 지식이 줄어들면서 도에 가까워지는 방향이다.[3] 이 방향으로 나아가게 되면 천지까지도 '있음'이라는 공통점에 이르게 된다. 그런데 천지의 공통점을 '있음'이라고 이름 붙이게 되면 그 '있음'이 성립되기 위해서는 '없음'이라는 이름이 전제된다.

종합하는 방향으로 더 나아가서 있음과 없음의 공통점을 드러내는 이름은 무엇인가? 이것을 노자는 '도(道)'라고 일단 이름을 붙여 놓지만, 도라고 한정해서는 안 된다고 말한다. 도라고 한정해서 이름 붙이면 '도'와 '비도(非道)'로 이분되어, '있는 것이다(是).'와 '있는 것이 아니다(非).'의 공통점을 드러낼 수 없게 된다.

"이름 없음이 천지의 시작이고, 이름 있음이 만물의 어미이다." 이름을 붙여 가면 천지에서 시작해서 만물에 이르게 된다. 그래서 이름 붙이기 전인 이름 없음이 천지의 시작이다. 이름 붙이면서 만물이 비로소 만물이 되기 때문에 이름 있음이 만물의 어미이다. 중요한 것은 방향이다.

이름을 붙여가는 방향으로 가면 주어진 대상들의 차이점은 분명하지만, 그 차이점은 대상들의 현상에 불과하다. 반대로 이름을 붙이지 않는 방향으로 가면 주어진 대상들의 차이점은 흐릿하지만, 공통점이 통찰되면서 유기적이고 전체적인 윤곽이 드러난다. 이 통찰로 인해서 오묘한 실재의 세계를 보게 된다.

---

3) 도덕경 48장에는 "학문을 하면 나날이 일삼는 일이 늘어나고 도를 행하면 나날이 일삼는 일이 줄어진다. 나중에는 줄고 또 줄어 억지가 없음에 이르게 된다"고 하였다. 이하 별도의 언급이 없이 장(章)으로만 표시한 것은 모두 『도덕경』의 장(章)이다.

"그러므로 늘 이름 붙이고자 함이 없어야 그 대상의 오묘한 실재를 보고, 늘 이름 붙이고자 함이 있어야 그 대상의 분명한 현상을 본다." 고 노자는 말한다. 그리고 이어서 노자는 "이 실재와 현상은 같은 곳에서 나왔으며 이름이 없고 있고의 차이가 있을 뿐이다."고 말한다. 양자의 공통점을 통찰은 하지만 이름을 붙이지 않은 오묘함과, 양자의 차이점을 드러내 이름을 붙인 분명함이나 그 근원은 같다. 왜냐하면 하나는 실재이고 다른 하나는 그 실재의 현상일 뿐이기 때문이다.

실재는 우리의 감각기관에 포착되지 않는다. 우리의 감각기관에 포착되는 것은 현상이다. 현상은 감각기관에 포착되기 때문에 분명하지만, 실재는 공통점에 대한 통찰을 요하는 것이라서 차이점이 드러나지 않아 그 경계가 흐릿하고 불분명하다. 칸트는 이것을 물자체(物自體, Ding an Sich, Thing in Itself)라고 하면서 인간 경험에 주어지지 않는다고 하였다.

노자는 '모호함(玄)'이라고 하면서 다음과 같이 말했다. "같음 방향으로 나아가면 그 경계는 모호해진다. 모호하고 더욱 모호한 곳으로 나아가면 여러 오묘한 궁극적 실재의 세계로 들어가는 문이 나온다." 대상을 분석해서 차이점을 선명히 드러내는 방향으로 나아가면 현상의 세계만 밝혀질 뿐 실재의 세계와 멀어진다. 실재 중에서도 궁극적 실재를 도라고 할 수 있는데, 이 도를 알고자 한다면 위와 반대방향인 모호함의 세계로 더욱 나아가야 한다.

우리들은 어릴 때부터 대상들에 이름을 붙여서 지식을 늘려 가면 어른들로부터 칭찬을 받았다. 지식을 늘려 가면 사회에서 경쟁력이 강해져 재산, 지위, 권력, 명예 등을 늘릴 수 있고 남들과 비교하여

우위를 차지해서 남보다 잘사는 것이라고 여겨왔다. 노자는 그러한 사고의 방향이 인생을 힘들게 한다고 생각했으며,4) 장자는 인생을 재미없게 만든다고 생각하였다.5)

지식, 재산, 지위, 권력, 명예 등이 많은 사람이나 적은 사람이나 모두 사람으로서 동일하다고 보는 사고 방향을 갖게 되면 인생에 여유가 생기게 되고 즐겁게 살 수 있다. 작은 키에 열등감을 갖고 있는 사람이 키 큰 사람 앞에서 위축되거나 부러워하기 쉽다. 그리고 대머리인 사람이 머리카락이 풍부한 사람 앞에서 위와 같은 생각을 하기 쉽다. 이러한 생각을 하는 사람을 우리는 신경이 예민하다고 한다. 이럴 때는 신경이 예민한 것보다 무딘 것이 좋다.

신경이 아주 날카로워져 그것으로 일상생활이 힘들 때 신경안정제의 힘을 빌려 신경을 무디게 하기도 한다. 그렇지만 이것은 일시적이다. 몸이 지니고 있는 자연치유력을 증가하여 스스로의 힘으로 해결하는 것이 좋다. 그러기 위해서는 '사고의 틀'을 바꾸는 것이 근본적인 치료법이다. 또한 사고의 틀을 바꾸는 것은 병을 치료하는 데 머물지 않고 인생을 어둡고 힘들게 하는 부분을 걷어내고 밝고 즐겁게 하도록 우리들을 이끈다.

작은 키의 사람이 키의 크고 작음의 차이점에 주목해서 그것을 분명히 의식하는 사고가 작은 사고이다. 키가 큰 사람이나 작은 사람이나 관계없이 사람이라는 공통점에 주목해서 동일성에 주목하는 통찰

---

4) 20장의 첫 구절에 "학문을 없애버리면 근심 걱정이 사라진다."는 말이 있다.

5) 장자 내편(內篇) 중 1장에 해당하는 소요유(逍遙遊)는 '어슬렁어슬렁 노닌다.'는 뜻으로, 비교우위를 차지하기 위한 인생살이는 소요유를 할 수 없어 재미없는 삶을 보내게 된다는 점을 지적하고 있다.

적 사고가 큰 사고이다. 큰 사고를 지니면 작은 키와 대머리는 인생을 즐겁게 사는 데 방해가 되지 않는다.[6)]

노자는 차이점에 주목하는 사고의 방향을 바꾸어 공통점에 대한 통찰을 지속적으로 키워가야만 자신이 말하는 도에 대해 알 수 있다고 생각했다. 그런 까닭에 1장에서 이 방향을 제시한 것으로 보인다. 이 방향대로 간다면 개인적으로는 만족한 인생이, 사회적으로는 평화가 정착될 수 있다.

질 문

1. 학교에서 공부를 하는 것은 지식을 늘리기 위함인데, 노자가 말하는 방식대로 하면 학교는 없어져야 하지 않는가? 그리고 가난한 사람에게, 부자도 가난한 자도 모두 동일한 인간이니 부자가 되려는 노력을 하지 말라고 하는 것이 노자의 생각인가?

2. 도를 알기 위해 모호한 방향으로 나아가라고 하는데, 그러면 더욱 모르게 되지 않는가?

---

6) 작은 사고는 남들의 시선에 신경을 많이 쓴다. 작은 키와 대머리는 죄를 지은 것이 아니다. 따라서 신경 쓸 일이 아니다. 이에 비해 큰 사고는 죄를 지어 남에게 피해를 주는 행위가 아니라면 남들의 시선에 별로 신경을 쓰지 않고 거리낌이 없이 자신의 인생을 즐긴다.

2 장

내 용

세상 사람들은 자신들이 좋아하는 인위적인 아름다움을 아름다움으로 알고 있다. 그러나 그 '아름다움'에는 이미 자신들이 싫어하는 '추함'이 전제(前提)되어 있다. 세상 사람들은 자신들에게 좋은 행위인 인위적인 선함을 선함으로 알고 있다. 그러나 그 '선함'에는 이미 자신들에게 좋지 못한 행위인 '악함'이 전제되어 있다. 그렇게 서로 전제가 되어 있으므로 있음과 없음은 서로 낳고, 어려움과 쉬움은 서로 이루며, 길고 짧음은 서로 비교되고, 높고 낮음은 서로 기울며, 음표와 소리는 서로 화합하고, 앞과 뒤는 서로 따른다.

이 때문에 성인은 '억지가 없음'에 머물면서 인위적인 일을 하지 않는다. 성인은 말 없는 가르침을 행하고, 만물을 작동시키지만 그 일을 자신이 했다고 말하지 않으며, 만물을 생성시켜 놓고 소유하지 않고, 어떤 일을 할 때 그 일이 자신의 공이 되리라 믿지 않고, 공을 이루더라도 그곳에 머물지 않으며, 무릇 오직 머물지 않는다. 이로써 오히려 공이 사라지지 않는다.

天下皆知美之爲美 斯惡已 皆知善之爲善 斯不善已 故有無相生 難易

相成 長短相較 高下相傾 音聲相和 前後相隨 是以聖人處無爲之事 行不言之敎 萬物作焉而不辭 生而不有 爲而不恃 功成而弗居 夫唯弗居是以不去(천하개지미지위미 사오이 개지선지위선 사불선이 고유무상생 난이상성 장단상교 고하상경 음성상화 전후상수 시이성인처무위지사 행불언지교 만물작언이불사 생이불유 위이불시 공성이불거 부유불거 시이불거)

도 표

<table>
<tr><td colspan="2">세상 사람들이 잘 모름
(억지가 있는 일을 함)</td><td>서로 전제되어 있는 것들</td><td>성인은 서로 전제됨을 앎
(억지가 없는 일을 함)</td></tr>
<tr><td rowspan="7">인위적인 아름다움이 추함과 서로 전제되어 있음</td><td rowspan="7">인위적인 선함이 악함과 서로 전제되어 있음</td><td>있음과 없음은 서로 낳음</td><td>말 없는 가르침을 행함</td></tr>
<tr><td>어려움과 쉬움은 서로 이룸</td><td>만물을 작동시키지만 말하지 않음</td></tr>
<tr><td>길고 짧음은 서로 비교됨</td><td>만물을 생성시켜 놓고 소유하지 않음</td></tr>
<tr><td>높고 낮음은 서로 기움</td><td>일을 할 때 자신의 공이 되리라고 믿지 않음</td></tr>
<tr><td>음표와 소리는 서로 화합함</td><td>공을 이루고도 그곳에 머물지 않음</td></tr>
<tr><td>앞과 뒤는 서로 따름</td><td>오직 머물지 않기 때문에 공이 사라지지 않음</td></tr>
</table>

해 설

노자의 생각체계[7]를 흔히 도가사상(道家思想)이라고 말한다. 그런데 유학(儒學)을 유도(儒道)라 하고, 불교(佛教)를 불도(佛道)라고도 한다. 그러면 유학과 불교와 다른 노자의 도는 무엇인가? 1장에서 살펴보았듯이 노자의 도는 무엇이라고 이름 붙일 수 없지만, 어쩔 수 없이 도라고 이름 붙였을 뿐이다. 왜냐하면 도라고 이름 붙이게 되면 도와 비도로 양분되는 인위적인 추상작업이 필연적으로 이루어지게 되는데, 이런 작업이 이루어지기 전의 '억지가 없음' 상태를 유지하는 것이 도이기 때문이다.

2장에서는 노자가 바람직한 인간으로 생각하는 "성인이 억지가 없음에 머문다."는 것이 무엇인지를 밝히면서 그 이유를 말하고 있다. 억지가 없음에 머무는 것은 이러하다. "말 없는 가르침을 행하고, 만물을 작동시키지만 그 일을 자신이 했다고 말하지 않으며, 만물을 생성시켜 놓고 소유하지 않고, 어떤 일을 할 때 그 일이 자신의 공이 되리라 믿지 않고, 공을 이루더라도 그곳에 머물지 않으며, 무릇 오직 머물지 않는다." 그리고 이렇게 억지가 없음에 이르면 "이로써 오히려 공(功)이 사라지지 않는다."고 노자는 말한다.

---

7) '생각체계'라는 단어는 사상(思想)이라는 한자어(漢字語)를 우리말로 쉽게 풀이하기 위해 필자가 붙인 것이다. 사상의 일반적 의미는 '어떠한 사물에 대하여 가지고 있는 구체적인 사고나 생각'이다. 그렇지만 특수한 철학적 의미는 '1) 판단, 추리를 거쳐서 생긴 의식 내용. 2) 지역, 사회, 인생 따위에 관한 일정한 인식이나 견해. 3) 논리적 정합성을 가진 통일된 판단 체계'(naver 사전 인용) 등이 있다. 결국 한 사람이나 그 사람을 추종하는 집단의 '체계화된 생각'을 사상이라고 할 수 있는데, 필자는 풀이해서 '생각체계'로 명명(命名)했다.

세상 사람들은 대부분 성공을 인생의 목표로 삼고 있다. 그러나 노자는 성공을 인생의 목표로 삼는 것이 바로 인위적인 출발이며 이 것 때문에 근원적인 문제가 발생하고 있다는 점을 지적하고 있다. 공(功)을 이루고자(成) 하면 두 가지 문제가 발생한다.

첫째, 개인적으로는 피곤한 삶이 된다. 천상병 시인이 말한 것처럼 인생을 소풍처럼 즐기거나, 장자가 말한 어슬렁어슬렁 노니는 소요유(逍遙遊)를 할 수 없다. 이루어야 하는 것에 매이기 때문이다.

둘째, 사회적으로는 투쟁이 다투어 일어난다. 모두 성공하려고 하는데 성공의 자리는 좁으니 수단 방법을 가리지 않고 그 자리를 차지하려고 해서 결국은 전쟁을 피할 수 없게 된다. 이렇게 개인적으로는 삶을 피곤하게 하고 사회적으로는 투쟁과 전쟁을 야기할 수 있는 '공을 이루고자 하는 일'인 성공에 왜 사람들이 몰두할까? 노자는 그 원인을 다음에서 찾고 있다.

"세상 사람들은 자신들이 좋아하는 인위적인 아름다움을 아름다움으로 알고 있고, 자신들에게 좋은 행위인 인위적인 선함을 선함으로 알고 있다." 그런데 "그 아름다움에는 이미 자신들이 싫어하는 추함이 전제되어 있고, 그 선함에는 이미 자신들에게 좋지 못한 행위인 악함이 전제되어 있다."는 점을 모르기 때문이다. 사람들이 공을 이루고자 하는 일은, 자신들이 생각할 때 아름답고 남들에게 착한 일을 했다고 칭찬받을 수 있다. 그래서 사람들은 이러한 일을 이루었을 때 자신의 삶을 성공했다고 여긴다.

그런데 어떤 것을 아름답고 착하다고 하면, 그렇지 않은 것을 추하고 악하다고 전제할 수밖에 없다. 이분법(二分法)을 피할 수 없게 된다. 이렇게 이분법을 받아들이게 되면, 추하고 착하지 못한 상태에 있을 때는 남이나 자신이 못나 보이게 된다. 남이 못나 보이면 무시하게 되고, 자신이 못나 보이면 열등감을 갖게 된다.

그리고 아름답고 착한 상태에 있다 하더라도, 더 아름답고 착한 사람과 비교하면 상대적으로 자신이 덜 아름답고 덜 착한 사람이 된다. 이렇게 되면 최고의 상태가 되지 않는 한 남을 무시하거나 열등감에서 벗어날 수 없어 피곤한 투쟁의 삶을 살게 된다. 피곤한 투쟁의 삶에서 벗어나기 위해서는 근원적으로 이분법에서 벗어나야 한다.

그런데 이분법은 아름다움과 추함, 선함과 악함 등에만 해당하는 것이 아니라 모든 대립항에 해당된다. "있음과 없음은 서로 낳고, 어려움과 쉬움은 서로 이루며, 길고 짧음은 서로 비교되고, 높고 낮음은 서로 기울며, 음표와 소리는 서로 화합하고, 앞과 뒤는 서로 따른다." 이것들의 대립항 중 어느 하나에 아름다움과 추함, 선함과 악함 등의 가치개념을 도입하게 되면 우월한 가치나 열등한 가치가 발생하게 된다. 우월과 열등의 가치가 발생하면 필연적으로 우월한 가치를 지니기 위한 피곤한 투쟁의 삶에서 벗어날 수 없다.

이분법은 인간의 인위적인 이름 붙임에서 비롯되었다. 1장에서 알아보았듯이 이름 붙이기 위해서는 한정해야 하고, 한정하면 한정되지 않는 영역과 대비될 수밖에 없다. 여기에 2장에서 언급되는 아름다움과 추함, 선함과 악함과 같은 가치개념을 도입해서 좋은 가치로 여기는 아름다움과 선함을 이루기 위해 공(功)을 들여서 그 결과에 안주하려고 하면 안 된다는 점을 성인은 안다. 그래서 성인은 인위적인 일이 시작되는 지점을 정확히 알아서 이분법에 빠지지 않는다.

그러나 세상 사람들은 대부분 이분법에 빠져 피곤한 투쟁의 삶을 살고 있다. 세상 사람들이 키가 작은 사람을 못생겼다고 한다면 그것은 키가 큰 사람이 잘생겼다는 인위적인 아름다움을 기준으로 하는 것이다. 그 기준으로 보면 키가 작은 사람은 추하다는 결론에 이르게 된다. 이것을 받아들이게 되면 키가 작은 사람은 항상 위축된다. 위축된 사람이 그 마음을 밖으로 강하게 표현하면 거친 성격이 되고, 안으로 삭이게 되면 소심한 성격이 된다. 그 마음을 밖으로 표현하든 안으로 삭이든 이미 병들어 있게 된다.

몸이 뚱뚱한 사람이 못생겼다고 하는 것은 여윈 사람이 잘 생겼다는 인위적인 기준이 있기 때문이다. 돈이 적은 사람이 못났다고 하는 것은 돈 많은 사람이 잘났다는 것을 전제하고 있고, 학벌이 낮은 사람이 못났다는 것은 학벌 높은 사람이 잘났다는 것을 전제하고 있다. 쌍꺼풀이 없는 사람이 못생겼다는 것은 쌍꺼풀 있는 사람이 잘났다는 것을 전제하고 있으며, 권력이나 지위가 낮은 사람이 못났다는 것은 권력이나 지위가 높은 사람이 잘났다는 것을 전제하고 있다.

성적이 낮은 사람은 못났을 뿐만 아니라, 학생으로서, 자식으로서의 의무를 소홀히 했다고 생각한다면 나쁜 사람이 되기도 한다. 이렇게 인위적인 기준은 아름다움과 추함의 문제뿐만 아니라 선함과 악함에도 연결이 된다. 통치자의 말을 잘 듣지 않는 사람을 악하다고 하는 것은 통치자의 말을 잘 듣는 사람이 선하다는 것을 기준으로 했기 때문이다. 통치자의 입장에서 보면 말을 잘 듣는 사람이 선하며, 현재의 제도나 통치가 잘못되었다고 생각하는 사람의 입장에서 보면 통치자의 말을 잘 듣지 않는 사람이 선하다.

세상 사람들이 인위적으로 만들어 놓은 기준을 옳다고 생각하면서 그것에 따라 인생을 살면 항상 비교우위를 점하기 위해서 피곤한 인생을 살면서 다투게 된다. 인위적인 것을 인위적이라고 볼 수 있는 눈으로 그 뒷면을 보면 억지가 없는 세계가 보인다. 억지가 없는 세계에는 비교우위가 없다. 잘나고 못남이라는 사고가 없다. 쌍꺼풀이 없어도 되고 있어도 된다. 키가 작아도 되고 커도 된다. 몸이 뚱뚱해도 되고 여위어도 된다. 공부를 못해도 되고 잘해도 된다. 권력이나 지위가 낮아도 되고 높아도 된다. 있는 그대로 살면 되는 것이다.

배가 부르고 몸이 튼튼하면 더 이상 부러워할 것이 없이 만족한다. 노자의 말대로라면 이제 더 이상 인위적인 기준이 만들어낸 비교우위의 성공을 목표로 인생을 살지 말고, 나답게 자신이 정말 하고 싶은 일을 신명나게 하면서 인생을 즐겁게 사는 것이 좋다.

질 문

1. '아름다움과 선함에 추함과 악함이 전제되어 있다.'는 노자의 말에는 그래서 세상에는 아름다움과 선함이 없다는 말인가?

2. 흔히 세상 사람들이 말하는 성공이 인위적인 것으로 잘못이라면 노자가 말하는 성공이란 억지가 없는 인생이란 말인가?

3장

내 용

현명함을 숭상하지 않으면 백성들이 다투지 않고, 구하기 힘든 재화를 귀하게 여기지 않으면 백성들이 도적질을 하지 않으며, 욕심낼 만한 것을 보여주지 않으면 백성의 마음이 심란하지 않는다.

이 때문에 성인의 통치방법은 백성들의 마음을 비게 하고 배를 부르게 하며, 뜻을 약하게 하고 뼈를 강하게 하여 항상 백성을 무지·무욕하게 해야 한다. 그리고 백성들 중에 현명한 자가 있어 그 지혜로 인위적인 일을 하려고 하면 함부로 하지 못하게 한다. 이렇게 억지가 없음으로 다스리면 다스리지 못할 것이 없다.

不尙賢 使民不爭 不貴難得之貨 使民不爲盜 不見可欲 使民心不亂 是以聖人之治 虛其心 實其腹 弱其志 强其骨 常使民無知無欲 使夫智者不敢爲也 爲無爲則無不治(불상현 사민부쟁 불귀난득지화 사민불위도 불현가욕 사민심불란 시이성인지치 허기심 실기복 약기지 강기골 상사민무지무욕 사부지자불감위야 위무위즉무불치)

도 표

<table>
<tr><td colspan="4">성인의 통치 : 억지가 없음으로 다스리면 다스리지 못할 것이 없다</td></tr>
<tr><td colspan="2">통치자의 태도에 따른
백성의 행위</td><td colspan="2">성인이 백성에게 요구함</td></tr>
<tr><td>통치자</td><td>백성</td><td>마음을 비게 함</td><td rowspan="4">무지·무욕하게 하고, 현명한 자로 하여금 인위적인 일을 함부로 하지 못하게 함</td></tr>
<tr><td>현명함을
숭상치 않음</td><td>다투지 않음</td><td>배를 부르게 함</td></tr>
<tr><td>재화를 귀히
안 여김</td><td>도적질 안함</td><td>뜻을 약하게 함</td></tr>
<tr><td>욕심꺼리 안
보여줌</td><td>심란하지
않음</td><td>뼈를 강하게 함</td></tr>
</table>

해 설

3장에는 다스리는 사람의 입장에서 억지가 없는 도를 어떻게 실천하는가에 대한 원리가 적혀 있다. 이 원리를 정치가가 활용하면 정치이론이 되고, 행정가가 활용하면 행정이론이 되고, 경영인이 활용하면 경영이론이 되고, 교육자가 활용하면 교육이론이 된다.

이렇게 개별 영역에 국한하지 않고 폭을 확대하면 모든 사람이 자기 관리의 이론으로도 활용이 가능하다. 개인이나 공동체 등 여러 통치 대상들을 잘 다스리기 위해서는 우선적으로 원리에 대한 깊은 이해가 필요하다. 원리에 대한 이해를 위해서는 2장에서 노자가 말하는 '억지가 없음'의 개념에 대한 납득이 미리 되어 있어야 한다.

2장에서는 아름다움과 선함을 이분법으로 보지 않는다. 이들을 이분법으로 보게 되면 아름다움과 추함, 선함과 악함을 중간이 없는 모순으로 보게 된다. 이들을 모순으로 보게 되면 있음과 없음이 서로를 낳음의 의미가 나타나지 않는다.[8] 이분법은 논리적으로 모순관계[9]가 전제(前提)되며 양립불가능성을 갖게 된다.

양립불가능성은 이것 아니면 저것으로 대비되는 두 항이 동시에 존재할 수 없다는 성질이다. 이것은 아리스토텔레스 논리학의 제1전제가 되는 원리[10]이다. 이 원리는 사고 속에서만 가능한 것이며 실재의 세계에서는 그렇지 않다고 노자는 보고 있다.

그런데 세상에 현명하다고 알려져 있는 사람들은 세상을 이분법으로 보고 있으며, 어느 한 항을 좋은 것으로 여기고 다른 항을 좋지

---

8) 유무상생(有無相生)은 있음과 없음은 서로 낳는다는 말이다. 있음이 있기 위해서는 없음이 있어야 하며, 없음이 있기 위해서는 있음이 있어야 한다. 즉 상대가 없이는 자신이 존재할 수 없으므로 상대가 바로 자신의 존재성립근거가 된다. 그런데 이분법은 상대가 자신의 존재성립근거를 없애는 것으로 인식된다. 왜냐하면 이분법은 모순관계로 양립불가능하기 때문이다.

9) 모순은 반대와 달리 두 항 사이에 중간이 없다. 그래서 한 항을 긍정하면 다른 항은 부정된다. 모순의 대표적인 사례는 '이다'와 '아니다'의 시비(是非)로 중간 항이 없다. 모순의 관점에서 보면 있음은 '있는 것이다'이며, 없음은 '있는 것이 아니다'이다. 이에 비해 반대의 대표적인 사례가 흑백으로 회색이나 유색(노랑, 빨강, 파랑 등)의 중간 항이 있다. 반대를 모순으로 오인해서 중간 항이 없는 것으로 생각했을 때 발생하는 경우를 흑백오류(黑白誤謬)라고 한다. 반대와 모순은 중간 항의 있음과 없음에 따른 차이로 구분한다.

10) 아리스토텔레스 논리학에 있어서 토대가 되는 전제인 제1전제(第一前提)는 'A는 A이다.'로 표현되는 동일률(同一律), 'A는 A가 아닌 것이 아니다.'로 표현되는 모순율(矛盾律), 'A와 A 아닌 것 사이에는 중간이 없다.'로 표현되는 배중률(排中律)의 3가지이다.

않은 것으로 규정한다. 예를 들어 그 사람들은 지식이 많은 것을 좋다고 규정한다. 따라서 반대쪽의 지식이 적은 것은 이분법에 의해 좋지 않은 것으로 규정된다. 그러면 세상 사람들은 지식을 갖기 위해 노력하게 되고, 지식을 갖게 된 만큼 대가를 받는 것을 당연하게 여긴다.

지식을 많이 지니기 위해서는 좋은 학교에 다니는 것이 좋고, 좋은 학교에서도 성적이 잘 나오는 것이 좋다. 이렇게 학생들은 서열이 정해지면서 우열이 가려지게 된다. 학교에서는 이것을 당연한 것으로 여긴다. 그런데 이분법으로 우열을 가리는 방식이 인위적임을 아는 노자는 통치자가 "현명함을 숭상하지 않으면 백성들이 다투지 않는다."고 말한다. 즉 인위적인 방식이 아닌 억지가 없는 방식으로 통치하면 처음부터 다툴 일이 없어진다는 것이다.

재화도 마찬가지이다. 인생에서 재화를 많이 지닐수록 좋다고 여기면 재화를 적게 지니면 좋지 않다고 여기게 된다. 그러면 재화를 많이 지니기 위해서 수단 방법을 가리지 않게 된다. 동서고금을 통해 대부분의 다툼은 그 이면에 재화에 대한 집착이 놓여 있다. 1, 2차 세계 대전도 열강들의 식민지 쟁탈전이라는 것은 잘 알려져 있다. 열강들이 식민지를 서로 확보하려고 하는 이유는, 원자재를 값싸게 구입할 수 있고 완성품을 비싸게 식민지에 팔 수 있어 재화를 쉽게 획득할 수 있기 때문이다.

노자는 통치자가 "구하기 힘든 재화를 귀하게 여기지 않으면 백성들이 도적질을 하지 않는다."고 말한다. 재화를 많이 지니게 되면 그것으로 권력, 명예, 지위 등을 갖게 될 가능성이 커지면서 성공한 인생으로 보일 것이다. 이렇게 사회적으로 성공한 인생을 살기 위해서 필요한 여러 가지를 지녀야만 한다고 생각하면 재앙과 혼란은 피할 수 없다.

그래서 노자의 해법은 처음부터 통치자가 "욕심낼 만한 것을 보여 주지 않으면 백성의 마음이 심란하지 않는다."고 말하는데, 이것은 이분법으로 잘나고 못나고를 편 가르지 말라는 것이다. 그러면 잘난 사람이 되기 위한 방향으로 달려갈 일이 없어져 마음이 초조하고 불안하고 걱정스러운 심란할 일이 원천적으로 없어진다. 인생을 살려면 어느 정도 지식과 재화 등 여러 가지가 필요하다. 그러면 통치자는 백성으로 하여금 어떻게 통치해야 하는가?

이것에 대해서 노자는 성인의 통치를 예로 들면서 "백성들의 마음을 비게 하고 배를 부르게 하며, 뜻을 약하게 하고 뼈를 강하게 하여야 한다."고 말한다. 잘난 사람이 되려는 마음을 비우고, 오직 자신의 배를 채우는 일에 만족하라는 것이다. 그리고 사회적으로 성공해서 이름을 남기겠다는 뜻을 약하게 하고, 가장 소중한 자신의 몸을 튼튼하게 하기 위해 뼈를 강하게 만드는 것이 좋다는 것이다.

그리고 통치자로서 백성들을 잘 다스리기 위해서는 "백성들 중에 현명한 자가 있어 그 지혜로 인위적인 일을 하려고 하면 감히 하지 못하게 한다. 이렇게 억지가 없음으로 다스리면 다스리지 못할 바가 없다."고 한다. 지식과 경험을 많이 지녔다 하더라도 이분법을 벗어나지 못한 사람이라면, 그가 나라를 부자나라 강한 병력으로 만든다고 해도 채용하지 말라는 것이다. 부자나라 강한 병력으로 가는 길이 인위적인 것으로 패망의 길임을 아는 것이 억지가 없음을 행하는 성인의 자세임을 노자는 강조하고 있다.

노자는 3장에서 정치가에게는 '진정으로 좋은 나라는 어떤 나라인가'에 대해, 행정전문가에게는 '행정의 목적이 무엇인가'에 대해, 경영전문가에게는 '누구를 위한 경영인가'에 대해, 교육학자에게 '진정한 교육이란 무엇인가'에 대해, 그리고 모든 사람들에게 '진정으로 자신을 잘 다스리기 위해서는 어떻게 하는 것이 좋은지'에 대해, 결국 인위적인 억지의 일에 매달리지 말고 억지가 없음을 실천하라고 말하고 있다.

질 문

1. 백성들로 하여금 무지·무욕하게 하는 것은 통치자가 쉽게 통치하기 위해서는 아닌가?

2. 있음과 없음은 서로 낳는다(有無相生)는 상생(相生)의 원리가 이분법적 사고에서는 왜 실현될 수 없는가?

4장

내 용

도는 비어 있어야 쓸 수 있기 때문에 늘 채워지지 않고 비어 있다. 빈 곳이 너무나 깊어서 마치 만물의 근원인 것 같다. 그 도는 날카로움을 꺾고, 엉클어진 것을 풀며, 빛을 조화시키고, 티끌과 같게 한다. 또한 도는 너무 맑고 투명하여 보이지 않지만 마치 늘 있는 것 같다. 나는 도가 누구의 자식인지 모르지만, 만물을 다스리는 상제보다도 먼저인 것 같다.

道沖而用之 或不盈 淵兮 似萬物之宗 挫其銳 解其紛 和其光 同其塵 湛兮 似或存 吾不知誰之子 象帝之先(도충이용지 혹불영 연혜 사만물지종 좌기예 해기분 화기광 동기진 담혜 사혹존 오부지수지자 상제지선)

도 표

도의 상태와 기능, 그리고 존재를 언급함		
도의 상태	도의 기능	도의 존재
비어 있음	날카로움을 꺾고	만물의 근원임
늘 채울 수 없음	엉클어진 것을 풀며	늘 존재함
아주 깊음	빛을 조화시키고	누구의 자식인지 모름
아주 맑고 투명함	티끌과 같게 한다	상제보다 앞서 존재함

해 설

4장은 도의 상태와 기능 그리고 그 존재가 어떠한가에 대해 말하고 있다. 도의 기능은 네 가지다. 날카로움을 꺾고, 엉클어진 것을 풀며, 빛을 조화시키고, 티끌과 같게 한다. 도가 그러한 기능을 할 수 있는 까닭은, 비어 있으며, 그 빈 곳에 만물을 움직이게 할 수 있는 원동력11)이 있기 때문이다. 그래서 노자는 도가 만물의 근원이며 만물을 다스리는 상제보다 먼저인 것 같다고 말한다.

바람은 공기의 이동이다. 공기가 이동하기 위해서는 비어 있는 부

11) 도가 원동력이라는 점에서 아리스토텔레스의 '부동(不動)의 원동자(原動者)' 혹은 제일원동자(第一原動者)와 유사점이 발견된다.

분이 있어야 한다. 물이 이동하기 위해서도 빈 공간이 있어야 한다. 바위 등의 물체를 옮기기 위해서도 물체 없는 빈 부분이 있어야 한다. 바위는 그 빈 부분이 있어 풍화(風化)[12]와 암석화(巖石化)[13]의 순환과정을 반복한다. 물도 얼음인 고체, 물인 액체, 수증기인 기체로 바뀌면서 순환하고 풍화와 암석화를 돕는다. 이 세상의 모든 물질이 어떤 사건을 계기로 단단해져서[14] 모양을 갖추었다가 시간이 흐르면서 부서지거나 녹아서 부드러워진다.[15]

이것은 물리적인 세계에서 이루어진 자연현상이다. 암석화 과정에서 바위는 날카로워지겠지만, 풍화과정을 거치면서 날카로운 부분은 꺾여서 무디게 된다. 태풍이나 해일 등 자연재해는 자연을 엉클어 놓지만 시간이 흐르면서 엉클어진 것을 풀어서 원상회복 시킨다.[16] 햇볕 등의 빛은 사물에 닿아 적외선, 가시광선, 자외선 등의 다양한 모습으로 드러나지만, 그것들이 조화를 이룬 상태에서는 무색이다. 아무리 큰 바위, 산, 별이라도 풍화과정을 거치면서 결국은 먼지가 되어 우주 속으로 흩어져 버린다.[17]

자연의 순환과정 전체를 들여다보면 사물들은 날카로워졌다가 무

---

12) 풍화(weathering)는 암석이 물리적이거나 화학적인 작용으로 인해 부서져 토양이 되는 변화과정이다.

13) 암석화(solidification)는 물 분지(盆地)에 퇴적물이 쌓여 암석으로 변화하는 작용이다.

14) 액체의 응고, 화성암, 핵융합 등의 변화

15) 수증기, 사막화, 마그마 등의 변화

16) 이것을 자연회복력이나 자연치유력이라고 한다.

17) 별들은 수명이 다하기 전에는 암석화와 풍화과정을 거듭하지만, 수명이 다하면 암석화할 힘이 없어 먼지 상태로 흩어져버린다. 사람이나 동식물도 죽어서 결국 흙으로 돌아갔다가 먼지가 되어 사라진다는 면에서 큰 차이가 없다.

며지고, 엉클어졌다가 풀린다. 그리고 빛과 먼지처럼 무색이거나 아무 형체도 없다가도 여건이 되면 색채를 품고 형체를 갖추게 된다. 물리적인 세계는 있는 그대로 두면 스스로 이러한 순환과정을 반복하면서 조정해간다. 그러나 우리 인간들의 정신세계는 다르다.

서양의 현대철학자인 화이트헤드에 의하면, 인간의 의식은 부정(否定, negative)을 통한 상상(想像, imagination)을 할 수 있기 때문에 자유롭게 사고하여 과학기술의 발전을 가져오게 하고 예술의 탄생을 가능하게 한다고 하였다. 그러나 또 한편, 사물이나 사태를 그대로 받아들이지 않고 오히려 잘못 받아들일 가능성이 큰 단점을 지닌다고 하였다. 이러한 인간의 의식이 가져오는 단점은 있는 그대로의 전체를 받아들이지 못한다.

만물의 전체를 있는 그대로 받아들이면 만물유전(萬物流轉)으로 끝없이 순환해서 그들 사이에 차이가 없다.[18] 순환과정 전체를 두고 보면, 서·원·반(逝·遠·反)[19]을 거치면서 그 사물은 그 사물이 아닌 것으로 변해 있다. 그리고 날카로움과 무딤, 엉클어짐과 풀림, 오색찬란한 화려함과 무색, 크고 단단한 강함과 미세한 약함에 차이가 없다. 이렇게 차이가 없다는 입장에 있는 것이 도의 관점이다. 따라서 도의 관점은 만물을 낳는 어미로서의 마음[20]이라서 만물을 다스리는 천제(天帝)보다도 더 근원적인 것 같다고 노자는 말하고 있다.

그런데 인간 세상을 바라보면 날카로움과 엉클어짐이 많고, 오색

---

18) 이것이 장자(莊子)의 제물론(齊物論)이다.

19) 서·원·반(逝·遠·反)의 대략적인 내용은 1장 해설 앞부분에 있고, 자세한 내용은 25장에 있다.

20) 어미로서 자식을 보면 모두 똑같이 귀하다.

찬란함과 크고 단단함을 선호해서 문제가 발생한다. 겉으로는 평화를 유지하고 있는 것으로 보이기도 하지만, 내면으로는 한 치의 양보도 없이 날카롭게 대치하고 있는 국가와 개인, 그리고 어디서부터 풀어야 할지 모르는 핵과 공해, 인간성 상실과 인구팽창에 따른 문제 등은 국가와 개인들이 모두 화려함과 강함을 추구하는 한 해결하기 어렵다.

사람들이 화려하고 강해야 잘난 사람으로 여기는 한, 권력, 명예, 지위, 재산 등을 늘리기 위해 날카롭게 대치할 수밖에 없고, 이러한 대치는 수단과 방법을 가리지 않기 때문에 사회질서를 어지럽혀서 꼬이게 하며 결국은 전쟁과 내란으로 치닫게 된다.

노자는 12장에서 '다섯까지 색깔은 눈을 멀게 한다.'고 말한다. 그리고 67장에서 '나는 세 가지 보배를 지니고 있다.'고 하면서 그 중 하나로 '감히 천하에 앞서지 않는다.'는 점을 들고 있다. 화려함과 강함을 추구해서 권력, 명예, 지위, 재산 등을 늘리려고 하는 것은 결국 자신이 남보다 잘났음을 보여주고자 하는 마음에서 비롯되었다.

그런데 크게 생각하면 모든 색은 무색에서 나왔으며, 모든 단단하고 강한 사물은 부드러운 먼지에서 비롯되었다. 그리고 자연의 순환과정 전체에서 보면 어느 과정을 잘났다거나 못났다고 할 수 없다. 그런데도 정말 어리석은 사람들은 자신들이 많이 소유한 어느 특정 단계를 높이 평가하면서 자신의 잘남을 굳이 드러내려고 한다.

현명한 사람은 자신의 능력보다 많이 부족한 일을 하면서 여유롭게 인생을 즐긴다. 자신을 드러내려고 하지 않는다. 자신을 드러내려고 하지 않아도 능력이 있기 때문에 그 사회에 쓰이는 인물이 될 수 있다. 이 사람은 출세 성공을 위해서 능력을 키우지 않는다. 자신이 하고 싶은 일을 재미있게 할 뿐이다. 그 과정을 즐기는 것이다.

따라서 대인관계나 일에 있어서도 날카롭게 대립하지 않는다. 자신이 이권이나 좋은 자리를 가지려고 하지 않기 때문에 분란을 일으키지 않는다. 그리고 중립적인 입장에 있기 때문에 일어난 분란을 조정하여 해결할 수 있다. 자신을 빛나게 하지 않고 남을 빛나게 하기 때문에 조화시킬 수 있다. 위와 같은 능력을 지니고 있으면서도 이름도 없는 티끌처럼 조용히 지낸다.

질 문

1. 자연에도 약육강식이 있기 때문에 모든 종족이 강해지기 위해서 진화를 거듭하고 있는 것이 아닌가, 그런데 자연에서는 차이가 없다고 하면 잘못이 아닌가?

2. 출세 성공의 기준인 권력, 명예, 지위, 재산, 집안, 학벌 등의 차이에 무덤덤하다고 하더라도, 도의 깊이를 알고 덕을 실천하는 정도에 대해서는 차이를 인정해야 되지 않는가, 만약 인정한다면 빛을 조화시키고 티끌처럼 같게 한다는 것에 위배되지 않는가?

5장

내 용

천지는 어질지 않아서 만물을 짚으로 만든 강아지와 같이 여긴다. 성인도 어질지 않아서 백성을 짚으로 만든 강아지와 같이 여긴다.

하늘과 땅 사이는 마치 풀무와 피리[21]의 가운데가 비어 있는 것과 같다. 가운데가 비어 있어 다할 일이 없고, 움직이면 점점 더 바람과 소리가 나온다.

말도 너무 많으면 풀무와 피리의 빈 공간이 찌꺼기에 의해 막히는 것처럼 자주 막히게 되니, 가운데 빔을 지키는 것만 같지 못하다.

天地不仁 以萬物爲芻狗 聖人不仁 以百姓爲芻狗 天地之間 其猶橐籥乎 虛而不屈 動而愈出 多言數窮 不如守中(천지불인 이만물위추구 성인불인 이백성위추구 천지지간 기유탁약호 허이불굴 동이유출 다언삭궁 불여수중)

---

21) 하상공(河上公)과 왕필(王弼)은 탁약(橐籥)을 풀무와 피리로 말하고 있다. 그러나 범응원((范應元 : 宋代의 老子古本集注 저자)과 오징(吳澄 : 元代의 道德眞經註 저자) 등은 풀무로만 보고 있다. 빈 공간이 있으면 계속해서 무엇인가를 뽑아낼 수 있다는 의미로 읽으면 차이는 별로 없다.

도 표

천지와 성인은 어질지 않음		하늘과 땅 사이는 비어 있음		사람도 비어 있는 것이 좋음
천지는 만물을 짚으로 만든 강아지와 같이 여김	성인도 백성을 짚으로 만든 강아지와 같이 여김	풀무와 피리처럼 가운데가 비어 있음	계속 비어 있으며, 움직일 때마다 바람 소리가 나옴	말도 너무 많으면 빈 공간이 찌꺼기에 의해 막히는 것처럼 자주 막히게 됨

해 설

5장은 세 단락으로 나누어 해석하는 것이 좋다. 왜냐하면 중간 단락만 죽간본(竹簡本)[22]에 있어서 처음 단락과 끝 단락은 나중에 합

---

22) 노자 『도덕경』으로 불리는 책에는 여러 가지가 있다. 그것을 정리하면 다음과 같다.

1. 고본(古本) : 노자로 불리는 이이(李耳)의 원본으로 추정되며, 초간본(楚簡本) 혹은 곽점초묘죽간본(郭店楚墓竹簡本)이나 죽간본(竹簡本)으로 불린다. 1993년 10월에 초나라 무덤에서 발견되었고, B.C. 300년경 무덤에서 나온 것으로 갑본, 을본, 병본이 있다. 이것은 이이(李耳)의 원본을 개작한 것으로 보이며, 지금까지 발견된 것 중에 가장 오래된 것임.

2. 금본(今本) : 태사담이 한 개작본의 재개작본으로 B.C. 384-374로 추정된다. 비단에 쓰여져 있어 백서본(帛書本)이라 불린다. 1974년 초에 한나라 무덤에서 발견되었고, B.C. 168년의 것으로 추정된다. 『덕도경』(德道經)으로 불리는 갑본과 을본이 있다.

쳐진 것으로 보이기 때문이다. 그 중간 단락은 "하늘과 땅 사이는 마치 풀무와 피리의 가운데가 비어 있는 것과 같다. 가운데가 비어 있어 다할 일이 없고, 움직이면 점점 더 바람과 소리가 나온다."이다. 5장 처음 단락에 나오는 "천지는 어질지 않아서 만물을 짚으로 만든 강아지와 같이 여긴다. 성인도 어질지 않아서 백성을 짚으로 만든 강아지와 같이 여긴다."에 나오는 어질 인(仁) 자는 공자(孔子)가 많이 사용한 용어이며 도덕경에서는 비판적인 관점에서 주로 사용된다.[23)]

그래서 5장은 도덕경 해설가들 사이에 문맥의 연결이 자연스럽지 못하다는 견해도 있다. 그러나 필자는 5장을 완성시킨 사람이 누군지는 모르지만 나름으로는 문맥을 잡아서 집필했다고 보고 그의 의견을 존중하고 싶다.

노자에게 있어서 하늘과 땅은 '있음'의 시작이고, 이 하늘과 땅에서 만물이 나온다. 하늘과 땅이 만물을 만들거나 없앨 때 사사로운 정이나 친절을 베풀지 않는다고 노자는 말한다. 하늘과 땅은 여건이 갖추어지면 만물을 생성시켰다가 필요 없으면 소멸시킨다. 봄이 되어 새

---

3. 통행본(通行本) : 왕필의 왕필본(A.D. 243년경)과 하상공본이 널리 읽히고 있기 때문에 통행본이라고 한다. 왕필본은 위나라의 왕필(226-249)이 정리한 책이라 왕본(王本)이라고도 한다. 이 책은 81장으로 되어 있으며, 도(道)편이 앞에 있고 덕(德)편이 뒤에 있기 때문에 『도덕경』이라 불린다. 하상공본은 한나라의 하상공이 지었다고 알려져 있으며 왕필본과 같이 81장으로 되어 있고 각 장마다 제목이 붙어 있는 특징이 있다.

4. 현행본(現行本) : 왕필본과 하상공본을 비교 검토하여 만든 것으로, 부혁본, 개원어주본, 도덕지귀, 노자고본집주, 노자고이, 노자교석 등이 있다.(『노자』, 최재목 역주 참조)

23) 어짊(仁)이 나오는 장은 5장, 8장, 18장, 19장, 38장이다. 이 모두 어짊(仁)이 차선(次善)으로 필요하다는 것을 인정은 하지만 그 한계를 지적하고 있다.

싹을 돋게 하지만, 가을이 되면 낙엽이 되어 떨어지게 한다. 산에 숲이 깊어지면 나무 사이의 간격이 좁아져서 바람으로 마찰이 일어나 산불이 일어나고 나무들은 재가 된다. 그리고 그 재를 거름으로 해서 또다시 새싹이 돋아난다.

산에 식물들이 어느 정도 자라서 동물들이 살 수 있는 여건이 되면 동물들이 자라고 번식한다. 그리고 그 동물들을 먹이로 하는 큰 동물들이 생성되고 이들로 먹이사슬이 형성되고, 먹이사슬의 정점(頂点)에 마침내 지성(知性)을 갖춘 인간까지 탄생하게 된다. 오늘날 우리들이 노자가 말한 천지만물을 합쳐서 자연이라 부른다면, 자연은 스스로의 이치에 따라 움직여갈 뿐이다. 이 이치에 따라 흙과 돌, 물과 불, 식물과 동물 등을 생성 소멸시킨다. 그리고 태풍과 해일, 가뭄과 홍수, 지진과 화산 등 자연재해도 일어난다. 이것들이 일어날 때 인정사정(人情事情)이 없다.

그런데 지성을 지닌 인간들은 자연의 이치를 연구하여 과학기술을 발전시키고, 그 발전된 기술로 인간에게 가장 유리한 쪽으로 자연의 방향을 바꾸고 있다.[24] 이것이 문화이며,[25] 이 문화를 소유한 인간집단을 문명사회라 한다. 문명이 발달할수록 문명사회는 자연과 멀어져 있다.[26] 왜 그런가? 자연은 만물을 공평하게 대하지만 인간은 편

24) 엄격히 말하면 인간 일반에게 유리한 쪽이라기보다는 결정권을 가진 기득권자에게 유리한 방향으로 진행되고 있다.

25) 문화(文化, culture)라는 서양 말의 어원(語源)은 '밭을 일구다.' 혹은 '밭을 갈다.'는 뜻이다. 밭을 일구거나 갈기 전의 상태가 자연(自然, nature)이다. 그래서 자연과 문화는 반대말이다.

26) "참으로 이상한 일이다. 모든 것은 조물주에 의해 선하게 창조되었음에도 불구하고 인간의 손길만 닿으면 타락하게 된다. 식물이나 동물은 물론 기후마저도 뒤흔

협하고 치우치게 정과 친절을 베풀기 때문이다. 노자도 정을 나누고 친절하게 대하는 어짊(仁)이 더불어 살아가는 인간 세상을 위해 필요하다는 것은 안다. 그래서 8장에서 '더불어 살아가는 데는 어짊이 좋다.'는 말을 한다.

그렇지만 그건 더불어 살아가는 집단 사람들 사이의 어짊이고, 그 집단을 벗어나면 어짊의 실현이 잘 안 되는 한계가 있다.[27] 집단 간의 투쟁을 막기 위해서는 어진 마음은 자신이 포함된 집단을 넘어서 만물에 미쳐야 한다. 어진 마음이 만물에 미치게 되면 만물을 공평하게 대할 수밖에 없으니 어느 특정한 사물이나 존재자에게 어짊을 베풀 수 없다. 그래서 하늘과 땅은 어질지 않다. 노자가 생각하는 성인은 바로 모든 사람들에게 공평하게 어짊을 베풀 수 있는 자이다. 따라서 사사로이 특정한 개별자나 집단에게 어짊을 베풀지 않는다. 따라서 성인도 어질지 않다.

노자는 천지와 성인을 함께 어질지 않다고 하면서 만물과 백성을 각각 냉정하게 추구(芻狗)[28]처럼 여긴다고 말한다. 그 이유를 풀무[29]와 피리의 빈 공간을 들어서 비유적으로 설명하고 있다. 이들에

들어놓아 모든 것이 변형되고 뒤죽박죽으로 바뀐다. 이러한 경향은 같은 인간에 대해서도 그대로 적용된다. 인간은 자신의 취향에 따라 같은 인간을, 마치 가축이나 정원의 나무처럼 왜곡하고 변형한다. 이로 인해 인간의 본성은 질식할 수밖에 없다."(루소의 교육소설인 『에밀』의 1부 첫 구절)

27) "개인적으로는 도덕적인 사람들도 사회 내의 어느 집단에 속하면 집단적 이기주의로 변모한다.", 『도덕적 인간과 비도덕적 사회』(1932), 라인홀드 니부어(미국의 신학자이며 정치사상가, 1892-1971)

28) 풀이나 짚으로 만든 개. 제사에서 정중하게 쓰는데 제사가 끝나면 버리므로 '필요할 때 찾고 쓸 일이 없으면 버림, 가치 없이 된 물건'의 뜻으로 씀.

29) 대장간에서 쇠를 달구거나 또는 녹이기 위하여 화덕에 공기를 불어넣는 기구

게 빈 공간이 있기 때문에 지속적으로 바람을 일으킬 수 있다. 만약에 빈 공간이 무엇인가로 채워지면 더 이상 바람을 일으킬 수 없게 된다. 마치 우리들 창자에 콜레스테롤이 채워지면 동맥경화 등의 병이 와서 오래 살지 못하니 빈 공간을 유지해야 하듯이, 비어 있는 공간을 그대로 두는 것이 좋음과 같다.

수도관이나 하수관이 막히는 것도 찌꺼기 때문이다. 찌꺼기가 한번 차이기 시작하면 계속 차여서 빈 공간이 줄어들다가 결국 막히게 된다. 그러면 뚫어서 사용해야 한다. 철로 된 파이프의 경우에 녹이 슬게 되면 쉽게 제거하기 어렵다. 유가에서 말하는 인위적(人爲的)인 인의예지(仁義禮智) 등을 노자는 관의 빈 공간을 채우는 찌꺼기와 같다고 본다. 빈 공간을 지속적으로 비워두기 위해서는 처음부터 인위적인 행위를 하지 않는 것이 좋다.

인위적인 인의예지 등은 말을 통해 나타나고 행해진다. 왜냐하면 어떤 행위를 인(仁)이라고 규정하면 그렇지 않은 행위는 불인(不仁)이 된다. 그리고 어떤 행위를 의(義)라고 규정하면 그렇지 않은 행위는 불의(不義)가 된다. 예(禮)와 지(智)도 마찬가지다. 유가는 인간들로 하여금 정과 친절이 넘치는 따뜻한 세상에서 살도록 하기 위해서 교육에 열정을 쏟는다. 교육을 통해 어질게(仁), 의롭게(義), 예의 바르게(禮), 지혜롭게(智) 살아야 한다는 등으로 말한다.

이러한 내용을 가르치기 위해서는 먼저 인의예지 등이 무엇인지를 규정해서 인의예지와 인의예지가 아닌 것을 구별할 수 있어야 한다. 이렇게 하다 보면 말이 많아진다. 이러한 말들이 빈 공간을 채우는 찌꺼기들이라고 노자는 보고 있으며, 그래서 말이 많으면 자주 막히게 된다고 말한다. 그리고 이런 행위는 쓸데없는 것이며, 가운데를 빈 공간으로 비워 놓아 지키는 것만 못하다고 말한다. 이때 가운데를 비우는 것은 인의예지 등을 인위적으로 규정하지 않는 것이다.

노자는 전체적인 조화와 균형으로 보았을 때, 인위적인 어짊이 오히려 좋지 않다고 본다. 자연은 천둥, 번개, 폭풍, 가뭄, 홍수, 태풍 등을 일으키면서 여지없이 파괴시키는 등 냉정해 보인다. 그렇게 냉정해 보이지만 자연은 자연치유력을 발휘하여 가장 좋은 상태를 유지한다. 우리의 몸도 자연이다. 감기에 걸리고, 여러 가지 고통과 병 등에 노출된다.

그런데 이들이 모두 자연치유력과 관련된다. 즉 가장 건강한 상태를 유지하려는 힘과 관련된다. 감기나 병이 있다는 것은 쉬라는 자연의 명령이다. 에너지를 채우지 말고 비우라는 자연의 명령이다. 노자는 권력, 금력, 명예, 명성, 학벌 등으로 자신의 그릇을 가득 채우려고 늘리지 말고 상당량을 줄이라고 말한다. 줄여야만 풀무로 바람을 계속 일으킬 수 있고, 피리를 계속 불 수 있듯이 자신의 삶을 계속 즐기며 수명을 다할 수 있기 때문이다.

질 문

1. 노자가 67장에서 말한 보배 중 첫째가 자애(慈愛)이다. 이것은 어짊(仁)과 유사한데 어찌 5장에서 성인은 어질지 않다고 했는가?

2. 성인이 백성을 추구(芻狗)처럼 사용하다가 버리는 것은 토사구팽

(兎死狗烹)과 같이 의리 없는 행위가 아닌가?

6장

내 용

골짜기의 신은 죽지 않으니, 이것을 일컬어 깊은 음(陰)이라 한다. 깊은 음(陰)의 문, 이것을 일컬어 하늘과 땅의 뿌리라 한다. 그 뿌리는 이어지고 이어지니 계속 존재하는 것 같다. 아무리 만물을 생산하는데 힘써도 지치지 않는다.

谷神不死 是謂玄牝 玄牝之門 是謂天地根 綿綿若存 用之不勤(곡신불사 시위현빈 현빈지문 시위천지근 면면약존 용지불근)

도 표

위치 / 특성	골짜기(谷)	넓은 땅(平地)
근처	높은 산	넓은 강
신령함	많음	적음

도(道)	가까움	멈
자연(自然)	보존	파괴
문화(文化)	적음	많음
명(命)	장명(長命)	단명(短命)
땅값	적음	많음
출세	멈	가까움
건강	좋음	나쁨
삶	배(腹)의 삶	눈(目)의 삶
양의(兩儀)	음(陰)	양(陽)
양성(兩性)	암컷	수컷

해 설

6장에 대해 하상공(河上公)은 호흡법의 양생술(養生術)과 관련해서 풀이하고 있다.[30] 신(神), 죽지 않음(不死), 지치지 않음(不勤)이라는 단어가 들어가 있기 때문이다. 그러나 필자는 앞의 4장과 5장에 이어서 비어 있는 자연의 생산능력과 관련하여 풀이하려 한다. 5장에서 자연은 풀무와 피리처럼 바람과 소리를 지속적으로 만들어내는 것이었지만, 6장에서는 골짜기와 음(陰, 암컷)을 예로 들어 자연을

30) 노자도덕경 하상공장구(老子道德經 河上公章句) 참조.

설명하고 있다.

28장에 의하면 골짜기는 인위적인 문화가 닿지 않아서 소박한 자연의 상태가 잘 보존된 곳으로 표현되어 있다. "영화로움을 알고 욕됨을 지키면 천하의 골짜기가 된다. 천하의 골짜기가 되면 항상의 덕이 비로소 충족되어 소박한 상태로 돌아간다." 그리고 39장에서 골짜기는 물과 관련됨을 알 수 있다. "골짜기가 하나를 얻으면 물이 차게 되고, 골짜기가 물을 채우고자 함이 없다면 장차 고갈될까 두렵다." 그래서 골짜기에는 물이 잘 마르지 않는다. 골짜기에 물이 마르지 않아야 만물을 낳고 기를 수 있다.

노자는 골짜기가 만물을 지속적으로 낳을 수 있기 때문에 신령스럽고 죽지 않는다고 말했다. 그리고 이것을 깊은 음(陰)이라고 표현했다. 음은 동물에 있어 암컷이며 암컷은 새끼를 낳을 수 있기 때문이다. 깊다고 표현한 것은 새끼를 낳을 수 있는 동물뿐만 아니라 식물이나 골짜기 같은 무생물에게도 해당되기 때문에 붙인 것으로 보인다. 그 다음에 노자는 깊은 음의 문은 천지의 뿌리라고 말했다.

식물의 잎은 겨울을 견디지 못하고 낙엽이 되어 떨어지지만 뿌리는 눈에 보이지 않아도 다음 해에 새싹을 돋게 한다. 33장에 "죽을 때까지 잊지 않는 자는 장수한다."는 말이 있다. 개체는 죽는다고 해도 그 시스템이 망가지지 않는 한 천지가 만물을 지속적으로 낳는다고 생각할 수 있다.

그래서 그다음 문장이 "그 뿌리는 이어지고 이어지니 계속 존재하는 것 같다. 아무리 만물을 생산하는 데 힘써도 지치지 않는다."로 마무리된다. 이것은 자연이 만물을 계속적으로 낳으면서도 지치지 않는 것을 표현한 것이다. 그런데 이것을 동물의 암컷에 적용하면 깊은 음의 문은 암컷의 성기(性器)로 해석할 수도 있다.

이것은 노자가 능동적인 남성보다 수동적인 여성을, 타올랐다가 사라지는 불보다 지속성을 더 유지하는 물, 밝게 자신을 드러내는 낮보다 보이지 않게 자신을 드러내지 않는 밤을 높게 평가하는 이유이기도 하다. 음양이론에서 보았을 때 여성성의 음(陰)과 남성성의 양(陽)이 조화를 이루어야 하는데, 세상은 남성성이 우위를 차지하고 있어 문제가 있다고 보고 여성성의 중요성을 노자는 강조하고 있다.

이러한 관점에서 본다면 골짜기는 음의 기운이 가득 찬 것이고 평지는 양의 기운이 넘치는 곳이다. 골짜기는 수분을 충분히 흡수해서 강과 바다로 흘려보내기 시작하는 원천(源泉)이다. 그래서 음기운의 시작이 된다. 노자는 이것을 깊은 음의 문이라고 하였다. 이 깊은 음의 문은 하늘과 땅이 맞닿은 기운을 가장 잘 보존하고 있는 곳이다. 그래서 천지의 뿌리가 된다.

천지의 기운이 작은 강을 거쳐 큰 강으로 흘러가면서 평지가 넓어지게 된다. 골짜기에는 천지의 기운이 가장 잘 머물기 때문에 신령한 기운이 유지되어 오랫동안 사라지지 않는다. 그러나 강과 바다에 가까워질수록 신령스러운 기운은 약화된다. 골짜기에 신령스러운 기운이 가득하면 죽지 않는다는 사상은 뒤에 신선(神仙)사상을 낳고 도교(道敎)로 전개된다.

작은 강 주변에는 작은 마을과 작은 도시가 들어서고 큰 강 주변에는 큰 마을과 큰 도시가 들어서게 된다. 사람들은 강과 바다 주변이 평지가 넓고 쓰기에 편리함이 많기 때문에 모여서 문명을 이루며 경쟁적으로 살아간다. 문명과 경쟁은 천지가 맞닿은 신령스러운 기운을 더욱 약화시키고 정신을 황폐화시킨다.

그리고 황폐화된 정신은 인위적인 도구를 경쟁적으로 만들면서 더욱 천지의 조화에 따른 신령스러운 기운을 약화시키는 악순환을 하게 된다. 쓰기에 편리함이 거의 없지만 신령스러움을 잘 보존하고 있는 골짜기는 도에 가깝고, 자연상태를 유지하고 있다. 그래서 대부분의 도인(道人)들은 골짜기에 들어가서 도를 닦는다.

왕은 넓은 평지를 차지하려고 한다. 평지가 넓을수록 군대를 주둔시키고 궁궐도 크게 지을 수 있으며 많은 사람을 부릴 수 있어 세력을 떨칠 수 있기 때문이다. 그리고 권력, 지위, 명예, 재산 등을 가지려는 사람들은 왕이 사는 넓은 평지로 몰리게 된다. 왕은 이런 사람들을 규합하여 더욱 큰 세력으로 만들기 위해 부자나라 강한 병력을 목표로 한다. 왕이 부자나라 강한 병력을 목표로 하면 결국 그 나라는 전쟁으로 망하게 되고 소속되어 있던 사람들도 제 명에 살기 어렵다.

노자는 넓은 평지에서 멀리 떨어져 있는 골짜기에 사는 것이 좋다고 한다. 골짜기는 왕이나 출세를 꿈꾸는 자에게 쓸모가 없는 땅이다. 골짜기의 길은 없거나 있다고 해도 한 사람이 다니기에도 불편할 정도로 가늘고 길게 이어지고 있다. 이런 곳에 살면 전쟁으로 인해 목숨을 잃을 일이 없이 자기 명(命)대로 살 것이다.

노자는 골짜기에 모여 오순도순 살아가는 작은 나라 적은 백성을 목표로 한다. 작은 나라 적은 백성을 목표로 하면 나라도 오랫동안 유지되며, 그곳에 소속되어 있던 사람들도 행복하게 잘 살 수 있다는 것이 노자의 생각이다.

질 문

1. '죽는다'는 단어는 생물에게, '암컷'이라는 단어는 동물에게, '뿌리'는 식물에게 쓰이는 용어인데, 한 단락의 문맥 속에 같이 있다. 이렇게 되면 주어-술어의 연결이 매끄럽지 못한데, 그 이유는 무엇인가?

2. 노자가 음(陰)의 기운을 강조하면, 상대적으로 양(陽)의 기운이 약해져 새로운 문제가 발생하지 않는가?

7장

내 용

하늘은 길게 뻗어 있고 땅은 오래간다. 하늘과 땅이 길고 오래갈 수 있는 것은 자기를 공동체보다 먼저 살리려고 하지 않기 때문이다. 그래서 오래 살 수 있다. 이 원리를 알기 때문에 성인은 자신을 남의 뒤에 머물도록 하지만 그 자신이 앞서게 되고, 자신을 변두리에 머물도록 하지만 그 자신이 중심에 있게 된다. 이것은 그에게 사사로움이 없기 때문이 아닌가. 그러므로 오히려 사사로움이 이루어질 수 있다.

天長地久 天地所以能長且久者 以其不自生 故能長生 是以聖人後其身而身先 外其身而身存 非以其無私邪 故能成其私(천장지구 천지소이능장차구자 이기부자생 고능장생 시이성인후기신이신선 외기신이신존 비이기무사야 고능성기사)

도 표

<table>
<tr><th colspan="2">길고 오랫동안 살 수 있는 원리</th><th colspan="2">그 원리를 아는 성인의 생활 태도</th></tr>
<tr><th>예증</th><th>이유</th><th>행위</th><th>결과</th></tr>
<tr><td rowspan="3">하늘은 길고
땅은 오래감</td><td rowspan="3">자신을
살리려고 하지
않기 때문</td><td>남의 뒤에 머묾</td><td>남 앞에 서게 됨</td></tr>
<tr><td>변두리에 머묾</td><td>중심에 서게 됨</td></tr>
<tr><td>사사로움이 없음</td><td>사사로움이
이루어짐</td></tr>
</table>

해 설

7장은 사사로움보다 공평무사를 우선시하는 것이 천지자연의 이치라는 점을 나타낸다. 노자는 “하늘과 땅이 길고 오래갈 수 있는 것은 공동체보다 먼저 자기를 살리려고 하지 않기 때문이다. 그래서 오래 살 수 있다.”고 말한다. 이 말을 해석하면, ‘자신을 살리려는 인위적인 노력을 하면 할수록 오히려 일찍 죽고, 자신을 살리려는 인위적인 노력을 하지 않으면 오랫동안 살 수 있다.’가 된다.

자신을 살리려는 인위적인 노력의 바탕에는 사사로움이 놓여 있다. 사사로움은 사심에서 일어나고 공평무사함은 공심에서 일어난다. 사심은 자신과 공동체가 마찰을 일으키고 있을 때 자신에게 유리하도록 불공평을 용인하는 마음이지만, 공심은 자신과 공동체가 마찰을 일으키고 있을 때 공동체를 우선시해서 공평함을 유지하는 마음이다.

예를 들어 공무원이 공적인 일을 할 때 사심이 작동되면 공심을 잃어버리고 자기에게 유리한 쪽으로 일을 처리하게 된다. 그러면 형평성을 잃게 되면서 공평하게 일처리를 못하게 된다. 이것이 바로 부정부패이다. 국가의 부정부패가 심해지면 그 국가는 오래가지 못하고 그 국가에 속한 개인도 함께 망하게 된다. 그 국가가 망하지 않고 오래간다면 부정부패를 일삼은 사람들을 처단하는 운동이 자체 내에 일어나서 그 개인은 척결되어 일찍 망하게 된다.

이것은 우리 몸이 영양 불균형이나 여러 부조화 등으로 형평성을 잃게 되면 암세포가 발생하게 되고, 암 덩어리가 점점 커져 우리 몸이 죽게 되면 암세포도 함께 죽는 것과 같다. 만약에 우리 몸 안에서 형평성을 유지하려는 면역체계가 작동해서 암세포를 물리치면 우리 몸은 건강을 찾게 되고 오랫동안 살게 되지만 암세포는 사라지게 된다. 이러한 원리는 모든 생물에게 해당될 뿐만 아니라 모든 자연물에게도 해당된다. 왜냐하면 모든 자연물은 파괴되었을 때 원상회복시키려는 자연치유력을 지니고 있기 때문이다.

이러한 원리를 꿰뚫어 본 화이트헤드는 모든 현실적 존재자를 유기체로 보는 유기체철학(有機體哲學, Organic Philosophy)을 주창했다. 그러나 고대동양철학자인 노자는 이미 『도덕경』에서 이 원리를 제시하고 있다. 특히 7장에서 '하늘이 길게 뻗어 있고 땅이 오래가는' 원인에 대해 '자기를 공동체보다 먼저 살리려고 하지 않기 때문'이라고 분명하게 말한다.

그리고 노자는 이 원리를 아는 성인의 생활 태도를 통해 우리들에게 그러한 삶의 중요성을 일깨우면서 다음과 같이 말하고 있다. "이 원리를 알기 때문에 성인은 자신을 남의 뒤에 머물도록 하지만 그 자신이 앞서게 되고, 자신을 변두리에 머물도록 하지만 그 자신이 중심에 있게 된다. 이것은 그에게 사사로움이 없기 때문이 아닌가. 그러므로 오히려 사사로움이 이루어질 수 있다."

성인은 자신을 남의 뒤에 머물도록 하지만 그 자신이 앞서게 되고, 자신을 조직의 열외 자리인 변두리에 머물도록 하지만 그 자신이 중심에 있게 되는데, 이런 태도는 결국 사사로움이 없기 때문에 오히려 사사로움이 이루어질 수 있게 한다. 그러므로 사사로움이 있으면 오히려 사사로움이 이루어지지 않는다. 이 말은 이순신 장군이 명량대전을 앞두고 했던 말, '살고자 하면 반드시 죽고, 죽고자 하면 반드시 살 것이다.'는 말처럼 역설(逆說)[31]로 보인다.

사회생활에서 사회의 이익보다 각 개인의 이익을 우선시하는 경우에 그 사회는 빨리 망하게 되고 거기에 속한 개인들도 함께 망하기 때문에, 그러한 행동을 하는 사람을 악인(惡人)이라고 하면서 사회구성원들은 싫어하고 배척한다. 남에게 직접 피해를 주면서까지 자신의 이익을 추구하는 사람은 범죄인이며 제 명대로 살지 못한다.

남에게 피해를 주지는 않지만 공동체의 이익보다 자신의 이익을 우선시하는 사람은 소인배이다. 소인배는 그릇이 작아 작은 이익밖에 지니지 못하고 사회에서 변두리나 뒷자리에 머물 수밖에 없다. 따라서 오히려 자신의 사사로운 이익을 추구하고자 했던 목적을 이

---

31) 일반적으로는 모순을 야기하지 아니하나 특정한 경우에 논리적 모순을 일으키는 논증. 모순을 일으키기는 하지만 그 속에 중요한 진리가 함축되어 있는 것으로 간주한다.(naver 사전 참조)

룰 수 없게 된다.

자신의 이익보다 공동체의 이익을 우선시하는 사람으로 인해 공동체와 개인이 오래 지속되기 때문에, 공동체 사람들은 그를 착한 사람이라고 하면서 좋아하고 존경한다. 그리고 그들은 이 사람에게 공동체의 장을 맡기면 좋겠다고 생각한다. 그는 사심이 없고 공심으로 가득 차 있어서 믿을 수 있기 때문이다. 공심으로 가득 찬 사람은 판단 기준을 공공의 이익에 둔다. 그리고 공동체 구성원들을 모두 동등하게 대하면서 사사로움을 배척한다. 그래서 일을 처리할 때 공평무사하게 한다. 공평무사하게 일을 처리하니 공동체 구성원들로부터 신망이 두터워지고 이 사람에게 결과적으로 권력, 지위, 명예, 재산 등이 모여들게 된다.

물론 이 사람은 사심이 없기 때문에, 권력, 지위, 명예, 재산 등으로 갑질을 해서 구성원들에게 상처를 주거나 위화감을 조성시키는 일을 하지 않는다. 공심으로 인해 생긴 힘으로 더욱 공공의 이익을 추구하는 데 매진할 뿐이다. 그러다가 여건이 좋지 않아서 이것들을 잃게 되면 기꺼이 뒤로 물러서서 변두리에 머물면서도 즐겁게 생활한다. 이것들을 얻고자 하는 사심이 없었고, 뒤로 물러서고 변두리에 머무는 것은 원래 원했던 일이기 때문이다.

그렇게 할 수 있는 것은 골짜기에서 살고자 하는 마음이 있기 때문이다. 즉 넓은 평지에서 우뚝 솟아난 모습으로 세상에 자신을 드러내어 출세하려는 사사로운 마음이 없기 때문이다. 평지는 출세하려는 사람이 많이 모인 곳이다. 그곳에서는 온 몸을 던진 경쟁과 다툼이 일어난다.

그 사람들은 경쟁과 다툼에서 이기기 위해 부지런하고 근심하여

승패와 관계없이 제 명대로 살지 못한다. 패했을 때는 자신을 못난 사람으로 여기면서 위축되어 일찍 죽고, 승리했을 때도 이기기 위해 노력하는 과정에 무리가 일어나서 그 몸을 지켜내지 못한다. 그 인생은 남에게 잘 보이기 위한 것이지 자신의 삶을 이룬 것이 아니다.

공평무사하게 일을 처리하면서 공심을 유지하는 사람이 진정으로 자신을 이루는 것은 세상의 중심에 있을 때나 변두리의 계곡에 있을 때와 관계없이 천지처럼 장구하게 만물과 더불어 공평하고 즐겁게 살기 때문이다.

질 문

1. 천지와 성인은 어느 정도 장구한가?

2. 성인은 사심이 없는데 어떻게 사심을 이룰 수 있는가?

8장

내 용

물처럼 사는 것이 가장 좋다. 왜냐하면 물은 만물을 이롭게 잘하면서 다투지 않고, 모든 사람이 싫어하는 더럽고 낮은 곳을 찾아가기 때문이다. 그러므로 도에 가깝다.

거주하기에는 하늘과 물속보다 땅 위가 좋고, 마음먹기는 낮은 것보다 깊은 것이 좋고, 더불어 살기는 미움이나 불만보다 어짊이 좋고, 말하기는 거짓이 깃들기보다 진심으로 믿음이 있을 때가 좋고, 바르게살기는 말보다 몸으로 다스리는 게 좋고, 일을 하는 데 있어서는 서툰 것보다 능숙함이 좋고, 실행에 옮길 때는 아무 때나 하기보다 때에 맞춤이 좋다.

무릇 이렇게 어디에는 무엇이 좋다고 하는 것들이 많은데, 우리들 인생 전반에 걸친 삶의 자세로 가장 좋은 것은 물처럼 사는 것이다. 왜냐하면 물처럼 살면 오직 다투지 않아서 허물이 없기 때문이다.

上善若水 水善利萬物而不爭 處衆人之所惡 故幾於道 居善地 心善淵 與善仁 言善信 正善治 事善能 動善時 夫唯不爭故無尤(상선약수 수선리만물이부쟁 처중인지소오 고기어도 거선지 심선연 여선인 언선

신 정선치 사선능 동선시 부유부쟁고무우)

도 표

<table>
<tr><td rowspan="2">상선약수</td><td colspan="5">물처럼 사는 것이 가장 좋음(上善若水)의 원리</td></tr>
<tr><td colspan="3">물의 명칭</td><td>물의 성질</td><td>물처럼 사는 사람</td></tr>
<tr><td rowspan="2">물은 만물을 이롭게 하면서 다투지 않음</td><td rowspan="2">1</td><td>가</td><td>생명수
(生命水)</td><td>모든 생물의 생존에 필수적이다.</td><td>이 세상에 꼭 있어야 할 사람</td></tr>
<tr><td>나</td><td>수평수
(水平水)</td><td>물은 수평을 유지한다.</td><td>자신을 포함하여 만물을 공평무사하게 대하는 사람</td></tr>
<tr><td rowspan="2">모든 사람이 싫어하는 더럽고 낮은 곳을 찾아감</td><td rowspan="2">2</td><td>다</td><td>정화수
(淨化水)</td><td>더러운 곳을 찾아가서 만물을 깨끗이 한다.</td><td>자신은 더러워지면서 타인을 빛나게 하는 사람</td></tr>
<tr><td>라</td><td>낙하수
(落下水)</td><td>높은 곳에서 낮은 곳으로 흐른다.</td><td>위에 있으려 하지 않고 낮은 곳에 머물려는 사람</td></tr>
</table>

해 설

노자가 인생에서 가장 가치 있게 여기는 것은 평화롭게 사는 것이다. 그는 평화를 깨뜨리는 원인이 투쟁심이며, 투쟁심을 불러일으키는 원인은 남보다 잘나 보이려고 하거나 무시당하지 않으려는 마음이라고 본다. 그 마음 때문에 많은 사람들이 권력, 명예, 지위, 재산 등을 쟁취하기 위해 싸우고, 쟁취 후에는 지키기 위해서 싸우니 싸움이 끊이지 않아 인생의 허물로 남는다.

노자는 많은 사람들이 가치 있다고 여기는 권력, 명예, 지위, 재산 등이 사실은 가치 있는 것이 아니라 오히려 위험하다는 점을 여러 장에서 거듭 말하고 있다. 특히 8장에서는 "물처럼 사는 것이 가장 좋다."고 하면서 그 이유로 두 가지를 들고 있다.

그것은 '물이 다투지 않으면서 만물을 이롭게 잘하며, 사람들이 싫어하는 곳에 머문다는 것'이다. 여기서 노자는 물이 투쟁심을 줄여서 평화롭게 살 수 있는 성질을 지니고 있다는 점을 지적하며 다른 좋은 것과 대비시키고 있다. 거주하기에는 땅이, 마음먹기에는 깊음이, 더불어 살기에는 어짊이, 말하기에는 믿음이, 바르게살기에는 몸으로 다스림이, 일하는 데는 능숙함이, 실행에 옮길 때는 때에 맞춤이 좋듯이, 다투지 않는 평화에는 물을 본받는 것이 좋다는 것이다.

노자가 물이 가장 좋은 이유로 제시한 두 가지를 필자는 물의 성질로 분류한 명칭에 따라 네 가지로 늘렸다. 첫 번째 이유인 "물은 만물을 이롭게 잘하면서 다투지 않는다."는 말 중 '만물을 이롭게 잘하는' 물의 명칭을 생명수(生命水)로 하였다. 이것은 모든 생물이 생존하는 데 있어 물은 필수적인 기능을 하기 때문이다.

그리고 '다투지 않는다.'는 물의 명칭을 수평수(水平水)로 하였다. 다툼은 남보다 튀어나온 부분으로 인해 일어나는데, 물은 수평을 유지하려는 성질이 있기 때문이다. 세상에는 수많은 사물이 있고 그들 나름으로 다른 사물의 생존에 도움을 주기도 하지만,[32] 그 중 수평을 유지하려는 사물은 물이 가장 잘 해내는 것으로 보인다. 노자는 특히 여기에 주목하고 있고, 장자는 이 원리를 '만물은 가지런하다.'는 의미를 지닌 제물론(齊物論)으로 나타내었다.

노자가 8장에서 물이 가장 좋은 이유로 제시한 두 번째는 "모든 사람이 싫어하는 더럽고 낮은 곳을 찾아가는 것"이다. 여기에서 필자는 모든 사람이 싫어하는 곳을 두 군데로 구분하였다. 하나는 더러운 곳이고 다른 하나는 낮은 곳이다. 물은 더러운 곳으로 가서 그들을 깨끗이 씻어내는 '정화수(淨化水)'로서의 성질로, 낮은 곳으로 흘러가는 것을 '낙하수(落下水)의 성질로 나타내었다.

정화수는 '물처럼 사는 사람'에 비유하여 '자신은 더러워지면서 타인을 빛나게 하는 사람'이라 하였고, 낙하수는 '위에 있으려고 하지 않고 낮은 곳에 머물려는 사람'에 비유하였다. 노자가 물을 바라보면서 '아! 저렇게 살아야겠구나!'라고 느낀 순간이 가슴에 와 닿는다.

---

32) 인도 사상 특히 상키야파(數論派)의 자연철학에서는 흙・물・불・바람・공기 등을 각각 견(堅 : 단단함), 습(濕 : 끈끈함), 연(煙 : 열), 동(動 : 운동), 무애(無碍 : 장소)의 성질을 지닌 오대(五大)로 지칭했다. 그리고 중국 고대에 성립된 오행(五行)에서 수(水)는 윤하(潤下, 물질을 윤택하게 하며 낮게 흐른다), 화(火)는 염상(炎上, 타서 위로 올라간다), 목(木)은 곡직(曲直, 휘거나 똑바로 된다), 금(金)은 종혁(從革, 자유롭게 변형한다), 토(土)는 가색(稼穡, 파종과 수확)으로 그 성질을 설명하고 있다. 이들 오대나 오행은 모두 나름으로 다른 사물들의 생존에 필수적이다. 예를 들면 불(火)은 온도를 유지해서 생물의 생존에 도움을 주고, 땅(地)은 안정되어 생물의 거주함에 도움을 주고 있다.

질 문

1. 노자는 "물처럼 살면 오직 다투지 않아서 허물이 없기 때문이다."고 했는데, 인생에서 다투지 않는 것이 그렇게 중요한가? 살다 보면 치열하게 다투어야 할 때도 있지 않는가?

2. 불(火)은 양이고, 물은 음(陰)인데, 노자가 음(陰)의 역할을 강조하고 있는 것으로 보아도 되는가? 만약에 음의 역할을 양의 역할보다 강조하면 가지런함을 주장하는 것과는 배치되지 않는가?

9장

내 용

지니고 있음에도 불구하고 더 채우려고 하는 것은 그만두는 것만 못하다. 갈아서 날카롭게 된 것은 오래 보존하기가 어렵다. 금과 옥 같은 보물이 집에 가득하면 이를 지킬 수가 없다. 부유하고 귀한 신분이 되어 교만해지면 허물을 남기게 된다. 공을 이루고 나서 그 혜택에 머물지 말고 몸을 물리는 것이 하늘의 도이다.

持而盈之 不如其已 揣而銳之 不可長保 金玉滿堂 莫之能守 富貴而驕 自遺其咎 功遂身退 天之道也(지이영지 불여기이 췌이예지 불가장보 금옥만당 막지능수 부귀이교 자유기구 공수신퇴 천지도야)

도 표

아래의 '근거들'은 좋지 않고, '주장'을 따르는 것이 좋음

근거와 주장	~ 면	— 다.	좋지 않음과 좋음
근거1	지니고 있으면서도 더 채우려고 하면	그만두는 것만 못함	좋지 않음
근거2	갈아서 날카롭게 되면	오래 보존하기 어려움	좋지 않음
근거3	보물이 집에 가득 차면	지킬 수가 없음	좋지 않음
근거4	귀한 신분이 되어 교만해지면	허물을 남기게 됨	좋지 않음
주 장	공을 이루고 나서 몸을 물리면	하늘의 도에 맞음	좋음

해설

9장은 초나라 무덤에서 발견된 죽간본에 전문(全文)이 나오기 때문에 보다 빠른 시기에 지어져서 도덕경에 삽입된 것으로 봐야 한다. 이 장은 우리들이 공을 이루고 살면서 어느 선에서 멈추고 물러서야 하는지를 알려주는 귀중한 장이다. 이러한 맥락은 여러 장에서 다양한 언어로 거듭 표현되고 있지만,[33] 9장은 그렇게 해야 하는 이유에 대해 비유를 들어 제시하고 있기 때문에 다른 장보다 비교적 설명이 잘 되어 있다고 할 수 있다.[34]

---

33) 2장의 공을 이루고 그 자리에 머물지 않음, 34장의 공을 이루고 그 결과물을 소유하지 않음, 77장의 공을 이루고 그곳에 있지 않음.

"지니고 있음에도 불구하고 더 채우려는 것은 그만두는 것만 못하다. 갈아서 날카롭게 된 것은 오래 보존하기가 어렵다." 노자가 한 이 말을 공자가 말한 과유불급(過猶不及 : 정도를 지나침은 미치지 못함과 같다)[35]으로 해석하는 경우도 있다. 그러나 두 문장이 '지나침이 좋지 않다.'는 의미로는 비슷하지만, '부족함이 좋지 않다.'는 말에는 차이가 있다. 공자는 지나침과 부족함이 모두 좋지 않다는 중용(中庸)을 강조하고 있고, 노자는 현재 가진 것에 부족함을 느끼기보다 그것에 만족함의 중요성을 강조하고 있다.

그릇에 물을 담아서 이동할 때 물을 가득 채우는 것보다 덜 채우는 것이 지니기에 낫다. 그리고 칼을 갈아서 지나치게 날카로운 것은 쉽게 무디게 되니 보관하기 어렵다. 그래서 노자는 사물에 빈 공간이 많을수록 쓰기에 좋고, 통나무처럼 투박할수록 좋게 여긴다. 즉 그릇에 물이 적고, 칼의 날이 무딘 상태로 있어도 충분히 만족함을 중요하게 여긴다.

노자가 만족함의 중요성을 강조하고 있지만, 우리들의 삶에 있어 구체적으로 어느 정도에서 만족을 느끼는 것이 좋은가? 노자는 현실의 삶은 의식주가 해결되어 생존에 지장이 없는 정도에서 만족하는 것이 좋다고 생각한다. 노자는 12장의 '배를 위하고 눈을 위하지 말라.'와 24장의 '잔밥과 군더더기 행위'의 문장을 통해, 배고픔을 해결

---

34) 30장의 만물은 장성하면 곧 노쇠함과 44장의 멈출 줄 알면 위태롭지 않아 오래 갈 수 있음을 통해, 빨리 늘리려 하지 말고 멈추어야 위태롭지 않고 오래가기 때문이라 말한다.

35) 논어(論語)의 선진편(先進篇)에 나오며, 공자가 제자인 자공(子貢)의 질문에 대해 다른 제자들인 자장(子張)의 지나침과 자하(子夏)의 부족함을 비교해서 지적한 말이다.

하는 것 이상을 추구하면, 그것은 남의 눈을 의식함이며 잔밥과 군더더기의 행위에 불과하다고 말한다. 따라서 노자는 이것을 자신이 지닌 것보다 더 많은 것을 채우려는 행위로 보고 그만두는 것만 못하다고 한 것이다.

현실의 삶을 사는 데 지장이 없을 정도로 여러 가지 물품이나 기술을 지니고 있고, 사회적 지위나 명예 등을 지니고 있는데도 불구하고 만족하지 않고 더 많이 가지려고 하는 것은 크게 두 가지 이유 때문이다. 첫째는 미래를 위해 저축해 두는 경우이다. 이 경우에는 자신의 미래도 있지만, 자식이나 손자 등 후손의 미래를 대비하는 측면도 있다. 둘째는 남과 비교해서 자신이 앞서 있다는 것을 굳이 나타내고자 하는 경우이다. 이것은 남보다 앞서고자 하는 마음에서 비롯된다.[36]

첫째의 이유로 더 많이 가지고자 하는 경우는, 미래를 위해 저축을 하지 못하면 불안 초조해하면서 어둡고 힘든 현재를 보내게 된다. 그리고 미래를 위해 어느 정도 저축을 하고 있다고 해도 후손의 미래까지 생각한다면 많으면 많을수록 더욱 좋다는 다다익선(多多益善)의 마음으로 채울 수 있는 데까지 채우려고 할 것이다. 이렇게 되면 만족을 모르고 채우고자 하는 욕망의 노예가 된다.[37]

둘째의 이유로 더 많이 가지고자 하는 경우는, 나보다 더 많이 가진 자가 없을 때까지 지속적으로 채우는 행위를 하게 된다. 만약에 자기

---

36) 이 마음을 노자의 언어로 표현하면, 67장의 감히 천하에 앞서고자 함이 된다. 노자는 이 장에서 감히 천하에 앞서고자 하지 않음을 자신이 지니고 있는 세 가지 보배 중 하나라고 말했다.

37) 에리히 프롬이 『소유냐 존재냐』에서 미래보다 현재를 중시하라고 한 것도 같은 맥락이다.

분야에서 최고로 많이 가진 자가 되었다 하더라도 다른 분야에는 미치지 못하니 여전히 불만족이다. 현실적으로는 불가능하겠지만 모든 분야에서 최고 자리에 있기 때문에 비교할 상대 없이 비교우위를 점하고 있다고 하더라도 일시적인 만족에 머물게 된다. 왜냐하면 그러한 자신이 늙고 죽음을 향해 달려가고 있어서, 지속적으로 자신의 것을 지닐 수 없다는 사실로 인해 불만족스러울 수밖에 없기 때문이다.38)

"금과 옥 같은 보물이 집에 가득하면 이를 지킬 수가 없다. 부유하고 귀한 신분이 되어 교만해지면 허물을 남기게 된다." 자신이 지닌 재산과 지위 등에 만족할 수 없어서 더욱 많이 지니게 되면 결과적으로는 그것들을 지킬 수가 없다. 자신의 그릇보다 그것에 담긴 내용물이 더 많기 때문이다. 이때의 그릇은 사람의 능력을 의미하고, 내용물은 재산과 지위 등을 말한다. 지닐 수 있는 능력이 안 되는 사람이 재산을 많이 지니고 있으면 재산은 말할 것도 없고 생명까지 위태롭다.

능력이 안 되는 사람이 지위가 높으면 밑에 있는 사람이 말을 듣지 않는다. 그러면 그는 없는 권위로 누르려고 하니 더욱 허물이 많이 드러나면서 무시당하게 된다. 세상에는 재산이 많고 지위가 높아도 무난하게 잘 지켜내는 사람도 있다. 이 사람은 능력이 있는 사람이다. 능력 있는 사람이 자신의 그릇보다 권력, 지위, 명예, 재산 등의 내용물을 조금 적게 담고 있으면 무리 없이 그것들을 지닐 수 있다.

그러면 어떤 사람이 능력이 있으면서 내용물을 적게 담는 사람인

38) 역사적으로는 당대에 모든 것을 지녔다고 생각한 진시황이 불로초를 구하면서 영생을 꿈꾸었지만, 자신도 그가 세운 제국도 오래가지 못했다.

가? 이것에 대한 대답이 9장의 마지막 문장이다. “공을 이루고 나서 그 혜택에 머물지 말고 몸을 물리는 것이 하늘의 도이다.” 이 사람은 ‘하늘의 도를 아는 사람’이다. ‘하늘의 도’는 공을 이루고 나서 그 혜택으로 주어지는 내용물을 챙기려고 하지 않고 물러나는 것이다.[39)]

공을 이루는 과정에 그 일을 해내기 위해 어느 정도의 힘이 필요하다. 그래서 그 사람에게 그 정도의 힘이 있기 때문에 주어진 내용물을 지닐 수 있다. 그러나 공을 이루고 나면, 내용물인 권력, 지위, 명예, 재산 등을 가지고자 하는 사람은 많은 데 비해 그것은 한정되어 있으니 필연적으로 다툼이 일어나게 된다. 이때 다툼 속으로 들어가는 것은 위태로워 지금 지니고 있는 것까지도 지닐 수 없게 되거나 목숨까지 잃게 될 가능성이 많다. 멈춤을 아는 사람이 편안하게 인생을 즐길 수 있다.

질 문

1. 공을 이루고 물러난다면 공을 이루는 이유가 무엇인가?

2. ‘하늘의 도’를 자연현상에서도 찾을 수 있는가?

---

39) 중국 한(漢) 나라의 개국공신 중 장량(張良)은 물러나서 살았고, 한신(漢信)은 물러나지 않아서, 사냥으로 잡은 토끼가 죽으면 잡는 데 공을 세운 개도 필요 없어져 주인에게 삶아 먹히듯이 토사구팽((兎死狗烹)을 당하였다.

10장

내 용

혼비백산(魂飛魄散)할 상황에 놓여도 혼(魂)에 백(魄)을 싣고 하나를 껴안아서 분리되지 않게 할 수 있겠는가? 정기(精氣)를 모아 다스려서 부드러움에 이르게 하는 데 젖먹이처럼 할 수 있겠는가? 거울에 묻은 흠을 씻어 제거하는 데 완전히 흠이 없도록 할 수 있겠는가? 백성을 사랑하고 나라를 다스리는 데 지식 없이도 가능하겠는가? 하늘의 문을 열고 닫는 데 암컷 없이 가능하겠는가? 밝게 사통팔달이 되도록 하는 데 억지가 없음으로 가능하겠는가?

자연은 만물을 생기게 하고 기른다. 그렇지만 낳아도 소유하지 않고, 해내지만 자부하지 않고, 이끌지만 주관하지 않는다. 사람이 자연처럼 하는 행위, 이것을 일러 깊은 덕이라고 한다.

載營魄抱一 能無離乎 專氣致柔 能嬰兒乎 滌除玄覽 能無疵乎 愛民治國 能無知乎 天門開闔 能無雌乎 明白四達 能無爲乎 生之畜之 生而不有 爲而不恃 長而不宰 是謂玄德(재영백포일 능무리호 전기치유 능영아호 척제현람 능무자호 애민치국 능무지호 천문개합 능무자호 명백사달 능무위호 생지휵지 생이불유 위이불시 장이부재 시위현덕)

도 표

가능하겠는가? (거의 불가능하다)		가능하게 하려면 자연처럼 깊은 덕을 지녀야 함	
~ 하는데	할 수 있는가?	~해도	— 해야 함
혼백을 하나로 껴안아서	분리되지 않게	낳고 (生之) 길러도 (畜之)	낳아도 소유하지 않음
기를 다스려 부드러운데	젖먹이처럼		
흠을 씻어 제거하는데	흠이 없도록		해내지만 자부하지 않음
백성을 다스리는데	지식 없이		
하늘의 문을 여닫는데	암컷 없이		이끌지만 주관하지 않음
밝게 사통팔달이 되는데	억지 없이		

【참고도】

명(名)	음양	천지	남녀	혼백	정신	넉넋[40]	심신	영혼 정기
기(氣)	양(陽)	하늘(天)	웅(雄)	혼(魂)	신(神)	넉	심(心)	영혼(靈魂)
	음(陰)	땅(地)	자(雌)	백(魄)	정(精)	넋	신(身)	정기(精氣)

해 설

하상공은 '할 수 있겠는가?(能爲)'로 10장의 제목을 붙였는데, 그것

40) 넉과 넋의 구별은 최세진의 훈몽자회(訓蒙字會, 1527)에 처음 나옴.

은 10장의 처음 6가지의 질문이 부정을 강조하는 부가의문문으로 제시되고 있으며 모두 '할 수 있겠는가?'로 문장이 끝나기 때문이다. 부가의문문으로 '할 수 있겠는가?'라는 질문은 물론 '거의 불가능하다.'는 의미이다. 그런데도 이어지는 문장에서 할 수 있는 가능성을 키우기 위한 3가지 답변에 해당하는 삶의 태도를 제시하고, 이러한 태도를 깊은 덕(玄德)이라고 말하면서 10장이 끝난다.

노자는 사실상 거의 불가능한 것을 '할 수 있겠는가?'라고 물으면서, 다음의 여섯 가지를 제시하였다.

1) 혼비백산(魂飛魄散)할 상황에 놓여도 혼(魂)에 백(魄)을 싣고 하나를 껴안아서 분리되지 않게 할 수 있는가?

2) 정기(精氣)를 모아 다스려서 부드러움에 이르게 하는 데 젖먹이처럼 할 수 있겠는가?

3) 거울에 묻은 흠을 씻어 제거하는 데 완전히 흠이 없도록 할 수 있겠는가?

4) 백성을 사랑하고 나라를 다스리는 데 지식 없이도 가능하겠는가?

5) 하늘의 문을 열고 닫는 데 암컷 없이 가능하겠는가?

6) 밝게 사통팔달이 되도록 하는 데 억지가 없음으로 가능하겠는가?

첫째로, '혼비백산(魂飛魄散)할 상황에 놓여도 혼(魂)에 백(魄)을 싣고 하나를 껴안아서 분리되지 않게 할 수 있는가?'라고 할 때, '혼비백산할 상황에 놓여도'라는 말은 필자가 해설을 위해 붙인 것이다.

혼비백산은 '혼은 날아가고 백은 흩어진다는 말로, 몹시 놀라거나 두려워서 넋을 잃거나 정신이 나간다.'는 비유의 말로 알려져 있다. 그러나 여기서 필자가 혼비백산이라는 말을 인용한 것은 실제로 혼비백산하는 상황을 염두에 두었다.

실제로 혼이 날아가고 백이 흩어지는 상황은 죽었을 때 일어난다. 사람이 죽으면 혼(魂)은 하늘로 올라가고, 백(魄)은 땅으로 묻혀서 분리된다고 본다. 이때의 혼(魂)은 위의 도표에서 제시했듯이 신(神), 넉, 심(心), 영혼(靈魂)에 해당하고, 백(魄)은 정(精), 넋, 신(身), 정기(精氣)에 해당한다. 사람이 죽어서 둘로 갈라질 상황에 처해졌는데도 하나로 껴안아서 분리되지 않게 할 수 있겠는가라고 노자가 묻고 있는 것이다.

혼비백산할 상황에 놓여도 혼(魂)에 백(魄)을 싣고 하나를 껴안아서 분리되지 않게 된다면, 이것은 혼과 백이 분리되지 않는 상태로 계속 살 수 있다는 말이 된다. 이것을 실제로 가능하다고 믿는 사람들이 후대에 생겨나게 된다. 이들은 이렇게 말하는 노자는 최소한 이런 상태에 있다고 생각했고, 자신들도 노자가 말한 대로 도를 닦으면 이런 상태에 놓일 수 있다고 생각했다.

이것이 바로 신선사상(神仙思想)을 담고 있는 도교(道敎)이다. 도교에서 말하는 '신선'은 늙지도 죽지도 않는 경지에 도달한 사람이다. 이런 경지에 이르면 혼과 백이 분리되지 않는 상태로 계속 살 수 있다는 말이다. 도를 닦으면 이러한 경지에 이를 수 있다고 도교에서는 말한다. 도교의 독실한 신자들은 신선인 상태로 영생을 할 수 있다고 믿는다.

둘째로, '정기(精氣)를 모아 다스려서 부드러움에 이르게 하는 데 젖먹이처럼 할 수 있겠는가?'라고 할 때, 정기를 모아 다스리는 자는 어른이다. 따라서 이 질문은, '나이든 어른을 어린아이로 돌아갈 수 있도록 할 수 있겠는가?'로 바꿀 수 있다. 나이가 들면 온 몸이 굳어진다. 그래서 나이든 사람이 방바닥에 앉았다가 일어설 때는, 방바닥에 손을 짚고 겨우 일어서면서 '아~' 하는 비명을 자기도 모르게 지르게 된다.

그런데 이렇게 몸이 굳은 사람이 젖먹이처럼 부드럽게 움직일 수 있겠는가라고 노자는 묻는다. 이것이 가능해지려면 정기를 모아서 다스려야 하는데, 이것을 수행하는 자는 '도를 닦는다.'고 말한다. 도를 닦으면 나이를 거꾸로 돌릴 수 있다는 말인가, 아니면 나이는 들어도 몸만 부드럽게 할 수 있다는 말인가? 어쨌든 쉽지 않은 일임은 분명하다.

셋째로, '거울에 묻은 흠을 씻어 제거하는 데 완전히 흠이 없도록 할 수 있겠는가?'라고 할 때의 거울은 낡은 거울이다. 세월이 흐르면서 거울에 많은 흠들이 생겼을 것인데, 그것을 '씻어서 새것처럼 흠이 하나도 없는 상태로 만들 수 있는가?'라고 노자는 묻고 있다. 요사이는 좋은 세척제가 많이 개발되고 있어서, 물건들을 새것에 가깝게 세척할 수도 있다. 그렇다고 하더라도 한계가 있을 것이다. 만약에 이것이 가능하다면 엔트로피 법칙에 위배된다.

엔트로피 법칙은 '모든 물질과 에너지는 오직 한 방향으로만 바뀌며, 질서화한 것에서 무질서화한 것으로 변화한다는 열역학 제2법칙'이다. 열역학 제2법칙은 '비가역 과정의 존재를 말하는 법칙'이다. '질서화한 것에서 무질서화한 것으로 변화한다.'는 것은 모든 물체가 낡아진다는 것이다. 그리고 낡아지는 방향으로 진행되지 않고 거꾸로 새것의 방향으로 진행되는 것을 가역(可逆)이라고 한다. 열역학 제2 법칙은 모든 물체가 이러한 가역을 하지 못하는 비가역(非可逆)의 과정을 겪는다는 법칙이다.

넷째로, '백성을 사랑하고 나라를 다스리는 데 지식 없이도 가능하겠는가?'라고 할 때의 지식은 통치자가 백성을 사랑하고 다스리는 통치술이다. 에리히 프롬(Erich Fromm, 1900-1980, 미국 신프로이트학파의 정신분석학자, 사회심리학자, 철학자)은 『사랑의 기술 *The Art of Loving*』에서 사랑도 기술을 배우듯이 배워야 한다고 주장하였다. 많은 사람들이 사랑은 저절로 알게 된다고 착각하고 있는데, 그렇지 않다는 것이다.

프롬은 심지어 부모의 자식에 대한 사랑까지도 배워야 한다고 하였다. 왜냐하면 대다수 사람들이 자식을 사랑하는 일에 실패하기 때문이라는 것이다. 심지어 사랑까지 배워야 된다는데, 통치자가 백성을 사랑하고 다스리는 데 있어 통치술에 대한 지식 없이 가능하겠는가라고 노자는 묻고 있다.

다섯째로, '하늘의 문을 열고 닫는 데 암컷 없이 가능하겠는가?'라고 말할 때의 하늘은 만물을 낳는 아버지로서의 하늘이다. 즉 '아버님 날 낳으시고' 할 때의 아버지이다. 그리고 이때의 '문을 열고 닫는다.'는 말은, 만물을 낳고 어느 정도 생존케 한 후에는 만물을 거두어가는 문을 말한다. '어머님 날 기르시니'라고 하듯이 어머니의 노고 없이 아버지 혼자서 나를 낳아서 기르고 거두어 갈 수가 없다.

하늘도 마찬가지이다. 땅이라는 암컷의 도움 없이 만물을 낳고 기르고 거두어 가는 일이 가능하겠는가라고 노자는 묻는다. 이 말에는 양(陽)이라는 하늘이 음(陰)이라는 땅 없이 만물에 관여하는 것이 불가능하다는 입장인 음양이론의 관점이 놓여 있다.

여섯째로, '밝게 사통팔달이 되도록 하는 데 억지가 없음으로 가능하겠는가?'라고 말할 때의 '밝게 사통팔달이 되도록 한다.'는 것은 '큰 도시의 중앙로'나 '고속도로' 같은 도로건설을 말한다. '사통팔달'(四通八達)이라는 말이 사방으로 통하고 팔방으로 닿아 있다는 말이기 때문이다. 그리고 '억지로 함이 없다.'는 것은 인위적인 노력 없이 자연스럽게 이루어지는 것을 말한다. 따라서 노자는 이러한 큰 공사(工事)를 이루어내는 데 인위적인 노력 없이 자연스럽게 이루어지도록 할 수 있겠느냐고 묻고 있다.

위의 여섯 가지 일은 인간이 해내기로는 불가능한 것들이다. 그러면 인간 이외의 존재 중에 이러한 일을 가능하게 하는 자가 있다고 노자는 생각하는가? 이 지점에서 종교로서의 도교와 철학으로서의 도가사상이 갈라진다. 종교로서의 도교에서는 이러한 일이 실제로 가능하고, 가능하게 하는 자가 실제로 있다고 믿는다.

그래서 도교를 믿는 사람들은, 도를 닦으면 신선이 될 수도 있고, 어린아이처럼 부드러워질 수 있는 등 자연법칙을 거슬러 불가능한 것들을 가능하게 한다고 생각한다. 종교의 영역은 자연법칙을 거스르는 신비함을 용인할 뿐만 아니라, 오히려 종교는 이러한 신비한 힘을 인정해야만 종교의 존재 가능성이 커진다.

그렇지만 철학으로서의 도가사상은 이러한 일이 실제로 일어난다고 믿지는 않는다. 그러면 철학자인 노자는 10장에서 왜 불가능한 것들을 제시했는가에 대한 의문이 생긴다. 이 의문을 풀기 위해서 위의 6가지 불가능한 것을 가능하게 하는 자가 있다고 가정해보자. 위의 6가지 불가능한 것은 모두 자연법칙을 거스르는 일이다. 이것이 만약에 가능하다면, 가능하게 자는 자연법칙을 만든 자라고 생각할 수 있다. 자연법칙을 만든 자를 창조주라고 한다면 창조주 신이 될 것이다.

그러나 노자의 도가사상에서 자연법칙을 만든 자는 도이며, 도는 자연자체(道法自然)이다. 그래서 자연은 만물을 생기게 하고 기른다. 뿐만 아니라 만물을 거두어들이기도 한다. 그러니 자연은 만물에게 끼치는 영향력이 대단하다. 이러한 영향력을 지니고 있는 자연이라면 자신의 영향력 아래에 있는 만물에게 대단한 행세(行勢)를 할 수 있는 위치에 있다.

그렇지만 자연은 만물을 낳아도 소유하지 않고, 길러내지만 자부하지 않고, 이끌지만 주관하지 않는다. 그래서 만물은 자연의 존재를 의식하지 않고, 각자 자기방식의 삶을 영위한다. 그런데 노자는 바로 그 자연의 위대함과 훌륭함을 의식하고 있다. 그래서 우리들에게 다른 동물들보다 머리가 좋다고 뽐내지 말고, 자연에 비해 턱없이 부족한 얕은 지식과 지혜로 세상을 주관해서 일을 그르치지 말고 자연에 따를 것을 강조하고 있다.

그래서 노자는 위에서 6가지 불가능한 일을 제시하면서 너희는 할 수 없지 않느냐라고 말하고, 만약 이것을 가능하게 할 수 있는 자는 자연 이외에는 없지 않느냐라고 말하고 싶은 것이다. 물론 자연이 스스로를 드러내려고 하지 않기 때문에 쉽게 알아차리지는 못하겠지만 말이다. 노자는 특히 자연의 위대함과 훌륭함을 엄청난 영향력을 지니고 있으면서도 자신을 드러내려고 하지 않음에서 찾고 있다. 그리고 자신을 드러내지 않음을 3가지로 정리하였다.

첫째는 만물을 낳아도 소유하지 않음이다. 둘째는 만물을 길러내지만 자부하지 않음이다. 셋째는 만물을 이끌지만 주관하지 않음이다.[41] 이에 비해 우리들은 조그마한 영향력이라도 있으면 그것을 드러내지 않고는 못 배긴다. 그렇게 하기 때문에 그러한 영향력조차 줄어들면서 오래가지 못한다. 반대로 자연처럼 큰 영향력을 발휘하는 자는 자신을 드러내지 않기 때문에 오히려 큰 영향력을 잃지 않고 지속한다는 사실을 노자는 제대로 알고 있다. 만약에 사람도 자연처럼 할 수 있다면 가장 좋은 상태를 유지할 수 있다면서, 사람이 자연처럼 하는 행위인 '깊은 덕'(玄德)을 지니라고 우리들에게 권유하고 있다.

인간이 깊은 덕을 지녔다고 해서 자연법칙을 거슬러서 늙은이를 젊은이로 만들 수는 없을 것이다. 그러면 깊은 덕이 어떤 가치가 있는가? 깊은 덕은 늙은이를 젊은이로 만들 수는 없어도, 우리들에게 늙음이 나쁘고 젊음이 좋다는 가치관을 버릴 수 있게 해준다. 왜냐하면 자연의 시각에서 보면 늙음과 젊음의 가치 차이가 없기 때문이다.

마찬가지로 몸에 흠이 많은 장애의 상태나 흠이 적은 건강한 상태에도 자연의 시각에서 보면 차이가 없다. 가난한 자와 부자, 학벌이 높은 자와 낮은 자, 지위가 높은 자와 낮은 자 등의 차이는 수준이 낮은 인간들이 자신들의 잘났음을 드러내기 위해 인위적으로 만든 기준에 불과하다는 것을 자연은 우리에게 알려주기 때문에, 자연처럼 하는 행위인 '깊은 덕'은 우리에게 큰 가치가 있다.

---

41) 자신을 드러내지 않은 세 가지 행위에 대해서는 도덕경 여러 장에서 거듭 나오기 때문에 여기서는 생략한다.

질 문

1. 없음과 도와 자연은 어떤 관계인가?

2. 노자는 왜 자연을 인격신처럼 받들지 않는가?

3. 노자의 깊은 덕(玄德)은 장자의 제물론(齊物論)과 어떤 관계가 있는가?

11장

내 용

서른 개의 바퀴살이 하나의 바퀴통을 향하는 데 마땅히 그 바퀴통의 빈 공간이 수레를 쓸모 있게 한다. 진흙을 빚어 그릇을 만드는데 마땅히 그 그릇의 빈 공간이 그릇을 쓸모 있게 한다. 문과 창을 뚫어 방을 만드는 데 마땅히 그 방의 빈 공간이 방을 쓸모 있게 한다. 그러므로 있음이 이롭게 되는 것은 없음이 쓸모 있기 때문이다.

三十輻共一轂 當其無 有車之用 埏埴以爲器 當其無 有器之用 鑿戶牖以爲室 當其無 有室之用 故有之以爲利 無之以爲用(삼십폭공일곡 당기무 유거지용 선식이위기 당기무 유기지용 착호유이위실 당기무 유실지용 고유지이위리 무지이위용)

도 표

있음이 이롭게 되는 것은 없음이 쓸모 있기 때문임

사례	~ 하는 데 있어	무엇이 무엇을 쓸모 있게 함
1	바퀴살들이 하나의 바퀴통을 향하는 데 있어	바퀴통의 빈 공간이 수레를 쓸모 있게 함
2	진흙을 빚어 그릇을 만드는 데 있어	그릇의 빈 공간이 그릇을 쓸모 있게 함
3	문과 창을 뚫어 방을 만드는 데 있어	방의 빈 공간이 방을 쓸모 있게 함

해 설

11장은 일상에서도 '없음'이 많이 쓰이고 있다는 점을 드러내고 있다. 그래서 하상공은 이 장의 제목을 '없음의 쓰임'이라고 하였다. 이 장에서 드러난 사례는 바퀴, 그릇, 방의 '빈 공간'에 대한 쓰임이다. 여기서는 독자들의 이해를 돕기 위해 '빈 공간'이 '없음'으로 표현되었다. 바퀴, 그릇, 방이라는 물체는 '있음'이고, 이 물체들이 유용하게 쓰이는 이유는 '없음' 즉 '빈 공간' 때문이다.

바퀴는 무거운 물체를 쉽게 옮기기 위해 고안된 것이다. 가벼운 물체는 손에 들고 갈 수 있지만 무거운 물체는 그럴 수 없다. 그래서 밧줄 같은 것으로 묶어서 여러 사람이 끌고 가는 것이 좋은데, 이때 무거운 물체의 마찰력을 줄이기 위해 만든 것이 바퀴다.[42] 무거운 물체를 끌고 가기 위해서는 바퀴살의 중심부인 바퀴통이 비어 있어

42) 바퀴의 역학적 원리는 미끄럼마찰(sliding friction)을 굴림마찰(rolling friction)로 변화시켜서 물체가 이동할 때의 저항을 감소시키는 데 있다.

야 차축(車軸)으로 연결이 되면서 끌고 갈 수 있다. 만약에 바퀴통이 비어 있지 않으면 차축으로 연결할 수 없어 무거운 물체를 끌 수가 없다. 무거운 물체를 끌 수 없는 바퀴는 바퀴로서 소용이 없다.

그릇을 사용한다는 것은 그릇의 빈 공간에 무엇인가를 담을 수 있기 때문이다. 빈 공간이 없는 그릇은 그릇으로서 쓸모가 없다. 방도 마찬가지이다. 방이 비어 있어야 방으로서 쓸모가 있다. 그리고 방으로 사람이나 물건 등이 드나들 수 있는 문이 있어야 하며, 바람이나 가재도구(家財道具)들이 드나들 수 있는 창이라는 빈 공간이 있어야 한다. 바퀴통, 그릇, 방이라는 있음의 쓰임이 있기 위해서도 빈 공간이라는 없음이 있어야 된다는 점은 우리가 쉽게 이해할 수 있다. 노자는 11장의 결론으로 "있음이 이롭게 되는 것은 없음이 쓸모 있기 때문이다."고 말한다.

11장에서 노자가 말하는 '쓸모 있는 없음'에 대해 조금 더 깊이 있게 알아보자. 바퀴, 그릇, 방의 빈 공간은 모두 바퀴통, 그릇, 방의 크기에 한정되어 있다. 즉 바퀴통이 크면 빈 공간도 크고 그릇이 크면 빈 공간도 크며 방이 크면 빈 공간도 함께 커진다. 각각 빈 공간의 크기만큼 차축, 그릇에 담을 수 있는 물건, 방에 들어갈 수 있는 사람이나 물건 등이 한정되며 그만큼 쓸모가 있게 된다. 이것을 '있음에 의해 한정된 없음'이라고 부를 수 있다. 이 한정된 없음은 한정된 만큼 쓰인다.

이에 비해 '한정되지 않은 없음'도 있다. 이것은 어떠한 있음에 의해서도 한정되지 않기 때문에 시·공간적으로는 무한(無限)이며, 그 자신 이외에는 구별할 어떤 것도 없는 상태이기 때문에 하나(一)이다. 이것이 바로 노자가 42장에서 '도는 하나를 낳고(道生一)'라고 할 때의 하나(一)이며 텅 빈 기운인 충기(冲氣)[43]이다.

이 한정되지 않은 없음은 노자가 40장에서 '있음은 없음에서 생긴다.'라고 했듯이 모든 있음을 낳는다. 그리고 낳은 있음들을 없음으로 되돌아가게 하는 큰 움직임이 있는데 이것을 도의 움직임이라고 한다. 없음은 있음을 낳고 낳아진 있음은 도의 움직임에 따라 없음으로 돌아간다. 이것이 한정되지 않은 없음 혹은 텅 빈 기운인 충기의 큰 쓰임이다.

한정된 없음과 한정되지 않은 없음은 서로 통한다. 문과 창에 의해 방 안의 없음과 방 밖의 없음, 그릇 안의 없음과 그릇 밖의 없음, 바퀴통 안의 없음과 바퀴통 밖의 없음이 통(通)하고 있다. 두 가지 없음이 통하지 않는 경우는 어떤 있음(물체)에 의해 완전히 밀폐된 경우이다. 그러나 완전히 밀폐시킬 수 있는지는 의문이다. 그리고 공간 이외에 어떤 입자도 없는 빈 공간을 진공(眞空)이라고 우리가 부르지만, 인공적이든 자연적이든 아직까지 완전한 빈 공간은 이상적인 상태에 불과하다.[44]

따라서 한정된 없음과 한정되지 않은 없음은 특별한 경우가 아니라면 서로 통하고 있어 엄격하게 구분되지 않는다. 엄격하게 구분되

---

43) 텅 빈 기운인 충기(冲氣)는 한자어로 의미가 비슷한 공기(空氣)는 아니다. 왜냐하면 공기에는 지구를 둘러싼 대기의 하층부를 구성하는 무색, 무취의 투명한 기체이고, 산소와 질소가 약 1 대 4의 비율로 혼합된 것을 주성분으로 하며, 그밖에 소량의 아르곤·헬륨 따위의 불활성 가스와 이산화탄소가 포함되어 있기 때문이다.(네이버 사전 참조)

44) 완전한 진공은 아무 입자들도 존재하지 않는 이상적인 상태이다. 아주 짧은 순간 동안, 매우 작은 부피의 공간에서 일어날 수는 있지만 이것은 실험실에서도 얻어질 수 없다. 모든 물질의 입자들이 제거된다고 해도 그 공간에는 여전히 광자나 중력자, 암흑 에너지, 가상 입자 등이 남아 있을 것이기 때문이다.(위키백과사전)

는 것은 있음이다. 쇠로 된 바퀴, 흙으로 빚은 그릇, 벽돌로 된 방 등은 엄격하게 한정되어 다른 것들과 확실히 구분된다.

이에 비해 바퀴통의 빈 공간은 바퀴살의 공간과 연결되어 있고, 그릇의 빈 공간은 과일 같은 것을 수북이 쌓을 수 있고, 창과 문이 있는 방의 빈 공간은 열어 놓았을 경우 외부 공기와 활발히 소통하고 있어 경계가 불확실하다. 화이트헤드는 우리 몸이 활발히 외부와 소통하고 있기 때문에 어디부터가 내 몸인지 알 수 없다고 말한다. 노자는 경계가 불분명한 상태를 '현(玄)'이라고 표현하고, 이 현을 알고 생활에 실천하는 것을 '깊은 덕(玄德)'이라고 한다.

우리들 대부분은 일상생활에서 경계가 분명한 있음의 세계를 중요하게 여긴다. 그래서 바퀴, 그릇, 방을 볼 때도 경계가 불분명한 빈 공간인 없음은 무시하며, 있음 중에서도 가장 좋은 있음을 가지기 위해 애쓴다. 즉 바퀴 중에도 가장 좋은 바퀴, 즉 고급차를 타려고 하고, 그릇 중에 가장 좋은 그릇인 고급그릇을 사려고 하고, 방 중에서도 가장 좋은 방이 있는 집을 지니려고 노력한다. 노력한 결과 그런 것들을 가졌을 때 성공한 인생으로 여긴다.

이러한 성공의 인생을 살기 위해서는 남보다 앞서야 한다. 학교에서는 상위 등수가 필요하고, 사회에서도 좋은 직업이 필요하다. 그런데 누군가 상위 등수를 가지려면 다른 누군가는 하위 등수를 가져야 한다. 하위 등수를 가진 자가 없는데 상위 등수를 가질 수는 없다. 상위 등수를 가진 학생은 공부실력이 있고, 하위 등수를 가진 자는 공부실력이 없다. 공부실력을 기준으로 있음과 없음으로 구분할 수 있다. 물론 이것은 상대화시킨 것이지만, 많은 학생과 학부모는 공부실력이 있는 쪽으로 가기 위해 엄청난 노력을 하고 있다. 그래서 상위 등수를 갖게 되면 하위 등수 덕분에 되었다고 생각하지 않는다.

좋은 직업에 속하는 의사를 예로 들면, 의사와 환자의 경우에도 의사는 질병에 대한 앎이 있고 환자는 그 앎이 없다. 그래서 있는 자와 없는 자가 된다. 당연히 환자가 없다면 의사는 필요 없다. 그런데도 의사가 환자보다 잘났다는 생각을 한다면 그릇의 빈 공간이라는 없음보다 그릇이라는 있음이 잘났다고 생각하는 것과 뭐가 다른가? 선생과 학생, 부모와 자식, 지배자와 피지배자 등도 마찬가지이다. 대다수 사람들은 있음을 선호하지만, 사실상 그 있음은 없음을 위해 존재하며, 없음과 함께 존재한다. 그래서 없음을 소중히 여겨야 한다.

질 문

1. 없음을 소중히 여겨야 한다면 학생이 하위 등수를 받는 것이 좋다는 말인가?

2. 나의 신체는 한정된 있음이면서 한정된 없음도 있다. 그리고 한정된 없음과 한정되지 않은 없음이 소통하고 있다면, 아즉우주(我卽宇宙)라고 할 수 있는가?

12장

내 용

오색은 사람의 눈을 멀게 하고, 오음은 사람의 귀를 먹게 하고, 오미는 사람의 입을 상하게 하고, 말을 타고 달리며 사냥하는 것은 사람의 마음을 발광케 하고, 얻기 어려운 재화는 사람다운 행위를 방해한다. 그러므로 성인은 배를 위하고 눈을 위하지 않는다. 그리하여 저것을 버리고 이것을 취한다.

五色令人目盲 五音令人耳聾 五味令人口爽 馳騁畋獵令人心發狂 難得之貨令人行妨 是以聖人爲腹不爲目 故去彼取此(오색영인목맹 오음영인이롱 오미영인구상 치빙전렵영인심발광 난득지화영인행방 시이성인위복불위목 고거피취차)

도 표

문제점	무엇이	누구의	무엇을	어떻게

	오색(五色)이	사람의	눈을	멀게(어둡게) 함.
	오음(五音)이	사람의	귀를	먹게(안들리게) 함
	오미(五味)가	사람의	입을	상하게(망가지게) 함.
	말달리며 사냥함이	사람의	마음을	미치게(발광하게) 함.
	얻기 어려운 재화가	사람의	행위를	못하게(방해) 함
해결책	배를 위하고 눈을 위하지 말라(爲腹不爲目)			

해 설

하상공은 12장을 '욕망을 단속하다.'는 뜻을 지닌 검욕(檢慾)이라 이름 붙였는데, 해설은 천재 소년인 왕필의 것이 훌륭하다고 생각되어 이것을 인용하여 설명하고자 한다. 왕필은 "성인은 배를 위하고 눈을 위하지 않는다."는 구절을 다음과 같이 해석하였다. '배를 위하는 것은 나를 기르는 데 사물이 쓰이므로 내가 사물의 주인이 되고, 눈을 위하는 것은 사물이 나에게 일을 시키므로 사물이 나의 주인이 된다. 고로 성인은 눈을 위하지 않는다.'

왕필은 사물과 나 사이의 주종(主從)관계에 초점을 맞추고 있다. 성인은 사물을 취할 때 배를 위하는 정도에 머물면 내가 사물의 주인이 되고, 눈[45]을 위하는 데까지 나아가게 되면 내가 사물의 노예가 된다는 점을 알고 있다는 것이다. 배를 위하는 정도에 머물 수 있기

45) 이때의 눈은 눈, 귀, 코, 입, 피부의 오감(五感)을 모두 포함한다.

위해서는 눈을 위하는 삶의 위험성과 무가치성을 알고 있어야 한다.

이러한 지혜를 지닌 성인은 우리들의 삶에 있어서 멈출 지점을 알기 때문에 무리하지 않는다. 그 멈출 지점은 바로 배를 위하는 정도이고, 눈을 위하기 직전이다. 배를 위하는 정도는 몸을 기르는 것(養)이고, 눈을 위함은 몸을 망가뜨리는(爽) 것이다. 따라서 자신의 몸을 기르는 데까지만 사물을 취하는 것을 '몸을 위한다.'고 한다.

지혜가 얕은 사람들은 자기 몸을 망가뜨리면서까지 눈을 즐겁게 하기 위한 힘을 기르려고 무리를 한다. 이것이 어리석다는 이유를 다음 13장에서 노자가 구체적인 예를 들어 지적한다. 12장은 우선, 배를 위하는 삶과 눈을 위하는 삶을 구분하고 있다. 배를 위하는 삶[46]은 몸을 유지하고 성장하는 데 필요한 정도로 사물을 취하는데 만족한다. 이에 비해 눈을 위하는 삶은 끝이 없다. 배를 위하는 삶을 우리가 흔히 쓰는 일상의 용어를 사용하면 '소박한 삶'으로, 눈을 위하는 삶을 '화려한 삶'으로 이해해도 무방하다.

화려한 삶은 자신이 더 좋은 것을 지니고 있다는 것을 남에게 보여주기 위한 것이다. 이것을 보여주고 싶어 하는 사람은 사냥과 같이 돈이 많이 들어가는 취미생활을 하고 있다는 것을 굳이 드러낸다. 자신의 주변에 있는 일반 서민들은 의식주 생활을 영위하는 것도 힘들어하는데 말을 달리면서 소란스럽게 사냥하는 모습을 보고, 노자는 미친 증세가 드러났다고 말한다.

이때의 정신병은 잘난 체하는 병이며, 자신을 드러내지 않고는 못

---

46) 배를 위하는 삶은 먹는 문제를 해결하는 것으로 되어 있다. 그렇지만 여기에 의복을 해결하는 것과 주거를 해결하는 것도 넣어야 할 것이다. 이것은 눈을 위하는 삶에 귀, 코, 입, 피부를 넣어서 함께 생각하는 것과 동일하다.

배기는 병이다. 이것이 정신병인 이유는 더불어 살아가는 사회에 자신의 행위가 남에게 위화감과 좌절감을 줄 수 있는데도 불구하고 오히려 그 행위를 자랑스럽게 여기기 때문이다.

그리고 화려한 삶을 살기 위해서는 그만한 재화를 지니고 있어야 가능하다. 재화를 지니는 일은 쉽지 않다. 사람들이 대부분 재화를 많이 지니고 싶어 하기 때문에 재화를 많이 지니기 위해서는 경쟁에서 이겨야 한다. 경쟁에서 이기기 위해서는 남보다 힘이 세야 하고, 더 치열하게 살아야 한다. 그래서 노자는 '얻기 어려운 재화'라는 말을 했다. 이렇게 하여 경쟁에서 이기고 얻기 어려운 재화를 얻었으니 남보다 잘났다는 생각을 하기 쉽다. 그리고 어렵게 얻은 것이기 때문에 화려한 삶으로 그 보답을 받으려고 한다.

화려한 삶을 살고자 하는 것은 자신이 잘났음을 굳이 남에게 드러내고자 하는 마음이 강해서 일어나는 행위이다. 이런 행위가 일어나는 것은 남과 비교우위를 차지하고자 하는 마음에서 그 연원을 찾을 수 있는데, 노자는 이것을 남의 눈을 지나치게 의식하는 마음(爲目)에서 비롯되었다고 본다. 남의 눈을 지나치게 의식하게 되면 남의 눈에 잘난 사람으로 보이기 위해서 재산이 많고 지위와 명예가 높고 권력이 필요하다.

이렇게 생각하니 이러한 것들에 매여 살 수밖에 없다. 이 점을 내다본 왕필은 그래서 이러한 삶은 노예의 삶이라고 말한다.[47] 자신은

47) 서양의 현대철학자 니체가 '노예도덕'과 '주인도덕'을 구분하였는데, 노예도덕은 피지배자의 도덕이고, 주인도덕은 지배자의 도덕이다. 피지배자에게 요구되는 도덕은 '주인에게 순종하는 것'이며, 지배자에게 요구되는 도덕은 '주체적이며 창조적인 결단'이다. 화려한 삶을 사는 사람이 남에게 잘나 보이려고 얻기 어려운 재화 등을 구해가면서 무리한 고생을 한다면 그 사람은 남의 시선에 사로잡힌

누구보다도 잘났다는 것을 보이기 위해 화려한 모습을 드러내고 사는데, 정확히 내다보면 그 사람이야말로 남의 시선에 얽매인 노예로 살고 있다는 것은 아이러니이다.

질 문

1. 오색(五色), 오음(五音), 오미(五味)를 좋아하면 안 된다고 말한다면, 미술가, 음악가, 요리가 등은 쓸모없는 일을 하는 사람들인가?

2. 배를 위하는 정도에 만족한다면, 진취성이 없으며 너무 밋밋하고 멋이 없는 삶이 아닌가?

노예라고 볼 수 있다. 그러한 시선에 사로잡히지 않고 자신의 취미와 능력대로 자기답게 주체적으로 재미있게 산다면 그 사람은 주인이라고 할 수 있다.

13장

내 용

총애와 모욕에 놀랄 일이 일어나지 않게 하고, 큰 우환을 귀하게 여기기를 자기 몸과 같이 하는 게 좋다.

무엇을 일러 총애와 모욕에 놀랄 일이라고 하는가? 총애와 모욕은 윗사람의 결정에 나의 운명이 걸려 있는 아랫사람이 될 때 일어나는 일이다. 윗사람의 신임을 얻어 총애를 받아도 놀라고, 잃어서 모욕을 당해도 놀라니, 이것을 총애와 모욕에 놀랄 일이라고 한다.

무엇을 일러 큰 우환을 귀하게 여기기를 자기 몸같이 한다고 하는가? 나에게 큰 우환이 있는 까닭은, 내가 몸을 지니고 있기 때문이다. 나에게 몸이 없다면 무슨 우환이 있겠는가. 그러므로 자신의 몸을 귀하게 여겨 천하로 생각한다면 그에게 천하를 바로 맡길 수 있다. 그리고 자신의 몸을 사랑해서 천하로 생각한다면 그에게 바로 천하를 부탁할 수 있다.

寵辱若驚 貴大患若身 何謂寵辱若驚 寵爲下 得之若驚 失之若驚 是謂寵辱若驚 何謂貴大患若身 吾所以有大患者 爲吾有身 及吾無身 吾有何患 故貴以身爲天下 若可寄天下 愛以身爲天下 若可託天下(총욕약

경 귀대환약신 하위총욕약경 총위하 득지약경 실지약경 시위총욕약경 하위귀대환약신 오소이유대환자 위오유신 급오무신 오유하환 고귀이신위천하 약가기천하 애이신위천하 약가탁천하)

도 표

<table>
<tr><td colspan="4">천하보다 자신의 몸을 더 귀하게 여기고 사랑하는 사람에게
천하를 기탁할 수 있음</td></tr>
<tr><td colspan="2">남에게 매여 사는
노예 같은 삶을 버려라</td><td colspan="2">자신의 몸을
무엇보다도 소중하게 여겨라</td></tr>
<tr><td>근거1</td><td>남의 총애를 받아도
놀라기 때문</td><td>근거1</td><td>큰 우환도 내 몸이 있기 때문</td></tr>
<tr><td>근거2</td><td>남에게 모욕을 받아도
놀라기 때문</td><td>근거2</td><td>큰 기쁨도 내 몸이 있기 때문</td></tr>
</table>

해 설

13장은 죽간본과 백서본에도 나온다. 많은 판본이 있는데도 불구하고 13장은 해석상 논의가 분분하다. 그 이유는 문맥의 연결이 쉽지 않아 저자의 의도를 파악하기 어렵기 때문이다. 필자가 보기에 13장은 12장의 핵심문장인 '배를 위하고 눈을 위하지 말라.'를 정치이론에 적용한 것이다.

왜냐하면 눈을 위하는 사람은 남의 시선을 의식해서 남으로부터 주어지는 총애와 모욕에 놀라게 된다. 이에 비해 배를 위하는 사람은 그런 것에 매이지 않고 자신의 몸을 최우선으로 여긴다. 이렇게 자신의 몸을 천하처럼 귀하게 여기는 사람이 천하를 다스려야 한다고 주장하는 것이 13장의 핵심으로 보이기 때문이다.

13장은 먼저 나의 삶이 남에 달려 있어서는 안 된다는 점을 지적한다. 그래서 '총애와 모욕에 놀랄 일이 일어나지 않게 하고'라는 말로 시작한다. 이것에 대해 남충희 선생이 알기 쉽게 설명했다. "왕의 총애를 입으면 그것을 잃을까 두려워서 놀라고, 총애를 잃으면 화를 당할까 봐 두려워 놀란다. 왕에게 쓸모가 없어진 신하는 버림을 받거나 죽임을 당할지도 모르기 때문에 두려운 것이다. 신하가 된 자는 벼슬과 봉록을 받는 대신에 왕에게 생살여탈권을 맡겼으니 왕의 변덕을 살피며 늘 전전긍긍하지 않을 수 없다."[48]

그러면 왜 나의 삶을 남에게 맡겨, 그 사람에게 안테나를 맞추고 그 사람의 결정에 항상 놀라면서 전전긍긍해야 하는가? 그 사람이 권력, 지위, 돈 등 사회적 영향력이 높으며, 나의 눈을 즐겁게 하기 위해서는 그것들이 필요하기 때문이다. 결국 이것에 매달리는 것은 자신의 배보다 눈을 귀하게 여겼기 때문이다.

그래서 노자는 자신의 몸을 귀하게 여기고 사랑해야 한다고 하고, 그렇게 하는 사람에게 천하를 맡겨야 한다고 주장한다. 이 말에는 자신의 눈을 귀하게 여기는 사람에게 천하를 맡기면 안 된다는 뜻이 내포되어 있다. 노자는 13장에서 배를 위하는 삶과 눈을 위하는 삶을 구분하고 있다. 배를 위하는 삶[49]은 몸을 유지하고 성장하는 데 필요

48) 바른풀이 『노자 도덕경』, 남충희, 렛츠북, 2018.4., 55쪽.

한 정도로 사물을 취하는 것에 만족한다. 이에 비해 눈을 위하는 삶은 끝이 없다.

화려한 삶은 더 좋은 것을 보기 위해, 더 좋은 소리를 듣기 위해, 더 좋은 것을 먹기 위해 사회적 영향력을 발휘할 수 있는 권력, 재산, 지위, 명예 등이 필요하다. 일상에서 많은 사람들이 이것을 원하기 때문에 이 세계에는 경쟁이 치열하다. 경쟁에서 이기기 위해서 몸을 망가뜨리는 사람이 많다.

몸을 망가뜨리면서까지 추구했던 삶의 결과는 어떠한가? 노자는 그런 삶은 사물의 노예가 되고, 남의 노예가 될 뿐이라고 한다. 그리고 그런 노예가 사물의 총체인 천하를 맡아서는 안 되고, 자기 몸을 천하보다 귀하게 여기고 사랑하는 사람이 천하를 맡아야 한다는 정치이론을 펼치고 있다. 왜 노자는 그렇게 말하는가?

소박한 삶을 가치 있게 여기는 사람이 정치를 해야 서민들을 업신여기지 않는다. 왜냐하면 서민들이 자신보다 더욱 소박한 삶을 살고 있기 때문이다. 그러한 정치인은 자신보다 더 소박한 삶을 사는 서민들을 존경할 수 있다. 그렇지 않다고 해도 최소한 서민들의 소박한 삶을 소중히 여기며 지켜내려고 한다. 서민들의 삶을 소중히 여기며 지켜내려고 한다면 자연히 서민들의 배를 불리는 일[50]을 정치의 최우선으로 한다.

반대로 화려한 삶을 가치 있게 여기는 사람이 정치를 하면, 표를 얻기 위해 온갖 거짓말을 하지만 실제로는 소박한 삶을 사는 서민들을 업신여길 수밖에 없다. 이미 그런 가치의 서열을 지니고 있기 때문

49) 배를 위하는 삶은 결국 먹는 문제를 해결하는 것이다.

50) 오늘날 용어로는 민생(民生)이 된다.

이다. 심하면 속으로는 벌레보다 못한 존재로 여길지도 모른다. 화려한 삶을 가치 있게 여기는 정치인에게 천하를 맡기면, 그것은 고양이에게 생선을 맡기는 것과 같다.

노자는 천하를 맡을 사람의 기본적이며 가장 중요한 가치관을 여기서 제시했다. 화려한 삶을 가치 있게 여기는 사람은 자신이 남보다 앞서 있음을 굳이 드러내고자 하는 마음을 다스리지 못해서 발병(發病)한 것이다.[51]

이 사람은 남보다 앞서 있음을 드러내기 위해서 권력, 명예, 지위, 재산 등이 필요하고, 이 필요를 충족시키기 위해 남의 총애와 치욕에 매이게 된다. 정치인은 표를 가진 유권자와 공천권을 쥐고 있는 권력자에게, 연예인은 시청자와 언론사 간부에게, 사업가는 소비자와 정부 기관장에게 총애를 받기 위해 안테나를 맞추고 온갖 신경을 집중해야 한다. 그리고 그들의 결정에 깜짝 놀랄 수밖에 없다.[52] 눈을 위하는 삶을 포기하고 배를 위하는 것에 만족하면 남의 결정에 놀랄 일이 거의 줄어들게 된다.

그리고 노자는 우환을 귀하게 여기기를 자기 몸같이 한다고 했다. 왜냐하면 자신에게 부딪친 아무리 큰 우환도 결국 자신의 몸이 있어 생겼기 때문이다. "그러므로 자신의 몸을 귀하게 여겨 천하로 생각한

---

51) 노자는 이 상태를 병이라고 했다. 44장에서는 '자신의 몸보다 명예와 재산을 중요하게 여기는 것'을 병이라고 했고, 71장에서는 '모르면서도 아는체해서 자신을 드러내려고 하는 것'을 병이라고 했다. 그리고 67장에서 자신은 이 상태를 벗어난 보배로 '감히 천하에 앞서지 않음'을 지녔다고 했다.

52) 불교에서는 총애와 모욕에 놀라면서 남의 시선에 매여 있어 강자에 약하고 약자에 강한 삶을 사는 자를 축생계(畜生界)에 살고 있다고 한다. 축생계는 지옥계(地獄界), 아귀계(餓鬼界)와 더불어 삼악도(三惡道) 중에 하나이다.

다면 그에게 천하를 바로 맡길 수 있다." 이 사람은 천하에 일어나는 큰 우환들을 자신의 몸에 일어나는 일처럼 생각해서 걱정하고 좋게 하려고 하니 천하를 가히 맡겨 다스려 달라고 부탁할 만하다.[53]

질 문

1. 사람은 큰 사람 밑에 있어야만 크게 자란다는 말이 있는데, 크게 성장하기 위해서는 총애와 모욕에 놀라는 것이 당연하지 않는가?

2. 건강이 좋지 않을 때 몸을 소중히 여겨 통치자의 자리를 빨리 그만둬야 하는가?

3. 천하보다 자신의 몸을 더 귀하게 여기고 사랑하는 사람은 아무래도 이기적이지 않은가?

---

53) 하늘 위 하늘 아래 오직 나 홀로 존귀하다(天上天下唯我獨尊)고 말한 석가의 생각과 유사하다.

14장

내 용

보려고 해도 보이지 않는 것을 이름하여 이(夷)라 한다. 들으려 해도 들리지 않는 것을 이름하여 희(希)라 한다. 잡으려 해도 잡히지 않는 것을 이름하여 미(微)라 한다. 이 세 가지(夷, 希, 微)는 궁구하여 따질 수 없는 것으로 혼합해서 하나가 된다. 그 위는 밝지 않고 그 아래는 어둡지 않으면서 끊임없이 이어져 이름 붙일 수 없다.

만물이 없는 데로 돌아가니 이것을 형상 없는 형상이라 한다. 만물이 없는 형상을 일컬어 흐릿하고 미묘한 홀황이라고 한다. 이것은 맞아들이려 해도 그 머리를 볼 수 없고, 따라가려 해도 그 꼬리를 볼 수 없다. 과거의 도를 갖고서 지금의 만물인 있음을 헤아리면 과거의 시작인 없음을 알 수 있으니 이것을 일러 도의 실마리라 한다.

視之不見名曰夷 聽之不聞名曰希 搏之不得名曰微 此三者不可致詰 故混而爲一 其上不皦其下不昧 繩繩不可名 復歸於無物 是謂無狀之狀 無物之狀 是謂惚恍 迎之不見其首 隨之不見其後 執古之道以御今之有 能知古始 是謂道紀(시지불견명왈이 청지불문명왈희 박지부득명왈미 차삼자불가치힐 고혼이위일 기상불교기하불매 승승불가명

복귀어무물 시위무상지상 무물지상 시위홀황 영지불견기수 수지불견기후 집고지도이어금지유 능지고시 시위도기)

도 표

없음과 있음이 실타래처럼 얽혀 있음을 아는 것이 도의 실마리(道紀)임	
도는 궁구하여 따질 수 없음	도는 끊임없이 이어져 이름 붙일 수 없음
보려 해도 보이지 않음(夷)	그 위는 밝지 않고 아래는 어둡지 않음
들으려 해도 들리지 않음(希)	만물인 있음은 없는 데로 되돌아감
잡으려 해도 잡히지 않음(微)	이것을 형상 없는 형상, 홀황이라 함
세 가지는 혼합해서 하나가 됨	그의 머리와 꼬리를 볼 수 없음
과거의 도로 지금의 있음을 헤아리면 과거의 시작인 없음을 알 수 있음	

해 설

14장을 통해 '도의 실마리(道紀)'54)를 가늠해볼 수 있다. 노자의 도

54) 실마리의 뜻은 '감겨 있거나 헝클어진 실의 첫머리'이고, 이것을 응용하여 '일이나 사건을 풀어나갈 수 있는 첫머리'라고 한다. 유의어는 단초(端初)이다.(naver 사전 참조)

는 우리들의 사고 속에 쉽게 포착되지 않는다. 왜냐하면 보려고 해도 보이지 않고, 들으려 해도 들을 수 없고, 잡으려 해도 잡히지 않기 때문이다. 보이지 않는 것을 이(夷), 들리지 않는 것을 희(希), 잡히지 않는 것을 미(微)라고 한다. 이(夷)는 너무 평평하여 도드라진 부분이 없으니 주변에 묻혀 버려 보이지 않고, 희(希)는 너무 드물고 적은 움직임이 일어나 들리지 않고, 미(微)는 너무 미미하고 작아서 손에 잡히지 않는다.

이 이(夷), 희(希), 미(微) 세 가지는 모두 우리들의 감각의식(感覺意識)에 포착되지 않아서 아무리 궁구(窮究)해서 따져 봐도 그것이 어떻게 되어 있는지 확인할 수 없다. 그러므로 우리가 알 수 있는 것은 다만 그것들이 모두 우리들의 감각의식으로는 포착되지 않은 채 혼합해서 하나의 세계에 있다는 것이다.

이 세계는 25장의 첫 구절에 나오는 "만물이 개별화되기 전에 뒤섞인 채 혼돈상태로 이루어진 것이 있는데, 그것은 하늘과 땅보다 먼저 생겼다는 것"으로 무질서(chaos) 상태로 있다.[55] 이 세계는 아직 음양(陰陽)으로 구분되기 전이기 때문에, 위에는 양인 하늘과 아래로는 음인 땅이 있어야 하지만 그렇지 않고 뒤섞인 채로 이어지고 있어 이름을 붙일 수 없다.

이름을 붙이기 위해서는 한정형식이 있어야 하는데, 한정된 형식이 진입(進入, ingression)되어 있지 않으니 다른 것과 차이가 드러나지 않고 정의(定義, define)가 되지 않는다. 뜻의 범위를 한정[定義]할

---

55) 플라톤의 우주론이 잘 드러나 있는 『티마이오스』 편에서, 플라톤은 우주의 시작이 무질서(chaos) 상태이며, 데미우르고스 신이 질서를 부여하였기 때문에 비로소 질서 잡힌 우주(cosmos)가 되었다고 말했다.

수 없으면 이름을 붙일 수 없다. '밝다'는 것은 '어둡다'와 구분될 때 성립된다. 밝다와 어둡다가 뒤섞여 이어지고 있는 상태를 밝다고도 어둡다고도 할 수 없다.

그리고 '밝다'와 '어둡다'라는 용어가 성립되기 위해서도 두 용어가 대비(對比, contrast)를 이루어야 한다. 즉 밝음은 어두움이 아닌 것으로, 어두움은 밝음이 아닌 것으로 한정되어야 한다. 그래서 노자는 "그 위인 하늘은 밝지 않고 그 아래인 땅은 어둡지 않으면서 끊임없이 이어져 이름 붙일 수 없다."고 말한다.

하늘과 땅이 구분되기 시작하고, 나아가 하늘은 다시 구름과 별로, 땅은 다시 바다와 뭍으로 구분된다. 이렇게 더욱 세분화되면 혼합한 상태를 벗어나 질서 잡히고 각자의 위치가 분명해진다. 그리고 비로소 만물(萬物)은 만물이 되어 다양한 이름을 각자 지니게 된다. 그러나 이렇게 생성된 만물은 유전(流轉)해서 다시 이름 붙일 수 없는 혼합한 하나의 세계로 되돌아간다. 이름을 붙일 수 있을 때는 형상(形象, form)이 있었겠지만 이름을 붙일 수 없을 때는 형상이 드러나지 않는다.

이렇게 혼합된 하나의 세계로 되돌아간 것을 노자는 "만물이 없는 데로 돌아가니 이것을 형상 없는 형상이라 한다. 만물이 없는 형상을 일컬어 흐릿하고 미묘한 홀황이라고 한다."고 했다. 홀황은 '있음(有)'과 '없음(無)', '이다(是)'와 '아니다(非)'가 섞여 있어서 구분이 되지 않는 혼돈상태이다. 그래서 "이것은 맞아들이려 해도 그 머리를 볼 수 없고, 따라가려 해도 그 꼬리를 볼 수 없다."고 했다. 머리와 꼬리를 볼 수 있다면 한정되어 이름을 붙일 수 있는 만물(萬物)인데, 혼합된 하나의 세계는 한정이 되지 않아 이름을 붙일 수 없으니, 당연히 시작인 머리와 끝인 꼬리를 볼 수 없다.

노자는 40장에서 "되돌아가는 것은 도의 움직임이고, … 천하 만물은 있음에서 생겼고, 있음은 없음에서 생겼다."고 했다. 이때의 있음은 하늘과 땅의 구분이 '있는' 것이고, 없음은 구분이 '없는' 것이다. 있음은 하늘과 땅이라는 두 개로 구분이 되니 둘로 표시되고, 없음은 구분이 되지 않으니 하나로 표시된다. 42장에서는 "도는 하나를 낳고, 하나는 둘을 낳고, 둘은 셋을 낳으며, 셋은 만물을 낳는다. 만물은 음을 짊어지고 양을 안고 있으며, 텅 빈 기운56)을 통하여 조화된다."고 하였다.

1장에서는 "이름 없음이 천지의 시작이고, 이름 있음이 만물의 어미이다. 그러므로 늘 이름 붙이고자 함이 없어야 그 대상의 오묘한 실재를 보고, 늘 이름 붙이고자 함이 있어야 그 대상의 분명한 현상을 본다."고 하였다. 25장에서는 "나는 그 이름을 알지 못하므로 임시로 도라고 부르겠다. 굳이 의미에 가깝게 이름 붙인다면 그것은 크다고 할 수 있고, 크다는 것은 끊임없이 나아가는 것이라 할 수 있고, 끊임없이 나아가는 것은 멀리 근원(根源)에 이르는 것이라 할 수 있고, 근원에 이른다는 것은 다시 되돌아가는 것이라 할 수 있다."고 하였다.

결국 노자가 말하는 도는 있음의 세계를 꽃피운 만물이 무질서 상태인 없음에서 왔다가 그곳으로 되돌아가는 도정이다. 이렇게 없음

---

56) 이때 텅 빈 기운은 텅 비어 있다는 면에서 없음이지만, 기운을 품고 있다는 면에서 있음이다. 그러나 그 기운은 음기운과 양기운으로 드러나기 전의 기운이다. 이렇게 없음과 있음이라고 단정할 수 없는 묘한 텅 빈 기운은 음기운과 양기운이 움직일 수 있는 여지를 가지게 하며, 그들의 움직임이 전체와 조화를 이루어 질서를 유지하게 한다.

과 있음의 세계가 끊임없이 실타래처럼 이어져 있다. 노자는 이것을 1장에서 "모호하고 더욱 모호한 곳으로 나아가면 여러 오묘한 궁극적 실재의 세계로 들어가는 문이 나온다."라고 하였다. 그래서 14장에서 "과거의 도를 갖고서 지금의 만물인 있음을 헤아리면 과거의 시작인 없음을 알 수 있으니 이것을 일러 도의 실마리라 한다."고 말한다.

질 문

1. 노자의 없음은 만물이 무질서 상태로 있는 것에 불과한가?

2. 노자가 이름의 있고 없음을 중요하게 여긴다면, 노자의 인식론과 존재론은 어떻게 구분되는가?

15장

내 용

옛날에 도를 잘 체득한 사람은 미묘하고 아득한 도에 통달하여서 깊이를 알 수 없다. 깊이를 알 수 없어 그 모습을 그리기 어렵지만, 억지로 그려본다면 다음과 같다.

조심스럽기 겨울에 냇물을 건너는 듯하고, 머뭇거리기 사방의 이웃을 두려워하는 듯하고, 엄숙하기 초대받은 손님처럼 조용하고, 풀어지기 장차 봄날에 얼음이 녹아 풀리듯 하고, 투박하기 막 베어낸 통나무 같고, 텅 비기 물이 모이는 골짜기 같고, 섞이기 흙탕물처럼 흐린 것 같다.

어느 누가 흙탕물처럼 흐린 것을 고요히 만들어 서서히 맑게 할 수 있겠는가. 어느 누가 안정된 것을 오랫동안 움직여 천천히 소생시켜 갈 수 있겠는가. 도를 보전하는 사람은 가득 채우려 하지 않는다. 오직 가득 채우려 하지 않으므로 낡은 것에 만족할 수 있어 새롭게 이루지 않는다.

古之善爲士者 微妙玄通 深不可識 夫唯不可識 故强爲之容 豫焉若冬涉川 猶兮若畏四隣 儼兮其若容(客) 渙兮若氷之將釋 敦兮其若樸 曠

兮其若谷 混兮其若濁 孰能濁以靜之徐淸 孰能安以(久)動之徐生 保此道者不欲盈 夫唯不盈 故能蔽不新成(고지선위사자 미묘현통 심불가식 부유불가식 고강위지용 예언약동섭천 유혜약외사린 엄혜기약용(객) 환혜약빙지장석 돈혜기약박 광혜기약곡 혼혜기약탁 숙능탁이정지서청 숙능안이(구)동지서생 보차도자불욕영 부유불영 고능폐불신성)

도 표

도(道)를 체득(體得)한 사람의 모습			
중심어	원문(原文)	득도(得道)	부득도(不得道)
신중	겨울 내를 건너듯(冬涉川) : 예(豫)	조심함	방심함
멈칫	사방 적을 두려워(畏四隣) : 유(猶)	머뭇거림	거침없음
엄숙	손님의 모습처럼(客之容) : 엄(儼)	조용함	시끄러움
풀림	얼음이 녹듯이(氷之釋) : 환(渙)	풀어짐	맺힘
무작	나무둥치처럼(木之樸) : 돈(敦)	꾸밈 없음	꾸밈 있음
비움	산의 계곡처럼(山之谷) : 광(曠)	비어 있음	채워져 있음
흐림	탁한 물처럼(水之濁) : 혼(混)	흐릿함	분명함
낡고 빈 것에 만족할 수 있어 새롭게 이루지 않음(能蔽不新成)			

해 설

15장은 도(道)를 체득(體得)한 사람의 모습에 대하여 노자가 기술하고 있는 장으로 죽간본에도 나온다.[57] 도를 체득한 사람은 그 사고의 깊이를 드러내지 않는다. 왜냐하면 사고의 깊이가 드러난다는 말은 한정되었다는 것이고, 한정되었다면 이미 도를 체득한 것이 아니기 때문이다. 그러니 도를 체득한 사람의 사고가 인식될 수 없어서 그 사람을 어떤 사람이라고 단정하기 어렵다. 그렇지만, 노자는 알고 싶은 사람을 위해 굳이 그 모습을 말한다면, 그 사람은 다음과 같은 모습(容)을 지닐 것이라고 말한다.

그런데 여기서 노자가 제시하고 있는 도를 체득한 사람은 흔히 우리가 연상하는 이상적인 인간상과는 다르다. 위의 모습에는 맹자가 말하는 호연지기가 보이지 않는다. 그리고 막힘이 없는 지혜와 용기를 지닌 군자의 모습도 보이지 않는다. 탁한 세상에는 물들지 않고 고고한 세상에 사는 것 같은 인격자가 아니라 흙탕물처럼 세속에 섞여서 표시나지 않게 사는 모습 등이 그려진다.

15장에는 겨울이 막 지난 이른 봄에 아직 녹지 않은 냇가의 얼음 위를 벌벌 떨면서 조심스럽게 지나가는 모습, 사방을 두리번거리면서 혹시 주변의 사람이 달려들지 않을까 두려워하는 모습, 손님이 되어 처음 간 곳에 실수하지 않을까 말없이 조심하고 있는 모습, 긴장이 풀리면 어린아이처럼 해맑은 웃음을 짓는 모습, 가장 앞선 문화를

---

57) 다만 죽간본에는 '텅 비기 골짜기 같다.'와 '그러므로 자신은 낡은 것에 만족할 수 있어 새롭게 이루지 않는다.'는 나오지 않는다. 이 두 문장은 백서본에 나온다.

누리면서 세련되어 있는 인간과는 거리가 먼 촌사람같이 투박한 모습, 꽉 차서 손톱도 들어가지 않을 것 같이 빈틈이 없는 것이 아니라 빈틈투성이인 헐렁한 모습 등으로 묘사되었다.

노자는 당당하고 멋있는 모습의 인격자를 그리지 않고 왜 이런 모자라는 듯한 모습의 사람을 이상적인 인간상으로 그렸을까? 이러한 사람은 생존경쟁에서 우위에 서기 위해 치열한 투쟁을 하는 사람이 아니다. 그럴 필요를 느끼지 않는 사람이다. 왜냐하면 이 사람은 인위적인 인간들이 만들어 놓은 서열을 인정하지 않기 때문이다. 서열을 인정하지 않는 이유는 그 서열에서 우위를 차지하면 할수록 오히려 자연에서 멀어지고 도에서 멀어질 수 있다는 사실을 알기 때문이다.

노자는 전쟁의 씨앗을 정확히 보았다. 그것은 인위적인 가치서열에 따른 평가를 의심하지 않고, 이 평가에서 밀리지 않기 위해 싸우는 마음이다. 노자는 도와 자연의 관점에서 보았을 때, 그 평가가 있다는 자체부터 잘못되었음을 지적하고 있다. 하물며 그 평가를 잘 받는 일을 목숨보다 소중하다고 여기는 마음의 잘못에 대해 여러 각도에서 거듭 말하고 있다. 15장에 나오는 사람의 모습이 평가 자체에 신경쓰지 않는 전형적인 모습으로 나타나고 있다.

도는 채우려고 하지 않기 때문에 빈 공간의 여유가 있어 항상 만물을 부패시키거나 소생시킬 수 있다. 그래서 도를 따르는 자연은 흐린 것을 맑게 할 수도 있고, 맑은 상태에서 만물을 소생시킬 수도 있다. 도를 체득한 사람도 마찬가지다. 도를 체득한 사람은 비우기 위해 줄이려 하고, 도를 체득하지 못한 사람은 채우기 위해 늘리려 한다. 그는 오직 늘리려 하지 않기 때문에 낡고 빈 것에 충분히 만족할 수 있어 새롭게 이루려고 하지 않는다.

질 문

1. 도를 체득한 사람과 체득하지 못한 사람의 가장 큰 차이가 비우기 위해 줄이려 하는 것과 채우려 늘리려 하는 것인가, 그렇다면 득도자는 왜 굳이 비우려고 하는가?

2. 도를 얻은 사람의 모습이 우물쭈물하는 바보 같아 보이고, 오히려 도를 얻지 못한 사람의 모습이 당당하고 멋있어 보이는 것은 왜 그런가?

16장

내 용

텅 빔의 극에 이르러 고요함의 돈독함이 지켜지는 곳에서 만물이 아울러 생겨난다. 나는 이렇게 생겨난 만물이 다시 태어난 곳으로 되돌아감을 본다. 무릇 만물은 아무리 무성하여도 제각기 자신이 태어난 근원으로 되돌아가는데, 그 근원으로 되돌아가는 곳을 고요함이라고 한다. 이것을 일러 되돌아갈 운명(復命)이라 한다.

되돌아갈 운명을 일러 늘 그러함(常)이라 하고, 늘 그러함을 아는 것을 일러 현명(明)하다고 한다. 늘 그러함을 모르면 미망에 빠져 흉하게 된다. 늘 그러함을 알면 음과 양 모두를 받아들이게 되고, 음과 양 모두를 받아들인다는 것은 공공의 입장에 서는 것과 같고, 공공의 입장에 선다는 것은 왕의 마음과 같고, 왕의 마음은 하늘의 기운과 같고, 하늘의 기운은 도와 같고, 도와 같으면 오래간다. 그래서 죽음이 닥쳐도 위태하게 여기지 않고 편안하게 죽음을 맞는다.

致虛極 守靜篤 萬物竝作 吾以觀其復 夫物芸芸 各復歸其根 歸根曰靜 是謂復命 復命曰常 知常曰明 不知常 妄作凶 知常容 容乃公 公乃王 王乃天 天乃道 道乃久 歿身不殆(치허극 수정독 만물병작 오이관기

복 부물운운 각복귀기근 귀근왈정 시위복명 복명왈상 지상왈명 부지상 망작흉 지상용 용내공 공내왕 왕내천 천내도 도내구 몰신불태)

도표

핵심 단어와 문장	되돌아갈 운명(復命)		대비된 단어와 문장
비어 있음(虛)	↔		채워져 있음(實)
고요함(靜)	↔		움직임(動)
근원(根)	↔		지엽(葉)
근원으로 돌아감(歸根)	↔		아울러 일어남(竝作)
늘 그러함(常)	앎(知)	모름(無知)	무상함(無常)
밝음(明)	잘봄(正觀)	잘못봄(妄靈)	어두움(暗)
포용함(容)	큼(大)	작음(小)	배척함(排)
공평함(公)	큼(大)	작음(小)	사사로움(私)
왕의 마음(王)	큼(大)	작음(小)	백성의 마음(民)
천(天)	큼(大)	작음(小)	지(地)
도(道)	큼(大)	작음(小)	궁(宮)
구(久)	큼(大)	작음(小)	잠(暫)
죽음이 닥쳐도 위태하게 여기지 않음(歿身不殆)	길함(吉)	흉함(凶)	살면서 위태한 상황에 처해지게 됨(生身危殆)

【참고도 1】

늘 그러함을 앎(知常) → 현명함(明) → 길함(吉)	늘 그러함을 모름(不知常) → 어리석음(無明) → 흉함(凶)
포용(容)	배척(排)
공평함(公)	사사로움(私)
전체를 보는 왕(王)	부분만 보는 백성(民)
하늘(天) : 열려 있음(開)	땅(地) : 닫혀 있음(閉)
연결됨, 과정의 길(道)	끊어짐, 정착한 집(宮)
영원함(久)	일시적임(暫)
밝게 보아서 길하게 됨(明作吉)	미망에 빠져 흉하게 됨(妄作凶)

【참고도 2】

음(陰)		양(陽)	
죽음(死)	없음(無)	있음(有)	삶(生)
고요함(靜)	빔(虛)	참(實)	움직임(動)
밤(子正)	겨울(冬至)	여름(夏至)	낮(正午)
뿌리로 돌아감(歸根) ←		→ 만물이 무성함(芸芸)	
양쪽으로 끊임없이 이어져 돌아갈 운명(復命)			

해 설

16장은 돌아갈 운명(復命)의 늘 그러함(常)를 알면 죽음이 닥쳐도 위태하게 여기지 않는 경지에 이르게 되고, 돌아갈 운명의 늘 그러함을 모르면 미망에 빠져 흉한 상황에 처하게 됨을 나타내고 있다. 돌아갈 운명은 두 가지의 되돌리는 우주 근원의 명령이다. 하나는 만물이 융성하더라도 제각각 그 근원인 고요함으로 향하는 되돌림이다. 다른 하나는 그 근원인 고요함의 돈독함이 지켜질 때 만물이 함께 일어나는 방향으로의 되돌림이다.

이 돌아갈 운명의 늘 그러한 이치를 알면 융성했을 때도 쇠퇴했을 때도 일희일우(一喜一憂)하지 않는다. 왜냐하면 융성의 정점에 이미 쇠퇴가 싹트고 있으며, 쇠퇴의 정점에 융성이 싹트고 있음을 알기 때문이다. 융성은 좋고 쇠퇴는 나쁘다는 가치관은 돌아갈 운명의 늘 그러한 이치인 우주의 근본원리에서 보면 잘못된 것이다.

왜냐하면 융성이 좋다는 가치관은 권력, 지위, 명예, 재산 등을 많이 가졌으며 젊고 건강한 양(陽)의 기운을 지닌 사람을 잘난 사람으로, 그렇지 못한 음(陰)의 사람을 못난 사람으로 여기게 된다. 그런데 인생은 어차피 길흉화복(吉凶禍福)이 있으며, 젊고 건강함과 함께 병들고 늙음이라는 음과 양이 함께 있기 때문이다.

돌아갈 운명의 늘 그러한 이치를 알게 되면, 젊음을 좋다고 할 때 늙음도 좋다고 해야 한다. 건강이 좋다고 할 때 병듦도 좋다고 해야 한다. 부유(富裕)를 좋다고 할 때 빈곤(貧困)도 좋다고 해야 한다. 양(陽)이 좋으면 음(陰)도 좋고, 삶이 좋으면 죽음도 좋다고 해야 한다.

왜냐하면 이들이 우리의 인생에 함께 존재하기 때문이다. 그런데 대부분 사람들은 돌아갈 운명의 늘 그러한 이치를 모르기 때문에 젊음, 건강, 부유, 삶을 좋아하고, 늙음, 병듦, 빈곤, 죽음을 싫어한다. 그래서 좋아하는 젊음, 건강, 부유, 삶을 늘리고 싫어하는 늙음, 병듦, 빈곤, 죽음을 줄이기 위해 억지를 쓰면서 살고 있다.

뿐만 아니라 이 사람들은 남보다 우위에 서기 위해서 더 많이 억지를 쓰게 된다. 그런데 억지를 쓰면 쓸수록 그 사람은 더욱 불행해진다. 행복의 범위가 더욱 줄어들기 때문이다. 음과 양은 반반인데, 양을 좋아하고 음을 싫어해도 전체 중 반인 1/2밖에 좋음을 누릴 수 없다. 그런데 남과 비교해서 더욱 우위에 서려고 하면 좋아하는 영역이 1/4, 1/8, 1/16 등으로 자꾸 줄어들 수밖에 없다.

더욱이 이런 어리석은 사람들이 많아서 경쟁이 치열해지면 낙오하여 언제 음(陰)의 바닥으로 떨어질지 모른다. 만약에 경쟁에서 이겨 양(陽)의 1/16에 속하는 위치까지 올라가도 만족할 수 없는 사람이 음(陰)의 바닥까지 떨어지게 된다면 그 불행의 정도를 가늠하기 어렵다. 그래서 노자는 "늘 그러함을 모르면 미망에 빠져 흉한 상황에 처하게 된다."고 하였다.

그리고 노자는 "늘 그러함을 알면 음과 양 모두를 받아들이게 되고, 음과 양 모두를 받아들인다는 것은 공공의 입장에 서는 것과 같고, 공공의 입장에 선다는 것은 왕의 마음과 같다."고 하였다. 자신이 양(陽)쪽에만 서려고 하는 마음이 있다면 그것은 사사로운 마음(私心)이다.

왜냐하면 그 순간 누군가는 음(陰)쪽에 서야 하는데도 나의 이익과 편함을 위해 모른 체해야 하기 때문이다. 늘 그러함을 아는 사람은 음과 양 어느 쪽에 서도 좋기 때문에 자신이 굳이 양(陽)쪽에 서려고 하지 않아 공평한 마음을 가질 수 있다. 그는 누구보다도 공평하게 공공성(公共性)을 유지할 수 있으니 백성들의 신뢰를 얻어 왕이 될 수 있다.

노자는 이어서 "왕의 마음은 하늘의 기운과 같고, 하늘의 기운은 도와 같고, 도와 같으면 오래간다."고 하였다. 하늘의 기운도 왕의 마음처럼 사사로운 마음이 없고 도를 따른다. 도는 한쪽으로 기울지 않고 늘 그러한 평상심(平常心)을 유지하기 때문에 오래간다.

하늘의 기운이 나타날 때는 사사로움이 개입할 여지가 없다. 폭풍이 일어나거나 가뭄이 들어도 어떤 곳에 특별히 피해를 주고자 하는 마음이 있는 것은 아니다. 여건이 되면 일어나고(生) 여건이 없어지면 사라질 뿐(歿)이다. 이에 비해 땅의 기운은 상대적으로 국지성을 지니며 자기의 이익을 더 우선적으로 챙기게 된다.

그러나 땅 안에서 각자의 영역을 차지하는 만물들은 각각 자신의 이익을 챙기는 데 비해 땅 자체는 어느 개별자에게 기울지 않고 공평하게 공공성을 유지한다. 마치 한 가족의 가장(家長)이 다른 가족보다는 자신 가족의 이익을 우선시하여 사사성(私事性)을 지니지만, 자신의 가족들에게는 모두 잘되었으면 좋겠다는 공평한 마음으로 공공성(公共性)을 유지할 수 있는 것과 같다. 물론 한 나라 안에서 공공성을 지닌 자가 왕인 것처럼, 한 가정 안에서 공공성을 지닌 자가 가정의 장이 된다.

그런데 한 가정의 가장이 다른 가정의 길흉에 아랑곳하지 않고 자신의 이익인 양(陽)만 좇는다면 오래가지 못한다. 음양의 조화를 깨뜨렸기 때문이다. 음양의 조화를 깨뜨리면 망하게 되는 이유는 앞에서 설명한 것처럼 남보다 앞서고자 할 때 망하게 되는 이치와 같다. 음양의 조화를 이루지 못하고 어느 한쪽으로 기울어진 채 살아가는 사람은 위태하다. 이에 비해 음양의 조화를 이루면서 양쪽을 모두 수용하면서 담담하게 살아가는 사람은 "죽음이 닥쳐도 위태하게 여기지 않고 편안하게 죽음을 맞이할 수 있다."

질 문

1. 몸이 끝나는 상황인 죽음이 닥쳐도 위태하게 여기지 않고 편안하게 죽음을 맞이할 수 있다(歿身不殆)고 했는데, 자신의 생명이 죽음 이후에도 좋은 상태로 지속된다고 노자는 믿는가?

2. 하상공은 16장의 제목을 '뿌리로 돌아감(歸根)'이라고만 했는데, 왜 필자는 돌아갈 운명(復命)을 '뿌리로 돌아감(歸根)'과 '아울러 생겨남(竝作)' 양쪽으로 보는가?

17장

내 용

가장 훌륭한 통치자는 피지배자들로 하여금 자신을 있는지만 알게 한다. 그보다 못한 통치자는 피지배자들로 하여금 친근감을 느끼게 하고 자신을 칭찬하도록 한다. 그보다 더 못한 통치자는 피지배자들로 하여금 자신을 두려워하게 만든다. 그보다 더더욱 못한 통치자는 피지배자들로 하여금 결과적으로 자신을 경멸하도록 해버린다.

훌륭하지 못한 통치자일수록 백성들에 대한 믿음이 부족하다가 결국 믿지 못함에 이른다. 이에 비해 훌륭한 통치자는 피지배자들의 능력을 믿고 내버려 두면서 느긋하게 기다리고 말을 아끼며 간섭하지 않는다. 그러면 공을 이루고 일이 완수될 때, 백성들은 자신들이 모두 원래 그런 능력 있는 사람이라서 그렇게 했다고 말한다.

이때 어리석은 통치자는 피지배자들이 자신의 역할과 존재를 작게 여기는 것 같아서 기분 나쁘게 생각하겠지만, 훌륭한 통치자는 피지배자들이 통치자의 역할과 존재를 모를 만큼 각자 자신감을 가진 것에 대해 기쁘게 생각한다.

太上 下知有之 其次 親而譽之 其次 畏之 其次 侮之 信不足焉 有不信

焉 悠兮 其貴言 功成事遂 百姓皆謂我自然(태상 하지유지 기차 친이예지 기차 외지 기차 모지 신부족언 유불신언 유혜 기귀언 공성사수 백성개위아자연)

도 표

통치자의 4가지 등급			
통치자 등급	피지배자가 통치자를	통치자의 도(道)	참조
태상(太上)	있는 것만 앎	대도(大道)	노장의 도가
상(上)	친하게 여기고 칭찬함	왕도(王道)	공맹의 유가
중(中)	무서워함	패도(覇道)	한비의 법가
하(下)	경멸함	폭도(暴道)	폭군의 패가

해 설

17장은 통치자가 피지배자를 대하는 자세에 대해 말하고 있다. 우선, 통치자는 피지배자에게 존경받으려는 마음을 버려야 한다. 존경받으려는 것은 피지배자를 위하는 것처럼 보이지만, 사실은 자신의 명예욕이며 자신이 우위에 있는 존재임을 확인시키는 행위에 불과하다. 더구나 피지배자를 제압하여 자신의 말을 듣도록 하겠다는 것은 자신의 권력욕이며, 피지배자의 의욕을 꺾는 행위이다. 그들이 힘이 없을 때는 두려워서 어쩔 수 없이 따르겠지만, 그들이 힘이 생겼을 때는 통치자를 업신여긴다.

통치자가 할 수 있는 가장 좋은 자세는 피지배자의 능력을 믿고 일을 맡기는 것이다. 그리고 간섭을 최소로 하면서 말을 아끼면 저절로 피지배자는 최대치의 능력을 발휘하게 되어 일이 잘 완수된다. 가장 훌륭한 부모는 자녀에게 여러 가지를 해주는 부모가 아니다. 자녀를 믿어주는 부모이다. 부모에게서 믿음을 받은 자녀는 스스로 열심히 그 믿음에 보답하면서 능력을 키워간다. 자녀를 망치는 부모는 간섭을 많이 하는 부모이며, 가장 나쁜 부모는 자녀를 강압적으로 대하는 부모이다. 이 원리는 교육 현장에도 필요하고,[58] 리더십이 요구되는 모든 조직에 필요하다.

17장의 핵심어는 믿음(信)이다. 윗사람의 아랫사람에 대한 믿음이다. 아랫사람이 지금은 다소 미숙하지만, 앞으로 스스로 잘 해낼 것이라는 윗사람의 믿음이다. 이 믿음이 강하면 윗사람은 간섭할 필요가 없고, 믿음이 약하면 간섭을 하게 된다. 윗사람 입장에서는 경험이나 지식이 부족한 아랫사람의 허둥대는 모습을 보면 가르쳐 주고 싶고, 빠른 지름길로 인도하고 싶어진다. 그래서 지적하는 말을 하게 된다.

그러나 이것은 짧은 시야에서 보면 도움이 되지만 먼 시야에서 보면 방해가 된다. 아랫사람의 자생력을 약화시키기 때문이다.[59] 그래

58) 『무지한 스승』이라는 책을 쓴 자크 랑시에르(1940-)가 1818년 루뱅 대학 불문학 담당 외국인 강사가 된 조세프 자코트의 어떤 지적 모험을 소개하고 있다. 오늘날의 '자기주도적 학습'과 유사하다.

서 윗사람이 조급해서는 안 된다. 멀리 보아 느긋하게 기다리면서 말을 아껴야 한다. 그러기 위해서는 자연의 힘을 믿어야 한다. 윗사람의 자연에 대한 믿음이 강하면 아랫사람은 모든 결정을 스스로 하는 사람으로 존중받게 된다. 이때 아랫사람은 자존감이 강화되면서 저절로 성장하게 되며 공을 이루고 일을 완수할 수 있는 세계의 주인이 된다.

이러한 믿음이 부족하게 되면 아랫사람의 결정권이 줄어들면서 아랫사람은 윗사람의 결정을 기다리게 된다. 이때 보통의 경우 아랫사람이 윗사람에 대해 두 가지 믿음을 갖는다. 하나는 윗사람이 자신과 친하기 때문에 자기에게 해를 끼치지 않고 도움을 줄 것이라는 믿음이다. 다른 하나는 자신보다 윗사람이 판단능력이 좋다는 믿음이다. 그러나 이러한 믿음 속에는 타자에 대한 의존감이 강화되면서 자존감은 상대적으로 약화된다. 세계의 주인으로서 자각도 함께 약화된다. 윗사람의 지배력이 덕(德)에 기반해 있다 해도 차선(次善)이 될 수밖에 없는 이유이다.

아랫사람의 윗사람에 대한 친함과 칭찬이 커질수록 윗사람은 명예욕이 충족되어 기쁘지만, 지속되는 경우 아랫사람의 자생력이 약화되고 의존심이 커져서 결국은 윗사람이 감당하지 못할 지경에 이르게 된다. 윗사람이 커져가는 아랫사람의 요구를 감당할 정도로 무한의 덕을 베풀 수가 없다. 빨리 아랫사람을 자립시켜야 한다. 그러면 아랫사람은 자신의 힘으로 공을 이루고 일을 완수했다고 생각하게

59) 맹자 공손추 편에 나오는 것으로, 빨리 자라도록 돕기 위해 심어져 있는 곡식의 싹을 억지로 잡아당겨 말라 죽게 만든 알묘조장(揠苗助長)의 교훈이 참고가 된다.

된다. 이것을 윗사람은 섭섭하게 생각하지 않고 당연하게 여겨야 한다. 섭섭하게 생각한다면 그것은 명예욕에 지배받고 있다고 반성해야 한다.

이러한 믿음이 더 약화되면 대부분의 결정을 윗사람이 하게 되고, 아랫사람은 윗사람의 결정에 따르기만 하는 노예가 되고 사육되는 짐승이 되고 자율성이 없는 사람이 된다. 닭장 속의 닭이나 우리 속에 있는 소나 돼지는 운명을 받아들이면 큰 고통 없이 생존할 수 있다. 그렇지만 받아들일 때까지는 반항이 있을 것이다. 인간이 큰 감옥과 같은 곳에 살아도 주변의 사람들이 함께 그렇게 살고 있으면 큰 고통 없이 생존할 수는 있다.

그러나 인간은 자유가 있다는 의미에서 다른 동물과 다르다. 칸트는 이 자유를 인간다움의 핵심인 인격이라고 했다. 인간에게 자기결정권을 빼어버리면 반항할 수밖에 없고, 이 반항은 윗사람의 강제진압을 불러일으키는 악순환을 겪게 되고, 강제진압에 무력을 사용하게 된다.

무력사용은 공동체 질서유지를 위한 불가피한 사항이라고 윗사람은 말한다. 그러면 이제 아랫사람은 공권력이라는 폭력 앞에 두려움을 느끼면서 윗사람을 자신과 친하다고 생각지 않고 칭찬하지도 않는다. 이제 윗사람은 자신들을 억압하는 존재에 불과하다고 생각한다. 그러니 기회가 되면 속박에서 벗어나려고 한다.

이것을 아는 윗사람은 더욱 강한 폭력으로 구속하게 되면서 폭군이 되어간다. 권력욕의 노예가 되어간다. 윗사람이 폭군이 되면 아랫사람들이 처음에는 목숨을 아껴서 움츠러들지만, 공권력에 의한 폭력이 길어지면 아랫사람들은 목숨을 가볍게 여기게 된다. 즉 이렇게 죽으나 저렇게 죽으나 마찬가지라는 생각을 하게 된다. 아랫사람들이 목숨을 가볍게 여기는 상황까지 가게 되면 더 이상 폭력이 통하지 않는다. 드디어 아랫사람들은 윗사람을 비웃으며 경멸한다. 이렇게 되면 더 이상 지배구조는 유지되기 어려우며 조직이 붕괴되기 시작한다.

결국 통치자자의 4가지 등급은 자연의 힘(自然力)에 대한 믿음 정도에 따라 결정된다. 믿음이 가장 강하면 아랫사람이 스스로 하도록 가만히 놓아둔다. 믿음이 조금 약해지면 아랫사람을 도와준다. 이 단계는 명예심을 벗어나지 못한다. 믿음이 조금 더 약해지면 강제적으로 간섭하게 된다. 이 단계는 권력욕을 벗어나지 못한다. 믿음이 가장 약하면 폭군이 되어 무시당한다. 그러다가 결국 명예와 권력 모두를 잃게 된다.

질 문

1. 아랫사람을 도와주는데 왜 명예심을 벗어나지 못한다고 하는가?

2. 억지가 없는 도에 따라 아랫사람에게 간섭하지 않고 그대로 둔다면 교육과 사회조직은 필요 없어지는 것이 아닌가?

18장

내 용

큰 도가 사라지니 어짊과 의로움이 있게 되고, 지혜가 생겨나니 큰 거짓이 있게 된다. 육친이 화목하지 않을 때 효도와 자애가 있게 되고, 국가가 혼란스러울 때 충신이 있게 된다.

大道廢有仁義 慧智出有大僞 六親不和有孝慈 國家昏亂有忠臣(대도폐유인의 혜지출유대위 육친불화유효자 국가혼란유충신)

도 표

A가	B하면	C가	D됨
큰 도(大道)가	사라지면	어짊과 의로움이	있게 됨(有)
지혜(智慧)가	나타나면	큰 거짓이	
육친(六親)이	불화하면	효도와 자애가	
국가(國家)가	혼란하면	충신이	

해 설

죽간본과 백서본에서는 통행본 18장이 17장에 붙어서 나온다. 통행본을 만든 사람이 도덕경 전체를 81장으로 만들기 위해, 하나로 되어 있었던 것을 17장과 18장의 두 장(章)으로 분리했을 가능성이 크다.

17장에서는 통치자를 가장 높음(太上), 높음(上), 중간(中), 낮음(下)의 네 가지 등급으로 나눈다. '가장 높은 통치자'는 백성들이 스스로 공을 세우고 일을 완수하도록 간섭의 말을 거의 하지 않고 느긋하게 기다린다. 그리고 백성들이 공을 이루고 일을 완수하고 나서 자신들이 스스로 그렇게 했다고 말하면, 당연하게 여기면서 기뻐한다.

'높은 통치자'는 백성들과 친근하며 그들로부터 칭찬을 받을 수 있도록 한다. 그는 백성들에 대한 믿음이 부족하며, 명예욕을 벗어나지 못한다. '중간의 통치자'는 백성들로 하여금 자신을 두려워하도록 만든다. 그는 백성들에 대한 믿음이 더욱 부족하며, 권력욕으로 백성들을 지배한다. '낮은 통치자'는 백성들에게 멸시를 당한다. 그는 백성들을 불신하며, 그것을 아는 백성들은 그를 아예 통치자로 인정하지도 않고 무시한다.

18장에서 노자가 설명하고자 하는 것은 17장에서 말한 두 번째 등급인 높은 통치자가 통치술이 부족한 이유에 대해서이다. 이것은 노자에게 있어서는 가장 중요한 부분이다. 이 부분이 밝혀져야 평화시대를 만들 수 있는 노자의 해법이 다른 제자백가들, 특히 공자의 해법보다 더 근원적이라는 이유가 밝혀지기 때문이다.

하상공은 18장의 제목을 '속박(俗薄)'으로 붙였다. 속박은 '세상의 풍속이 천박해진다.'는 의미이다. 그는 노자가 이 장에서 말하고자 한 것을 '속박의 결과와 그 원인'으로 이해한다. 풍속이 천박해진 원인은 큰 도(大道)가 사라졌기 때문이다. 그 결과 어짊과 의로움이 나타나고 효자와 충신이 나타난다. 역으로 말하면, 세상에 효자와 충신이 나타났다는 것은 어짊과 의로움이 필요할 정도로 세상의 풍속이 천박해졌다는 것이다.

세상이 천박해져 어지러워지면 어짊과 의로움을 강조해서라도 가정에서는 효도가, 국가에서는 충성의 마음이 더 이상 나빠지지 않도록 할 필요가 있다. 공자는 그래서 효도와 충성의 바탕을 이루는 어짊과 의로움의 마음을 불러일으키는 도덕성 회복운동을 전개했던 것이다.

그런데 노자는 이런 해결책이 근본적인 도움이 되지 않는다고 생각한다. 그 이유는 어짊과 의로움의 도리가 커지면 거짓도 함께 커진다는 사실을 알기 때문이다. 그러면 왜 거짓이 함께 커지는가? 어짊과 의로움으로 어지러운 세상을 막기 위해서는 어짊과 의로움의 의미를 분명히 해야 한다. 그리고 어짊과 의로움을 높이 평가하면 상대적으로 어짊과 의로움이 아닌 것은 낮게 평가하게 된다. 그런데 이 두 가지를 실행하는 데 인식론적 난점과 가치론적 난점이 발생하기 때문이다.

어짊과 의로움의 의미를 분명하게 하기 위해서는 언어를 사용해야만 하는데, 언어는 인간들이 인위적으로 만들어내었기 때문에 한계가 있다. 한계가 있는 언어로 어짊과 의로움의 의미를 한정하게 되면, 그 한정 안에 들어가지 못한 부분이 제외되거나 다른 의미가 그 속에 들어갈 수가 있다. 이것을 인식론적 난점이라고 한다.

그리고 어짊과 의로움의 가치를 높이 평가하면 상대적으로 다른 가치는 낮게 평가된다. 가치평가에 있어 인위적인 서열이 만들어지게 되면 사람들은 그 서열에 따라 행위하게 되며 그 서열이 높은 사람처럼 보이고자 노력하게 된다. 그래야 그 사회에서 대접을 받기 때문이다. 학교에서 공부를 잘하기 위한 방법 중 하나로 평가고사를 치르는데, 평가고사에서 높은 점수를 받기 위해서 공부하는 가치전도 현상이 일어나는 것처럼 본말(本末)이 뒤집혀지는 문제가 발생한다. 이것을 가치론적 난점이라고 한다.60)

인식론적 난점과 가치론적 난점을 안고 있는 해법들은 큰 도(大道)에 비해 작은 도(小道)라 할 수 있다. 노자는 18장 첫 번째 문장에서 "큰 도가 사라지니 어짊과 의로움이 있게 되었다."고 하였다. 이때의 큰 도는 무위자연(無爲自然)의 도이다. 이에 비해 인간이 언어를 통해 한계를 지어서 억지로 정한 어짊과 의로움은 노자가 보기에 작은 도이다. 그런데 지혜롭다고 말하는 사람들은 자신이 제시한 해법이 작은 도에 불과하다는 사실을 잘 모른다. 특히 그런 해법을 제시한 사람을 교주처럼 떠받드는 후계자들은 그런 해법을 절대시하면서 문제를 더욱 키운다.

그런 해법을 제시한 사람은 언어의 한계와 스스로의 한계를 알고 겸손하게 하나의 대안으로 제시한 것일 수 있다. 하지만 그 학파나

---

60) 소크라테스는 이 한계를 나타내기 위해서 '무지(無知)의 지(知)'라고 했다. 노자는 '도라 할 수 있는 도는 항상의 도가 아니고, 이름 붙일 수 있는 이름은 항상의 이름이 아니다.'라고 했다. 칸트는 그 한계를 이율배반과 물자체로 표현했다. 화이트헤드는 '잘못 놓여진 구체성의 오류(fallacy of misplaced concreteness)'라고 했다.

종파의 조직이 커지면서 우상화가 이루어지고, 교주는 전지(全知)한 존재인 절대자로 받들어진다. 혼탁해지는 세상을 구하고자 해법을 제시한 성인들은 대다수 자신이 우상화될 것을 염려하여 경계하고 있지만, 실제로는 대다수의 학파나 종파의 교주가 우상화되는 경우가 많다.

노자는 원천적으로 이러한 우상화를 막기 위해서 학파를 만들지도 않았고 제자들을 양성하지도 않았다. 그런데도 후대로 가면서 도가 사상을 바탕으로 한 도교(道教)가 만들어져 노자가 우상화되는 일이 발생하였다.

노자는 18장 두 번째 문장에서 "지혜가 나오면 큰 거짓이 있게 된다."고 하였다. 여기서 말하는 지혜는 언어로 표현된 작은 도의 해법을 제시하는 지혜이다. 이 지혜에는 자신들이 제시한 해법이 근원적인 해결책이 될 수 있는지 없는지에 대한 검토를 해봐야 하는데도 불구하고, 검토 없이 무조건 해법이 된다고 주장하니 첫 번째 큰 거짓이다. 그리고 작은 도에서 나온 자신들의 해법이 해결책이 될 수 없다는 것을 아는 지혜로운 사람이 만약에 자신의 이익을 위해 해법이 된다고 주장한다면 이것은 두 번째의 큰 거짓이다.

어느 쪽의 거짓이든지 그것은 모두 언어로 표현되며 인위적으로 조작된 것들이다. 그런데 현실은 이러한 지혜를 지닌 자들에 의해 끌려가고 있다. 특히 민주주의에서는 언어로 만들어진 여론을 조작하는 자들이 권력을 쥐고 자신들이 원하는 세상을 열어가고 있지만, 대다수 사람들은 자신들이 거짓에 속고 있다는 사실을 모른다.[61)]

61) 큰 거짓 지혜 중 하나는 프로파간다(Propaganda)이다. 원래는 로마 가톨릭에서 포교를 전담하는 추기경들의 위원회(1622년 구성)를 가리킨 말로, 영어에선 1790

18장 마지막에 노자는 "육친이 화목하지 않을 때 효도와 자애가 있게 되고, 국가가 혼란스러울 때 충신이 있게 된다."고 말한다. 이것은 역사와 현실사회가 증명하고 있다.

효도와 충성은 강조되어 왔지만 현실적으로는 불효와 불충이 증가하고 있고, 죄를 강제적으로 제재하는 법도 크게 늘었지만 현실적으로는 죄도 함께 증가해왔다. 병을 고치는 지혜인 의료기술이 늘어 수명이 연장되어 왔지만 병도 함께 증가되어 성인병과 유행병 등이 우리의 생활을 위협하고 있다.

삶의 지혜로 과학기술이 발달되어 왔지만 환경과 인성파괴 문제가 발생되면서 행복지수는 오히려 낮아지고 있다. 이 모든 원인이 큰 도가 사라진 데서 기인한다. 그렇다면 노자의 관점에서 행복지수를 높이는 방법은 사라진 큰 도를 되살리는 일이다. 다음 19장에서는 큰 도를 되살리는 방법이 제시되고 있다.

질 문

1. 지혜가 생겨나니 큰 거짓이 있게 된다고 하였는데, 그렇게 생각하는 것도 지혜는 아닌가?

년대부터 '선전'의 의미로 쓰였다. 처음에는 중립적인 의미로 쓰였으나, 20세기에 두 차례 세계대전을 겪으면서 거짓과 선동이라는 부정적 의미를 갖게 되었다. (네이버 지식백과)

2. 어짊과 의로움(人義), 효도와 충신이라는 용어를 사용한 이유가 유학에 대한 비판 때문인가?

19장

내 용

성스러움을 끊고 지혜로움을 버리면 백성들의 이익은 백배로 늘어날 것이다. 어짊을 끊고 의로움을 버리면 백성들은 효도와 자애를 회복할 것이다. 교묘함을 끊고 이로움을 버리면 도적이 없어질 것이다.

이 세 개의 문장은 성스러움, 어짊, 교묘함을 끊고 지혜로움, 의로움, 이로움을 버리기만 했으니, 글이 완성되기에는 부족하다. 그러므로 글이 완성되려면 덧붙일 바가 있어야 한다. 그것은 꾸밈없는 본래의 바탕을 드러내고, 통나무처럼 순박함을 품고 살며, 사사로움과 욕심인 사욕을 적게 하는 것이다.

絶聖棄智 民利百倍 絶仁棄義 民復孝慈 絶巧棄利 盜賊無有 此三者以爲文不足 故令有所屬 見素抱樸 少私寡欲(절성기지 민리백배 절인기의 민복효자 절교기리 도적무유 차삼자이위문부족 고영유소속 현소포박 소사과욕)

도 표

큰 도(無爲)를 실현하는 방법		백성들이 얻게 되는 결과
적극적(positive)	소극적(negative)	살기 좋은 세상이 됨
본바탕을 드러냄	성스러움을 끊고 지혜로움을 포기함	백성들의 이익이 백배가 됨
순박함을 품음	어짊을 끊고 의로움을 포기함	백성들이 효도와 자애를 회복함
사욕을 적게 함	교묘함을 끊고 이로움을 포기함	나라에 도적이 없어짐

해 설

노자는 이 장에서 큰 도(道)를 실현하는 방법은 우선 세 가지를 끊고 세 가지를 버려야 한다고 말한다. 그 끊어야 할 세 가지는 성스러움(聖),[62] 지혜로움(智), 어짊(仁)이고, 버려야 할 세 가지는 의로

62) 다른 장에서 성스러움(聖)은 대부분 좋은 의미로 쓰이는데 이 장에서만 유독 끊어야 되는 대상으로 나타난다. 그래서 많은 해설가들은 좋은 의미의 聖자는 성스러움으로 번역하고, 이 장에서는 '슬기'와 '한 방면에 뛰어나다.'는 의미로 다르게 번역한다. 한 권의 책 안에서 같은 단어를 두 가지 다른 의미로 쓰면 일관성을 잃어버리는 문제가 발생한다. 그래서 필자는 성스러움으로 그대로 번역한다. 성스러움(聖)과 관련해서 도덕경을 자세히 살펴보면 그 이유를 알 수 있다. 좋은 의미로 쓰이는 경우는 성(聖)이 아니고 성인(聖人)이다. 38장에, '높은 덕이 있는 사람은 덕이 있다고 여기지 않으므로 덕이 있고, 낮은 덕이 있은 사람

움(義), 교묘함(巧)와 이로움(利)이다. 이러한 끊고 버려야 할 여섯 가지는 모두 인위적인 '억지가 있음'이다.

이 억지가 있음을 끊고 버리는 것은 노자가 이상향으로 생각하는 인위적인 것이 없이 자연 상태로 둠에 이르는 데 필요하다. 그러나 노자는 이것만으로 충분하지 않고 부족해서 덧붙일 것이 있다고 말한다. 그 덧붙일 것은 본바탕을 드러내고, 순박함을 품고, 사사로운 욕심을 적게 하는 일이다.

결국 19장은 큰 도를 실현하는 방법과 그 방법을 실행한 결과를 말하고 있다. 그 중 방법에 해당하는 것은 소극적인 것과 적극적인 것으로 나눌 수 있다. 소극적인 방법은 끊고 포기하는 것이고, 적극적인 방법은 '억지가 없음'을 행하는 것이다. 소극적인 방법은 세 가지이다. 그 세 가지는 성스러움을 끊고 지혜로움을 포기하며, 어짊을 끊고 의로움을 포기하며, 교묘함을 끊고 이로움을 포기하는 것이다.

이에 비해 억지가 없음을 행하는 적극적인 방법은 본바탕을 드러내고, 순박함을 품고, 사사로운 욕심을 적게 하는 일이다. 그리고 이러한 방법을 실행한 결과 세상은 살기 좋게 된다. 이때 살기 좋은 세상이 되면서 나타나는 세 가지는 백성들의 이익이 백배가 되고, 백성들이 효도와 자애를 회복하며, 나라에 도적이 없어진다는 것이다.

여기서 노자가 부정(否定)하는 것은 성스러움, 지혜로움, 어짊, 의로움,[63] 교묘함,[64] 이로움이다. 이들은 모두 사람들이 잘살기 위해서

은 덕을 잃지 않았다고 여기므로 덕이 없다.'는 말이 있다. 즉 성인은 자신을 성스럽다고 여기지 않고, 성인이 아닌 사람은 자신을 성스럽다고 여긴다. 따라서 19장에서의 '성(聖)을 끊어야 된다.'는 것은 자신을 성스럽다고 여기지 않아야 된다는 말이다. 그래서 노자는 자신을 성인이라고 여기지 않기 때문에 제삼자가 말하는 것처럼 '성인의 말씀에 따르면'이 성립된다.

지향해야 할 가치 있는 것들이지만, 노자는 인위적인 꾸밈이기 때문에 문제를 일으킨다고 보았다. 그래서 노자는 이것들을 추구하면 할수록 세상은 나빠지므로 끊고 포기해야 한다고 말한다.

그리고 세상이 좋아지는 증거로 백성은 이로움을 얻게 되고, 자애와 효도가 증가하고, 도적이 없어진다고 지적한다. 그러면서 노자는 아무 색채도 없는 흰 천처럼 꾸밈없고, 다듬어지지 않은 통나무 그대로의 삶이 좋다고 말한다. 또한 자신이 훌륭한 사람이 되겠다는 사사로움을 적게 하고, 기술을 몸에 익혀 이익을 도모하겠다는 욕심을 줄이는 삶이 좋다고 말한다.

에리히 프롬은 자신의 삶을 마지막 정리하면서 출판한 『소유냐 존재냐 *To Have or To Be*』에서 개인의 소유에 집착한 삶과 공존을 바탕으로 하는 존재의 삶을 구분하고 있다. 소유에 집착한 삶은 개인적으로 불행할 뿐만 아니라 인류를 멸망으로 이끌고 있다고 지적하면서 존재의 나라를 건설할 것을 호소하고 있다. 그리고 존재의 삶을 산 인물로 석가, 노자, 에크하르트, 슈바이처 등을 들고 있다.

특히 슈바이처는 "인간은 힘이 커지면서 초인이 되었다. 그의 힘이 커지는 만큼 더욱더 가련해진다. 인간은 초인이 될수록 더욱 비인간적이 된다는 사실에 대해 우리는 양심을 일깨워야 한다."고 말한다. 프롬은 소유의 삶이 아닌 존재의 삶을 살아야 한다고 주장하면서 명상할 것을 강조한다. 그리고 명상이 가장 움직임을 적게 하는 것 같아

---

63) 유가(儒家)에서 맹자는 인(仁)을 측은지심(惻隱之心), 의(義)를 수오지심(羞惡之心), 예(禮)를 사양지심(辭讓之心), 지(智)를 시비지심(是非之心)이라고 했으며, 이것을 인간 본성의 네 가지 단서인 사단(四端)이라고 했다.

64) 공교(工巧)함으로 발달된 과학기술도 여기에 해당한다.

도 실제는 가장 적극적(positive)인 삶이라고 말한다.[65] 이때의 적극적인 삶이 바로 노자가 말하는 본바탕을 드러내고, 순박함을 품고, 사사로운 욕심을 적게 하는 일이다.

예쁜 사람이 될 것을 강조하게 되면 예쁘지 않은 사람은 못난 사람으로 열등감을 가지기 때문에 성형으로 인한 거짓 모습이 늘게 된다. 이는 예쁘고 예쁘지 않은 미추(美醜)의 기준이 있고 그것에 따른 가치평가가 있기 때문이다. 자연에는 미추의 기준과 그것에 따른 가치평가가 없다. 그래서 거짓으로 꾸밀 필요가 없이 있는 그대로 존재할 뿐이다.

그런데 재산, 지식, 지위, 명예 등을 많이 소유한 자가 잘난 사람으로 인정받게 되면, 이들을 소유하지 못한 자는 못난 사람으로 무시된다. 이러한 가치평가를 당연한 것으로 받아들이는 사회에서는, 사실상 생존하는 데 지장이 없는 사람도 자신을 못난 사람으로 여겨 스스로 불행하다고 생각한다. 그래서 더욱 더 인성과 지식과 기술로 무장된 스펙을 쌓아서 경쟁우위를 점령하려고 한다. 이러한 사람은 인성조차도 스펙의 한 요소로 여길 뿐인 소유의 노예가 된다.[66]

인위적으로 만들어진 기준과 가치평가의 방향을 받아들여서 자신을 불행하게 여길 필요가 없다. 억지가 없는 자연스러운 입장에서 보면 의식주 정도만 해결되어도 인생은 충분히 즐길 수 있다.[67] 흰

---

65) 『소유냐 삶이냐』, 에리히 프롬 저, 정성환 역, 홍신문화사, 2009.10., 117-126쪽 참조.. 이 책을 번역한 정성환은 책 제목을 『소유냐 존재냐』로 하지 않고 『소유냐 삶이냐』로 하였다. 이 번역도 가능하겠지만, 필자는 존재론적 관점을 중시하여 『소유냐 존재냐』로 본문에서 제시하였다.

66) 이들은 "인격을 목적으로 대하지 수단으로 대하지 말라."는 칸트의 윤리설에 위배된다.

천 그대로라도 충분하며, 채색하지 않았다고 해서 못난 것이 아니다. 덩그러니 통나무처럼 꾸미지 않은 순박한 세속의 모습 속에 큰 도가 들어 있다.

이런 삶을 즐기는 사람은 인위적인 꾸밈의 삶을 사는 사람을 부러워하지 않는다. 특히 노자는 인간이 성스러운 성자(聖者)가 되고, 지혜로운 지자(智者)가 되고, 인격적인 어진 사람(仁者)이 되고, 바르게 사는 의로운 사람(義人)이 되고, 기술을 연마한 기술자(技士)가 되고, 이익에 밝은 재력인(財閥)이 되는 것도 인생의 목표가 되어서는 안 된다고 생각한다.

왜냐하면 이런 사람이 되는 것을 인생의 목표로 하면, 여기에 해당하는 항목들을 늘려가는 것을 당연하게 여기게 된다. 그런 항목들인 성스러움, 지혜로움, 어짊, 의로움, 교묘함, 이로움을 남들보다 늘려가지 못하면 자신을 스스로 못난 사람으로 여기게 된다. 그러나 노자는 큰 도에 해당하는 '억지가 없음'을 실현하기 위해서는, 자신을 드러내기 위한 그런 항목들을 줄이고 타고난 소박함을 유지해야 한다고 말한다.

질 문

1. 가치평가의 기준 자체를 인정하지 않는다면, 인생을 목표 없이 살도록 하는 무계획적인 부랑아가 되지 않는가?

---

67) 12장의 '배를 위하고 눈을 위하지 말라.'를 참조할 것.

2. 성스러움, 지혜로움, 어짊, 의로움, 교묘함, 이로움이 자신을 드러내기 위한 것이라면 줄여야 한다고 했는데, 만약에 공동체를 위한 것이라면 늘려도 된다는 말인가?

20장

내 용

학문을 끊으면 근심이 없다. 왜냐하면 근심은 구분 짓는 일에서 생기는데 학문은 바로 구분 짓는 일에서 시작되기 때문이다. 그리고 구분 짓는 일은 긍정(是)과 부정(非)을 분명히 가려서 중간을 없애는 것이다.

실재세계에 있어 긍정(唯)과 부정(阿)이 서로 떨어짐이 얼마이며, 가치세계에 있어 좋다와 싫다가 서로 떨어짐이 얼마이겠는가. 실제로는 이 두 세계가 서로 떨어져 있지 않는데도 세상 사람들은 떨어져 있는 것으로 생각한다.

학문은 세상 사람들이 두려워하는 바를 두려워하도록 만든다. 왜냐하면 학문이 허황하게도 아직 진리의 끝자락인 핵심에 이르지 못했는데도 진리인 것으로 인정되어 사람들로 하여금 그것을 믿도록 만들기 때문이다.

학문을 지닌 뭇 사람들은 밝게 웃으며 큰 소를 잡아 잔치를 하는 것 같고 봄철에 누대에 오르는 것 같은데, 나만 홀로 밝게 웃을 일이 일어날 조짐조차 없는 곳에 머무르는구나. 이것은 마치 갓난아이가 아직 웃지 못하는 것 같고, 지쳐 있는데도 돌아갈 곳이 없는 것 같다.

뭇 사람들은 모두 여유가 있는데, 나 홀로 여유가 없는 것 같다.

나는 어리석은 마음을 지니고 있단 말인가, 혼란스럽구나! 구분의 세계를 받아들이는 사람들은 세상의 물정에 밝은데, 나 홀로 어둡구나. 세상 사람들은 눈치가 빠르고 세련되어 있지만, 나 홀로 눈치가 없고 세련되지 못하구나. 담박하기 바다와 같고, 바람소리가 멎지 않는 것 같다.

뭇 사람들은 모두 쓸모가 있는데 나만 홀로 쓸모없이 둔하며 어리석은 것 같다. 똑똑하게 남보다 앞서려는 다른 사람과 달리 나 홀로 먹는 것을 해결해주는 식모(食母)만 귀하게 여긴다.

絶學無憂 唯之與阿 相去幾何 美之與惡 相去若何 人之所畏 不可不畏 荒兮其未央哉 衆人熙熙 如享太牢 如春登臺 我獨泊兮其未兆 如嬰兒之未孩 儽儽兮若無所歸 衆人皆有餘 而我獨若遺 我愚人之心也哉 沌沌兮 俗人昭昭 我獨昏昏 俗人察察 我獨悶悶, 澹兮其若海 飂兮若無止 衆人皆有以 而我獨頑似鄙 我獨異於人 而貴食母(절학무우 유지여아 상거기하 미지여오 상거약하 인지소외 불가불외 황혜기미앙재 중인 희희 여향태뢰 여춘등대 아독박혜기미조 여영아지미해 루루혜약무소귀 중인개유여 이아독약유 아우인지심야재 돈돈혜 속인소소 아독혼혼 속인찰찰 아독민민 담혜기약해 료혜약무지 중인개유이 이아독완사비 아독이어인 이귀식모)

도 표

주장	
학문을 끊으면(絶學) 근심이 없다(無憂)	학문을 진행하면(進學) 근심이 있다(有憂)
근거	
시비와 미추와 선악이 없다 (無是非, 無美醜, 無善惡)	시비와 미추와 선악이 있다 (有是非, 有美醜, 有善惡)
비교와 평가가 없어 주어진 대로 만족하게 삶	비교와 평가가 있어 불안과 불만족하게 삶
학문을 끊은 자는 나 혼자다 (絶學者, 我獨)	학문을 하는 자는 여러 사람이다 (勉學者, 衆人)
모호하다(乘乘)	분명하다(熙熙)
여유가 없다(沌沌)	여유가 있다(有餘)
어둡고 어둡다(昏昏)	밝고 밝다(昭昭)
흐릿하다(悶悶)	밝게 헤아리다(察察)
어리석고 변변치 못하다(頑鄙)	수단이 능하다(有以)
먹는 것의 해결을 가장 귀하게 여김 (貴食母)	똑똑하게 남보다 앞섬을 귀하게 여김 (貴學識)

해 설

노자는 20장에서, 당대에 누구 못지않게 학문을 많이 한 사람 중한 명으로서 자신의 가장 뛰어난 장기인 학문을 끊으라고 말한다. 왜 그런가? 학문을 깊이 연구한 그에게 학문의 한계와 문제점이 제대로 보였기 때문이다.

화이트헤드는 그의 대표작 『과정과 실재 *Process and Reality*』에서 학문의 한계와 문제점을 '잘못 놓여진 구체성의 오류'라고 지적했다. 우리가 학문을 하기 위해서는 사고 속에서 구분 짓는 작업부터 해야 하는데, 이때 구체적인 실재 사태인 사실이나 사물은 분리되어 있지 않은데도 분리되어 있는 것으로 잘못 인식된다는 것이다.

노자는 고대에 벌써 이러한 한계와 문제점을 정확히 알고 있었다. 그리고 그는 이렇게 잘못 인식된 사태가 진리와는 거리가 멀 뿐만 아니라 가치문제와 연결되면 쓸데없는 근심을 만들어내고 있다는 점을 간파했다. 학문을 하기 위해서는 인식을 위한 구별을 하지만, 가치를 추구하는 학문에서는 차별을 낳는다.

아름다움은 좋은 것이고 추함은 좋지 않은 것이라고 할 때 아름다움과 추함의 경계는 무엇이며, 실제로 아름다움과 추함이 객관적으로 존재하는가? 만약에 이러한 경계가 인위적(人爲的)이고 객관적으로 없는데도 자신의 모습이 아름답지 못하다고 여기는 사람은 쓸데없는 근심을 하는 것이다.

뱀이나 할미꽃보다 공작새나 장미꽃이 아름다운가? 자연의 시각에서 보면 그런 차별은 없다. 부귀영화는 좋은 것이고, 가난하고 신분이 낮으면 나쁜 것인가? 오르막이 있으면 내리막도 있는 것이다. 젊음이 있으면 늙음도 있다. 탄생이 있으면 죽음도 있다. 자연현상과 우주의 원리에는 아름답고 추함과 좋고 나쁨이 없다. 시대와 장소에 따라 다르며, 주체가 누구인가에 따라 다르다.

그런데 우리는 왜 차별을 하면서 잘났다고 뽐내며, 못났다고 위축되는가? 그것은 가진 자들이 뽐내기 위해 만들어 놓은 가치관을 의심 없이 믿고 따랐기 때문이다. 그렇게 따르도록 하는 데 학문이 기여하고 있다고 노자는 생각한다.

실제로 그렇게 기여하는 학문을 하는 학자들(衆人)은 권력자에게 붙어서 부귀영화를 누리면서 뽐내고 있다. 일반 사람들도 당연히 그들이 구분해 놓은 가치 서열을 그대로 믿으면서 편승하고 있다. 이렇게 편승된 사람들은 좋고 싫고가 분명해진다. 이럴 때 좋은 것을 소유한 경우에는 유쾌하지만, 소유하지 못했거나 빼앗길 수 있다는 생각이 들 때는 근심이 된다. 노자는 아예 빼앗길 무엇이 있고 없고에 따라 일희일우(一喜一憂)하는 자체가 잘못된 것이고, 이 잘못은 학문의 한계와 문제점에서 비롯되었다고 본다.

48장에 '학문을 하면 나날이 늘어나고 도를 실천하면 나날이 줄어든다.'라고 되어 있다. 학문을 통해 늘어나는 근심거리를 제외한다면, 생존과 관련된 가장 큰 근심거리는 절대빈곤 문제이다. 그런데 실은 자연이 우리에게 먹을거리를 제공하고 있어서, 국가의 통치자가 세금이나 부역 등으로 괴롭히지만 않는다면 백성들은 충분히 살아갈 수 있다고 노자는 생각한다.68)

절대빈곤 문제로 인한 근심거리가 없어진 후에도 남는 근심거리는 남들과 비교하여 생기는 상대빈곤 문제이다. 즉 주변의 사람들보다 잘 살아야 되는데, 그렇지 못한 데서 생기는 근심거리이다. 이 근심거리야말로 쓸데없는 근심거리이며, 바로 학문이 만들어낸 인위적(人爲的)이고 가식적(假飾的)인 것이라고 노자는 주장하고 있다. 왜 우

---

68) 세상에 규제하는 것이 많으면 많을수록 사람들은 가난해진다.(57장)

리들은 '주변보다 내가 잘나야 한다.'는 것을 당연하게 여기고, 주변보다 못났을까 봐 근심걱정하면서 살아가야 하는가라고 노자는 묻는다.

주변보다 내가 잘나야 한다는 생각 때문에 사람들은 권력, 지위, 학벌, 명예, 인기, 재산 등을 더 가지기 위한 출세와 성공을 하려고 한다. 그들에게는 이 출세와 성공이 인생에서 가장 가치 있는 일이다. 노자는 67장에서 이러한 출세와 성공을 천하에 앞서는 일이라고 하면서, '감히 천하에 앞서려고 하지 않음'을 자신의 세 가지 보배 중에 넣었다. 세상의 근심은 바로 천하에 앞서려고 하는 마음에서 비롯되었다고 보기 때문이다.

노자는 생존과 관련된 근심거리인 절대빈곤 문제의 해결을 가장 귀하게 여긴다. 이것을 귀하게 여기는 자가 천하를 다스려야 된다고 말하기도 한다.[69] 그 자신은 생존에 필요한 최소한의 소유에 만족한다. 그리고 세속의 일반사람들이 믿고 추구하는 가치관을 자신이 지니지 않기 때문에, 그들의 눈으로 볼 때는 홀로 못나 보일 수 있는 자신을 20장에서 그리고 있다.

노자는 근심의 근원인 출세 성공을 목적으로 학문하는 일반사람들의 모습과 그렇지 않은 자신의 모습을 대비해 보여주면서 우리들에게 근원적인 질문을 던지고 있다. 사람들은 왜 쓸데없이 근심거리를 늘리려 하는가라고.

69) 자신의 몸을 귀하게 여겨 천하로 생각한다면 그에게 천하를 바로 맡길 수 있다. 그리고 자신의 몸을 사랑해서 천하로 생각한다면 그에게 바로 천하를 부탁할 수 있다.(13장)

질 문

1. 권력, 지위, 학벌, 명예, 인기, 재산 등을 늘리기 위해서 학문하는 것이 아니라면, 노자는 학문의 목적을 무엇이라고 생각하는가?

2. 생존하는 것으로 만족하면 인생의 의미와 즐거움은 어디서 찾을 수 있는가?

21장

내 용

비어 있는 큰 덕이 모든 것을 수용할 수 있음은 오직 도를 즉시 따르기 때문이다. 이때의 도는 만물이 되어가지만, 오직 어슴푸레하고 오직 흐릿하다. 흐릿하고 어슴푸레함이여, 그 가운데 형상(形象)이 있다. 어슴푸레하고 흐릿함이여, 그 가운데 물질(物質)이 있다. 그윽하고 아득함이여, 그 가운데 정신(精神)이 있다.

그 정신은 참으로 변하지 아니한다. 그래서 그 가운데 그것이 다른 것이 아니라 바로 그것이라는 믿음이 있다. 옛날부터 오늘까지 그 이름이 사라지지 않는다. 그래서 우리는 그 이름으로써 만물인 존재자들을 구별해서 분간한다. 내가 어떻게 만물이 그러한 모양으로 있는 줄 알겠는가? 이 이름으로써 아는 것이다.

孔德之容 惟道是從 道之爲物 惟恍惟惚 惚兮恍兮 其中有象 恍兮惚兮 其中有物 窈兮冥兮 其中有精 其精甚眞 其中有信 自古及今 其名不去 以閱衆甫 吾何以知衆甫之狀哉 以此(공덕지용 유도시종 도지위물 유황유홀 홀혜황혜 기중유상 황혜홀혜 기중유물 요혜명혜 기중유정 기정심진 기중유신 자고급금 기명불거 이열중보 오하이지중보지상재

이차)

도 표

핵심어	풀이
공덕(孔德)	모든 것을 수용할 수 있는 큰 덕은 전체를 보는 도에 따름
황홀(恍惚)	이때 도는 오직 어슴푸레하고 오직 흐릿함
구성요소	어슴푸레하고 흐릿함(恍惚) 속에는 세 가지가 섞여 있음
	이들은 만물의 구성요소인 형상(形象), 물질(物質), 정신(精神)임
정신(情神)	이 중에서 정신은 참으로 변하지 않으며 믿을 수 있음
	정신은 만물을 정확하게 구분할 수 있게 이름 붙일 수 있음
이름(名)	만물이 각각의 모양으로 있음을 아는 것은 이름 때문임

【참고도】

<table>
<tr><td colspan="8">만물이 만들어지는 과정에 필요한 요소</td></tr>
<tr><td colspan="3">노자</td><td colspan="3">불교</td><td>아리스토텔레스</td><td>화이트헤드</td></tr>
<tr><td>상
(象)</td><td>물
(物)</td><td>정
(精)</td><td>상
(相)</td><td>성
(性)</td><td>체
(體)</td><td>4원인
(四原因)</td><td>궁극자
(窮極者)</td></tr>
</table>

형상形象	물질物質	정신精神	가체假諦	공체空諦	중체中諦	형상形相	질료質料	작용作用	목적目的	창조성創造性	일자一者	다자多者

해 설

이 21장은 도(道)를 따를 때 모든 것을 수용할 수 있는 큰 덕이 성립됨을 설명하고 있다. 도를 따르는 사람은 도에서 만물이 되어가는 과정 세 단계를 모두 보기 때문에 모든 것을 수용할 수 있는 큰 덕을 지녔다고 노자는 말하고 있다. 큰 덕을 지닌 사람은 도에서 만물이 되어 가고 만물에서 도로 되돌아가는 과정을 모두 볼 수 있다. 그 과정은 다음과 같다.

첫 단계는 있음(有)의 단계이다. 있음의 단계는 만물들의 형상(象), 물질(物)이 모두 밖으로 드러나 구분이 확실히 되는 상태이다. 둘째 단계는 없음(無)과 있음의 중간 단계이다. 이 단계는 만물의 형상과 물질이 없음에서 있음으로 나타나는 순간(惚)과 있음에서 없음으로 들어가는 순간(恍)으로 홀황(惚恍)하다.[70] 이때는 만물이 어슴푸레하며 흐릿한 상태이다.[71] 도를 따르는 사람은 이 단계를 놓치지 않는

70) 도덕경에서는 홀황과 황홀로 섞여 나오지만, 지금의 우리들은 황홀을 주로 쓰고 있다.

71) 어슴푸레하고 흐릿하다고 해서 회색으로만 생각하기 쉬운데 그렇지만은 않다. 예를 들면, 없음에서 있음이 나타나는 순간을 해돋이라 할 수 있고, 있음에서

다. 셋째 단계는 없음의 단계이다. 모든 것이 없음 하나로 묶여 있어서 만물의 형상과 물질이 드러나지 않기 때문에, 모든 것이 구분되지 않는 그윽하고 아득한(窈冥) 상태이다. 이때는 오직 정신만이 이름을 통해 그들을 구분한다.[72]

이름을 통해 관찰되는 이 정신은 참으로 변화하지 않는다.[73] 그리고 참으로 변화하지 않는 부분 때문에 사람들은 그 존재가 진실하다고 믿는다. 만물에 있어 형상과 물질은 변화해가지만, 불변하는 정신은 그것들 제각각의 이름이 되어 과거부터 지금까지 변함없이 불린다. 그래서 우리는 그 이름으로써 만물인 존재자들을 구별해서 분간한다. 노자 자신도 일반사람과 마찬가지로 "내가 어떻게 만물이 그러한 모양으로 있는 줄 알겠는가? 이 이름으로써 아는 것이다."라고 말한다.

일반사람들은 이것으로 만물을 구분 짓고 구분한 대로 바라보지만, 노자는 세 단계를 모두 바라보고 있다. 특히 두 번째 단계인 황홀

없음이 나타나는 순간을 해넘이라고 할 수 있다. 둘 다 어둠(빛이 없음)과 밝음(빛이 있음) 혹은 밝음(빛이 있음)과 어둠(빛이 없음)의 중간지대라서 사물들의 모습은 어슴푸레하고 흐릿해서 분명하게 보이지는 않지만, 하늘과 땅이 오색 빛으로 물들면서 찬란하고 황홀한 광경이 될 수 있다.

72) 이름(名)이라는 한자어(漢字語)는 저녁 석(夕)자와 입 구(口)자로 되어 있다. 저녁이 되어 어둡게 되면 사람들이 보이지 않아서 입으로 서로 불러 소통을 한다는 데서 유래한 글자이다. 여기서 저녁은 밤이 되어 어두운(窈冥) 상태를 말한다. 어두운 상태에서는 개별사물들의 형상이나 물질이 보이지 않는다. 그래도 우리들은 그것들이 그곳에 변하지 않고 있음을 알고 구분해서 찾을 수 있다. 어떻게 찾을 수 있는가 하면 그것들 각각에는 이름이 붙여져 있기 때문이다.

73) 플라톤의 이데아(Idea)에 해당하며, 화이트헤드의 영원한 대상(eternal object)에 해당하는 것으로 영원한 존재자이다.

단계를 중심으로 없음의 단계와 있음의 단계를 함께 바라보고 있다. 이 점이 21장의 핵심이다. 황홀단계는 도와 만물이 함께 나타나는 단계로서 도와 만물, 만물들 사이의 경계(境界)가 있는가 하면 없고, 없는가 하면 있다.

그래서 노자는 “이때의 도는 만물이 되어가지만, 오직 어슴푸레하고 오직 흐릿하다.”고 말한다. 세상의 모든 시빗거리는 이것과 저것을 구분해서 시비(是非)를 가리는 데서 일어난다. 그런데 이것과 저것을 구분하는 것은 이름에 의해서이며, 이름은 변화하지 않는 데 비해 그 이름이 지칭하는 실재(實在, reality)는 끊임없이 변한다. 실재는 만물유전(萬物流轉)이고 제행무상(諸行無常)이며 서·원·반(逝·遠·反)이다.

그런데 일반사람들은 이름에 매여 있기 때문에 실재도 이름처럼 변하지 않는다고 착각한다.[74] 그러나 도를 따르는 사람은 그 과정을 모두 보기 때문에 이름에 매이지 않고 시빗거리를 만들지 않는다.[75] 시빗거리를 만드는 것은 부분밖에 보지 못하기 때문이다. 이름에 매이는 사물에 따르면 작은 덕밖에 지닐 수 없어 부분만 수용하고, 이름에 매이지 않는 도에 따르면 큰 덕(孔德)을 지닐 수 있어 전체를 수용할 수 있다. 그래서 노자는 “비어 있는 큰 덕이 모든 것을 수용할 수 있음은 오직 도 이것을 따르기 때문”이라고 말한다.

---

74) 화이트헤드는 구체적인 실재를 추상적인 이름으로 잘못 판단하는 것을 ‘잘못 놓여진 구체성의 오류’라고 말하면서 이 오류로부터 벗어날 것을 강조하고 있다.

75) 황희정승이 젊을 때 명석하여 시시비비(是是非非)를 정확히 잘 가렸다. 그러다가 황소와 흑소를 구분하는 어리석음을 일깨워준 농부를 만난 이후에는 더 이상 시비를 가리지 않았기 때문에 오랜 기간 높은 관직에 있을 수 있었다.

참고 글 : 최치원(崔致遠)의 시

<가야산 독서당(伽倻山 讀書堂)>

첩첩 바위 사이를 미친 듯 달려 겹겹 봉우리 울리니
지척에서 하는 말소리도 분간키 어려워라
늘 시비(是非)하는 소리 귀에 들릴세라
짐짓 흐르는 물로 온 산을 둘러버렸다네

질 문

1. 공(孔)을 '비어 있음'으로도 번역하고 '큼'으로도 번역하는데 어느 것이 맞는가? 용(容)을 '허용하다'로도 번역하고 '모습'으로도 번역하는데 어느 것이 맞는가?

2. 황홀(恍惚)을 있음과 없음, 없음과 있음의 중간상태로 풀이하였는데, 해돋이와 해넘이 말고 다른 사례도 들 수 있는가?

3. 시비를 가리지 않는 것이 반드시 큰 덕인가? 그리고 일상을 살면서 시비를 가리지 않고 어떻게 살 수 있는가?

22장

내 용

굽은 못생긴 나무는 쓸모가 없어 잘 베어지지 않기 때문에 온전히 살아간다. 그런데 굽어야 펼 수 있고, 우묵해야 채워지고, 낡아야 새로워지고, 적어야 얻어지고, 많아야 헷갈려 잃게 된다.

그런 까닭에 성인은 상반되는 것까지 껴안아서 하나로 보고 뭇 사람들이 싫어하는 낮은 곳에 스스로 임할 수 있는 관점을 세상살이의 표준으로 삼는다. 그래서 자신을 드러내지 않아 밝게 드러나고, 자신을 옳다고 여기지 않아 자신의 옳음이 빛나게 되며, 자신의 공적이라 여기지 않아 공이 있게 되고, 자신을 자랑하지 않아 조직의 장이 된다.

성인은 오직 다투지 않는 까닭에 세상이 그와 다투지 않는 것이다. 굽은 못생긴 나무는 쓸모가 없어 잘 베어지지 않기 때문에 온전히 살아간다는 옛말이 어찌 헛된 빈말이겠는가? 상반된 개념을 둘로 보지 않고 진실로 그 전체를 보아 뭇 사람들이 싫어하는 낮은 곳에 임할 수 있으면 온전한 자연으로 돌아간다.

曲則全 枉則直 窪則盈 敝則新 少則得 多則惑 是以聖人抱一爲天下式

不自見 故明 不自是 故彰 不自伐 故有功 不自矜 故長 夫唯不爭 故天下莫能與之爭 古之所謂曲則全者 豈虛言哉 誠全而歸之(곡즉전 왕즉직 와즉영 폐즉신 소즉득 다즉혹 시이성인포일위천하식 부자현 고명 부자시 고창 부자벌 고유공 부자긍 고장 부유부쟁 고천하막능여지쟁 고지소위곡즉전자 기허언재 성전이귀지)

도 표

상반된 개념을 둘로 보지 않고 전체로 보아 온전함으로 돌아감		
자연의 현상		성인의 행적
1	굽은 나무가 온전히 살아감	낮은 곳에 스스로 임하는 관점을 지님
2	굽어야 펼 수 있음	자신을 드러내지 않아 밝게 드러남
3	우묵해야 채워짐	자신을 옳다고 여기지 않아 빛남
4	낡아야 새로워짐	자신의 공적이라 여기지 않아 공이 있게 됨
5	적어야 얻어짐	자신을 자랑하지 않아 조직의 장이 됨
6	많아져야 헷갈림	다투지 않아 세상이 그와 다투지 않음

해 설

22장은 노자가 옛날부터 내려오는 "굽은 나무가 온전히 살아간다."

는 말을 빌려 자신의 논지를 강화한 곳이다. 곧은 나무는 세상에 쓰임이 많기에 일찍 베인다. 그런데 굽은 나무는 세상에 쓰임이 적으니 자기 수명대로 온전히 살아갈 확률이 높다. 이 말에는 굽은 나무와 곧은 나무의 이분법이 전제(前提, premise)되어 있으며, 굽은 나무가 온전할 가능성이 많고 곧은 나무가 온전하지 않을 가능성이 많다는 의미를 지니고 있다.

그런데 자연에는 굽은 나무와 곧은 나무가 차별 없이 공존하면서 살고 있다. 그리고 자연의 이치를 보면, 굽어야 펼 수 있고, 우묵해야 채워지고, 낡아야 새로워지고, 적어야 얻어지고, 많아야 헷갈려 잃게 된다. 즉 굽음과 바름, 패임과 채워짐, 낡음과 새로움, 적음과 얻음, 많아짐과 잃음이 낮과 밤처럼 차별 없이 함께 존재하고, 서로를 필요로 하면서, 서로의 약한 점을 보완해간다.

낮만 계속되거나 밤만 계속되면 만물의 존속에 문제가 되니 저절로 교대한다. 이러할진대 낮은 좋고 밤은 나쁘다고 할 수 없다. 자연에서는 낮과 밤을 차별하지 않듯이 굽은 나무와 곧은 나무도 차별하지 않는다.

그런데 인간세상에서는 굽은 나무와 곧은 나무를 차별한다. 유용성을 기준으로 봤을 때, 인간의 삶에 유용하면 쓸모 있는 좋은 나무이고 유용하지 않으면 쓸모가 없는 나쁜 나무라고 판단한다. 물건을 판단하는 이러한 기준에 따라 사람도 판단한다. 곧은 나무에 해당하는 쓰임이 많은 사람은 얼굴이 잘생기고, 학벌이 높고, 스펙을 많이 쌓은 자이다. 이에 비해 굽은 나무에 해당하는 쓰임이 적은 사람은 얼굴이 못생기고, 학벌이 낮고, 스펙을 적게 쌓은 자이다. 이분법으로 줄여서 말하면, 곧은 나무에 해당하는 사람은 잘난 사람이고 굽은 나무에 해당하는 사람은 못난 사람이다.

대부분의 사람들은 잘난 사람이 되기를 좋아하고, 못난 사람이 되기를 싫어한다. 그래서 사람들은 잘난 사람이 되려 하고, 잘난 사람 중에서도 더 잘난 사람이 되려고 한다. 그렇게 되기 위해 어릴 때는 학벌을 최대한 높이면서 스펙을 쌓기 위해서 노력하고, 취직을 앞두고는 얼굴 성형수술을 받기까지도 한다. 그렇게 되고 나면 자신을 잘난 사람으로 여기고, 그렇게 되지 못하면 못난 사람으로 여긴다. 자신이 잘난 사람으로 여겨질 때는 살맛이 나지만, 못난 사람으로 여겨질 때는 살아 있으면서도 죽을 맛이다.

노자의 생각을 잘 읽고 있었던 장자는 '제물론편(齊物論篇)'에서 '만물은 차별 없이 가지런하다.'는 것을 말했다. 그리고 '변무편'에 나오는 '학의 긴 다리와 오리의 짧은 다리 이야기'가 이것을 잘 표현하고 있다.[76] 자연에는 잘나고 못나고의 이분법이 적용되지 않는다. 그런데 인간 세상에는 왜 이분법이 적용되는가? 인간 세상에서는 자연의 만물처럼 왜 생긴 대로 살면 안 되며, 상대보다 더 잘나야 되고 잘나기 위해 노력하는 것을 당연하게 여기는가? 노자는 이렇게 우리에게 물음을 던진다.

노자는 만물이 있는 그대로 온전한데,[77] 인간은 자신들을 둘로 나누어 잘난 쪽 못난 쪽을 구분해서 우월감이나 열등감을 가지고 있으

76) 오리 다리가 짧다고 해서 길게 이어주면 걱정하고, 학의 다리가 길다 해서 짧게 잘라주면 슬퍼할 것이다.(莊子, 外篇, 騈拇篇)

77) 도덕경 대중 강의를 하고 있는 김기태 선생은 『지금 이대로 완전하다』는 제목으로 책을 내었다. 그리고 중국고전문학을 전공한 강경희 선생은 『나는 불완전한 내가 고맙다』라는 제목으로 책을 내었는데, 이들은 책 제목 속에 '있는 그대로 온전함'을 나름대로 표현하였다.

니 자연처럼 이분법으로 구분하지 말고 하나로 보라는 말을 하고 싶은 것이다. 그래서 "성인은 상반되는 것까지 껴안아서 하나로 보는 관점을 세상살이의 표준으로 삼는다."고 했다.

'잘났다, 못났다'라는 이분법을 극복해서 있는 그대로를 수용한 사람은 남들이 싫어하는 못난 상황에 스스로 처한다. 왜냐하면 그 상황이 못나지 않음을 알고 있으며, 그곳에 있으면 다툼이 없어 마음이 편하기 때문이다. 그런데 묘하게도 이렇게 하는 사람이 오히려 잘난 위치에 있게 된다. 패인 곳에 물이 차듯이 자신을 낮추면 오히려 높아진다.[78)]

"자신을 드러내지 않아 밝게 드러나고, 자신을 옳다고 여기지 않아 자신의 옳음이 뚜렷해지며, 자신의 공적이라 여기지 않아 공이 있게 되고, 자신을 자랑하지 않아 조직의 장이 된다." 노자는 옛부터 내려오는 "굽은 나무가 온전히 살아간다."는 말의 의미를 존재론, 인식론, 가치론의 깊은 의미를 담아서 해석하며[79)] 그 공(功)을 성인에게 돌리고 있다.

남들이 싫어하는 못난 위치에 스스로 놓이려는 사람은 당연히 다툼이 없다. "성인은 오직 다투지 않는 까닭에 세상이 그와 다투지 않는 것이다. 굽은 못생긴 나무는 쓸모가 없어 잘 베어지지 않기 때문에 온전히 살아간다는 옛말이 어찌 헛된 빈말이겠는가? 상반된 개념

78) 성경에도 "자신을 낮추는 자 높아지고 자신을 높이는 자 낮아진다고 하였다."

79) 상반된 두 존재는 한 쪽이 없으면 다른 쪽도 존재할 수 없다는 존재론, 상반된 두 개념도 한 쪽의 개념이 없으면 다른 쪽의 개념도 인식될 수 없다는 인식론, 상반된 두 개의 좋다고 생각되는 정가치(正價値)와 나쁘다고 생각되는 반가치(反價値)도 이분법적 선입견에 따른 가치판단에 불과하다는 가치론을 노자는 지니고 있다.

을 둘로 보지 않고 진실로 그 전체를 보아 뭇 사람들이 싫어하는 낮은 곳에 임할 수 있으면 온전한 자연으로 돌아간다."

이분법이 작동하지 않는 방식은 자연처럼 진실로 그 전체를 껴안은 것(抱一)이다. 상반되는 두 개의 근원을 살펴보면 하나로 되어 있음을 알게 된다.[80] 물론 낮과 밤은 다르며 두 개이다. 그러나 하루라는 하나의 시각에서 바라보면 그들은 함께 가지런히 그곳에 있다. 손바닥과 손등도 다르며 두 개다. 그러나 손이라는 하나의 시각에서 바라보면 그들은 가지런히 그곳에 있다.

질 문

1. 둘로 보지 않고 하나인 전체로 보면 잘나고 못나고가 없다고 하는데, 현실적으로는 못 배우고, 가난하고, 못 생기면 힘든 삶을 살아야 하는 못난 사람이 아닌가?

2. 못난 상황에 있으면서도 못났다고 생각하지 않고 편하게 지내는 사람이라면 성장하고자 하는 의욕이 부족한 게으른 사람이 아닌가? 만약 게으르다면 이 사람이 어찌 잘난 상황에 갈 수 있겠는가?

3. 남들이 싫어하는 못난 상황에 스스로 처하는 사람이 오히려 잘난 상황에 놓여진다고 했는데, 그 사람이 잘난 상황에 처해지면 불편해서 못

---

80) 장자의 조삼모사(朝三暮四) 이야기와 불교의 번뇌즉보리(煩惱卽菩提), 생사즉열반(生死卽涅槃), 사바즉적광(娑婆卽寂光)도 유사하다.

난 상황으로 내려가야 하지 않는가?

23장

내 용

말을 드물게 하는 것이 자연스럽다. 왜냐하면 회오리바람이 아침나절을 채우지 못하고 소나기도 한나절을 채우지 못하는 것처럼, 무엇이든 한꺼번에 많이 일어난 것은 지속할 수 없기 때문이다. 누가 회오리바람이나 소나기를 일어나도록 하는가? 하늘과 땅이다. 하늘과 땅도 오히려 오랫동안 지속시킬 수 없거늘 하물며 사람이 하는 말에 있어서야.

그러므로 도(道)에 따라 힘쓰는 자는 도와 같이 대하고, 덕(德)에 따라 힘쓰는 자에게는 덕과 같이 대하고, 실(失)에 따라 힘쓰는 자에게는 실과 같이 대한다. 그 이유는 도와 같아지면 도 또한 그를 즐겁게 얻을 것이고, 덕과 같아지면 덕 또한 그를 즐겁게 얻을 것이고, 실과 같아지면 실 또한 그를 즐겁게 얻을 것이기 때문이다. 이 사실에 대한 믿음이 부족하면 불신이 있게 된다. 불신하면 말을 많이 하게 되어 오래갈 수 없게 된다.

希言自然 故飄風不終朝 驟雨不終日 孰爲此者 天地 天地尙不能久而況於人乎 故從事於道者 道者同於道 德者同於德 失者同於失 同於道

者道亦樂得之 同於德者德亦樂得之 同於失者失亦樂得之 信不足焉 有不信焉(희언자연 고표풍부종조 취우부종일 숙위차자 천지 천지상 불능구이항어인호 고종사어도자 도자동어도 덕자동어덕 실자동어 실 동어도자도역락득지 동어덕자덕역락득지 동어실자실역락득지 신부족언 유불신언)

도 표

말이 많은 것은 도에 대한 믿음의 부족에서 생기는 것으로 자연스럽지 못함		
사 례	결 과	이 유
회오리바람은 아침나절을 채우지 못함	도(道)에 따라 힘쓰는 자는 도와 같이 대함	도와 같아지면 도 또한 그를 즐겁게 얻음
소나기도 한나절을 채우지 못함	덕(德)에 따라 힘쓰는 자에게는 덕과 같이 대함	덕과 같아지면 덕 또한 그를 즐겁게 얻음
하늘과 땅도 오랫동안 지속시킬 수 없음	실(失)에 따라 힘쓰는 자에게는 실과 같이 대함	실과 같아지면 실 또한 그를 즐겁게 얻음
도에 대한 믿음이 부족하면 믿지 못해 가만히 못두고 자꾸 말을 많이 하게 됨		

해 설

5장에서 노자는 '말도 너무 많으면 자주 막히게 되니, 가운데 빔을 지키는 것만 같지 못하다.'고 하였다. 이때의 '가운데'는 풀무와 피리의 비어 있는 공간으로서의 가운데이다. 즉 풀무와 피리의 비어 있는 부분을 막히지 않게 지켜야 지속적으로 바람을 일으킬 수 있고 소리를 낼 수 있다. 풀무와 피리의 가운데 빈 공간에 찌꺼기가 들어가서 막히게 되면 그 기능이 떨어지면서 못쓰게 된다.

이와 마찬가지로 말을 많이 하면 찌꺼기가 빈 공간을 메꾸어 막히게 되는 것처럼 지속할 수 없다. 5장에서는 가운데를 비워둠으로써 지속할 수 있는 사례로 인공물(人工物)인 풀무와 피리를 들고 있다. 풀무와 피리는 가운데가 뚫려 있지 않고 막히면 못쓰고 버려야 하는 것처럼, 인생에서 말이 많으면 막히게 되어 못쓰고 버려야 하는 상황이 된다는 점을 지적하고 있다.

23장에서는 자연물인 회오리바람(飄風)과 소나기(驟雨)를 사례로 들어 말을 많이 하지 않고 드물게 하는 것이 좋다는 점을 나타내고 있다. 노자는 23장의 첫 구절에서 "말을 드물게 하는 것이 자연스럽다."고 하였다. 여기서 자연스럽다는 말은 지속할 수 있다는 것이다.

그래서 다음 구절에서 한꺼번에 몰아치는 회오리바람과 소나기는 지속할 수 없다는 점을 나타내고 있다. 말을 많이 하는 것은 이와 같이 좋지 않으니 드물게 해야 자연스럽다고 한다. 이러한 조정은 바로 하늘과 땅이 한다. 그런데 "하늘과 땅도 오히려 오랫동안 지속시킬 수 없거늘 하물며 사람이 하는 말에 있어서야."라고 강조한다.

회오리바람과 소나기는 오랫동안 지속할 수 없다. 그 이유는 오늘날의 언어로 말하면 자연법칙 때문이고, 노자가 살던 시대의 언어로 말하면 하늘과 땅의 역할인데, 하늘과 땅이 도(道)에 따라 힘쓰기 때문이다. 노자는 25장에서 "사람은 땅을 본받고 땅은 하늘을 본받고 하늘은 도를 본받고 도는 자연을 본받는다."고 하였다. 즉, 사람은 하늘과 땅을 본받아야 하고, 하늘과 땅은 도를 본받아야 하며, 도는 다른 자를 본받는 것이 아니라 스스로 그렇게 한다(自然)는 것이다. 따라서 도를 따르는 것이 가장 자연스러운 것이 된다.

사람이 도를 따르면 혜택을 얻게 되는데 그것을 덕(德)이라고 한다. 반대로 도를 따르지 않으면 혜택을 잃게 되는데 그것을 실(失)이라고 한다. 도를 따라서 혜택을 보아 덕(德)이 되든지, 도를 따르지 않아서 혜택을 잃어버려 실(失)이 되든지, 도를 따르는 사람은 그들을 차별하지 않고 모두 수용한다. 덕이 되는 사람을 선하다고 하거나 잘났다고 하지 않고, 실이 되는 사람을 악하다고 하거나 못났다고 하지 않는다.

"그러므로 도에 따라 힘쓰는 자는 도와 같이 대하고, 덕에 따라 힘쓰는 자에게는 덕과 같이 대하고, 실에 따라 힘쓰는 자에게는 실과 같이 대한다." 이렇게 하는 이유는 "도와 같아지면 도 또한 그를 즐겁게 얻을 것이고, 덕과 같아지면 덕 또한 그를 즐겁게 얻을 것이고, 실과 같아지면 실 또한 그를 즐겁게 얻을 것이기 때문이다."

우리가 일상생활 중에 몸에 좋은 습관을 붙이면 건강하고, 안 좋은 습관을 붙이면 건강을 잃고 병을 얻게 된다. 다른 원인이 없다고 가정했을 때, 건강하면 오랫동안 제 명대로 살 수 있고 병을 얻게 되면 명대로 못 살고 일찍 죽을 수 있다. 몸에 좋은 습관을 붙이는 것은 도에 잘 따르는 덕의 생활이라고 할 수 있고, 안 좋은 습관을 붙이는 것은 도에 잘 따르지 않은 실의 생활이라고 할 수 있다.

덕의 생활로 건강을 유지하거나, 실의 생활로 건강을 잃거나 관계없이 도는 즐겁게 받아들인다. 왜냐하면 우리들은 병이 들어야 자신의 생활습관이 잘못된 줄 알고 고치려고 하는데, 이것이 도가 우리에게 베푸는 자애(慈愛)이기 때문이다. 그렇지만 도가 베푸는 자애는 냉정하다. 그래서 도를 따르는 하늘과 땅은 어질지 않다[81]고 한다.

도의 자애는 몸에 병드는 것뿐만이 아니다. 일상생활에서 고통을 주는 인간관계의 실패에 따른 불화(不和)나 경제적 실패로 인한 가난 등도 마찬가지이다. 이러한 고통이 자신에게 닥쳤을 때 자신의 생활습관을 살펴보고 고쳐야 하듯이 자신의 삶이 도에 어긋나지 않았는지를 살펴보아야 한다.

이것을 게을리 하면 병이나 어려움이 심해져 삶을 지속하기가 어렵듯이, 삶이 피폐(疲弊)해지면서 실패의 인생이 되어 유덕(有德)한 생활을 할 수 없다. 그리고 도가 냉정하지만 자애롭다는 사실을 아는 것이 중요하다. 그래서 실패의 괴로운 인생이 되었을 때, 누구를 원망할 것이 아니라 자신이 도에 따라 살았는지를 되돌아보는 것이 좋다.

이렇게 자신의 삶이 도에 따르는 삶이었는지를 되돌아보는 반성을 하기 위해서는 도가 냉정하지만 자애롭다는 사실에 대한 믿음이 필요하다. 즉 내가 도에서 벗어나 있다는 것을 알려주기 위해 나에게 실패와 고통이 있다는 것을 믿어야 한다. 그래서 노자는 "이 사실에 대한 믿음이 부족하면 불신이 있게 된다."[82]고 말한다. 물론 불신이

81) 5장의 처음에 나오는 말이다. "천지는 어질지 않아서 만물을 짚으로 만든 강아지와 같이 여긴다. 성인도 어질지 않아서 백성을 짚으로 만든 강아지와 같이 여긴다." 5장의 끝 문장은 다음과 같다. "말도 너무 많으면 자주 막히게 되니, 가운데 빔을 지키는 것만 같지 못하다."

82) 이 문장은 17장에 그대로 나온다. 그리고 23장과 문맥이 맞지 않는 면이 있기 때문에, 일부 도덕경 해설가들 중에는 17장의 글이 여기에 잘못 옮겨져 왔다고 주장하기도 한다. 그러나 필자는 이 문장을 넣어서 글을 완성시킨 분의 의도를

있으면 도에 어긋나는 삶을 계속하여 주어진 수명대로 못 살고 불행의 인생으로 일찍 끝을 맺는다.

23장은 실패의 인생 중에서도 특히 말과 관련된 실패에 대해 언급하고 있다. 말을 많이 한다는 것이 도에 따르지 않는 것으로 도가 주는 혜택을 잃은 실이며 자연에 위배된다. 그러니 빨리 반성하여 말을 드물게 해야 자연스럽다고 노자는 주장한다. 노자가 이러한 주장을 하는 이유는 말이 지닌 한계[83]를 누구보다도 정확히 알고 있기 때문이다.

질 문

1. 도가 냉정하지만 자애롭다면, 우주의 궁극적 실재가 그렇다는 말인가?

2. 말을 많이 한다는 것이 도에 따르지 않는 것으로 도가 주는 혜택을 잃은 실이며 자연에 위배된다는 말은, 자연이 모든 것을 알아서 잘 할 것이니 자연을 믿고 조용히 있으면 된다는 의미도 포함되어 있는가?

존중하고 싶다.

83) 말은 한정형식으로 구성되어 부동(不動)의 상태를 나타내기 때문에 유동(流動)적인 실재(實在, reality)를 담아낼 수가 없다는 한계가 있다.

24장

내 용

발돋움하기 위해 발꿈치를 들고 있는 자는 오래 서 있을 수 없고, 넓은 폭으로 가랑이를 벌려서 걷는 자는 오래 길을 갈 수 없다. 자신을 드러내기 위해 스스로를 현명하다고 하는(自見) 자는 밝지 못하고, 자신이 옳다고 주장하는(自是) 자는 인정받지 못하고, 자신이 공을 세웠다고 말하는(自伐) 자는 공로가 없고, 스스로를 자랑하는(自矜) 자는 조직의 장으로서 오래가지 못한다.

이것들(自見, 自是, 自伐, 自矜)은 도의 입장에서 보면 먹다 남은 밥이나 쓸데없는 군더더기 행동과 같다. 만물은 늘 그것들을 싫어한다. 그러므로 도에 머물러 있는 사람은 그런 일을 하지 않는다.

企者不立 跨者不行 自見者不明 自是者不彰 自伐者無功 自矜者不長 其在道也 曰餘食贅行 物或惡之 故有道者不處(기자불립 과자불행 자현자불명 자시자불창 자벌자무공 자긍자부장 기재도야 왈여식췌행 물혹오지 고유도자불처)

도 표

논지	자신을 내세우는 자의 어리석음			
비유	발꿈치를 들고 있는 자는 오래 서 있을 수 없음			
	가랑이를 넓게 벌려서 걷는 자는 오래 걸을 수 없음			
자신을 내세움과 그 결과	자신을 현명하다고 하는 자는 밝지 못함	자신이 옳다고 주장하는 자는 인정받지 못함	자신이 공을 세웠다고 말하는 자는 공로가 없음	스스로를 자랑하는 자는 조직의 장으로 오래가지 못함
이유	먹다 남은 밥이나 쓸데없는 군더더기 행동임			
	만물은 늘 그것들을 싫어함			
주장	도에 머물러 있는 사람은 그렇게 처신하지 않음(有道者不處)			

해 설

여기서 노자는 자신을 뽐내기 위해 노력하는 삶의 어리석음을 지적하고 있다. 뽐낸다는 것은 남보다 자신의 잘났음을 굳이 드러내는 것이다. 이런 사람은 세상살이에서 비교우위를 차지하기 위해 발돋움하며 큰 폭으로 걷는다. 그리고 자신이 한 일이 옳으며 훌륭하다고 자랑을 하면서 그러한 긍지로 살아간다. 이러한 긍지가 무너지면 정체성(正體性, identity)을 잃고 우울해진다.

자기 스스로를 자랑스럽게 여기는 자긍심은 무엇에 근거하여 일어나는가? 그 근거가 남보다 비교우위를 차지했기 때문이라면, 노자는 상대적으로 낮은 위치에 있는 사람들이 그 사람의 자긍심에서 나온 행동을 싫어하기 때문에 조직의 장으로 오래 있지 못한다고 말한다. 결국 자신의 현명함을 드러냄(自見), 자신이 항상 옳다고 생각함(自是), 자신이 공헌을 했다고 뻐김(自伐), 자신을 자랑스럽게 여김(自矜)을 위해 발돋움하고 큰 폭으로 걷는 행위는 쓸데없는 무가치한 일에 힘을 쏟는 어리석은 행위임을 노자는 지적하고 있다.

노자는 이 장에서 조금이라도 더 잘나 보이려고 자신의 능력 이상을 발휘하고자 발돋움해서 억지로 큰 폭을 잡아 나아가면, 일시적으로는 갈 수 있어도 멀리 갈 수 없는 이치를 들어서 자연에 거스르지 말라고 말한다. 물론 그렇게 하면 일시적으로 비교우위의 위치를 차지할 수는 있다. 그러나 비교우위에 있다고 잘난 척하면 모두가 싫어해서 그 위치도 유지할 수 없게 된다는 점을 지적하면서 그렇게 처신하지 말 것을 권유하고 있다. 그리고 이러한 원리를 아는 자로서 도에 머물고 있는 사람은 그렇게 처신하지 않는다고 말한다.

노자가 비교우위를 차지하고자 애를 쓰는 행위를 배부른 후에 남은 여분의 밥처럼 취급하고 쓸데없이 움직이는 군더더기 행위라고 규정하는 것은, 에리히 프롬이 말하는 소유를 키우기 위해 노력하는 행위가 기쁨을 증가하는 존재의 커짐에 영향을 미치지 않는다고 하는 말과 동일한 것으로 보인다. 에리히 프롬은 『소유냐 존재냐』에서 생존을 위한 소유를 제외한 더 이상의 소유를 아무리 증가해도 존재는 커지지 않는다고 말했다. 그리고 존재가 커진 만큼 진정한 행복인 기쁨도 함께 커진다고 하였다.

이에 비해 소유는 아무리 커져도 일시적인 쾌락만 따르고 그 쾌락 이후에는 오히려 허전함이 따라 신경증과 우울증 등 정신질환에 시달리게 된다고 하였다. 남과 비교하여 우위를 차지해야만 자신이 못나지 않았다고 안심한다면 이 또한 같은 병이라고 볼 수 있다. 왜냐하면 이 사람은 남보다 우위에 있어야 한다는 강박증에 시달리고 있기 때문이다. 장자 잡편 1장(노자의 제자 경상초庚桑楚)의 11절에는 다음과 같은 말이 있다.

> 뜻의 움직임을 버리고, 마음의 속박을 풀고, 덕을 해치는 행위를 중지하고, 도를 막는 것들을 치워버려야 한다.
>
> 귀해지고 부해지고 저명해지고 존경받고 명예를 얻고 이익을 얻는 여섯 가지는, 뜻을 움직이게 하는 것이다.
>
> 용모와 동작과 얼굴빛과 논리와 기분과 뜻의 여섯 가지는 마음을 속박하는 것이다.
>
> 악과 욕망과 기쁨과 노여움과 슬픔과 즐거움의 여섯 가지는 덕을 해치는 것이다.
>
> 떠나는 것과 나아가는 것과 취하는 것과 주는 것과 지혜와 능력의 여섯 가지는 도를 막는 것이다.
>
> 이 네 종류의 여섯 가지 것들이 가슴 속을 어지럽히지 않으면 그 사람은 올바르게 될 것이다. 올바르게 되면 고요해지고, 고요해지면 분명해지고, 분명해지면 텅 비게 되고, 텅 비게 되면 억지가 없음을 실행하면서도 자연의 생성 변화에 참여하지 않는 것이 없게 될 것이다.[84]

---

84) 『장자』, 장주 지음, 김학주 옮김, 연암서가, 2010. 9. 10. 초판 2쇄, 572쪽.

경상초는 『장자』에서 노자의 제자로 나온다. 그가 노자의 도를 조금 터득하고는 북쪽 외뢰산(畏壘山)에 살고 있었다. 그의 하인 중에서 똑똑하고 지혜가 있는 사람들은 그를 떠나고, 그의 첩들 중에서 온후하고 어짊이 있는 자들은 그를 멀리하였다. 못난 자들만 그와 함께 살고 멍청한 자들만 부림을 받았다.

그러나 삼 년이 지나는 동안 그곳 사람들이 경상초의 능력과 인품을 알아보고 성인으로 받들면서 그를 임금으로 모시고자 하였다. 그 소식을 듣고 경상초는 기뻐하지 않았다. "지금 외뢰산 지방의 낮은 백성들이 마음속으로 나를 어진 사람들 사이에 떠받들어 놓으려 하고 있다. 그러니 나는 자신을 내세우는 인간이었는가? 나는 그래서 노자의 말씀에 어긋나는 것이므로 석연치 않게 생각하고 있는 것이다."85)

경상초가 임금으로 추대됨을 석연치 않게 생각하는 것은 자신의 행동에 대한 반성 때문이다. 도대체 자신이 어떻게 행동하였기에 이렇게 지방 사람들이 자신을 떠받들려고 하는가? 자신의 마음속에 자신을 내세우려고 하는 것이 아직 남아 있기 때문이 아닌가. 그렇다면 경상초 자신은 노자의 제자로서 부끄럽다는 것이다.

이 대목은 가슴에 깊이 와 닫는다. 지금 노자 도덕경을 강의하면서 책까지 내려고 준비하고 있는 필자가 노자의 먼 제자라고 한다면 경상초보다 더 석연찮게 생각해야 마땅할 것인데, 그렇지 않을지 걱정이 된다. 즉 깊은 속마음에서 '자신을 내세우는 어리석음'에 빠질 것이 두렵다.

---

85) 위의 책, 550쪽 참조

질 문

1. 노자의 관점에서 올림픽 표어 "보다 빠르게, 보다 높게, 보다 멀리"는 먹다 남은 밥이나 쓸데없는 군더더기 행동(餘食贅行)인가?

2. 노자의 관점에서는 자긍심(自矜心)까지도 가지면 안 되는가?

25장

내 용

만물이 개별화되기 전에 뒤섞인 채 혼돈상태로 이루어진 것이 있는데, 그것은 하늘과 땅보다 먼저 생겼고, 소리 없이 고요하도다! 형체 없이 공허하도다! 대비할 것 없이 홀로 있고 바뀌지 않으며, 모든 곳에 두루 미치면서도 위태롭지 않으니 만물을 낳는 모체로서 가히 천하의 어머니라 할 수 있겠다.

나는 그 이름을 모르겠다. 나는 그 이름을 알지 못하므로 임시로 도라고 부르겠다. 굳이 의미에 가깝게 이름 붙인다면 그것은 크다고 할 수 있고, 크다는 것은 끊임없이 나아가는 것이라 할 수 있고, 끊임없이 나아가는 것은 멀리 근원에 이르는 것이라 할 수 있고, 근원에 이른다는 것은 다시 되돌아가는 것이라 할 수 있다.

그러므로 도는 크고 양기운의 대표인 하늘도 크고 음기운의 대표인 땅도 크고 인간의 대표인 왕도 역시 크다. 세상에는 4가지 큰 것이 있는데 왕도 그 중의 하나이다. 사람인 왕은 땅을 본받고 땅은 하늘을 본받고 하늘은 도를 본받고 도는 자연을 본받는다.

有物混成 先天地生 寂兮廖兮 獨立不改 周行而不殆 可以爲天下母 吾

不知其名 字之曰道 强爲之名曰大 大曰逝 逝曰遠 遠曰反 故道大 天大 地大 王亦大 域中有四大 而王居其一焉 人法地 地法天 天法道 道法自然(유물혼성 선천지생 적혜료혜 독립불개 주행이불태 가이위천하모 오부지기명 자지왈도 강위지명왈대 대왈서 서왈원 원왈반 고도대 천대 지대 왕역대 역중유사대 이왕거기일언 인법지 지법천 천법도 도법자연)

도 표

<table>
<tr><td colspan="5">도가 천하의 어미인 이유</td></tr>
<tr><td>만물이
뒤섞여
이루어짐</td><td>하늘과 땅보다
먼저 생겼음</td><td>고요하고
공허함</td><td>홀로 있고
바뀌지 않음</td><td>두루 가면서도
위태롭지
않음</td></tr>
<tr><td colspan="5">도라는 명칭에 관련된 노자의 생각 : 나는 그 이름을 모름</td></tr>
<tr><td>임시이름을
도(道)라 함</td><td>의미로 이름
붙이면 큼(大)</td><td>큼은 감
(大曰逝)</td><td>감은 멂
(逝曰遠)</td><td>멂은 되돌림
(遠曰反)</td></tr>
<tr><td colspan="5">도를 크다고 했을 때, 큼의 구체적인 사례와 본받는 방향</td></tr>
<tr><td>사 례</td><td>왕이 큼</td><td>땅이 큼</td><td>하늘이 큼</td><td>도가 큼</td></tr>
<tr><td>본받는 방향</td><td>사람이 땅</td><td>땅이 하늘</td><td>하늘이 도</td><td>도가 자연</td></tr>
<tr><td colspan="5">왕에 대한 긍정평가</td></tr>
<tr><td colspan="5">세상에는 4가지 큰 것이 있는데 왕도 그 중의 하나임</td></tr>
</table>

해 설

25장은 14장, 16장, 40장 42장과 더불어 노자의 존재론을 잘 드러낸 곳이다. 노자의 존재론을 크게 보면, 만물은 서로 섞여서 구분할 수 없는 혼돈상태로부터 제각각 구분할 수 있는 개별존재로 모습을 드러내는 질서상태로 가는데(逝), 끝까지 가게 되면(遠) 다시 혼돈상태로 되돌아간다(反)는 것이다. 이때의 혼돈상태는 우리들이 일상에서 마주치는 것으로 사물들이 정돈되지 않은 상태에서 어지럽혀져 있는 그런 모습은 아니다. '소리 없이 고요하도다! 형체 없이 공허하도다!' 라고 하였듯이, 그것은 들리지 않고 보이지 않는 없음의 상태 같다.86)

없음의 상태 같은 혼돈상태는 있음과 대비되는 없음은 아니다. 있음이나 없음으로 분별할 수 없는 홀황이다. 홀황을 황홀이라고도 하는데, 이것은 있음이라고 하기에는 없음에 가깝고, 없음이라고 하기에는 있음에 가까운 것으로 있음과 없음이 함께 섞여 있는 혼돈상태이다. 이때 혼돈상태로 있는 것은 이름 붙일 수 없다. 이름을 붙이게 되면 그 이름과 상대적인 한정형식과 대비가 되어 그 의미가 축소되기 때문이다.

---

86) 보려고 해도 보이지 않는 것을 이름하여 이(夷)라 한다. 들으려 해도 들리지 않는 것을 이름하여 희(希)라 한다. 잡으려 해도 잡히지 않는 것을 이름하여 미(微)라 한다. 이 세 가지(夷, 希, 微)는 궁구하여 따질 수 없는 것으로 혼탁한 하나가 된다. … 만물이 없는 형상을 일컬어 흐릿하고 미묘한 홀황이라고 한다.(14장) 제각기 자신이 태어난 근원으로 되돌아가는데, 그 근원으로 되돌아가는 곳을 고요함이라고 한다.(16장) 되돌아가는 것은 도의 움직임이고, … 천하만물은 있음에서 생겼고, 있음은 없음에서 생겼다.(40장) 도는 하나를 낳고, 하나는 둘을 낳고, 둘은 셋을 낳으며, 셋은 만물을 낳는다.(42장)

예를 들어, 있음이라고 이름 붙이면 없음과 대비되고, 선함이라고 이름 붙이면 악함과 대비되고, 밝음이라고 이름 붙이면 어두움과 대비된다. 혼돈상태라 이름 붙일 수 없지만 어떤 형태로든 지칭(指稱)은 해야 하니, 어쩔 수 없이 임시로 이름 붙인 것이 도(道)이다.

노자가 도라고 이름 붙인 것은 그것이 서·원·반(逝·遠·反)의 일정한 흐름을 유지(不改)하며, 상대적인 한정형식으로 대비되지 않으며(獨立), 모든 곳에 두루 미치면서 위태롭지 않으며(不殆), 천하 만물을 생존(天下母)하게 할 수 있기 때문이다. 천하에 이것보다 더 큰 것은 없다. 그래서 노자는 도에게 의미를 붙여 크다(大)고 해석했다. 모든 살아 있는 존재는 반드시 죽거나 소멸되는데 이것을 죽음(逝)이라고 한다. 생물에 있어 가장 큰 것은 죽음이다. 그리고 무생물에 있어 가장 큰 것은 소멸이다. 결국 모든 존재에 있어서는 생성과 소멸보다 더 큰 것이 없다.

생성된 것은 소멸하는 데까지 가게 되는데 노자는 그것을 멀다(遠)라고 표현하였다. 소멸되는 데보다 더 먼 곳은 없기 때문이다. 그런데 소멸이 끝이 아니다. 소멸되면 혼돈상태로 되돌아가서(反) 다시 생성을 준비한다.

노자는 서·원·반(逝·遠·反)의 큰 흐름은 누가 만든 것이 아니고 스스로 그러하다(自然)고 한다. 스스로 그러한 흐름을 도라고 한다. 그래서 도는 자연을 본받는다(道法自然)고 한다. 하늘 기운(陽氣)의 움직임이 이 도를 따르기 때문에 우주의 질서가 있다. 이것을 하늘이 도를 본받는다(天法道)고 한다.

땅 기운(陰氣)의 움직임이 이러한 질서를 따르기 때문에 탄생, 성장, 쇠퇴, 죽음에 이어서 다시 탄생의 단계를 거칠 수밖에 없는 생명의 배태(胚胎)가 있다. 그래서 땅이 하늘을 본받는다(地法天)고 한다. 사람의 운명이 생명의 원리를 따르기 때문에 이 운명을 거스를 수 없다. 그래서 사람이 땅을 본받는다(人法地)고 한다. 사람 중에서 이 운명을 알고 가장 잘 따르는 자가 왕이다.

노자는 왕에 대해 긍정적인 시각을 갖고 있다. 우리들은 보통 왕이 노자가 강조하는 자연적인 삶과 반대되는 것으로 인위적인 행위를 해서 가장 성공한 사람으로 여긴다. 노자는 산골짜기에 들어가서 자연과 벗하며 살아가는 소위 자연인을 바람직한 인간으로 여길 것 같은데, 그렇지만은 않다. 오히려 정반대로 당대의 도시 중에서도 가장 도시이고, 문화 중에서도 가장 발달된 문화생활이 가능한 궁중에서 그 혜택을 누리고 있는 왕을 노자는 도에 가까운 큰 사람으로 여기고 있다.

왜 그런가? 노자가 보기에는 왕의 마음이 크기 때문이다. 왕의 마음이 큰은 나라 전체를 자신의 일로 생각하는 공(公)의 입장이 누구보다 크기 때문이다. 그래서 노자는 16장에서 "공공의 입장에 선다는 것은 왕의 마음과 같고, 왕의 마음은 하늘의 기운과 같고, 하늘의 기운은 도와 같고, 도와 같으면 오래간다."고 하였다.

여기에서 노자의 이분법을 극복한 큰 사고를 읽을 수 있다. 이분법에 매여 있는 사람이라면 일직선의 양쪽 끝은 반대쪽이라고 생각한다. 그러나 지구(地球)처럼 둥글고 크면 직선으로 가는 것처럼 보이지만 결국은 출발지점에서 종착지점을 만나게 된다. 이런 면에서 보면 노자의 가르침을 처세술이나 통치술 등 성공학으로 보는 사람도 틀렸다고 단정할 수는 없다.[87)]

87) 노자를 따라 가다보면 왕의 위치에 놓일 수 있을 정도의 능력과 덕을 갖출 수

질 문

1. 도가 서·원·반(逝·遠·反)이라면 불교의 성주괴공(成住壞空)과 무엇이 다른가? 그리고 모든 것이 서·원·반(逝·遠·反)이란 것을 알았다고 해서 무엇이 달라지는가?

2. 크다는 것은 대비(對比) 있는 부분이 아니고 대비 없는 전체라는 말인가?

3. 왕이 되기 위해서 도를 닦는 것과 도를 닦으면 왕이 되는 것은 무엇이 다른가?

있다. 그러나 공적인 마음을 상실해서 사적인 작은 마음으로 돌아가면 왕이 되더라도 오래갈 수 없다. 그리고 도를 닦으면 왕이 되는 것이지, 왕이 되기 위해서 도를 닦는 것은 아니다.

26장

내 용

무거움은 가벼움의 뿌리가 되고, 고요함은 들뜸의 주인이 된다. 그러므로 성인은 하루 종일 다녀도 식량을 실은 수레를 벗어나지 않는다. 비록 영화로움을 볼 수 있는 기회가 주어졌다 하여도 들뜨지 않고 초연하다. 어찌 만승(萬乘)의 주인인 천자인데 자신의 몸을 천하보다 가볍게 여기겠는가? 가벼우면 근본을 잃고 들뜨면 주인을 잃는다.

重爲輕根 靜爲躁君 是以聖人終日行 不離輜重 雖有榮觀 燕處超然 柰何萬乘之主而以身輕天下 輕則失本 躁則失君(중위경근 정위조군 시이성인종일행 불리치중 수유영관 연처초연 내하만승지주이이신경천하 경즉실본 조즉실군)

도 표

<table>
<tr><td colspan="2"></td><td>무거움(重)</td><td>가벼움(輕)</td><td>고요함(靜)</td><td>들뜸(躁)</td></tr>
<tr><td rowspan="2">생각과 태도</td><td>우인(愚人)</td><td>천하(天下)</td><td>자신의 몸</td><td>X</td><td>영화로움이 보일 때</td></tr>
<tr><td>성인(聖人)</td><td>자신의 몸</td><td>천하(天下)</td><td>영화로움이 보일 때</td><td>X</td></tr>
<tr><td rowspan="2">결과</td><td>우인(愚人)</td><td colspan="2">근본을 잃음(失本)</td><td colspan="2">주인을 잃음(失君)</td></tr>
<tr><td>성인(聖人)</td><td colspan="2">근본을 얻음(得本)</td><td colspan="2">주인을 얻음(得君)</td></tr>
<tr><td colspan="2">이유 (근거)</td><td colspan="2">무거움이 가벼움의 뿌리가 되고, 가벼우면 근본을 잃음
(重爲輕根 輕則失本)</td><td colspan="2">고요함은 들뜸의 주인이 되고, 들뜨면 주인을 잃음
(靜爲躁君 躁則失君)</td></tr>
</table>

해 설

노자는 26장에서 무거움과 고요함을 강조한다. 그래서 가벼우면 근본을 잃고 들뜨면 주인을 잃는다고 하였다. 그런데 노자는 어떤 것을 무겁게 보고 치중하는가? 바로 생존에 필요한 식량이다. 이것에 치중하면서 식량을 실은 수레를 떠나지 않는다. 따라서 "성인은 하루 종일 다녀도 식량을 실은 수레를 벗어나지 않는다."고 하였다. 이때의 수레는 생존과 관련된 물자를 실은 것이다. 성인이 수레를 떠나지 않는 이유는 자신의 몸을 무엇보다도 소중히 여기기 때문이다.

그러면 노자가 가볍게 여기면서 그것을 보고도 본체만체 초연한 것은 무엇인가? 영화로움을 누릴 수 있는 권력, 지위, 재산, 명예 등이다. 성인은 "비록 영화로움을 볼 수 있는 기회가 주어졌다 하여도 들뜨지 않고 초연하다."고 하였다. 영화로움을 볼 수 있는 자리 중 최고의 자리가 만승의 주인인 큰 나라 임금인 천자(天子)이다. 그런데 성인이 "어찌 만승(萬乘)의 주인인 천자인데 자신의 몸을 천하보다 가볍게 여기겠는가."라고 노자는 말한다.

노자는 영화로움 앞에서 들떠있는 자는 가벼운 자이며, 이 자는 근본을 잃었기 때문에 오히려 영화로움을 불러일으키는 주인자리를 잃는다고 말한다. 성인은 근본을 자신의 몸이라고 생각한다. 그리고 주인자리는 자신의 몸보다 가볍다고 한다.

26장을 잘 이해하기 위해서는 12장과 13장에 대한 이해가 도움이 된다. 12장에서 노자는 "오색은 사람의 눈을 멀게 하고, 오음은 사람의 귀를 먹게 하고, 오미는 사람의 입을 상하게 하고, 말을 타고 달리며 사냥하는 것은 사람의 마음을 발광케 하고, 얻기 어려운 재화는 사람다운 행위를 방해한다. 그러므로 성인은 배를 위하고 눈을 위하지 않는다. 그리하여 저것을 버리고 이것을 취한다."고 말했다.

여기서 '배를 위하고 눈을 위하지 않는다.'는 것이 26장에서 영화로움을 볼 수 있는 천자(天子) 자리는 가볍게 여기고 배를 채울 식량을 실은 수레를 무겁게 여기는 태도와 동일하다. 물론 배를 채울 식량을 중요하게 생각하는 이유는 자신의 몸을 천하보다 더 소중히 여기기 때문이다.

그리고 13장에서 노자는 이렇게 말한다. "총애와 모욕에 놀랄 일이 일어나지 않게 하고, 큰 우환을 귀하게 여기기를 자기 몸과 같이 하는

게 좋다. 무엇을 일러 총애와 모욕에 놀랄 일이라고 하는가. 총애와 모욕은 윗사람의 결정에 나의 운명이 걸려 있는 아랫사람이 될 때 일어나는 일이다.

윗사람의 신임을 얻어 총애를 받아도 놀라고 잃어서 모욕을 당해도 놀라니, 이것을 총애와 모욕에 놀랄 일이라고 한다. 무엇을 일러 큰 우환을 귀하게 여기기를 자기 몸같이 한다고 하는가. 나에게 큰 우환이 있는 까닭은, 내가 몸을 지니고 있기 때문이다. 나에게 몸이 없다면 무슨 우환이 있겠는가. 그러므로 자신의 몸을 귀하게 여겨 천하로 생각한다면 그에게 천하를 바로 맡길 수 있다. 그리고 자신의 몸을 사랑해서 천하로 생각한다면 그에게 바로 천하를 부탁할 수 있다."

여기서 윗사람에 의해 결정되는 총애와 모욕을 26장에서는 '들뜸'이라고 하였다. 물론 이 총애와 모욕에 들뜨는 이유는 영화로움을 무겁게 여기기 때문이다. 이에 비해 자신의 몸을 영화로움보다 무겁게 여기는 사람은 언제든지 영화로운 자리에서 물러날 수 있기 때문에 총애와 모욕에 들뜨지 않고 초연하다.

우인(愚人)은 근본과 지엽이 뒤집어져 있는 본말전도(本末顚倒)를 자주하는 데 비해 성인은 하지 않는다. 본말전도에서 본(本)은 근본이며 뿌리이고 일의 목적이다. 말(末)은 부분이며 가지이고 일의 수단이다. 예를 들면 사업가에게 본(本)은 재화와 서비스를 창출해서 사람들의 삶에 이익을 주는 것이다. 즉 이것이 사업의 목적이다. 그 결과 자신에게 주어지는 이익, 지위, 명예 등 영화로움은 말(末)이며 가지이고 부분에 불과하다. 즉 이것들은 자신의 목적을 이루기 위해 필요한 수단에 불과하다.

그런데도 어리석은 사업가는 수단에 불과한 이익, 지위, 명예 등 영화로움을 목적으로 하고, 좋은 재화와 서비스를 창출해서 사람들에게 이익을 주는 것을 수단으로 여긴다. 교육자의 본(本)은 교육을 통해 피교육자의 삶에 도움을 주는 것이다. 특히 교육자는 어버이의 마음으로 피교육자의 행복을 진심으로 빌면서 가르치기 때문에 스승과 제자의 관계가 성립된다. 그런데도 어리석은 교육자는 자신의 영화로움을 누릴 목적으로 피교육자를 가르친다. 이러한 교육자가 많은 오늘날에는 스승이 없다고 하는 말이 나온다.

군사부일체(君師父一體)라는 말이 있듯이 임금이나 천자 등 통치자는 당연히 백성들을 어버이나 스승의 마음으로 돌보아야 한다. 즉 백성의 삶인 민생(民生)을 통치의 목적으로 삼아야 한다. 그렇게 하기 위해서는 자신의 몸을 천하보다 더 무겁게 여기는 마음이 먼저 있어야 한다.

이때 자신의 몸을 무겁게 여기면, 천하를 얻어서 생기는 영화로움은 가볍게 여기고 몸을 지탱하는 식량을 소중히 여기게 된다. 식량이 영화로움보다 무겁다는 것을 알기 때문에 천하를 움켜쥐어 영화로움을 누릴 수 있는 기회가 눈앞에 왔다 갔다 할 때도 성인은 고요할 수 있다.

질 문

1. 자신의 몸을 천하보다 귀하게 여기는 것은 이기적이 아닌가?

2. 무겁고 고요함을 좋아하면 인생이 재미없지 않는가?

27장

내 용

길을 잘 가는 자는 흔적을 남기지 않는다. 말을 잘하는 자는 나무랄 허물이 없다. 계산을 잘하는 자는 계산도구를 사용하지 않는다. 잠그기를 잘하는 자는 빗장과 자물쇠를 사용하지 않는데도 열리지 않게 한다. 묶기를 잘하는 자는 묶을 줄을 사용하지 않는데도 풀 수 없게 한다. 그런 까닭에 성인은 항상 사람을 잘 구하므로 사람을 버리는 일이 없고, 항상 물건을 잘 건져서 버리는 일이 없다. 이것을 일러 늘 그러한 이치를 아는 현명함을 잇는다고 한다.

그러므로 잘하는 사람은 못하는 사람의 스승이며 못하는 사람은 잘하는 사람의 자산이다. 그 스승을 귀하게 여기지 않고 그 자산을 사랑하지 않는다면 비록 지혜가 있다 해도 크게 미혹되게 된다. 이것을 일러 오묘함의 요체라고 한다.

善行 無轍迹 善言 無瑕謫 善數 不用籌策 善閉 無關楗而不可開 善結 無繩約而不可解 是以聖人常善救人 故無棄人 常善救物 故無棄物 是謂襲明 故善人者 不善人之師 不善人者 善人之資 不貴其師 不愛其資

雖智大迷 是謂要妙(선행 무철적 선언 무하적 선수 불용주책 선폐 무관건이불가개 선결 무승약이불가해 시이성인상선구인 고무기인 상선구물 고무기물 시위습명 고선인자 불선인지사 불선인자 선인지자 불귀기사 불애기자 수지대미 시위요묘)

도표

<table>
<tr><td colspan="5">정말로 잘하는 자 : 억지 없이 행하여 하지 못하는 바가 없음</td></tr>
<tr><td>잘 가는 자는 흔적을 남기지 않음</td><td>말 잘하는 자는 나무랄 허물이 없음</td><td>계산을 잘하는 자는 도구를 사용하지 않음</td><td>잘 잠그는 자는 도구 없이도 열지 못하게 함</td><td>잘 묶는 자는 줄 없어도 풀 수 없게 함</td></tr>
<tr><td rowspan="2">성인이 잘하는 것</td><td>사람을 구함</td><td colspan="2">사람을 버리지 않음</td><td rowspan="2">현명함을 이음(襲明)</td></tr>
<tr><td>사물을 구함</td><td colspan="2">사물을 버리지 않음</td></tr>
<tr><td colspan="5">오묘함의 요체</td></tr>
<tr><td>잘하는 자는</td><td>못하는 자의 스승임</td><td colspan="3">자산인 못하는 자를 사랑하지 않으면 지혜가 있다 해도 크게 미혹함</td></tr>
<tr><td>잘 못하는 자는</td><td>잘하는 자의 자산임</td><td colspan="3">잘 하는 자인 스승을 귀하게 여기지 않으면 지혜가 있다 해도 크게 미혹함</td></tr>
</table>

해 설

길을 가면서도 전혀 흔적을 남기지 않을 수 있는 사람은 흔적을 남길 영화로움을 추구해서 자신을 드러내는 길을 가지 않는다. 흠잡을 데가 없는 말을 완전히 할 수 있는 사람은 다툼을 유발해서 흠잡힐 수 있는 단정적인 말을 하지 않는다. 복잡한 계산을 계산도구 없이 완전히 할 수 있는 사람은 복잡한 계산을 해야 할 상황을 만들지 않는다. 어떤 열쇠로도 풀 수 없게 잠글 수 있는 사람은 열 필요가 없게 안을 비워둔다. 아무도 풀지 못하게 묶을 수 있는 사람은 묶을 것을 만들지 않는다. 이런 모든 것이 가능하려면 억지가 없이 행해야 한다. 그래서 노자는 억지가 없이 하면 하지 못하는 바가 없다고 한다.

정말 잘하는 사람은 나쁘게 될 싹을 만들지 않는다. 나쁘게 될 싹이 없으면 나쁜 일을 하는 사람이 생기지 않게 되어 모든 사람을 구한다. 그리고 이 원리는 물건에도 통한다. 좋은 물건 나쁜 물건을 구분해서 비교우위의 서열을 정하니까 나쁜 물건이 생긴다. 구분해서 서열을 정하는 일처럼 싹을 틔우는 일을 처음부터 하지 않으면 모든 물건이 쓸모 있다. 자연의 입장에서 보면 비교우위가 없다. 그래서 만물 중에는 버릴 것이 없다.

예를 들어 세상에 스승이 있다는 것은 제자가 있기 때문이다. 스승이 스승인 이유는 모르는 것이 있는 제자에게 가르칠 것이 있기 때문이다. 제자가 스승을 귀하게 여기는 것은 자기에게 필요한 부분을 얻을 수 있도록 도와주기 때문이다. 이것은 자신의 필요한 부분의 귀함에 근거한다.

스승이 제자를 사랑하는 것은 제자가 자신을 스승으로 여김으로써 자신의 존재이유와 가치를 높여주기 때문이다. 이것은 자신이 제자보다 잘하는 부분을 제자가 필요로 함에 근거한다. 즉 제자가 자신의 잘하는 부분을 필요로 함을 자산(資産)으로 스승이 성립된다. 이것은 2장에 나오는 '높고 낮음은 서로 기울기 때문에 성립된다.'는 말과 통한다.

결국 스승이 잘났고 제자가 못났거나, 반대로 제자가 잘났고 스승이 못난 것이 아니라는 것이다. 이러한 원리는 스승과 제자뿐만 아니라 기업가와 노동자, 의사와 환자, 부모와 자식 등 소위 갑·을 관계로 불릴 수 있는 모든 영역에 해당한다. 그러므로 자신이 잘난 부분이 있더라도 뻐겨서는 안 되고, 못난 부분이 있더라도 위축되어서는 안 된다.

그들은 상호 연결되어 있으면서 비교우위가 성립되지 않는다. 존재의 근원에서 보면 이분법이 성립되지 않고 가치도 동일하다. 가치우위가 없다. 그래서 모든 것을 포용해서 버릴 것이 없다. 이것을 늘 그러한 이치를 아는 현명함을 잇는다(襲明)고 한다.

현명함을 잇는 '습명(襲明)'을 알기 위해서는 16장의 내용을 알 필요가 있다. "텅 빔의 극에 이르러 고요함의 돈독함이 지켜지는 곳에서 만물이 아울러 생겨난다. 나는 이렇게 생겨난 만물이 다시 태어난 곳으로 되돌아감을 본다. 무릇 만물은 아무리 무성하여도 제각기 자신이 태어난 근원으로 되돌아가는데, 그 근원으로 되돌아가는 곳을 고요함이라고 한다. 이것을 일러 되돌아갈 운명(復命)이라 한다. 되돌아갈 운명을 일러 늘 그러함(常)이라 하고, 늘 그러함을 아는 것을 일러 현명(明)하다고 한다."

성인은 늘 전체를 보고 있다. 그래서 어떠한 사람이나 사물들도 빠뜨리지 않는다. 그래서 늘 그러한 이치를 잘 알고 그것에 따라 움직이므로 현명함을 놓치지 않는다. 전체를 보고 현명함을 잇는 자는 잘 아는 자이다. 이에 비해 부분밖에 보지 못하는 자는 잘못 아는 자이다. 잘못 아는 자는 자신이 부분밖에 보지 못한다는 사실을 알고 전체를 보는 잘 아는 자에게 배워야 한다.

그래서 잘 아는 자는 잘못 아는 자의 스승이 된다. 그리고 잘 아는 자는 부분밖에 보지 못하는 자가 제자로 있기 때문에 스승으로서의 역할을 한다는 사실을 알아야 한다. 따라서 그 제자를 자신의 존재가치와 이유를 지니게 해주는 자산으로서 존중해야 한다. 만약에 제자를 무시하는 스승이 있다면 그는 전체를 보는 현명함을 잃은 자이다.

따라서 그는 잘 아는 자가 아니며 스승으로서의 자격도 없다. 그리고 부분밖에 못 보는 자가 전체를 보는 자를 스승으로서 귀하게 여기지 않는다면 그는 제자로서의 자격이 없다. 즉 그는 구도심(求道心)이 없는 사람이다. 제자를 무시하는 스승이나 구도심이 없는 제자를 노자는 크게 미혹(大迷)한 사람이라고 말한다. 왜냐하면 두 종류의 사람 모두 자신이 잘못하는 자라는 사실을 모르고 잘하는 자라고 착각하고 있기 때문이다. 이것을 제대로 아는 것을 오묘함의 요체(要妙)라고 한다.

26장에서 노자는 자신의 핵심 생각인 '억지가 없이 하면 하지 못하는 바가 없다.'는 말을 구체적인 예를 들어 잘 설명하고 있다. 계산을 잘하는 자는 계산도구를 사용하지 않고, 잠그기를 잘하는 자는 빗장과 자물쇠를 사용하지 않고, 묶기를 잘하는 자는 묶을 줄을 사용하지 않는다. 이러한 인위적인 계산도구, 자물쇠, 줄 등을 사용하지 않는데도 그들은 계산을 잘하고, 열 수 없게 하고, 풀 수 없게 한다.

이 이치를 보다 일반화하면, 인위적인 말을 사용하지 않고 인위적인 행보를 하지 않기 때문에 허물과 흔적이 없는 상태에 이르게 된다. 한편 이 이치는 태극도설(太極圖說)의 무극이태극(無極而太極)과 유사하다. 신유학(新儒學)의 태동을 알리는 주돈이(周敦頤)가 이 이치에 밝은 것 같다.

질 문

1. '무극이태극'(無極而太極)이라는 말이 어떤 말이며, 그것이 '억지가 없이 하면 하지 못하는 바가 없다.'는 말과 어떻게 연관되는가?

2. 어떤 것을 잘하는 자와 못하는 자 사이에 서로 필요하기 때문에 평등하다는 입장을 취하면, 어떤 분야이든지 잘하는 사람이 되기 위해서 노력하는 일은 무가치한 일인가?

28장

내 용

양(陽)의 기운을 지니고 있으면서 승리, 어른, 조직의 장, 우수함, 강함의 특징을 지닌 수컷에 대해 알고, 음(陰)의 기운을 지니면서 패배, 아이, 아랫사람, 열등함, 약함의 특징을 지닌 암컷을 지키면, 물의 흐름이 시작되는 천하의 시내와 같이 된다. 천하의 시내와 같이 되면, 항상 덕과 떠나지 않아 갓난아기 같은 상태로 돌아가게 된다.

밝음, 낮, 출세, 빛남, 드러남을 특징으로 하는 흰 것을 알고, 어둠, 밤, 평범, 바래임, 감춤을 특징으로 하는 검은 것을 지키면, 이분법에서 벗어나 모든 것을 포용할 수 있는 천하의 법도가 된다. 천하의 법도가 되면, 항상 덕에 어긋나지 않아 한정형식으로 구별이 되지 않는 세계인 무극으로 돌아간다.

재산, 명성, 지위, 권력 등을 지닌 영화로움을 알고 그들을 지니지 못한 욕됨을 지킨다면 천하의 물의 흐름이 시작되는 골짜기와 같이 된다. 천하의 골짜기가 되면, 항상 덕이 곧 충족하게 되어 다듬기가 시작되기 전인 통나무로 돌아가게 된다. 통나무를 다듬으면, 세상 사람들에게 쓰임이 있는 그릇이 된다. 그런데 성인은 통나무를 사용하여 관리들의 장이 된다. 그러므로 큰 마름은 다듬는 방향으로 잘게 자르지 않고 그대로 둔다.

知其雄守其雌 爲天下谿 爲天下谿 常德不離 復歸於嬰兒 知其白 守其黑 爲天下式 爲天下式 常德不忒 復歸於無極 知其榮 守其辱 爲天下谷 爲天下谷 常德乃足 復歸於樸 樸散則爲器 聖人用之則爲官長 故大制不割(지기웅수기자 위천하계 위천하계 상덕불리 복귀어영아 지기백 수기흑 위천하식 위천하식 상덕불특 복귀어무극 지기영 수기진 위천하곡 위천하곡 상덕내족 복귀어박 박산즉위기 성인용지즉위관장 고대제불할)

도 표

<table>
<tr><td>사례</td><td>A를 알고</td><td>B를 지키면</td><td>C가 됨</td><td>C가 되면
D가 되어</td><td>억지가 없음
으로 돌아감</td></tr>
<tr><td>1</td><td>수컷을
알고</td><td>암컷을
지키면</td><td>천하의
시내가 됨</td><td>항상 덕에
어긋나지
않아</td><td>갓난아이로
돌아감</td></tr>
<tr><td>2</td><td>흰 것을
알고</td><td>검은 것을
지키면</td><td>천하의
법도가 됨</td><td>항상 덕에
어긋나지
않아</td><td>무극으로
돌아감</td></tr>
<tr><td>3</td><td>영화로움
을 알고</td><td>욕됨을
지킨다면</td><td>천하의
골짜기가 됨</td><td>항상 덕이
충족되어</td><td>통나무로
돌아감</td></tr>
<tr><td>근거1</td><td colspan="5">만약에 억지가 없음으로 돌아가지 않고 통나무를 가르는 방향으로
가면 세상 사람들에게 쓰임이 있는 그릇이 되긴 하지만
작은 쓰임에 그침</td></tr>
<tr><td>근거2</td><td colspan="5">이것을 아는 성인은 억지가 없음을 사용하여
세상의 큰 쓰임이 될 관리들의 장이 됨</td></tr>
<tr><td>주 장</td><td colspan="5">큰 쓰임인 큰 마름은 잘게 다듬는 방향으로 갈라가지 않고
통나무 그대로 사용해서 전체를 쓸 수 있도록 억지가 없음으로 돌아감</td></tr>
</table>

해 설

우리는 대게 남보다 한 발짝이라도 더 앞서가려고 한다. 왜냐하면 조금이라도 성장하고 발전해서 강해져야만 생존경쟁에서 유리한 고지를 차지할 수 있고, 재산, 명성, 지위, 권력 등 많은 것을 지녀 영화롭게 살 수 있기 때문이다. 영화롭게 산다는 것은 남들보다 내가 잘산다는 것이며, 잘산다는 것은 내가 남보다 잘났다는 것을 의미한다. 반대로 영화롭게 살 수 없다는 것은 남들보다 내가 못 살며 못난 욕된 삶을 살고 있다는 것을 의미한다.

그런데 노자는 28장에서 영화로운 삶보다 욕된 삶을 지키는 것이 좋다고 주장한다. 그렇지만 한 가지 조건을 제시하고 있다. 그 조건은 영화로움을 알고 있어야 한다는 것이다. 여기서 '영화로움을 알고 있어야 한다는 것'은 두 가지로 생각해 볼 수 있다. 하나는 마음만 먹으면 언제나 영화롭게 살 수 있다는 것이고, 다른 하나는 영화롭게 사는 것이 항상 좋은 상태인 '항상의 덕'이 아니기 때문에 별로 가치가 없음을 안다는 것이다.

예를 들면, 자본력을 가장 강함으로 여기는 자본주의 사회에서 부자가 되는 방법을 알지만, 부자가 되어 누리는 기쁨이 그렇게 크지 않으며 유지하기도 어렵다는 것을 알고, 그래서 항상 기쁨을 누릴 수 있는 삶을 위해 스스로 소박하게 산다는 것이다.

이러한 삶을 사는 사람은 부자를 부러워하지 않고 더군다나 부자에 대한 질투나 분노는 당연히 하지 않는다. 오히려 영화로움을 누리고자 안달하는 사람들을 안타깝게 여기고 있다. 그는 영화로움이 극에 이르면 쇠퇴의 길로 접어든다는 사실을 알고, 영화로움을 자랑하고 그것으로 잘난 체하거나 그것에 매달리어 온 사람들은 그만큼 더욱 욕됨에 이른다는 사실을 안다. 즉 그는 영화로움을 추구하는 일이 항상의 덕인 상덕(常德)이 아니라 변하는 덕인 변덕(變德)임을 알고, 변하는 덕보다 항상의 덕이 가능한 '욕됨'을 지키려고 한다.

영화로움을 추구하는 변하는 덕보다 욕됨을 지키는 항상의 덕을 추구해서 오랫동안 큰 재산을 지녀온 경주 최부자의 삶 속에 이러한 정신이 있음을 발견하게 된다. 최부자집 가훈 속에 '과거를 보되 진사 이상 벼슬을 하지 마라.'가 있다. 이것은 권력과 결탁하면 부자도 유지할 수 없으니 권력욕을 억제하라는 의미일 것이다. 그래서 권력은 십년을 넘기지 못한다(權不十年)는 말과 부자는 3대를 넘기지 못한다는 말이 있는 것이다. 그만큼 권력은 영화로움의 강도가 강해서 차지하려는 경쟁이 심하기 때문이다.

또 다른 가훈에는 '시집 온 며느리는 3년간 무명옷을 입어라.'도 있다. 비단옷을 충분히 입을 수 있는 위치에 있으면서도 무명옷을 입을 수 있다는 것은, 맛있는 음식을 먹을 수 있는 여건이 되어도 입맛을 고급화시키지 않기 위해 맛없는 음식을 먹는 것과 같다. 이렇게 영화로움을 누릴 수 있는 자리에 있지만, 욕됨을 지킬 수 있을 때, 그 영화로움을 지속할 수 있다는 것을 최부자는 충분히 알고 있었던 것이다.

그러면 왜 욕됨이 항상의 덕을 가능하게 하는가? 부자를 영화로움으로, 가난함을 욕됨이라고 가정한다면, 가난한 욕됨의 생활에서도 만족한 삶을 누릴 수 있는 사람은 항상 만족한 삶을 누릴 수 있다. 왜냐하면 경제적인 측면에서 보면 우리들은 가난하거나 부자인데,

그는 가난함 속에서도 만족을 하기 때문에 '항상' 만족할 수 있기 때문이다.

이것은 의식주 모두에 해당한다. 영화로움을 누릴 수 있는 여건이 되는 사람이, 맛없는 음식을 맛있게 먹고, 무명옷을 단정하게 입고, 서민 집을 단장해 살면서도 만족할 수 있다면 항상의 덕을 지녔다고 할 수 있다. 이에 비해 영화로움 상태에서만 만족하는 사람은 욕됨의 상태에서는 불만족하게 되니, 변하는 덕인 변덕이 될 수밖에 없다.

28장 마지막 문장은 "통나무를 다듬으면, 세상 사람들에게 쓰임이 있는 그릇이 된다. 그런데 성인은 통나무를 사용하여 관리들의 장이 된다. 그러므로 큰 마름은 다듬는 방향으로 잘게 자르지 않고 그대로 둔다."이다. 영화로움을 추구하는 사람들은 신상품을 선호한다. 이들은 신상품을 지니지 못하면 시대에 뒤떨어진 못난 사람처럼 느낀다. 신상품은, 통나무 비유에서 보면, 더 발달된 기술이 들어가 있어서 마름질을 많이 한 것이다. 그런데 노자는 마름을 하지 않고 그대로 두는 것이 좋고, 이렇게 해야 관리들의 장이 된다고 한다.

영화로움을 알고 욕됨을 지켜서 항상의 덕을 지닌 사람이 결과적으로는 자연스럽게 영화로운 자리(官長)에 오르게 되니 묘한 일이다. 항상의 덕을 지닌 사람은 자신의 영화로움을 위하여 일하지 않고, 진정으로 자애(慈愛)의 마음으로 사람들에게 도움이 되는 일을 지속적으로 한다. 그렇게 능력을 키우면서도 스스로 욕됨을 지키기 때문에 검소(儉素)하고 겸양(謙讓)의 생활을 한다. 그래서 저축이 되어 재산은 늘게 되고 주변 사람들로부터 신망도 쌓여서 큰일을 하게 되니, 결과적으로 영화로운 자리인 관리의 장이 되는 것이다.

노자가 추구하는 상덕의 근본원리는 수컷, 밝음, 영화로움을 알지만, 암컷, 어두움, 욕됨을 지키는 것이다. 그렇게 하면 자연에서는 계곡과 같고, 식물에서는 통나무와 같고, 사람에서는 어린아이와 같아진다. 계곡에서 시작된 물은 시내를 거쳐 강에 이르고 강물은 바닷물로 나아간다. 바다에서는 다시 수증기가 되어 하늘로 올라가고 구름이 되고 비가 되어 산의 계곡물이 된다. 계곡, 통나무, 갓난아이 모두 만물의 시작단계를 의미한다.

노자는 이때가 바로 무극(無極)의 다음 단계로서 가장 좋은 상태로 본다. 그렇지만 자연은 순환한다. 성주괴공(成住壞空)과 흥망성쇠(興亡盛衰)를 겪는다. 도를 따르는 사람은 그 전체를 바라보면서 존재 자체를 즐기는 상덕의 상태를 유지한다. 전체를 보면서 존재 자체를 즐기기 위해서는 가장 좋지 않는 상황에서도 즐길 수 있어야 한다. 장자는 이것을 어슬렁어슬렁 노니는 소요유(逍遙遊)라고 했다.

질 문

1. 항상의 덕(常德)은 항상 덕이 유지되는 상태를 말하는 것 같은데, 갓난아이, 무극, 통나무는 그러한 상태로 있는가, 그 세 가지는 어떻게 해서 가능한가?

2. 영화로움을 알고 욕됨을 지키는 것이 좋다고 하였는데, 영화로움을 알기 위해서는 일단 영화로워 봐야 되지 않는가. 그래서 좋은 음식, 값비싼 옷, 화려한 집을 경험하기 위해 돈을 많이 벌려고 노력해야 되지 않는가?

29장

내 용

장차 천하를 취하고자 인위적으로 노력한다 해도 내가 보기에는 획득할 수 없는 일인 것 같다. 왜냐하면 천하는 신기한 그릇이라 취득할 수 없기 때문이다. 그래서 취득하려는 싸움에서 실패하고, 설사 성공해서 지닌다고 해도 곧 잃게 된다. 구체적으로 존재하는 만물은 앞서가기도 하고 뒤따르기도 한다. 내쉬기도 하고 들이쉬기도 한다. 강건하기도 하고 허약하기도 하다. 쌓기도 하고 무너뜨리기도 한다. 그런 까닭에 성인은 지나침, 사치함, 교만함에서 떠난다고 하였다.

將欲取天下而爲之 吾見其不得已 天下神器 不可爲也 爲者敗之 執者失之 故物或行或隨 或歔或吹 或强或羸 或載或隳 是以聖人去甚去奢去泰(장욕취천하이위지 오견기부득이 천하신기 불가위야 위자패지 집자실지 고물혹행혹수 혹허혹취 혹강혹리 혹재혹휴 시이성인거심 거사거태)

도 표

<table>
<tr><td colspan="3">억지가 없는 성인과 억지가 있는 권력자</td></tr>
<tr><td rowspan="2">억지가
없는 성인</td><td>천하는 신기한 그릇임을 앎</td><td rowspan="2">천하를 취득할 수 있음</td></tr>
<tr><td>지나침, 사치함, 교만함에서 떠나 있음
(자애, 검소, 겸양을 지니고 있음)</td></tr>
<tr><td rowspan="4">억지가
있는
권력자</td><td>천하가 신기한 그릇임을 모름</td><td rowspan="4">천하를 취득할 수 없음</td></tr>
<tr><td>지나침, 사치함, 교만함을 지니고 있음</td></tr>
<tr><td>천하를 취득하는 싸움에서 패배함</td></tr>
<tr><td>혹 성공해서 천하를 지닌다고 해도
곧 잃게 됨</td></tr>
<tr><td colspan="3">만물의 변화무상(變化無常)</td></tr>
<tr><td rowspan="4">만물은
변덕이
심함</td><td colspan="2">앞서가기도 하고 뒤따르기도 함(或行或隨)</td></tr>
<tr><td colspan="2">내쉬기도 하고 들이쉬기도 함(或歔或吹)</td></tr>
<tr><td colspan="2">강건하기도 하고 허약하기도 함(或强或羸)</td></tr>
<tr><td colspan="2">쌓기도 하고 무너뜨리기도 함(或載或隳)</td></tr>
</table>

해 설

노자는 29장에서 권력자들이 영화롭게 살기 위해 천하를 취하려고 해도 획득할 수 없는 이유를 설명하고 있다. 그것은 천하가 신령스러운 그릇이기 때문이다. 28장에서 노자는 통나무가 갈라지면 그릇이 되고, 큰 마름은 자르지 않는다고 하였다. 그리고 성인이 그것을 사용하면 조직의 장이 된다고 하였다. 여기서 조직의 장은 천하를 취득한 사람으로 보인다.

또한 노자는 성인이 지나침, 사치함, 교만함을 피한다고 하였다. 위의 두 문장을 합쳐서 노자의 생각을 따라가면, 천하를 취득할 수 있는 사람은 지나치지 않고 사치하지 않고 교만하지 않아야 한다. 그런데 대다수의 권력자들은 지나치며 사치하며 교만하면서 천하를 취득하려고 하니 실패할 수밖에 없다.

여기서 지나치다는 것은 권력을 장악하기 위해 남을 해치거나 속임수를 쓰는 등 수단과 방법을 가리지 않는 행위를 말한다. 사치한다는 것은 권력을 이용해서 부를 축적하고, 축적된 부를 통해 사치의 극에 달할 정도로 호화롭게 사는 것을 말한다. 교만하다는 것은 그렇게 권력을 장악해서 사람들로 하여금 납작 엎드리게 만들고 최고의 사치를 누리는 자신을 세상에서 가장 잘난 사람으로 여김을 말한다.

지나침, 사치함, 교만함의 세 가지를 추구하는 사람은 영화로움을 최고의 가치로 여기는 사람이다. 자신의 영화로운 삶을 위해 천하를 쟁취하고 획득하고자 하는 사람은 가장 어리석고 불쌍한 사람이다. 왜냐하면 결국 이 사람은 굴욕적인 삶을 살 수밖에 없는데도, 이 사실을 모르고 자신이 잘난 줄 알면서 자신에게 속고 있기 때문이다.

왜 이 사람은 굴욕적인 삶을 살 수밖에 없는가? 이 세 가지를 추구하는 사람이 권력을 잡는 과정에 동일한 세 가지를 추구하는 사람들이 모여들어서 그 사람이 권력을 잡는 데 힘을 합치게 된다. 그리고 권력을 장악하고 난 뒤에 힘을 합친 사람들은 한 자리씩을 차지하거나 토사구팽(兎死狗烹)을 당한다. 토사구팽을 당한 사람들은 적으로 돌아서서 그 사람의 권력을 무너뜨리기 위해 힘을 쓰게 된다.

그리고 한 자리씩을 차지한 사람들도 그 자리를 토대로 삼아 천하를 장악하는 자리로 도약하려고 한다. 따라서 이들도 기회를 노리고 있다가 권력자의 힘이 빠지면 승계를 받아 내거나, 자신에게 승계가 되지 않으면 즉시 달려들게 된다. 달려들 때는 가장 약한 부분을 물고 늘어진다. 즉 동지일 때 알고 있었던 비밀 중 약점을 터뜨리거나 협박을 하게 된다. 권력자는 가까이 따르던 자의 배신에 치를 떨겠지만, 따르는 자들도 권력자와 마찬가지로 권력을 잡기 위해서는 수단과 방법을 가리지 않고 지나치고 심하게 하기 때문에 자업자득이다.

그래서 옛날부터 권력무상(權力無常)과 권불십년(權不十年)이라는 말이 있다. 물론 더 짧을 수도 있고 더 길게 갈 수는 있어도, 천하를 호령하는 자리에 계속 머물 수는 없다. 그리고 영화로움을 추구하던 권력자는 권력에서 물러날 때 대부분 굴욕적인 상태로 떨어지게 된다. 노자는 이것을 만물의 이치로까지 거슬러 올라가서 표현하고 있다.

구체적으로 존재하는 만물은 앞서가기도 하고 뒤따라가기도 한다. 내쉬기도 하고 들이쉬기도 한다. 강건하기도 하고 허약하기도 하다. 쌓기도 하고 무너뜨리기도 한다. 만물이 이렇게 변화무상한데 권력을 향한 세상은 더 심하게 요동친다. 이것을 모두 알고 그것에 대처하는 것은 불가능하다. 그래서 노자는 천하를 신기한 그릇이라고 하면서 천하를 다루는 방법을 제시하고 있다.

그것은 영화로움을 추구하는 과정에 발생하는 지나침, 사치함, 교만함의 세 가지에서 떠나는 방법이다. 그러면 이 세 가지에서 떠나기 위해서는 어떻게 해야 하는가? 이 세 가지는 영화로움을 추구하는 과정에 발생하기 때문에 영화로움을 알면서도 욕됨을 지키는 데서 출발해야 한다.

여기서 영화로움을 안다는 것은 그것을 추구하면 지나침, 사치함, 교만함의 세 가지를 하게 되고, 세 가지를 하게 되면 결국 욕됨에 이르러 실패의 인생이 됨을 안다는 것이다. 이에 비해 욕됨을 스스로 지키면 오히려 천하를 관장하는 자리에 오르게 된다. 스스로 욕됨을 지키기 위해 필요한 마음가짐에 대해서는 67장에 잘 제시되어 있다.

여기서 노자는 자신이 세 가지 보배를 지니고 있다고 말한다. 그 세 가지는 자애(慈愛), 검소(儉素), 겸양(謙讓)이다. 우리는 역사적으로 훌륭한 왕으로 칭송받는 이들은 노자가 지니고 있었던 세 가지 보배를 지니고 있었음을 알 수 있다.

자애는 지나침에서 떠나게 한다. 백성들을 자식처럼 사랑하는 마음으로 천하를 다스리는 사람이 권력을 잡기 위해 수단방법을 가리지 않는 지나친 행위를 할 수 없다. 검소는 사치함에서 떠나게 한다. 검소한 생활을 하는 사람은 욕된 생활을 스스로 기꺼이 하기 때문에 화려한 의복, 비싼 음식, 찬란한 집 등의 사치한 생활을 할 수 없다. 겸양은 교만함에서 떠나게 한다. 겸양의 마음을 지닌 사람은 자신이 천하를 좌지우지하는 자리에 있더라도 자신을 가장 잘난 사람으로 여기지 않는다. 그는 스스로 백성들을 잘 섬기는 진정한 머슴이 된다.

질 문

1. 짧은 인생에서 영화로움을 한번 누려보고 죽는 것이 평범하게 사는 것보다 좋은 인생이 아닌가?

2. 천하는 신기한 그릇이고, 만물은 변덕이 심하니 인간의 지혜로는 천하와 만물을 다스릴 수 없다는 말인가?

30장

내 용

도(道)에 맞게 주군(主君)을 보필하는 자는 병력으로 천하를 강제적으로 취하지 않는다. 왜냐하면 그 일은 곧잘 되돌아오기 때문이다. 군대가 주둔한 곳에는 가시덤불이 우거지게 되고, 큰 전쟁을 치르면 반드시 흉년이 든다. 그러면 백성들은 도탄에 빠지게 되고, 주군을 원망하게 된다.

따라서 병법에 능한 군사(軍師)는 성과를 낼 뿐 감히 강제로 더 이상의 성과를 취하려 하지 않는다. 그는 성과가 있어도 자랑하지 않고, 공을 내세우지 않고, 교만하지 않고, 부득이하였다고 할 것이고, 강제하지 않는다. 만물은 지나치게 왕성하면 빠르게 쇠퇴한다. 이렇게 빨리 쇠퇴하는 일은 도를 따르지 않은 것이다. 도를 따르지 않는 것은 오래가지 못한다.

以道佐人主者 不以兵强天下 其事好還 師之所處 荊棘生焉 大軍之後 必有凶年 善者有果而已 不敢以取强 果而勿矜 果而勿伐 果而勿驕 果而不得已 果而勿强 物壯則老 是謂不道 不道早已(이도좌인주자 불이병강천하 기사호환 사지소처 형극생언 대군지후 필유흉년 선자유과

이이 불감이취강 과이물긍 과이물벌 과이물교 과이부득이 과이물강 물장즉노 시위부도 부도조이)

도 표

누가	어떻게 함	이유	근거 1	근거 2
도에 맞게 주군을 보필하는 자	병력으로 천하를 강제적으로 취하지 않음	그 일은 곧잘 되돌아옴을 앎	군대가 주둔한 곳에는 가시덤불이 우거짐	큰 전쟁을 치르면 반드시 흉년이 듦
병법에 능한 군사(軍師)	성과를 낼 뿐 강제하지 않음	만물은 왕성하면 쇠퇴함을 앎	빨리 쇠퇴함은 도를 따르지 않은 것임	도를 따르지 않으면 오래가지 못함
그러므로 병법에 능한 군사(軍師)는 성과를 낼뿐				
자랑하지 않음	내세우지 않음	교만하지 않음	부득이하다고 여김	강제하지 않음

해 설

29장에 이어 30장은 '어쩔 수 없이 그런 일을 하게 되었다.'는 '부득이 사상(不得已 思想)'88)을 병가(兵家)89)의 주장과 대비하여 논한 것으로 보인다.

병가에서는 강한 병력으로 빨리 천하를 제패하는 것이 평화로운 세상을 만드는 지름길이라고 주장한다. 천하가 여러 나라로 갈라져 있으면서 각 나라가 천하통일을 노린다면 전쟁이 일어날 확률이 높다. 이런 면에서 병가는 가장 빠른 속도로 천하통일을 하여 전쟁을 막고 평화로운 세상을 만들 수 있는 사상이다.

실제로도 노자가 살았던 춘추전국시대는 여러 나라로 갈라져 격심하게 다투었으며, 결국 진(秦)나라의 강한 병력에 의해 통일(B.C. 221)되었다. 그러나 통일 후 불과 11년 후 시황제(始皇帝)는 50세 나이로 사망하였고(B.C. 210), 그 후 진나라는 5년도 버티지 못하고 망해버렸다(B.C. 206). 시황제는 자신의 나라가 만세(萬世)까지 가리라고 생각하고 만리장성(萬里長城)도 쌓았다. 자신도 불로불사(不老不死)를 꿈꾸며 불로초(不老草)를 구하려고 만방으로 사람들을 보냈다. 그렇지만 나라와 자신이 노자가 말한 것처럼 도를 따르지 않았기 때문에 오래가지 못했다.

노자는 "도를 따르지 않는 것은 오래가지 못한다."고 하면서 "이렇

---

88) 여기서 '부득이 사상'이라고 말한 것은, 앞의 29장에서 '천하는 이미 취득할 수 없는 신기한 그릇'임을 알고 강제적으로 취하려고 하지 않는다는 생각을 보편화시킨 것이다. 즉 천하는 이미(已) 취할 수 없는(不得) 신기한 것이기 때문에 나에게 주어졌을 때, 내것으로 여기지 않고 어쩔 수 없이 임시로 맡게 되었을 뿐으로 생각한다. 그리고 이러한 생각을 확대해서 자신에게 주어진 모든 것을 '부득이'한 것으로 여기게 되면 '부득이 사상'이 된다.

89) 병가(兵家)는 고대 중국의 제자백가(諸子百家) 중의 일파로 춘추전국시대와 한대(漢代)에 많이 출현한 병법가(兵法家)나 병학자(兵學者)의 일군(一群)이다. 오(吳)나라에서 활약한 손무(孫武), 제(齊)나라에서 활약한 손빈(孫臏), 위(衛)나라 사람인 오기(吳起) 등이 그 대표적 인물이다.(두산백과 참조)

게 빨리 쇠퇴한 것은 도를 따르지 않았기 때문"이라고 한다. 그리고 이 원리는 인간세상의 이치일 뿐 아니라 자연의 이치이기 때문에 피할 수 없는 도라고 말한다. "만물은 지나치게 왕성하면 빠르게 쇠퇴한다." 당연한 이치이다.

그런데 인간들은 왜 이 자연의 이치인 도에 위배되는 행위를 하면서 스스로 빨리 망해가는 길을 가려고 하는가? 그 원인을 노자는 자신이 한 결과를 남에게 자랑하고, 자신의 공로를 내세우고, 남들보다 잘났다고 생각하여 교만하고, 의도적으로 타인을 지배하는 강제력을 높이려 하기 때문으로 본다. 그래서 노자가 제시한 해결방법이 '어쩔 수 없이 그런 일을 하게 되었다.'는 '부득이'의 입장이다.

불교에서는 욕계(欲界)를 벗어나지 못한 인간이 지니는 여섯 가지 기쁨 중에 가장 큰 기쁨을 타화자재천(他化自在天)이라고 말한다. 타화자재천은 '타자를 내 마음대로 지배하거나 강제하는 데서 느끼는 기쁨'을 말한다. 이 기쁨에 대한 유혹이 무엇보다도 강하기 때문에 육천마왕(六天魔王)[90]이라고도 불린다. 현대어로 말하면 권력욕이다. 권력을 쥐고 흔들어보면 그 맛을 잊을 수가 없고, 여기서 벗어나기 쉽지 않다.[91] 권력욕에 끌려 다니는 노예가 되면 타인을 지배하기 위한 강제력을 높이는 쪽으로 끝없이 나아간다.

그러나 병법에 능한 군사(軍師)는 주군을 보필할 때 성과를 낼 뿐이고 감히 강제로 더 이상을 취하려 하지 않는다. 여기서 성과를 낸다

---

90) 불교에서는 범인(凡人, 六道輪廻)의 세계를 크게 세 가지로 나눈다. 욕계(欲界, 6天), 색계(色界, 18天), 무색계(無色界, 4天)가 그것이다. 이 중에서 욕계 6천(天)은 다음과 같다. ① 사왕천(四王天) ② 도리천(忉利天, 三十三天) ③ 야마천(夜摩天), ④ 도솔천(도率天) ⑤ 화락천(化樂天), ⑥ 타화자재천(他化自在天)

91) 심리학 쪽에서도 권력욕은 마약과 유사해 중독에서 벗어나기 어렵다고 한다.

는 것은 상대를 제압하여 더 이상 자신의 나라를 침략하지 못하게 하는 것이다. 강제로 더 이상을 취하지 않는다는 것은 상대나라를 제압하더라도 그 나라의 재산을 빼앗지 않고, 그 나라 사람들의 생명을 해치지 않는 것이다.

전쟁을 치르고 나면 상대국뿐만 아니라 자국(自國)도 함께 황폐해진다. "군대가 주둔하던 곳에는 가시덤불이 우거지게 되고 큰 전쟁을 치르고 나면 반드시 흉년이 든다." 그래서 "도에 맞게 주군을 보좌하는 군사(軍師)는 병력으로 천하를 강제적으로 취하지 않는다." 즉 가능하면 전쟁을 일으키지 않는다. 부득이하게 전쟁을 하게 되면 상대국이나 자국을 가리지 않고 빨리 전쟁 전 상태로 돌아가도록 도와야 한다. 그래야 보복에 의한 전쟁을 막을 수 있다.

이것이 주군을 돕는 군사가 신경을 써서 해야 할 일이다. 그러면 상대국의 백성들과 자국의 백성들 모두 기꺼이 그 주군이 오랫동안 통치하기를 원하게 된다. 이렇게 하지 않고 전쟁을 통해 강제력을 계속 키워 가면 백성들은 도탄에 빠지게 된다. 도탄에 빠진 백성들의 원성이 높아지면 권력의 토대가 무너진다. 결국 민심(民心)이 천심(天心)이 되어 군사가 모신 주군은 나라를 잃게 된다. 그러므로 주군을 보필하는 자는 부득이한 경우를 제외하면 전쟁을 하지 않아야 한다.

결국 30장의 핵심은 빨리 강해지기 위해 병력을 동원하여 강제적으로 제압하는 방식은 도에 어긋나는 것으로 옳지 않다는 것이다. 노자는 당시 주군들이 가장 선호했던 병가(兵家)의 '부자나라 강한 병력'이 잘못되었음을 지적하고 있다. 그 이유는 부자나라 강한 병력이 이루어지려면 주변국보다 조금이라도 빨리 왕성하게 되어야 하는

데, 그렇게 되면 상대적으로 빨리 쇠퇴하게 되기 때문이다.

노자가 도에 가깝다고 여기는 것은 '작은 나라 적은 백성'이다. 그래야 빠르게 쇠퇴하지 않고 오래간다. 병가(兵家)의 거장(巨匠)으로 불리는 손자병법(孫子兵法)의 저자(著者)인 손무(孫武)는 "싸우지 않고도 적을 굴복시키는 것이 최상의 용병법이다."라고 했고, "적을 알고 나를 알면 백 번을 싸워도 위태롭지 않다."고 했다. '싸우지 않음'과 '위태롭지 않음'을 최상의 용병법(用兵法)으로 본 것은 병가(兵家) 속에 들어 있는 도가(道家)의 사고라 할 수 있다.

질 문

1. 권력욕이 없다면 경쟁사회에서 낙오자가 되는 것이 아닌가?

2. 부자나라 강한 병력을 목표로 하지 않고 작은 나라 적은 백성을 목표로 하면 강대국의 침략에 살아남을 수 있는가?

3. 도가(道家)의 부득이(不得已)와 불교(佛敎)의 구부득고(求不得苦)에서 부득(不得)이라는 단어가 같이 나오는데, 어떤 차이가 있는가?

31장

내 용

대개 좋은 병기는 상서롭지 못한 물건이다. 만물은 늘 그것을 싫어한다. 그러므로 도에 맞게 사는 자는 병기를 사용하는 곳에 머물지 않는다. 군자는 편안히 거주할 때 왼쪽을 귀하게 여기고, 군사를 부릴 때 오른쪽을 귀하게 여긴다. 병기란 상서롭지 못한 물건이어서 군자가 쓸 물건이 못되기 때문이다. 어쩔 수 없이 그것을 사용하더라도 조용하고 담담하게 쓰는 것이 최상이다. 승리하더라도 이것을 미화해서는 안 된다. 승리한 것을 미화하는 사람은 바로 살인을 즐기는 자이다. 대개 살인을 즐기는 사람은 천하의 뜻을 얻지 못한다.

좋은 일에는 왼쪽을 높게 여기고 나쁜 일에는 오른쪽을 높게 여긴다. 부장군은 왼쪽에 자리하고 대장군은 오른쪽에 자리한다. 말하자면 이것은 상례에 따라 처신하는 것이다. 즉 살해당한 많은 사람에 대해 슬픔과 애도의 마음으로 읍을 하면서 예를 갖추는 것이다. 그러므로 전쟁에 승리했어도 상례(喪禮)로 처신해야 한다.

夫佳兵者 不祥之器 物或惡之 故有道者不處 君子居則貴左 用兵則貴右 兵者不祥之器 非君子之器 不得已而用之 恬淡爲上 勝而不美 而美

之者 是樂殺人 夫樂殺人者 則不可得志於天下矣 吉事尙左 凶事尙右 偏將軍居左 上將軍居右 言以喪禮處之 殺人之衆以哀悲泣之 戰勝以喪禮處之(부가병자 불상지기 물혹오지 고유도자불처 군자거즉귀좌 용병즉귀우 병자불상지기 비군자지기 부득이이용지 염담위상 승이불미 이미지자 시락살인 부락살인자 즉불가득지어천하의 길사상좌 흉사상우 편장군거좌 상장군거우 언이상례처지 살인지중이애비읍지 전승이상례처지)

도 표

누가	어떻게 함 1	어떻게 함 2	이유	결과
도에 맞게 사는 자	병기를 사용하길 꺼림	전쟁승리 후 슬퍼함	전쟁을 만물이 싫어함을 앎	천하를 유지함
도에 맞지 않게 사는 자	병기를 즐겁게 사용함	전쟁승리 후 기뻐함	전쟁을 만물이 싫어함을 모름	천하를 잃음

좌우 자리의 높낮이를 통한 전쟁에 대한 마음가짐을 주장함					
좌를 높임		좌에 앉음	우를 높임		우에 앉음
평상시	길사(吉事)	편장군	전쟁시	흉사(凶事)	상장군

해 설

이 31장의 핵심은 전쟁에 임하는 마음가짐을 제시하고 있는데, 크게 두 가지로 나눌 수 있다.

첫째, 전쟁에서 사용하는 병기는 상서롭지 못한 물건이라서 가까이하지 않는 것이 좋다. 그 이유는 만물이 그것을 싫어하기 때문이다. 만물이 싫어하는 이유는 만물이 모두 살기를 원하고 죽기를 싫어하기 때문이다. 그 근거를 음양이론에서 유출한다. 양의 기운을 많이 받는 남쪽을 향하여 왼쪽은 해가 뜨는 동쪽이고, 오른쪽은 해가 지는 서쪽이다. 해 뜨는 동쪽은 살려는 기운이 뻗치는 쪽이며, 해지는 쪽은 죽으려는 기운이 뻗치는 쪽이다.

이것을 아는 군자는 평상시에는 삶의 기운이 뻗치는 왼쪽을 상석(上席)으로 하고 전쟁 시에는 죽음의 기운이 뻗치는 오른쪽을 상석으로 한다. 기쁜 일이 있는 길사에는 왼쪽이 상석이고 슬픈 일이 있는 흉사에는 오른쪽이 상석이다. 전쟁 시에는 대장군은 오른쪽에 위치하고, 편장군은 왼쪽에 위치한다. 전쟁은 흉사이며 만물이 싫어하는 행위이고, 그 전쟁에서 쓰이는 병기는 상서롭지 못하니 가까이 하지 않는 것이 좋다.

둘째, 부득이하게 사용해야 하는 경우에는 조용하고 담담하게 써야 한다. 특히 전쟁에서 승리했다고 들떠서 잔치를 하면 안 되고, 차분하게 상례에 임하듯이 해야 한다. 즉 전쟁에서 승리하였어도 죽은 사람들을 애도하고 가족을 잃은 사람들의 슬픔을 위로하면서 그들을 예로써 대해야 한다. 전쟁에서 승리하였다고 잔치를 하는 사람은 살인하기를 좋아하는 사람이라고 노자는 단호하게 말하고 있다. 더욱이 그 전쟁에서 자기가 공을 세웠다고 내세우거나, 자신의 능력이 훌륭하다고 미화한다면 그 사람은 천하를 얻을 수 없다고 말한다.

그 이유를 유추하면, 만물이 죽음을 싫어하며 만물에 포함된 인간들도 당연히 죽음을 싫어한다. 전쟁을 통해서 수많은 사람들이 죽었는데, 그것에 대해 애도의 마음이 없고 오직 승리에만 도취되어 좋아서 잔치를 하는 사람에게 민심(民心)이 돌아갈 리가 없다. 민심을 얻지 못하면 천하를 취득하기도 어렵고 취득해도 쉽게 잃게 되는 것이 자연의 이치임을 노자는 지적하고 있다.

병법의 대가인 손자가 오나라 왕 합려를 도와서 당시 가장 강력한 군대를 지닌 초나라를 격파하고 큰 세력을 떨치게 된다. 그러나 그는 나중에 합려의 의심을 받아서 쫓겨나게 된다. 쫓겨나는 길에 백성들의 원성을 듣게 된다. "손자라는 놈이 우리나라에 나타나서 전쟁을 즐기는 바람에 우리는 자식들을 모두 잃었고, 논·밭도 황폐하게 되어 못살게 되었다." 이 말을 듣고 나서야 손자는 전쟁에서 이기는 것만이 능사는 아니라는 생각을 갖게 된다.

그래서 손자는 『손자병법』을 지을 때, 가능하면 상대를 해치지 않고 승리하는 방법을 최상으로 여겼다. "장군은 공격함에 자신의 명예를 구하고자 하지 않는다. 후퇴를 함에 패전의 책임을 피하고자 하지도 않는다. 장군은 오직 자신을 믿고 따르는 병사들을 보호하기 위하여 모든 힘을 다할 뿐이다."라고 말하면서, 다음과 같이 인명(人命)을 가장 해치지 않는 방법으로 전쟁을 치를 것을 강조하였다.

"용병의 방법은 적국을 온전하게 두고 이기는 것이 최상책의 용병이고 적을 파괴하여 이기는 것은 차선책의 용병이다." 이렇게 그는 아군은 말할 것도 없고, 비록 적이라 하더라도 파괴하지 말고 온전하게 두는 것을 최선으로 여겼다. 이것은 살인을 하는 전쟁을 즐겨서는 안 되고, 마지못해 전쟁을 해서 승리하더라도 죽은 자들을 생각해서 상례에 따라 처신해야 한다는 노자의 견해와 유사하다.

노자는 전쟁뿐만 아니라 일상생활의 다툼에 대해서도 동일한 생각을 지니고 있다. 8장에서 "물처럼 사는 것이 가장 좋다."고 말하면서, 물은 만물을 이롭게 하면서도 다투지 않기 때문이라고 했다. 그리고 끝에 가서 물은 "오직 다투지 않아서 허물이 없기 때문이다."는 말로 마무리 짓는다. 많은 다툼은 자신이 다른 사람으로부터 무시당하지 않으려는 마음 때문에 일어난다. 그래서 돈을 악착같이 벌려고 하고, 지위나 명예와 학벌 등을 높이려 하며, 가능하면 권력을 쥐려고 한다.

대부분의 사람들은 남들로부터 무시당한 이유가 이런 것들이 부족해서 그렇다고 생각한다. 즉 이런 것들을 내가 지니고 있다면 그들이 나를 감히 무시할 수 있겠냐는 것이다. 그런데 노자는 그렇게 생각하지 않는다. 남들이 나를 그러한 이유로 무시하면 그것은 그들의 생각에 문제가 있는 것이지 나에게 문제가 있는 것은 아니라고 생각한다. 나에게 문제가 있어서 상대가 나를 무시하는 경우는 내가 만물이 싫어하는 행위를 했을 때이다. 즉 상대를 파괴시키는 쪽으로 몰고가면서 잘난 체했을 때이다. 그래서 노자는 다툼에서 이겼을 때 상대의 아픔을 함께 하는 마음을 지닐 것을 강조한다.

질 문

1. 생존경쟁이 치열한데 다투지 않고 살아갈 수 있는가?

2. 좋은 무기 사용을 꺼리는 사람이 과연 전쟁에서 이길 수 있을까?

3. 경쟁이나 경기에서 이기고 난 뒤에 기쁜 표정을 짓지 않는 경우도 있는가?

32장

내 용

도는 항상 이름이 없다. 도는 오직 다듬지 않은 통나무 같이 쓸모가 거의 없어서 세상 사람들이 있는 그대로는 신하로 삼을 수 없다. 만약 군왕이 이 통나무와 같은 자연의 도를 지킬 수 있다면 세상 만물은 모두 스스로 그에게 공손한 손님처럼 따를 것이다. 하늘과 땅이 서로 화합하여 감로(甘露)가 내리게 될 것이며, 백성들은 명령을 하지 않아도 스스로 잘 따를 것이다.

필요한 규격대로 베거나 자르는 마름을 시작함으로써 이름이 있고 쓸모가 있게 된다. 또한 이름이 있고 쓸모가 이미 있더라도 더 쓸모 있는 쪽으로 계속 진행하지 말고 무릇 멈출 줄 알아야 한다. 원상태로 언제든지 돌아갈 수 있도록 멈출 줄 알면 위태하지 않게 된다. 비유하면 도가 세상에 있음은 마치 골짜기와 시냇물이 강과 바다로 흘러가는 것과 같이 자연스럽다.

道常無名 樸雖小 天下莫能臣也 侯王若能守之 萬物將自賓 天地相合 以降甘露 民莫之令而自均 始制有名 名亦旣有 夫亦將知止 知止 所以 不殆 譬道之在天下 猶川谷之於江海(도상무명 박수소 천하막능신야 후왕약능수지 만물장자빈 천지상합이강감로 민막지령이자균 시제

유명 명역기유 부역장지지 지지 소이불태 비도지재천하 유천곡지어 강해)

도 표

<table>
<tr><td>도와 이름</td><td colspan="2">도는 항상
이름 없음</td><td colspan="2">도라고 이름 붙이면 마름(制)이
되어버려 통나무인 도가 아니게 됨</td></tr>
<tr><td rowspan="3">도와
통나무</td><td>공통점</td><td colspan="3">있는 그대로(自然狀態)이며 마름하기 전(前制)임</td></tr>
<tr><td rowspan="2">차이점</td><td>도</td><td colspan="2">우주의 궁극자</td></tr>
<tr><td>통나무</td><td colspan="2">드러난 모습(현실적 사례)</td></tr>
<tr><td rowspan="2">통나무와
그릇</td><td>통나무</td><td>마름 전</td><td>이름이 없고
쓰임이 적음</td><td>세상 사람들이 신하로
삼을 수가 없음</td></tr>
<tr><td>그릇</td><td>마름 후</td><td>이름이 있고
쓰임이 많음</td><td>세상사람들이 신하로
삼을 수 있음</td></tr>
<tr><td rowspan="2">마름과
위태함</td><td colspan="3">마름을 멈출 줄 알고 멈출 수 있다면</td><td>위태롭지 않음</td></tr>
<tr><td colspan="3">마름을 멈출 줄 모르고 멈출 수 없다면</td><td>위태로움</td></tr>
<tr><td>군왕이
도를 지킬
수 있으면</td><td colspan="4">세상 만물은 모두 스스로 그에게 공손한 손님처럼 따르고,
하늘과 땅이 서로 화합하여 감로가 내리게 될 것이며,
백성들은 명령을 하지 않아도 스스로 잘 따를 것임</td></tr>
<tr><td>도가
세상에
있으면</td><td colspan="4">마치 골짜기와 시냇물이 강과 바다로
흘러가는 것과 같이 자연스러움</td></tr>
</table>

해 설

32장은 죽간본, 백서본에도 약간의 차이만 있고 거의 그대로 나온다. 노자가 직접 적었을 가능성이 높으며 자료의 가치가 높은 장이다. 노자는 '도(道)에 따름'이 멈춤(止)에 있다고 말한다. 그러면 무엇을 멈추는가? 보다 더 편리하게 쓰려고 계속 마름을 해가는 일을 멈추어야 한다. 마름을 하여 보다 더 편리하면 좋은데, 왜 멈추라고 하는가? 계속 편리함을 추구하면 위태로운 상태에 도달해서 오히려 생존까지 위협받기 때문이다. 그런데도 사람들은 이 사실을 모르고 도와 가까운 통나무는 쓸모가 적어서 쓰려고 하지 않는다.

만약에 통치자가 마름을 시작하는 도의 단계에 머물면 일어날 수 있는 좋은 점에 대해 노자는 이렇게 말하고 있다.92) "세상 만물은 모두 스스로 그에게 공손한 손님처럼 따를 것이다. 하늘과 땅이 서로 화합하여 감로가 내리게 될 것이며, 백성들은 명령을 하지 않아도 스스로 잘 따를 것이다." 그리고 노자는 "멈춤을 알면 위태롭지 않다."고 말한다. 즉 멈추지 않으면 위험하니 멈추어야 한다고 강조한다. 그런데도 왕을 비롯한 세상 사람들이 마름을 더 많이 하는 쪽을 선호하면서 쉽게 멈추려고 하지 않는다.

그 이유를 노자는 이름에서 찾은 것 같다. 도와 통나무는 이름이 없다.93) 이에 비해 마름이 된 나무들은 책상, 의자 등으로 이름이 있

---

92) '하지 않으면 나쁜 상태에 도달한다.'는 부정화법(否定話法)보다는 '하면 좋은 상태가 된다.'는 긍정화법(肯定話法)을 쓰고 있다.

93) 도와 통나무라는 이름이 있지 않는가? 노자가 '도와 통나무는 이름이 없다.'고 부정하려는 이름은 인위적인 억지의 마름을 한 이후의 이름이다. 이에 비해 '도와

다. 같은 책상과 의자라도 마름이 많이 되면 가격이 더 올라간다. 사람들은 가격이 높은 것을 소유하면 자신의 가치가 더 높아져 잘난 사람이 된다고 생각한다. 그러니 사람들은 끊임없이 마름이 더 많이 된 유명한 제품이나 신상품을 선호한다. 그래야만 자신이 뒤처진 사람이 되지 않는다고 생각한다. 그리고 가능하면 자신의 이름을 세상 사람들이 알아주는 유명인이 되고 싶어 한다. 그러면서 도와 통나무처럼 마름이 없는 자연상태에 머물러 있는 사람은 이름도 없는 못난 사람으로 취급해버린다.

그러나 노자는 자연 상태로 머물러 있는 사람이 가장 현명한 사람이고, 마름이 많이 된 것을 소유하면서 잘났다고 하는 사람은 위태로운 사람이고, 그러한 사람이 많으면 사회가 위태롭고, 자연은 회복 불가능한 위태로운 상태로 빠질 것을 염려하였다.

세상 사람들이 멈추지 않고 마름을 더 많이 하는 쪽으로만 빠른 속도로 달려가면 자연에서 멀어져 마침내 자연복원력(自然復原力)을 잃게 된다. 물리적 차원의 자연복원력을 잃은 상태가 오늘날 환경파괴현상으로 드러나고 있다. 사회적 차원에서 자연복원력을 잃으면 전쟁이 일어나고, 개인적 차원에서 자연복원력을 잃으면 여러 가지 중독현상으로 나타난다.

필자는 이것을 '고무줄 이론'으로 설명한다. 보통 고무줄을 사용하는 이유는, 고무줄이 지닌 본성인 탄력을 이용하기 때문이다. 그런데 고무줄을 지나치게 늘이게 되면 탄력을 잃어버려 제자리로 돌아가지 않게 된다. 이렇게 되면 고무줄로서 생명을 다하게 된다. 고무줄을

통나무'를 지칭하기 위해 부득이하게 이름 붙였지만, 이때의 이름은 인위적인 억지의 마름을 하기 전의 자연상태인 '있는 그대로' 둔 것이다.

계속 사용하기 위해서는 어느 선에서 멈출 줄 알아야 한다. 노자는 이것을 보고 '멈춤을 알면 위태롭지 않게 된다.'고 말한 것이다.

질 문

1. '호랑이는 나서 가죽을 남기고 사람은 나서 이름을 남긴다.'고 하듯이, 이름 중에도 큰 이름을 남기는 것이 인생의 보람인 것 같은데, 통나무와 같이 이름 없는 도의 세계를 강조하는 것은 인생의 보람을 무시하는 사고가 아닌가?

2. 이름이 있더라도 멈출 줄 알아야 한다고 했는데, 어느 쯤에서 멈추어야 하는가?

33장

내 용

남을 아는 사람은 지혜롭고, 자신을 아는 사람은 현명하다. 남을 이기는 사람은 힘이 있고, 자신을 이기는 사람은 강하다. 만족할 줄 아는 사람은 부자이다. 만족에 이를 때까지 자신과의 싸움을 강행하는 자는 의지가 있다. 그 의지한 바를 잃지 않는 자는 오래가며, 죽을 때까지 잊지 않는 자는 장수한다.

知人者智 自知者明 勝人者有力 自勝者强 知足者富 强行者有志 不失其所者久 死而不亡者壽(지인자지 자지자명 승인자유력 자승자강 지족자부 강행자유지 부실기소자구 사이불망자수)

도 표

	자신의 외부에 집중하고 있음		자신의 내부에 집중하고 있음	
아는 자	남을 아는 자	지혜롭다	자신을 아는 자	현명하다

이기는 자	남을 이기는 자	힘이 있다	자신을 이기는 자	강하다
만족	만족을 모르는 자	가난하다	만족을 아는 자	부자다
강행	강행하지 않는 자	의지가 없다	강행하는 자	의지가 있다
할 바	할 바를 잃는 자	일찍 끝난다	할 바를 잃지 않는 자	오래간다
죽음	죽을 때 잊는 자	장수 못한다	죽을 때도 잊지 않는 자	장수한다

해 설

33장을 이해하는 데 있어 지혜(智)와 현명(明), 힘(力)과 강(强)을 구분하는 일이 중요하다. 노자는 지혜로움과 힘 있음을 자신의 외부와 관련시키고 있고, 현명함과 강함을 자신의 내부와 관련시키고 있다. 자신의 외부를 알 때 지혜롭다고 하고, 그 외부를 제압할 수 있을 때 힘 있다고 한다. 이에 비해 자신의 내부를 알 때 현명하다고 하고, 자기 자신을 제압할 수 있을 때 강하다고 한다.

우리의 외부는 크게 둘로 나눌 수 있다. 하나는 자연이고 다른 하나는 사회이다. 우리는 자연의 이치를 알려고 노력했고, 그 힘으로 자연을 제압해 왔다. 그리고 사회의 이치를 알려고 노력했고, 그 힘으로 사회적 약자를 제압해 왔다. 그래서 우리는 모르는 사이에 자연과 사회의 이치를 많이 아는 힘 있는 자가 힘없는 자를 제압하는 것을 정복(征服)이라고 부르면서 당연시하였다.

그래서 우리는 자연을 정복하든 사회를 정복하든 정복자는 피정복자를 마음대로 다루어도 된다는 의식을 갖게 되었다. 그런데 세월이 흐르면서 이러한 의식이 잘못이라는 자각이 일어나기 시작했다.[94] 그러나 우리는 아직도 이것이 왜 잘못인지에 대한 깊은 성찰에 이르지는 않은 것 같다.

노자는 정복자가 피정복자를 힘으로 제압해서 마음대로 다루게 되면 모두가 불만족한 삶을 살 수밖에 없게 된다는 점을 말하고 있다. 모두가 정복자가 되려고 하면서 피정복자가 되기를 싫어하면, 최소한 피정복자가 된 사람은 불만족한 삶을 살게 된다. 그렇다고 정복자가 된 사람은 만족한 삶을 살 수 있겠는가? 정복자들 중에서 성과물을 나누어 가지는 과정에 계층이 갈라지기 때문에 불만자는 또 발생한다. 그리고 성과물을 가장 많이 가진 자도 언제 빼앗길 줄 모르기 때문에 전전긍긍하게 된다. 결국 만족자가 거의 없게 된다.

그래서 노자는 외부를 정복하기 위한 지혜와 힘은 아무리 사용해도 우리의 삶을 만족시킬 수 없을 뿐만 아니라 오히려 불만족한 삶을 양산(量産)시키기 때문에 그 방향으로 가는 길을 멈추라고 말한다. 모두가 만족할 수 있는 길은 각자 자신의 내부로 향하는 것이다. 그리고 남과 비교해서 지혜 자랑, 힘 자랑 하지 말고[95] 자기 자신이 지니고 있는 것에 충분히 만족하는 정신적 강자가 되어야 한다고 노자는

94) 사회적 약자를 노예로 부리는 노예제도와 노동자의 노동력 착취가 사회적 파괴로 이어짐을 자각하게 되었고, 자연적 약자인 자연물을 함부로 다루면 자연파괴가 발생해서 인류가 위험에 처해짐을 자각하게 되었다.

95) '내가 너보다 더 똑똑하다', '내가 너보다 힘이 더 세다', '내가 너보다 더 많이 가졌다', '내가 너보다 더 잘났다.' 등으로 으스대는 것은 자신이 정신적 약자라는 표시이다.

말한다.

남과 비교해서 우위를 차지해야만 속이 풀리는 사람은 내부가 잘못된 사람이다. 이 사람은 우월감과 열등감에 사로잡혀 있다. 우월감과 열등감에서 벗어나지 못하는 한 일시적인 만족은 있어도 지속적인 불만족에서 벗어날 수 없다. 이 사람이 지속적인 불만족에서 벗어나 만족한 삶을 살기 위해서는 자신과의 싸움에서 이겨야 한다. 즉 자신의 마음속에 있는 우월감과 열등감을 제압해야 한다.

자신의 마음속에 우월감과 열등감 때문에 자신이 불만족한 상태에 있음을 알고 이것을 제압하면 만족한 삶을 살 수 있다는 이치를 아는 일은 중요하다. 노자는 이렇게 자신의 마음속에서 일어나는 이치를 아는 자를 현명하다고 하였고, 우월감과 열등감을 제압하는 싸움에서 이긴 자를 강자라고 하였다. 그런데 이 싸움은 한 번으로 끝나지 않는다. 우월감과 열등감은 제압된 것 같아도 밭에 잡초가 자라듯이 끊임없이 생긴다. 그럴 때마다 제압하는 행위를 지속하려는 굳센 의지가 요구된다. 노자는 이러한 강행의지를 지닌 자를 뜻이 있는 자라고 하였다.

노자는 자신과의 싸움에서 이기려는 의지를 지니는 일이 무엇보다도 중요하다고 생각하여 그 뜻한 바를 잃지 않으면 오래간다고 하였다. 그러면 노자는 왜 오래가는 것을 그렇게 중요하게 여겼는가? 물론 노자가 살았던 시대가 전쟁으로 인해 사람의 목숨이 파리 목숨처럼 쉽게 죽어 나갔으니, 그렇게 죽지 않는 것만 해도 대단히 중요한 일임은 분명하다. 그래서 노자는 도덕경 여러 곳에서 도를 닦는 최종 목표는 오래가는 것임을 암시하고 있다.[96]

---

96) 노자는 16장, 44장, 59장에서도 오랫동안 사는 것을 목표로 제시하고 있다.

그런데 오래가는 것이 오래 산다는 것을 의미하는 것인지에 대해서는 의문이 든다. 왜냐하면 33장 마지막 문장에 죽을 때까지 잊지 않는 자는 장수한다는 말이 있기 때문이다. 노자가 말하는 장수가 단지 자신이 타고난 수명을 다한다는 말인지, 죽음을 초월한다는 말인지는 확실하지 않다. 물론 도가사상을 종교로 만든 도교에서는 불로불사(不老不死)의 경지인 신선(神仙)이 되는 것을 오래간다로 보고 있다.

도교의 신선사상까지는 받아들이지 않는다 하더라도 도에 합치된 삶을 살면 적어도 죽음에 직면했을 때 두려움에 떨지는 않을 것이다. 왜냐하면 노자가 33장에서 '장수한다'는 말은, 수명을 다했기 때문에 충분히 만족한다는 말이 내포되어 있기 때문이다. 이에 비해 '망하는 자'는 외부에 집중하면서 힘을 길러 왔는데, 그것을 써보지도 못하고 죽음을 맞이하게 되면 억울해서 편안히 눈을 감을 수 없다.

동양의 고전인 노자 도덕경 33장을 서양의 고전인 『플라톤』의 「고르기아스」[97] 편과 대비하면서 마무리 지을까 한다. 이 책에서 소크라테스는 고르기아스와 '연설술에서의 정의(正義, justice)' 문제를 두고 대화를 전개한다. 고르기아스와 그의 제자 칼리클레스는 '힘이 정의'이며, '힘 중에서 가장 큰 힘이 연설술'이라고 말한다.

따라서 '연설을 잘하면 아무리 죄가 없는 사람이라도 사형시킬 수 있고, 죽을죄를 지은 사람이라도 무죄로 만들 수 있다.'고 말한다. 결과적으로 소크라테스는 이들의 말처럼 아무 죄가 없지만 사형을 당하게 된다. 그런데도 세월이 흘러 소크라테스는 사람들에게 회자되

97) 고르기아스(Gorgias)는 고대 그리스의 뛰어난 연설가요 수사학자로서, 대표적 소피스트(sophist, 지혜로운 자 혹은 궤변론자) 중 한 명이다.

면서 존경받고 있지만, 고르기아스는 지혜롭고 힘이 있었지만 좋은 평가를 받지 못한 채 잊혀지게 되었다.

질 문

1. 나는 남과 비교를 하지 않는다 해도 남들이 나를 평가절하해서 무시하는데도 만족할 수 있는가?

2. 33장에서 자신과의 싸움을 강행하겠다는 의지를 죽을 때까지 잊지 않는 자는 장수한다고 했다. 그렇다면 소크라테스가 감옥에서 탈출하여 생명을 연장할 수 있었는데도 거부하고 사약을 마신 것은 장수에 해당하는가?

34장

내 용

큰 도는 넘쳐흘러 좌우 어느 쪽도 가능하구나. 만물은 도를 의지하여 태어나지만 도는 자기가 낳았다고 말하지 않는다. 공을 이루고도 명성을 바라지 않고 만물을 입히고 기르고도 주인행세를 하지 않는다. 늘 자신을 드러내고자 하는 욕망이 없으므로 세상에서 작게 불릴 수 있다. 그러나 이 세상 만물이 돌아가는 곳이라 주인행세를 하지 않더라도 크게 불릴 수 있다. 도는 끝까지 스스로를 크게 여기지 않으니 크게 이룰 수 있다.

大道氾兮 其可左右 萬物恃之而生 而不辭 功成不名有 衣養萬物 而不爲主 常無欲 可名於小 萬物歸焉 而不爲主 可名爲大 以其終不自爲大 故能成其大(대도범혜 기가좌우 만물시지이생 이불사 공성불명유 의양만물 이불위주 상무욕 가명어소 만물귀언 이불위주 가명위대 이기종부자위대 고능성기대)

도 표

도는	
언제나 드러내려는 욕심이 없어서	작게 불릴 수 있음
그러나 사실상 도는	
넘쳐 흘러	좌우 어느 쪽도 가능하고
도에 의지하여 만물이 태어나지만	자기가 낳았다 말하지 않고
공을 이루고도	명성을 바라지 않고
만물을 입히고 기르지만	주인행세를 하지 않고
만물이 돌아갈 곳이지만	주인행세를 하지 않음
따라서 도는	
끝까지 스스로를 크게 여기지 않아	큰 것을 이룰 수 있음

해 설

노자는 25장에서 “도를 굳이 의미에 가깝게 이름 붙인다면 그것은 크다고 할 수 있고, 크다는 것은 끊임없이 나아가는 것이라 할 수 있고, 끊임없이 나아가는 것은 멀리 근원에 이르는 것이라 할 수 있고, 근원에 이른다는 것은 다시 되돌아가는 것이라 할 수 있다.”라고 말했다. 그리고 마지막에 도는 자연을 본받는다고 하였다.

이 세상에 현실적으로 존재하는 것들은 모두 생성해서 소멸하는 쪽으로 나아간다. 노자는 이것을 '간다(逝)'는 말로 표현했다. 그리고 그 존재자는 가장 '먼(遠) 곳'까지 간다고 했는데, 그 먼 곳이 바로 소멸하는 데까지이다. 노자는 소멸하는 지점에 이르면 원래 발생했던 곳으로 되돌아간다(反)고 한다. 이것이 자연이 하는 가장 큰일이며, 모든 현실적인 존재자들은 이 길(道)을 피할 수 없다.

노자는 34장에서 모든 존재자들인 만물을 생성시키고 돌보고 돌아갈 고향 같은 역할을 하면서도 주인 노릇을 하지 않는 도의 태도에 주목하고 있다. 인간세상에서 이런 태도를 취하는 사람은 자신을 크다고 하지 않는다. 그렇기 때문에 오히려 큰일을 이룰 수 있다고 노자는 말한다. 큰일을 이루려면 자신이 한 일을 크게 여기지 않아야 한다. 자신이 하는 일을 크게 여기는 것을 그것보다 더 큰일을 하는 사람이 보면 그 그릇의 크기가 한정되어 있음을 알 수 있다. 정말 큰 그릇의 사람은 남들이 보아서 그 크기가 보이지 않는다. 그래서 노자는 도에 따르는 자의 크기가 보이지 않기 때문에 '가물가물하다(玄)'고 하였다.

큰일을 하는 사람은 자신이 한 일을 자랑하거나, 그 일을 이룬 후 그곳에서 종사하는 사람들에 대해 간섭하지 않는다. 그러나 소인(小人)들은 그렇게 하지 못한다. 달리 말하면 그렇게 하지 못하니까 그릇이 작은 소인배이다. 큰일을 하는 사람은 작은 일에 흥분하지 않는다. 노자는 명예욕을 지닌 사람도 작은 사람으로 보고 있다. 이름을 남기려고 하는 자는 뜻이 작은 사람이다. 이름을 남기려는 것은 자신을 드러내는 일이다. 자신을 드러내는 목적 때문에 일을 한다면 큰 뜻을 품은 대인(大人)이라 할 수 없다.[98]

도를 따르는 자는 명예욕이 없기 때문에 자신을 알리지 않는다. 그래서 사람들에게 이름이 알려질 수 없다. 그리고 도는 세상만물이 생성할 때는 그들을 존재케 하고,[99] 세상만물이 소멸할 때는 그에게 돌아가서 쉬도록 한다. 그런데도 도는 주인으로서 행세하지 않는다. 그래서 그는 진정으로 큰 존재로 불릴 수 있다. 그리고 도는 끝까지 자신을 크다고 하지 않으므로 큰 것을 이룰 수 있다.

노자는 34장에서 도의 태도를 들면서 우리들에게 세 가지를 해보라고 권하는 것 같다.

첫째는 큰일을 하면서도 자랑하지 말라는 것이다. 우리 인간세상에서 공(功)을 이루고도 그 공의 대가(代價)를 바라지 않는다는 것은 쉽지 않다. 우리들은 그 대가가 돈으로 주어지든, 지위로 주어지든, 이것도 저것도 아니면 최소한 명예라도 주어져 이름이라도 알려져야 한다고 생각한다. 그런데 도는 명예가 주어지는 것까지도 바라지 않는다.

도처럼 큰일을 하는 존재가 명예까지도 바라지 않는데, 우리 인간들은 조그마한 것을 하고는, 나는 이만한 일을 했다고 자랑하면서 티를 낸다. 그런데 노자는 도가 큰 공을 세우면서 명예까지도 바라지 않는 것처럼 우리들도 자신이 한 일을 통해 자신의 이름을 알리려 하지 말 것을 권하고 있다.

---

98) 노자의 글을 해설하면서 맹자의 소인과 대인이라는 용어를 빌려온 것은 설명의 편의성 때문이다.

99) 하이데거는 이것을 존재라고 했다. 이 존재는 구체적인 모든 존재자를 존재케 하는 것이다. 프롬은 이 존재를 생활철학적 관점에서 소유와 구분하고 있다. 여기서 생활철학이라고 한 것은 이론적인 사변철학과 대비해서 필자가 사용한 용어이다.

둘째는 도가 넘쳐흘러서 좌우 어느 쪽으로든 갈 수 있듯이 한쪽으로 치우치지 말라는 것이다. 세상의 어떤 곳에도 도는 존재한다. 도는 큰 포용력을 지니고 있어 편파적이지 않다. 그런데 우리들은 쉽게 한쪽으로 기울어지기 쉽다. 이데올로기(理念, ideology)에 물들어서 좌파나 우파에 속하여 다른 진영의 사람들을 무시하기 쉽고, 정통을 주장하는 종교에 물들어서 다른 종교를 배척하기 쉽다.

자기가 옳다고 생각하는 것과 반대되는 주장을 만나면 상대의 주장을 무너뜨리려고 한다. 자신의 주장이 잘못일 수 있고, 상대의 주장이 옳을 수 있다는 것을 전제(前提)하지 않는 믿음만큼 잘못된 것은 없다.[100] 노자는 자신의 생각이 잘못일 수 있다는 것을 인정하는 관용의 태도를 권하고 있다. 도가 본받는 자연은 전체에 머물 수 있지만, 우리들은 부분에 머물 수밖에 없다는 것을 알기 때문이다.

셋째는 자신이 하는 일을 크게 여기지 않는다는 것이다. 우리들은 도가 하는 일에 비하면 아무리 큰일을 한다고 해도 턱없이 작은 일에 불과한데도 대단한 일을 하는 것으로 여기기 쉽다. 각 분야에 뛰어난 사람들은 큰 용량과 속도를 지니고 있다. 그러한 역량을 갖춘 사람들이 일반사람들과 자신을 비교해 보았을 때 대단하다고 여길 수밖에 없기 때문이다.

바둑도 어느 정도의 수준에 이르면 복기(復碁)[101]가 가능해진다.

---

100) 진리의 아버지라 불리는 소크라테스는 '무지(無知)의 지(知)'와 '너 자신을 알라.'는 말을 강조했는데, 이 두 말을 합치면 '너 자신이 무지한 줄 알라.'는 말이 된다. 소크라테스는 이 전제 아래 대화를 통해 진리를 찾아갈 것을 강조했다.

101) 바둑에서, 한 번 두고 난 바둑의 판국을 비평하기 위하여 두었던 대로 다시 처음부터 놓아 봄.

더 수준이 올라가면 자신이 둔 바둑뿐만 아니라 남이 둔 바둑도 복기가 가능하다. 더 수준이 올라가면 지금까지 고수들이 둔 대다수의 바둑기보를 통째로 기억하게 된다. 최근에 인기 TV프로인 '미스터트롯'에서 상위수준의 출연자들이 수많은 곡(曲)과 가사(歌詞)를 외우고 있을 뿐만 아니라 자기 식으로 맛깔나게 소화시켜서 표현해 내는 모습을 시청자들에게 보여주었다.

엄청난 정보의 용량을 빠른 속도로 소화시켜서 자기 것으로 만들어내는 역량을 갖춘 사람들은 각 분야에서 고수들이다. 그런데 이제는 대다수 분야의 고수들이 AI에게 배우는 시대로 접어들고 있다. 앞으로 AI와 고수의 격차는 더욱 벌어질 것이다. 그러한 AI도 만물을 생성시키고 소멸시키는 자연의 역량을 따라 잡을 수 없다. 자연이 소화해내는 용량과 속도는 무한에 가까울 정도로 크기 때문이다.

우리들은 도가 본받는 자연 앞에 겸손해져야 할 것 같다. 이렇게 겸손할 수 있는 사람이 진정으로 큰일을 할 수 있다. 도는 엄청난 큰일을 하면서도 자랑하지 않고, 치우치지 않고, 자신의 일을 크다고 생각하지 않는데 비해, 나는 내 분야에서 남보다 조금 큰 용량과 속도를 지니고 있다고 큰소리치지는 않았는지 반성이 된다.

질 문

1. 우리들의 일상생활에서 노력하여 지니게 된 여러 가지에 대해 주인 행사를 하지 않으면 어리석지 않는가?

2. 도를 실천하는 일을, 자랑하지 않고, 치우치지 않고, 자신의 하는 일을 크게 여기지 않는 세 가지라 했는데, 범인들이 그 세 가지를 현실적으로 실현하는 경우가 있는가?

35장

내 용

한정형식이 없는 큰 모양의 도를 지니고서 세상을 살아가라. 그러면 살아가는 동안에 해를 입지 않고 안전하며 크게 평온하며 태평스러움을 유지할 수 있다. 한정형식이 있는 오락과 이익은 지나가는 손님을 멈추게 할 정도로 관심을 끈다. 이에 비해 도에서 나온 것은 담백하고 맛이 없어 세상 사람들의 관심을 끌지 못한다. 보려고 해도 잘 보이지 않고, 들으려 해도 잘 들리지 않는다. 그렇지만 그것은 아무리 사용해도 다함이 없다.

執大象 天下往 往而不害 安平太 樂與餌 過客止 道之出口 淡乎其無味 視之不足見 聽之不足聞 用之不可旣(집대상 천하왕 왕이불해 안평태 낙여이 과객지 도지출구 담호기무미 시지부족견 청지부족문 용지불가기)

도 표

<table>
<tr><td>모양
(한정형식)</td><td>큰 모양을 지님
(이분법을 극복한 자)</td><td colspan="2">작은 모양을 지님
(이분법에 갇힌 자)</td></tr>
<tr><td>행위</td><td>오락과 이익에
멈추지 않고 지나감</td><td colspan="2">오락과 이익은
과객을 멈추게 함</td></tr>
<tr><td>결과</td><td>해가 없고 편안하며
태평스러움</td><td colspan="2">해가 되고 불안하며
우환이 있음</td></tr>
<tr><td rowspan="2">도에서
나온 것</td><td rowspan="2">담백하고 맛이 없지만
끝없이 사용함</td><td>잘 보이지
않음</td><td>잘 들리지
않음</td></tr>
<tr><td colspan="2">사용하지 않음</td></tr>
</table>

해 설

35장의 내용은 죽간본과 백서본에도 큰 차이 없이 나온다. 여기서 노자는 '도를 지니고서 세상을 살면 지속적으로 만족한 인생을 산다.'는 점을 강조하고 있다. 도를 지니지 않고 세상을 살면 일시적인 기쁨과 이익은 있지만, 지속적으로는 불만족한 인생을 살게 된다는 것이다.

노자는 35장의 첫 문장에서 도를 큰 모양으로 표현하고 있다. 큰 모양은 작은 모양과 달리 너무 커서 형태를 가늠할 수 없다는 의미를 지니고 있다.[102] 형태를 가늠할 수 없다는 것은 전문용어로 말하면 한정형식[103]이 없다는 말이다. 어떤 사물(事物)이나 사태(事態)에 모양(象)이라는 한정형식이 없으면 그 사물이나 사태를 다른 사물이나 사태와 구분할 수 없다.

우리가 일상에 만나는 대부분의 사물은 여러 개의 한정형식이 합쳐져서 하나의 패턴(pattern)을 형성하고 있다. 이렇게 형성된 패턴을 통해 다른 사물과 구분하면서, 그 사물에 고유한 이름을 붙이게 된다.

'포유류'를 예로 들어보자. 포유류라는 이름은 동물이면 모두 가지고 있는 한정형식, 즉 '광합성을 할 수 없음',[104] '다세포로 이루어짐' 등을 지니고 있으면서 '젖을 먹여 새끼를 키움'이라는 한정형식이 합쳐진 패턴에 붙여진 것이다. 조류(鳥類)라는 이름은 '광합성을 할 수 없음', '다세포로 이루어짐' 등을 지니고 있으면서 '척추와 날개가 있으며 알로 번식함'이라는 한정형식이 합쳐진 패턴에 붙여진 것이다.

이렇게 이름은 패턴화된 한정형식으로 각각의 사물이나 사태를 구분하기 위해서 붙여진 것이다. 이러한 구분을 하지 않으면 우리는 일상생활에서 소통에 상당한 불편함을 겪을 것이다. 그래서 한정형

102) 41장에 '큰 모양은 형태가 없다'는 말이 나온다.

103) 화이트헤드는 이것을 영원한 대상이라고 하였다. 이것은 변화를 겪지 않고 영원성을 지닌 대상 중 사물이나 사태를 한정해서 그 사물이나 사태를 바로 그것이라고 말해질 수 있도록 하는 존재자(entity)이다. 예를 들어, 우리가 사과를 사과로 인식하는 이유는 사과의 모양, 색깔, 맛 등의 한정형식이 모든 사과에 들어가 있기 때문이다.

104) '광합성을 할 수 있다'는 것은 식물이 가지고 있는 주요특징이다. 식물은 광합성을 통하여 무기물인 물, 탄소, 햇볕에서 유기물인 영양소를 만들어낸다. 물론 기생식물은 예외이다. 동물 중에도 일부는 광합성을 하는 식물을 자신의 몸에 붙여서 생활하기 때문에 광합성작용을 하는 것처럼 보이기도 한다. 그러나 동물이 광합성작용을 직접 하지는 않는다고 알려져 있다.

식은 우리의 삶에 있어서 소통의 도구로서 아주 중요한 역할을 한다.

모든 일에 장단점이 있듯이 이러한 한정형식에도 치명적인 단점이 있다. 그것은 이분법에 갇혀서 오류에 빠지기 쉽다는 점이다. 우리는 '포유류는 ~이다.'와 같은 '주어-술어' 형식을 통해 한정형식을 사용하며, 이때 주어에 해당하는 '포유류'를 '~이다'는 술어를 사용하여 정의(definition)한다. 만약에 이 말이 옳다고 가정하면, '포유류는 ~이 아니다.'는 말은 거짓이 된다.

따라서 우리가 한정형식으로 한정해 버리면 '이다'와 '아니다'의 이분법이 성립된다. 그럴 경우, 실재(reality)는 과정(process)을 겪고 있는데 한정형식을 통해 정지(stop)한 것으로 보이기 때문에 오류에 빠지게 된다. 그 대표적인 예가 제논의 '날아가는 화살은 날지 않는다.'와 '아킬레스는 앞서 달리기 시작한 거북이를 영원히 따라잡을 수 없다.'는 역설(paradox)이다.

우리들 뱃속에는 음식과 음식을 소화하고 남은 대변이 함께 있다. 우리들은 음식이 깨끗하고, 대변이 더럽다고 생각한다. 그러면 우리의 배는 깨끗한 것인가 더러운 것인가? 깨끗한 음식은 입으로 먹고, 더러운 대변은 항문으로 배설한다. 어떠한 성인도 이런 행위를 피할 수 없다. 그런데 우리는 흔히 성인이면 모두 깨끗하고, 더러운 것은 하나도 없는 것 같이 착각한다. 이것은 어릴 때 '학교 선생님은 대소변도 누지 않는다.'고 말했던 것과 유사하게 순진하지만 유아(乳兒)적인 생각이다.

그런데 이러한 오류가 정치, 경제, 종교에서 버젓이 나타나고 있다. 정치에서는 이데올로기 형태를 띠면서, 자기 당이 하는 일은 모두 옳고 다른 당이 하는 일은 모두 잘못이라고 주장한다. 경제에 있어서는 자기 회사의 제품은 하나의 흠도 없이 장점만 있는 것처럼 태연하게 광고하고 있다. 종교에 있어서는 자신이 믿는 종교에 대한 지나친 우월감으로 타종교에 대하여 폭력적 행위를 서슴지 않는다.

노자는 이런 행위가 모두 큰 모양(大象)을 지니지 못하고 작은 모양(小象)에 머물러서 이분법에 갇혀 있기 때문으로 보고 있다. 새는 양 날개로 날아간다. 손은 손바닥과 손등이 함께 있다. 이와 마찬가지로 아름다움과 추함, 이익과 손해, 선함과 악함, 참됨과 거짓도 함께 존재한다. 큰 모양을 지니고 보면 이런 쌍이 함께 보인다. 그러나 작은 모양에 머물러 있는 사람들 눈에는 이분법으로 보이기 때문에 한 쪽은 좋고 다른 쪽은 나쁜 것으로 규정하게 된다.

지금 나에게 아름다움이 주어진다고 하더라도 그것으로 인해서 더 큰 아름다움을 추구할 기회를 놓치게 된다면, 그것은 아름다움이 아니라 추함이 될 수 있다. 반대로 추함이 주어진다고 하더라도 그것이 더 큰 추함을 막기 위한 것이라면, 그 추함은 아름다움이 될 수 있다. 이런 방식으로 보다 큰 관점으로 생각을 키워 가면 아름다움과 추함뿐만 아니라 이익과 손해, 선함과 악함, 참됨과 거짓까지도 바뀌게 된다.105)

지나가는 사람에게 오락인 아름다움과 이익이 주어졌을 때, 그가 작은 모양을 지닌 사람이면 망설이지 않고 길을 멈추어 그것을 취할 것이다. 이때 그는 자신이 취한 아름다움과 이익이 더 큰 추함과 손해

105) 2장에 다음과 같은 글이 나온다. "세상 사람들은 자신들이 좋아하는 인위적인 아름다움을 아름다움으로 알고 있다. 그러나 그 아름다움은 이미 자신들이 싫어하는 추함이 전제(前提)되어 있다. 세상 사람들은 자신들에게 좋은 행위인 인위적인 선함을 선함으로 알고 있다. 그러나 그 선함은 이미 자신들에게 좋지 못한 행위인 악함이 전제되어 있다."

를 불러올 수 있다는 것을 모른다. 이에 비해 큰 모양을 지닌 사람이라면 이 원리를 알고, 쉽게 멈추어 취하지 않으며 보다 큰 것을 향해 나아간다.

그래서 그는 인생에 해를 입지 않고 안전하고 크게 평온하며 태평스러움을 유지할 수 있다. 이렇게 되는 이유는 작은 모양을 지닌 사람은 담백하고 맛이 없는 도의 모양을 보지 못하고 도의 소리를 듣지 못하기 때문이다. 이에 비해 큰 모양을 지닌 사람은 그 도에서 나온 것을 보고 들을 수 있을 뿐만 아니라, 그것은 아무리 사용해도 다함이 없음을 알고 크게 즐기며 큰 이익을 얻어 대만족한 태평세월을 보낸다.

질 문

1. 큰 모양을 지닌 사람은 보다 큰 모양을 향해 자신의 사고를 멈추지 않고 계속 키워간다는 말인가?

2. 도에서 나온 것은 담백하고 맛이 없는데 어찌 크게 즐길 수 있으며, 큰 이익을 얻었다고 할 수 있는가?

36장

내 용

장차 움츠림이 있으려면 반드시 미리 펼침이 있어야 하고, 장차 약해짐이 있으려면 반드시 미리 강함이 있어야 하고, 장차 피폐해짐이 있으려면 반드시 미리 부흥함이 있어야 하고, 장차 빼앗음이 있으려면 반드시 미리 줌이 있어야 한다. 이것을 숨겨진 밝음(微明)이라고 한다.

결국 이것은 부드럽고 약함이 단단하고 강함을 이긴다는 점을 보여준다. 물고기는 연못을 벗어나 살 수 없듯이, 나라를 이롭게 하는 물건은 사람들에게 보여주어서는 안 된다. 즉 남에게 보이기 위해 강해지려는 것은 물고기가 연못을 벗어나는 것처럼 위험하다.

將欲歙之 必固張之 將欲弱之 必固强之 將欲廢之 必固興之 將欲奪之 必固與之 是謂微明 柔弱勝剛强 魚不可脫於淵 國之利器不可以示人(장욕흡지 필고장지 장욕약지 필고강지 장욕폐지 필고흥지 장욕탈지 필고여지 시위미명 유약승강강 어불가탈어연 국지리기불가이시인)

도 표

<table>
<tr><td colspan="4">숨겨진 부분까지 밝게 봄(微明)</td></tr>
<tr><td rowspan="5">비움과
은폐</td><td>장차 ~ 되고자 함</td><td>반드시 미리 주어져 있음</td><td rowspan="5">채움과
드러냄</td></tr>
<tr><td>움츠림</td><td>펼침</td></tr>
<tr><td>약함</td><td>강함</td></tr>
<tr><td>폐함</td><td>흥함</td></tr>
<tr><td>뺏김</td><td>줌</td></tr>
<tr><td>승(勝)</td><td>부드럽고 약함</td><td>단단하고 강함</td><td>패(敗)</td></tr>
<tr><td rowspan="2">자연
(自然)</td><td>물고기가 연못에 있음</td><td>물고기가 연못에서 나옴</td><td rowspan="2">부자연
(不自然)</td></tr>
<tr><td>이로운 도구를 은폐함</td><td>이로운 도구를 드러냄</td></tr>
</table>

해 설

36장은 병법(兵法)이나 국가통치 수단으로 많이 언급되는 장이다. 이러한 해석은 자신의 장점을 잘 숨겨 약한 것처럼 상대를 속여서 자신의 나라를 이익 되게 하려는 것을 목표로 하는 것이다. 그러나 36장을 이렇게 해석하려면, "장차 움츠림이 있으려면 반드시 미리 펼침이 있어야 하고, 장차 약해짐이 있으려면 반드시 미리 강함이 있어야 하고, 장차 피폐해짐이 있으려면 반드시 미리 부흥함이 있어야 하고, 장차 빼앗음이 있으려면 반드시 미리 줌이 있어야 한다."는 말이 다음과 같은 방식으로 바뀌어야 한다.

'장차 적을 움츠리게 하려면 반드시 잠시 동안 펼쳐지도록 해야 하고, 장차 적을 약해지게 하려면 반드시 잠시 동안 강하게 되도록 해야 하고, 장차 적을 피폐해지게 하려면 반드시 잠시 동안 부흥함이 있도록 해야 하고, 장차 적의 나라를 빼앗으려면 반드시 잠시 동안 도와주어야 한다.' 물론 이때는 '원래', '미리' 등의 의미를 가진 '고(固)'를 '고(姑)'로 바꾸어 '잠시'나 '잠시 동안'이라는 의미로 바꾸어야 한다.

이러한 해석이 가능은 하겠지만, 아무래도 노자의 무위사상(無爲思想)의 기조(基調)와는 다르게 '억지가 있음'의 분위기가 강하다. 즉 적을 속이기 위해 권모술수를 사용하는 인위적(人爲的)인 계획과 노력이 들어가 있어, '억지가 없음'과 '자연스럽게 그대로 둠'을 강조하는 노자의 사상을 왜곡시키거나 약화시킬 수 있다는 것이다.

한문은 주어나 목적어 등이 생략된 경우가 많다. 36장의 문장도 마찬가지이다. '장욕흡지 필고장지(將欲歙之 必固張之)'에서 '장욕(將欲)'은 '장차 ~ 하고자 하다'는 뜻인데, 누가 하고자 하는지는 밝혀져 있지 않다. 그리고 '흡(歙)'과 '장(張)'은 대구(對句)를 이루면서 '움츠리다'와 '펼치다'로 해석하면 무리가 없을 것 같다.

그런데 '무엇을' 움츠리거나 펼치는지에 대해서는 밝혀져 있지 않다. 즉 이 문장은 누가 무엇을 움츠리거나 펼치는지에 대해서는 해석자의 생각에 맡기고 있다. 그래서 병법(兵法)이나 국가통치 수단으로 해석하는 자들은 주어를 병법가나 통치자로 하고, 목적어를 적(敵)으로 해석한 것이다.

억지가 없음을 강조하는 노자의 사상을 제대로 반영하면서 주어와 목적어를 추리해보니, 주어는 자연(自然)이다. 그리고 목적어는 자연에 속해 있으면서 움츠리고 펼쳐지는 것들이다. 사람의 '손'을 예로 들 수 있는데, 주먹을 쥐면 움츠려지고 주먹을 펴면 손이 펼쳐진다. 손을 움츠리려면 반드시 이미 펼쳐져 있어야 한다. 반대로 손을 펼치려면 반드시 이미 움츠려져 있어야 한다. 이것은 피할 수 없는 자연의 이치이다. 노자는 일관되게 이 자연의 이치에 따라 사는 것이 좋다고 한다.

이러한 노자의 입장에서 살펴보면, 36장에서 제시된 네 가지 대구(對句)인 움츠림과 펼침, 약함과 강함, 피폐와 흥함, 빼앗음과 줌은 자연의 이치에 따라 저절로 이루어지는 일을 묘사한 것으로 보인다. 그런데 네 가지 대구(對句) 중 앞의 글자들(움츠림, 약함, 피폐함, 빼앗음)은 일반적으로 부정적인 이미지를 가지고 있고 뒤의 글자들(펼침, 강함, 부흥, 줌)은 긍정적인 이미지를 갖고 있다. 그래서 사람들은 앞의 글자에 해당하는 상황들을 회피하려 하고, 뒤의 글자에 해당하는 상황을 선호하게 된다.

앞·뒤 네 가지들을 대표적인 것만으로 압축하면, 앞의 것은 약함이고 뒤의 것은 강함이라 할 수 있다, 사람들이 약해지는 것을 싫어하고 강해지려고만 하면 약자와 강자 사이에 갈등이 조성된다. 그리고 강자들 중에서도 또 더 강한 자가 되려고 하다 보면 갈등은 증폭되어 인간세상은 싸움터가 된다. 노자가 보기에는 앞·뒤 상황이 모두 자연스러운 현상인데, 사람들은 인위적으로 뒤의 상황을 선호하게 되니 인간세상에 문제가 발생한다는 것이다.

이어지는 문장에서 노자는 "이것을 숨겨진 밝음(微明)이라고 한다. 결국 이것은 부드럽고 약한 것이 단단하고 강한 것을 이긴다는 점을 보여준다."고 말한다. 노자는 강한 것은 약해지고 약한 것은 강해지는 이치를 있는 그대로 수용하는 것을 '숨겨진 밝음'인 미명(微明)이라고 하며, 이 미명을 지닌 사람들은 약한 것에 기꺼이 혹은 즐겁게 머물 수 있다고 한 것이다.

이들은 부드럽고 약한 것이 단단하고 강한 것을 이긴다는 점을 보고 있기 때문이다. 그래서 이 원리를 응용한 '지는 자가 이긴다.'와 '비움이 채움보다 낫다.'는 이치를 그들의 삶에 실행하고 있다. 노자가 보기에는 이런 삶이 물고기가 물에서 사는 것처럼 자연스럽다. 그리고 이런 자연스러운 삶에 역행하는 사람들은 물고기가 물에서 튀어나오려고 하는 것처럼 무리하게 여겨진다.

그래서 노자는 "물고기는 연못을 벗어나 살 수 없듯이, 나라를 이롭게 하는 물건은 사람들에게 보여주어서는 안 된다. 즉 남에게 보이기 위해 강해지려는 것은 물고기가 연못을 벗어나는 것처럼 위험하다."고 말한다. 나라를 이롭게 하는 물건을 사람들에게 보여주어서는 안 되는 것처럼,[106] 이치에 밝은 사람은 자신의 장점을 함부로 드러내지 않는다.

그런데 이러한 이치에 밝지 못한 사람들은 자꾸 자신을 드러내 보여주려고 한다. 즉 자랑을 하려고 한다. 남들보다 더 강해지려는 이유도 여기에 있다. 자신이 남보다 잘났음을 나타내고자 하는 것이 물고

---

106) 춘추전국시대에는 보검을 화려하게 장식하여 왕권을 상징하는 국지이기(國之利器)로 삼아 잘 숨겨두는 일이 유행하였다. 왕의 주장인즉, 이 칼은 하늘이 하사한 것으로서 백성에게 함부로 보여주면 나라가 위태로워진다. … 만일 이것을 공개한다면 보통의 칼에 불과하다는 것이 들통나기 때문이다.(『바른풀이 노자 도덕경』, 남충희, 렛츠book, 2018. 4., 139-140쪽 참조)

기가 물에서 나오려고 하는 것만큼이나 위험하고 못난 행위라고 노자는 지적하고 있다. 따라서 노자는 자신의 잘났음을 남에게 보여주고자 하지 말고 은폐하고 못난 듯이 사는 것이 숨겨진 부분까지 밝게 보는 지혜(微明)라고 높이 평가한다.

질 문

1. 약육강식의 세계에서는 부드럽고 약한 자는 단단하고 강한 자에게 먹이가 될 것 같은데 이긴다고 할 수 있는가?

2. 부드럽고 약한 것이 단단하고 강한 것을 이긴다고 한다면, 반대로 단단하고 강한 것이 부드럽고 약한 것을 이긴다고 해도 되는가?

37장

내 용

도는 언제나 억지가 없지만 하지 못하는 바가 없다. 인간의 대표인 왕이 만약에 도를 지킬 수 있다면 만물은 장차 스스로 변화해 갈 것이다. 그렇게 하지 않고 만물을 인위적으로 작동하면 나는 그 작동을 이름 없는 순박함으로 진압할 것이다. 이름 없는 순박함은 변화시키고자 하는 마음조차 없는 것이다. 그렇게 마음조차 갖지 않으면 고요한 상태에 이르게 된다. 그러면 천하는 장차 스스로 안정을 찾을 것이다.

道常無爲 而無不爲 侯王若能守之 萬物將自化 化而欲作 吾將鎭之 以無名之樸 無名之樸 夫亦將無欲 不欲以靜 天下將自定(도상무위 이무불위 후왕약능수지 만물장자화 화이욕작 오장진지 이무명지박 무명지박 부역장무욕 불욕이정 천하장자정)

도 표

<table>
<tr><th>주 어</th><th>술 어</th></tr>
<tr><td>도(道)는</td><td>항상 억지가 없지만 하지 못하는 바가 없음</td></tr>
<tr><td rowspan="2">[인간의 대표인]
왕(侯王)이</td><td>만약에 도를 지킬 수 있다면
→ 만물은 장차 스스로 변화해 갈 것임</td></tr>
<tr><td>도를 지키지 않고 만물을 인위적으로 작동하면
→ 나는 그 작동을 이름 없는 순박함으로 진압할 것임</td></tr>
<tr><td>이름 없는
순박함은</td><td>변화시키고자 하는 마음조차 없는 것임</td></tr>
<tr><td>마음을 갖지
않음은</td><td>고요한 상태에 이르게 한다. 고요한 상태에 이르면</td></tr>
<tr><td>세상(天下)은</td><td>장차 스스로 안정을 찾을 것임</td></tr>
</table>

해 설

이 장은 도덕경 통행본 도편(道篇)의 마지막 장(章)이다. 그래서 도편의 결론이라고 할 수 있는 장이다. 도는 언제나 억지가 없지만 하지 못하는 바가 없다. 그래서 노자는 사람들보고 뭔가 하려고 하지 말고 가만히 두는 것이 가장 좋다고 말한다. 사람들이 뭔가 하려고 하는 것은, 자신의 삶을 보다 좋은 상태로 만들기 위해서이거나 자기가 속해 있는 세상을 더 좋게 만들고자 하는 것이다.

그런데 이때 '더 좋은 상태로 만든다는 것'이 무엇인가? 노자는 이렇게 '더 좋은 상태로 만들기 위한 행위'를 '억지가 있음'이라고 하고, 이러한 '억지가 있음'을 하지 않는 것을 '억지가 없음'이라고 한다. 그런데 노자는 '억지가 없지만 하지 못하는 바가 없다.'고 말한다. 이 의미를 알아야 도편의 공부를 제대로 했다고 말할 수 있다. 노자는 '더 좋은 상태로 만들기 위한 행위'인 '억지가 있음'을 하지 않고 가만히 있으면 오히려 '못하는 것이 없는' 가장 좋은 상태에 저절로 이른다고 말한다.

그래서 인간을 대표하는 "왕이 만약에 도를 지킬 수 있다면 만물은 장차 스스로 변화해 갈 것이다."고 말한다.[107] 여기서 '도를 지킬 수 있다면'은 '더 좋은 상태로 만들기 위한 행위인 억지를 하지 않고 가만히 있으면'이라는 말이다. 그리고 '만물은 장차 스스로 변화해 갈 것이다.'는 '못하는 것이 없는 가장 좋은 상태에 저절로 이른다.'는 말이다. 인간이 만물 중에 '억지가 있음'을 행할 수 있는 유일한 존재일지 모른다. 그 인간 중에 가장 큰 '억지가 있음'을 행할 수 있는 자가 왕이다. 노자의 관점에서 보면 왕은 가장 좋지 않은 상태에 놓일 가능성이 크다.

노자가 도덕경에서 왕을 언급할 때는 정치에 대한 것도 있겠지만, 왕이 가장 좋지 않는 상태에 놓일 가능성이 크기 때문에 인간의 대표 혹은 표본으로 말하는 측면도 있다. 인간세상에서 각자는 모두 주인

---

107) 57장에 비슷한 맥락의 문장이 있으니 참조하는 것이 문맥을 이해하는 데 도움이 될 것이다. "그러므로 성인이 말하기를, 나는 인위적으로 하는 바가 없는데도 백성들은 스스로 변화한다. 나는 고요하게 두기를 좋아하는데도 백성들은 스스로 바르게 된다. 나는 일을 벌이지 않는데도 백성들은 스스로 부자가 된다. 나는 잘 가르치려고 하지 않는데도 백성들은 스스로 순박해진다."

공이다. 왜냐하면 자기(自己)가 없는 세상은 무의미하기 때문이다. 그렇다면 각자는 인간세상에서 인간의 대표이며 표본이라고 말할 수 있다. 따라서 노자가 왕의 마음가짐이나 자세에 대해서 말할 때, 우리는 각자 나에게 말한다고 받아들여야 할 것이다.

그러면 왜 노자는 억지가 있음을 하지 말라고 하는가? 노자의 생각을 따라가 보자. 노자는 도대체 '더 좋은 상태'라는 것이 실제로 있는가라고 우리에게 묻는다. 달리 말하면, '더 좋은 상태'는 좋고, '덜 좋은 상태'는 나쁘다고 구분하는 것이 과연 옳은가라고 우리에게 묻는다. 예를 들어, 많은 사람들이 외모가 잘난 것은 좋고 못난 것은 좋지 않다고 믿고 있다. 지위나 학벌이 높거나 재산이 많은 것은 좋고 그렇지 않은 것은 나쁘다고 믿고 있다.

그런데 노자는 이 믿음의 근거는 무엇인가라고 묻는다. 외모가 잘났다는 것은, 이목구비가 반듯하고 키도 크고 몸매도 늘씬하고 피부도 희고 윤택이 난다는 말인가? 그렇다면 이와 반대의 모습을 지닌 사람은 외모가 못난 사람이 된다. 그런데 이런 것들은 대부분 타고난 유전자에 의해 결정되는 것인데, 외모가 못난 사람은 억울하다. 특히 오늘날 '외모지상주의'라는 말까지 나와서 성형수술까지 유행하고 있으니 그런 여건이 되지 못하는 못난 사람은 그 억울함이 더욱 커진다.

노자가 말하는 도의 입장에서 보면, 외모가 잘났고 못났고의 기준은 인간들의 인위적인 억지일 뿐이다. 이러한 인위적인 기준에 따라 좋은 상태에 가기 위해 노력하는 것이 '억지가 있음'이다. 그리고 인위적인 기준은 시대나 장소에 따라 변할 수도 있는 것이기 때문에[108]

108) 다른 시간 다른 장소에서는 기준을 달리하여, 키가 작은 사람이 잘난 사람이 될 수 있고 이목구비가 반듯한 사람이 못난 사람이 될 수도 있다.

도라는 큰 시야에서 보면 따를 필요가 없음을 알게 된다. 이 말은 도가 본받는 자연[109]에는 그런 기준이 없다는 것이다. 이것을 알고 그 기준에 따라 좋은 상태로 가기 위해 '억지가 있는 마음을 갖지 않는 것'을 무욕(無欲)이라고 한다. 그리고 그 무욕의 마음에 따라 움직이는 것을 '억지가 없음'이라고 한다.

지위나 학벌이 높거나 재산이 많은 것은 자신의 노력에 의해 결정되는 부분이 크기 때문에, 유전자에 의해 운명적으로 결정되는 외모의 잘나고 못난 문제와는 차원이 다르다고 생각하기 쉽다. 즉 자신이 노력해서 좋은 상태로 갈 수도 있었는데, 못 갔으니 자신이 못나 보일 수 있다. 그래서 사람들은 좋은 상태로 가기 위해 노력하는 것은 인간으로서 당연하다고 흔히 생각한다.

지위, 학벌, 재산 등을 지닌 사람을 잘난 사람이라고 하게 되면, 이러한 것을 지니지 못한 사람은 못난 사람이 된다. 이렇게 되면 세상에는 잘난 사람과 못난 사람으로 나누어지게 된다. 그러면 사람들은 잘난 사람이 되기 위해 경쟁을 하게 된다. 경쟁이 과열되면 수단과 방법을 가리지 않고 '잘난 사람', '더 잘난 사람'이 되기 위한 투쟁이 벌어지게 된다.

노자는 투쟁이 벌어진 인간 세상에 대해 보다 근본적인 의문을 가진다. 지위, 학벌, 재산 등을 지닌 사람이 정말 잘난 사람일까? 이것은 지위, 학벌, 재산 등이 과연 잘난 사람과 못난 사람을 구분하는 기준이 될 수 있을까라는 의문으로 연결된다.

이 의문에 대해 노자는 지위, 학벌, 재산 등이 잘난 사람과 못난 사람을 구분하는 기준이 될 수 없다는 결론에 이른다. 지위, 학벌,

---

109) 25장의 마지막 구절에 '도는 자연을 본받는다.'는 말이 나온다.

재산 등은 그러한 것을 소유한 기득권자들이 자신이 세상에서 잘난 사람이라는 것을 드러내 보여주기 위해 만들어 놓은 인위적인 도구에 불과하다. 인간이 살아가는 데 실제로 필요한 것은 생필품 정도이다. 나머지는 군더더기이다.

이것을 알고 있는 노자는 그래서 "만물을 인위적으로 작동하면 나는 그 작동을 이름 없는 순박함으로 진압할 것이다. 이름 없는 순박함은 변화시키고자 하는 마음조차 없는 것이다."라고 말한다. 여기서 '변화시키고자 하는 마음'은 지위, 학벌, 재산 등을 더 가지기 위해 노력하고자 하는 마음을 말한다.

노자는 "그렇게 마음조차 갖지 않으면 고요한 상태에 이르게 된다. 그러면 천하는 장차 스스로 안정을 찾을 것이다."라는 말로 도편의 끝인 37장을 마무리 짓는다. 천하는 인간 세상을 말한다. 인간 세상을 다스리는 왕이 변화시키고자 하는 마음조차 가지지 않으면 세상은 고요해지며 스스로 안정을 찾을 것은 당연하다. 그러나 왕이 그렇지 못하면 세상은 시끄럽고 불안정하다. 자신의 삶에 있어서 자신을 이끌어가는 의식은 왕에 해당된다. 이 의식이 무욕(無欲)하고 억지가 없는 상태에 이르면 자신의 세상은 고요하고 안정이 된다.

질 문

1. 노자는 언제나 하려고 함이 없어도 하지 못하는 바가 없다고 말했다. 하려고도 하지 않는데 어떻게 못하는 바가 없을 수 있는가?

2. 위의 말과 공자의 '마음 가는 대로 따라도 법도를 넘지 않는다(從心所欲不踰矩).'는 말을 비교하면 어떤 공통점과 차이점이 있는가?

몸통글

덕경(德經)

38장 ~ 81장

38장

내 용

높은 덕을 지닌 사람은 자신을 부덕하다고 한다. 그래서 실제로 덕이 있다. 낮은 덕을 지닌 사람은 덕을 잃지 않으려고 한다. 그래서 실제로 덕이 없다. 높은 덕을 지닌 사람은 인위적인 행위를 하지 않으며 그 행위를 할 이유도 없다. 낮은 덕을 지닌 사람은 인위적인 행위를 하며 그 행위를 할 이유가 있다. 높은 인을 지닌 사람은 인위적인 행위를 하나, 그 행위를 할 이유가 없다. 높은 의를 지닌 사람은 인위적인 행위를 하며 그 행위를 할 이유가 있다. 높은 예를 지닌 사람은 인위적인 행위를 하며 상대가 그 행위에 응하지 않으면 소매를 걷어붙여 상대를 팔로 끌어당겨서 그 예를 강제적으로 지키도록 한다.

그러므로 도(道)를 잃은 이후에 덕(德)이 있고, 덕을 잃은 이후에 인(仁)이 있고, 인을 잃은 이후에 의(義)가 있고, 의를 잃은 이후에 예(禮)가 있다. 무릇 예라는 것은 충(忠)과 믿음(信)이 얇아져서 생긴 것이며, 분란의 으뜸이다. 먼저 자신이 생각한 덕의 이유가 옳다고 주장하는 식자(識者)는 도의 꽃처럼 보이지만 어리석음의 시작이다. 그러므로 대장부는 두터움에 처하고 얇음에 머물지 않는다. 충실한 열매에 처하지 화려한 꽃에 머물지 않는다. 결국 대장부는 얇음과 꽃을 버리고 두터움과 열매를 취한다.

上德不德 是以有德 下德不失德 是以無德 上德無爲而無以爲 下德爲之而有以爲 上仁爲之而無以爲 上義爲之而有以爲 上禮爲之而莫之應 則攘臂而扔之 故失道而後德 失德而後仁 失仁而後義 失義而後禮 夫禮者忠信之薄 而亂之首 前識者道之華 而愚之始 是以大丈夫處其厚 不居其薄 處其實 不居其華 故去彼取此(상덕부덕 시이유덕 하덕불실덕 시이무덕 상덕무위이무이위 하덕위지이유이위 상인위지이무이위 상의위지이유이위 상례위지이막지응 즉양비이잉지 고실도이후덕 실덕이후인 실인이후의 실의이후예 부예자충신지박 이란지수 전식자도지화 이우지시 시이대장부처기후 불거기박 처기실 불거기화 고거피취차)

도 표

<table>
<tr><td colspan="2">높은 덕을 지닌 대장부는 두터움과 열매를 취하나,
예를 따르는 식자는 얇음과 꽃을 취함</td></tr>
<tr><td rowspan="2">높은 덕의 사람</td><td>자신을 부덕하다 하지만 실제로는 덕이 있음</td></tr>
<tr><td>인위적인 행위를 안하고, 행위를 할 이유도 없음</td></tr>
<tr><td rowspan="2">낮은 덕의 사람</td><td>덕을 잃지 않으려 하지만 실제로 덕이 없음</td></tr>
<tr><td>인위적인 행위를 하고, 행위를 할 이유도 있음</td></tr>
</table>

<table>
<tr><td>인을 지닌 사람</td><td>인위적인 어진 행위를 하지만 그 이유가 없음</td></tr>
<tr><td>의를 지닌 사람</td><td>인위적인 옳은 행위를 하며 그 이유도 있음</td></tr>
<tr><td>예를 지닌 사람</td><td>인위적인 예를 지키며 상대도 강제적으로 지키게 함</td></tr>
<tr><td>도, 덕, 인, 의, 예가 생기는 순서</td><td>도를 잃은 이후에 덕이 있음, 덕을 잃은 이후에 인이 있음, 인을 잃은 이후에 의가 있음, 의를 잃은 이후에 예가 있음</td></tr>
<tr><td colspan="2">예는 충과 신이 얇아져 생기고, 분란의 으뜸이며 어리석음의 시작임</td></tr>
</table>

해 설

통행본 38장은 덕편(德篇)의 시작이다. 도편(道篇)의 시작인 1장과 유사하게 덕의 전반에 대해 말하고 있다. 이 장에서 도와 덕의 우선순위, 덕 중에서 상덕과 하덕의 차이, 하덕에 해당하는 인, 의, 예의 차이가 기술되고 있다. 노자는 "높은 덕을 지닌 사람은 자신을 부덕하다고 한다. 그래서 실제로 덕이 있다. 낮은 덕을 지닌 사람은 덕을 잃지 않으려고 한다 그래서 실제로 덕이 없다."고 하였고, "높은 덕을 지닌 사람은 인위적인 행위를 하지 않으며 그 행위를 할 이유도 없다. 낮은 덕을 지닌 사람은 인위적인 행위를 하며 그 행위를 할 이유가 있다." 고 하였다.

낮은 덕을 지닌 사람이 인위적인 행위를 하는 이유는 남에게 자신이 덕이 있는 사람처럼 보이게 하기 위해서이다. 왜 굳이 보이려고 하는가? 그래야 자신이 잘난 사람처럼 행사할 수 있기 때문이다. 왜 잘난 사람처럼 행사하려고 하는가? 못난 사람으로 업신여겨지기 싫기 때문이다. 사람들이 왜 자신을 못난 사람으로 업신여긴다고 생각하는가? 실제로 그 사람이 못난 사람이기 때문이다.

잘난 사람이라면 다른 사람이 업신여겨도 신경 쓰지 않는다. 예를 들어 돈이 많은 부자가 소박하고 수수한 생활을 하고 있다고 하자. 주변 사람들이 그 모습을 보고 그를 가난하다고 업신여기면 그 사람은 어떻게 하겠는가? 성을 내거나 자신이 가난하지 않고 돈이 많다는 것을 굳이 드러내고자 하겠는가. '남들이 자신을 그렇게 볼 수 있겠구나.' 하면서 무덤덤하게 평소의 소박하고 수수한 생활을 계속할 것이다. 돈이 사실상 많은데 굳이 남들에게 돈이 많다는 것을 보일 '이유'가 없기 때문이다. 오히려 돈이 많다는 것을 남에게 보이면 시기나 질투를 받을 수 있고 도적이나 강도 등의 위험만 불러와서 귀찮아질 뿐이라는 것을 그는 안다.

그러나 가난하다고 주변 사람들에게 업신여겨져 왔고, 그것이 싫었던 사람은 어떻게든지 남에게 가난하다는 모습을 보이지 않으려고 애를 쓴다. 지식도 마찬가지이다. 지식이 정말 많은 사람은 굳이 자신의 지식을 드러내려고 하지 않는다. 남들이 자신을 무식하다고 업신여기는 데 대해 신경을 쓰지 않는다. 마찬가지로 덕을 많이 지닌 사람은 남들이 자신에게 덕이 없다거나 적다고 말해도 별로 신경 쓰지 않는다.

그래서 높은 덕을 지닌 사람은 자신을 부덕하다고 태연히 말한다. 오히려 이렇게 태연히 말할 수 있기 때문에 이 사람은 유덕한 사람이다. 그렇지만 덕이 없는 사람은 굳이 자신을 유덕한 사람으로 보이고자 하며 덕을 잃으면 남들로부터 업신여김 당할 것이 두려워 잃지 않으려고 애쓴다. 오히려 이러니 이 사람은 덕이 없는 사람이다.

노자는 인, 의, 예 등을 낮은 덕이라고 말한다. 그리고 인이 의와 예에 비해 조금 높은 덕에 속하는 부분이 있다고 한다. 그것은 인을 행하는 이유가 의와 예를 행하는 이유와 차이가 있기 때문이다.

인을 행하고자 할 때는, 맹자가 예를 들었듯이 갓난아이가 우물에 빠지려고 하는 순간 그 아이를 구할 때처럼 거의 '무의식적'으로 한다. 이에 비해 의와 예를 행하고자 할 때는, 자신이 하는 행위가 옳은지 옳지 않는지 또는 예의에 맞는지 맞지 않는지에 대한 검토과정의 '의식'을 하게 된다. 즉 의와 예의 경우에는 인의 경우와 달리, 자신이 하는 행위의 이유에 대해서 생각해보고 의와 예에 해당한다고 생각되면 행위로 옮겨간다.

노자는 예를 더욱 낮은 덕으로 보고 있다. 왜냐하면 예는 상대가 응하지 않을 때 소매를 걷어붙이고 팔로 끌어당겨서 강제로 지키게 하기 때문이다. 예는 인과 의에 비해 강제성이 더욱 커진 것이다. 동양철학 전공자에 따라서는 인은 공자, 의는 맹자, 예는 순자에 해당시키고 있다. 특히 순자의 예는 강제성을 지닌 법까지 포함하고 있다고 본다.

특히 강제성이 강해진 예에 대해서 노자는 비판적이다. 그는 "무릇 예라는 것은 충과 믿음이 얇아져서 생긴 것이며 분란의 으뜸이다."고 하였다. 충과 믿음이 있으면 예는 저절로 되는 것인데, 예를 정해서 굳이 지키게 하는 것은 충과 믿음이 약해졌기 때문이다. 그리고 예에 맞느냐 맞지 않느냐를 가지고 시비가 붙어서 싸우게 된다. 모든 분란은 여기에서 시작된다.

노자는 결론적으로, 낮은 덕을 지닌 사람을 얇은 지식을 지니고 있으면서도 자신은 남보다 앞선 지식을 지녔다고 생각하면서 화려한 말솜씨로 잘난 체하는 자로 여기며, 이 사람의 말은 도의 꽃처럼 보이지만 어리석음의 시작이라고 하였다. 한편 높은 덕을 지닌 사람을 대장부라고 하면서, “두터움에 처하고 얇음에 머물지 않는다.”고 하였다. 그리고 “열매의 충실함에 처하지 꽃의 화려함에 머물지 않는다. 결국 대장부는 얇음과 꽃을 버리고 이 두터움과 열매를 취한다.”고 하였다.

질 문

1. 노자는 도를 잃은 이후에 덕이 있고, 덕을 잃은 이후에 인이 있고, 인을 잃은 이후에 의가 있고, 의를 잃은 이후에 예가 있다고 했다. 그러면 도>덕>인>의>예의 우선순위가 되는데, 이렇게 순위를 결정하는 기준은 무엇인가?

2. 도와 덕의 공통점은 무엇이며, 차이점은 무엇인가?

3. 꽃과 열매, 두터움과 얇음은 모두 자연의 현상인 것 같은데 왜 차별을 하는가? 그리고 비유라면 어떤 비유인가?

39장

내 용

옛날에 하나를 얻어서 제각각 이룰 것을 이룬 자들이 있다. 하늘은 하나를 얻어 청명하게 되고, 땅은 하나를 얻어 안정하게 되고, 신은 하나를 얻어 영험하고, 골짜기는 하나를 얻어 채우게 되고, 만물은 하나를 얻어 생성하고, 왕은 하나를 얻어 천하를 평정한다.

이들은 제각각 이룰 것에 도달하고 나면 장차 그것을 잃게 될까봐 두려워한다. 하늘은 청명함이 없어지고 장차 무너질 것이 두려우며, 땅은 안정됨이 없어지고 장차 흩어질 것이 두려우며, 신은 영험함이 없어지고 장차 사라질 것이 두려우며, 골짜기는 채운 물이 없어지고 장차 마를 것이 두려우며, 만물은 생성됨이 없어지고 장차 소멸될 것이 두려우며, 군주는 고귀하지 않으면 장차 전복될 것이 두렵다.

그러므로 두려움을 해결하기 위해 귀함은 천함을 근본으로 삼고, 높음은 낮음을 토대로 삼는다. 이리하여 왕은 스스로를 외톨이며 부족하고 선하지 않은 사람이라고 부른다. 이것이 천한 것을 근본으로 삼는 것이 아니겠는가? 그렇지 않은가? 고로 명예롭게 되려고 책략을 써서 도달하면 명예로움이 없어진다. 옥처럼 아름답게 되려고 하지 말고 자신은 돌처럼 울퉁불퉁 못생겨도 좋다고 생각해야 아름다움을 지켜낼 수 있다.

昔之得一者 天得一以清 地得一以寧 神得一以靈 谷得一以盈 萬物得一以生 侯王得一以爲天下貞 其致之 天無以清 將恐裂 地無以寧 將恐發 神無以靈 將恐歇 谷無以盈 將恐竭 萬物無以生 將恐滅 侯王無以貴高 將恐蹶 故貴以賤爲本 高以下爲基 是以後王自謂孤寡不穀 此非以賤爲本邪 非乎 故致數譽無譽 不欲琭琭如玉 珞珞如石(석지득일자 천득일이청 지득일이녕 신득일이령 곡득일이영 만물득일이생 후왕득일이위천하정 기치지 천무이청 장공열 지무이녕 장공발 신무이령 장공헐 곡무이영 장공갈 만물무이생 장공멸 후왕무이귀고 장공궐 고귀이천위본 고이하위기 시이후왕자위고과불곡 차비이천위본야 비호 고치수예무예 불욕녹록여옥 낙락여석)

도 표

		하늘	땅	신	골짜기	만물	왕
하나를	얻으면	청명함	안정됨	영험함	채움	생성	나라 평정 (고귀함)
	잃으면	무너짐	흩어짐	사라짐	마름	소멸	나라 전복 (천함)
그들은	하나를 잃지 않으려 귀함은 천함을, 높음은 낮음을 근본과 토대로 삼음						
사 례	왕은 스스로를 외톨이며 부족하고 선하지 않은 사람이라고 부름						
교 훈	옥이 아니라 돌처럼 되도 좋다고 생각해야 아름다움을 지켜낼 수 있음						

해 설

39장은 38장의 연장으로 보인다. 38장에서는 덕을 상덕과 하덕으로 구분하였다. 그 대신 39장은 하나(一)와 둘(二)로 구분하고 있는 것 같다. 물론 문맥 속에는 둘(二)이라는 용어는 나오지 않는다. 다만 하나를 얻었을 때의 상황과 그 하나를 잃었을 때의 두 가지 상황에 대한 언급이 있다.

하늘, 땅, 신, 골짜기, 만물, 왕이 제각각 하나를 얻어서 청명, 안정, 영험, 채움, 생성, 평정이 되고, 그들이 제각각 하나를 잃어버렸을 때 무너짐, 흩어짐, 사라짐, 마름, 소멸, 전복이 된다고 한다. 그리고 하늘, 땅, 신, 골짜기, 만물, 왕이 하나를 잃어버려 무너짐, 흩어짐, 사라짐, 마름, 소멸, 전복이 될까 두려워해서 그렇게 되지 않도록 노력한다는 점을 왕의 사례를 대표로 들고 있다.

노자는 왕이 나라를 평정한 것은 하나를 얻어서 고귀함을 지니고 있었기 때문으로 보고 있다. 그런데 그 왕이 고귀함을 잃어버릴까 두려워해서 "스스로를 외톨이며 부족하고 선하지 않은 사람이라고 부른다."고 했다. 이것은 왕이 "귀함은 천함을 근본으로 삼고, 높음은 낮음을 토대로 삼는다."는 것을 아는 자임을 나타내고 있다. 즉 왕은 귀함을 오랫동안 지속하기 위한 방법이 '하나'를 지속적으로 얻는 데 있음을 아는 것이다. 물론 이것을 아는 것은 왕뿐만이 아니다. 하늘, 땅, 신, 골짜기, 만물 등은 이미 알고 실행하고 있어서 청명, 안정, 영험, 채움, 생성을 지속하고 있다.

오히려 인간에게 있어 '하나'를 얻는 일이 어렵기 때문에 왕을 사례로 들었다고 보는 것이 옳을 것이다. 왜냐하면 인간은 이성(理性)이 있어서 '둘'로 보기 쉽기 때문이다. 인간의 이성은 하나로 보기보다는 둘로 보기 쉽기 때문에, 노자가 인간은 '억지가 있음'에 가깝고 하늘, 땅, 신, 골짜기, 만물 등의 자연은 '억지가 없음'에 가깝다고 본 것이다. 인간은 이성이 있기 때문에 만물 중에서 가장 뛰어난 존재라고 우리들은 생각하고 있는데, 이성이 오히려 인간을 우주의 문제아로 만드는 것이 아닌지 모르겠다.

그 이유를 알기 위해서 이쯤에서 세 가지 관점에서 접근해보고자 한다. 첫째는, '하나와 둘은 무엇인가?'라는 물음의 존재론적 관점이다. 둘째는, '하나와 둘은 어떻게 알 수 있는가?'라는 물음의 인식론적 관점이다. 셋째, '하나와 둘을 아는 것이 왜 가치적인가?'라는 물음의 가치론적 관점이다.

하나는 전체이고, 둘은 그것을 둘로 나눈 것이다. 인간이 이성적으로 생각한다는 것은 '~이다'와 '~이 아니다'로 시비(是非)를 가리는 것이다. '지금은 밝은 낮이다.'라는 말이 성립되기 위해서는 '나중은 밝은 낮이 아니다.'가 미리 주어져 있어야 한다. 그리고 나중이 밝은 낮이 아니면 무엇인가라고 물으면, '나중은 어두운 밤이다.'로 대답하게 된다.

이러한 대답이 옳은 이유는 '지금은 밝은 낮이다.'와 '나중은 어두운 밤이다.'가 대조(對照)를 이루고 있기 때문이다. 위의 문장에 나오는 '지금과 나중', '밝음과 어두움', '낮과 밤'이 모두 대조를 이룬다. 대조는 서로 맞대어 비추어봐야 쌍방의 의미가 분명해진다는 말이다. 우리들은 이러한 이치에 따라 사물이나 사실을 판단하고, 이 판단을 옳다고 우리의 이성은 인식한다.

이성을 지닌 우리 인간은 어떤 것을 인식하기 위해서는 이미 둘로 나누어야만 가능하다는 인식론적 관점을 갖게 된다. 그리고 우리에게 그렇게 인식되기 때문에 사물이나 사실이 실제로 그렇게 되어 있다고 생각하는 존재론적 관점을 갖게 된다. 여기에 더해 둘로 인식한 후에는 둘 중 어느 쪽인가에 가치의 무게를 두기 쉬워서 가치론적 관점을 갖게 된다.

예를 들면 밝음이 어두움보다 낫다고 생각하는 것 등이다. 그런데 전체에서 보면 그러한 가치관은 성립되지 않는다. 왜냐하면 밝음과 어두움은 함께 있어야만 존재 가능하고 인식 가능하기 때문이다. 밝음과 어두움 전체를 하나로 보는 존재론적, 인식론적, 가치론적 관점이 도의 관점이고, 이것을 생활 속에서 실행하는 것이 덕이다.

전체라는 하나의 관점에서 보면 생(生)하고 멸(滅)하는 것은 함께 있다. 하늘이 생할 때 청명하지만, 멸할 때는 무너진다. 땅이 생할 때는 안정되지만, 멸할 때는 흩어진다. 신이 생할 때는 영험하지만, 멸할 때는 사라진다. 골짜기가 생할 때는 물이 채워지지만 멸할 때는 마른다.

결국 만물이 생할 때는 생성하지만, 멸할 때는 소멸된다. 왕도 생할 때는 고귀함을 지녀서 나라를 평정하지만 멸할 때는 천해져서 나라가 전복된다. 모두 전체를 보기 때문에 생할 때 멸할 것을 염두에 두고 두려워하면서 멸함을 가까이 둔다. 그래서 오래간다. 그런데 우리들은 둘로 나누어져 있다고 생각하고 둘 중에 하나만 얻으려고 하니 오히려 일찍 잃게 된다.

질 문

1. 멸할 것을 염두에 두고 두려워하면서 멸함을 가까이 둔다는 말의 의미는?

2. 하나인 전체를 보면 아름답고 추함과 선함과 악함이 없다는 말인가?

40장

내 용

되돌아가는 것은 도의 움직임이고, 약한 것은 도의 쓰임이다. 천하 만물은 있음에서 생겼고, 있음은 없음에서 생겼다.

反者道之動 弱者道之用 天下萬物生於有 有生於無(반자도지동 약자도지용 천하만물생어유 유생어무)

도 표

도의 속성		도의 진행방향	
되돌아감	유약함	생성의 방향	되돌아가는 방향
도의 움직임	도의 쓰임	없음 → 있음 → 만물	만물 → 없음

해 설

40장은 도덕경 81장 중에 형식에 있어 가장 짧은 문장으로 되어 있지만, 어느 장보다 풍부한 내용을 담고 있다. 특히 도, 없음, 있음, 만물 등 존재론의 핵심 단어들이 모두 들어 있으며, 그들의 지위와 관계도 잘 드러나고 있다. 존재론(存在論)은 여러 가지 학설이 있으나, 필자는 다음과 같은 규약적 정의[110]를 하고 있다.

그 정의는 '궁극적 실재(窮極的 實在, ultimate reality)와 현실적 존재자들의 실태를 언급하며, 그 관계를 밝히는 이론'이다. 노자에 있어 궁극적 실재는 도(道)다. 그리고 현실적 존재자는 만물이다. 노자의 도는 비유하면 집이 아니고 길이다. 집은 정착되어 있지만, 길은 집들을 연결하고 있다. 길은 쉬기 위해서 있는 것이 아니라 가기 위해서 있다.

그래서 노자는 25장에서 도를 한 글자로 말하면 크다(大)고 했다. 노자는 모든 현실적 존재자들이 크고 먼 길을 간다고 생각했다. 그 크고 먼 길을 서·원·반(逝·遠·反)이라고 하였다.[111] 여기서 서(逝)는 '간다'는 의미이고, 원(遠)은 '멀다'는 의미이며, 반(反)은 '되돌아간다'는 의미이다. 어떤 현실적 존재자이든지 그 존재자 입장에서 보면

---

110) 규약적 정의(規約的 定義, conventional definition)는 저자나 논자가 자신의 글에서 나는 어떤 용어를 이러한 의미로 사용하겠다고 약정(約定)하고 쓰는 정의이다.

111) 지구(地球) 같은 경우에 짧은 길은 직선에 가깝지만, 먼 길은 공의 표면처럼 휘어져 있어서 진행방향으로만 가더라도 원래 있던 제자리로 돌아온다. 마젤란의 일행이 지구를 한 바퀴 돌 수 있었던 것도 이 때문이다.

이것보다 큰 것은 없다.

세상에 현실적으로 존재하는 모든 것은 변화해간다. 그 변화를 두 단어로 말하면 생성(生成, becoming)과 소멸(消滅, perishing)이다. 생성과정에서는 성장할 수 있는 데까지 멀리 가지만, 한계에 이르러서는 반드시 소멸과정의 쇠퇴기를 맞이하게 된다. 별과 같은 무생물들도 성주괴공(成住壞空)을 겪는다. 성주(成住)는 생성과정이며 괴공(壞空)은 소멸과정이다.

계절의 경우, 봄과 여름은 생성과정이며 가을과 겨울은 소멸과정이다. 인생의 경우, 소년기와 청년기는 생성과정이며 장년기와 노년기는 소멸과정이다. 인간들이 몸담은 사회의 조직도, 탄생해서 성장할 때는 생성과정이며 조직이 와해되거나 폐쇄될 때는 소멸과정이다.

이 엄연한 사실은 누구든 피할 수 없다. 그런데 우리들은 생성과정은 가치가 있고 소멸과정은 가치가 없는 것으로 인식하고 있다. 그래서 가치 있다고 여기는 생성은 좋아하면서 추구하고, 가치 없다고 여기는 소멸은 싫어하면서 회피한다. 이것은 단견이 낳은 결과에 불과하다.

노자는 25장에서 말하는 것처럼 멀리 가보라고 말한다. 현실적으로 존재하는 모든 것은 멀리 가보면 반드시 소멸함을 알 수 있다. 그런데 소멸을 좋지 않은 것으로 여긴다면 인생의 종말은 좋지 않은 것으로 끝이 나게 된다. 우리들은 대게 젊음이 좋고 늙음이 나쁘다, 삶이 좋고 죽음이 나쁘다, 생성이 좋고 소멸이 나쁘다, 성장이 좋고 쇠퇴가 나쁘다고 생각하지만, 노자는 그렇게 생각하지 않는다. 그 이유를 40장에서 밝혔다.

여기서 노자는 "되돌아가는 것이 도의 움직임"이라고 했다. 이 말에는 몇 가지 의미가 함축되어 있다. 첫째, 되돌아간다는 것은 소멸된 만물이 생성되는 쪽으로 간다는 의미가 있다. 왜냐하면 생성해서 소멸하는 쪽으로 가는 것이 정방향이라면 되돌아가는 곳은 반대쪽이기 때문이다. 둘째, 되돌아가는 것은 피할 수 없는 일이라는 의미가 있다. 왜냐하면 궁극적 실재인 도가 그렇게 움직이는데 이것을 피할 수 있다면, 도는 궁극적 실재가 되지 못하기 때문이다. 셋째, 소멸 쪽으로 진행되는 도의 움직임이 나쁘지 않다는 의미가 있다. 왜냐하면 우주를 존재케 하는 궁극적 실재인 도가 나쁜 움직임을 할 리가 없기 때문이다.

노자처럼 소멸이 나쁘지 않다는 생각을 하게 되면, 죽음이 나쁘지 않고 늙음이 나쁘지 않다.[112] 물론 그렇다고 인위적인 죽음과 늙음까지도 노자가 좋다고 생각한 것은 아니며, 자연적인 죽음과 늙음을 나쁘게 생각하지 말라는 것이다.[113] 인간 세상에서 자연적인 죽음과 늙음을 나쁘게 생각하지 않으면 그렇게 쫓길 이유가 없다.

그러나 자연적인 죽음과 늙음을 나쁘게 생각하면 필연적으로 삶과 젊음에 지나친 가치를 부여하게 된다. 삶과 젊음에 지나친 가치를 부여하게 되면 젊게 살아있는 동안에 많이 누려야 된다는 생각에 쫓기게 된다. 젊게 살아있는 동안에 많이 누려야 된다는 이 생각은 강박

---

112) 노자의 이름은 이이(李耳)로 알려져 있다. 그런데 이자(李子)로 하지 않고 노자(老子)로 불리는 이유가 도의 움직임에 따르는 '늙음이 나쁘지 않다'는 것을 강조했기 때문일지도 모른다는 생각이 문득 든다.

113) 인위적인 죽음을 나쁘지 않은 것으로 생각하게 되면, 자살이나 살인까지도 나쁘지 않다는 것으로 귀결된다. 자살이나 살인은 인위적인 일이기 때문에 노자가 막고자 하는 일이다.

관념을 불러일으켜 어떻게든지 생존경쟁에서 이기려고 몸부림치게 만든다.

생존경쟁에서 이기기 위해서는 강해야 한다. 인간의 강함은 베이컨이 말한 '아는 것이 힘이다.'는 구호에 따라 지식이라는 무기를 갖는다. 이러한 무기를 지니기 위해 어린아이들이 어릴 때부터 공부에 매달리게 된다. 어린아이들은 놀면서 세상 이치를 알아가는 것이 자연스럽다. 그런데 이 어린아이들이 인위적인 스케줄에 지쳐 있다. 이 모습을 볼 때 가슴 아프다.

노자가 살아 있던 시절에는 어린아이가 오늘처럼 공부에 매달리지는 않았을 것이다. 그렇지만 그때는 춘추전국시대로 전쟁이 잦았기 때문에 노자는 사회 전반적으로 훨씬 더 비참한 모습을 보았을 것이다. 그 원인을 깊이 생각한 그는, 이것에 대한 근본원인이 늙고 죽기 전에 더 누려야겠다는 초초감에서 비롯되어 생존경쟁에서 이기기 위한 강함을 추구하는 데서 비롯되었음을 알았을 것이다.

그래서 노자는 "약함이 도의 쓰임"이라고 말한다. 생성이 아닌 소멸을 도의 움직임으로 받아들이면 굳이 강할 필요가 없다. 남들이 모두 강함을 추구할 때 노자는 약함에 기꺼이 머물려고 한다. 노자가 살던 춘추전국시대의 국가들은 치열하게 다투고 있었으므로 다른 나라보다 조금이라도 더 힘이 센 부자나라 강한 병력이 되고자 하였다.

그런데 노자는 작은 나라 적은 백성이 되는 것이 좋다고 하였다. 상식적으로 생각하면 작은 나라이면 큰 나라에게 잡아먹힐 것이 뻔한데 어찌 이러한 주장이 가능한가? 이러한 원리는 개인의 삶에 있어서도 마찬가지이다. 사람들은 생존경쟁에서 이기기 위해서 조금이라도 더 힘이 센 상태로 가기 위해 덩치를 키우려고 출세 성공에 매달린다. 그러나 이것은 어리석은 일이다.

노자는 이것이 짧고 작은 생각에서 나왔다는 것을 안다. 이것은 존재의 일면만 본 것이다. 즉 직선적 사고를 벗어나지 못한 것이다. 조금 더 길고 크게 생각해서 존재의 전 방향을 보면 그 직선이 곡선이 되면서 유연해진다.[114] 만물은 강성해지면 굳어지게 되면서 죽음인 소멸에 가까워진다. 생성과 소멸을 함께 생각한다면 굳이 소멸해지는 견강(堅强)의 방향으로 빨리 가고자 할 필요가 없다.

그런데 사람들은 생성을 좋아하고 소멸을 싫어하면서도 결과적으로 빨리 소멸되는 방향으로 가고자 하니 아이러니하다. 생성과 소멸을 모두 받아들이면 오히려 자연스럽게 천천히 소멸되는 방향으로 나아가게 된다.

사람들 눈에는 있음만 보이고 없음이 보이지 않는다. 존재론적 시각에서 보면 궁극적 실재인 도는 만물이 흘러가는 길이다. 만물이 근원에서 생성하여 소멸 쪽으로 가고, 소멸 후 다시 근원으로 돌아간다. 그리고 다시 생성하고 소멸해간다. 이렇게 끝없이 이어지는 길이 도다. 그런데 만물을 생성시킬 수 있는 원초적인 기운이 있어야 한다. 이 원초적인 기운을 노자는 '있음'이라고 한다. 물론 음양이론가들은 이 기운이 음의 기운과 양의 기운으로 나뉘어지고, 음양의 조화 속에 만물이 만들어진다고 말한다. 노자도 어느 정도 이 이론을 수용한다.[115]

---

114) 짧고 작은 생각인 단견(短見)은 유클리드 기하학에, 길고 큰 생각인 장견(長見)은 비유클리드 기하학에 적용할 수 있다. '크게 곧은 것은 굽은 것 같다'는 45장의 말은 비유클리드 기하학에 가까운 것으로 보인다.

115) 도덕경에 '기(氣)'가 언급된 것은 10장, 42장, 55장이다. 특히 42장에는 음기와 양기가 언급되고 있다.

음양의 기운이 나오는 '있음'은 어디서 나온 것인가? 이 물음은 생성이 일어나는 근원은 어디인가 라는 물음인데, 노자는 '없음'이라고 말한다. 그래서 없음 → 있음의 방향이 된다. 그리고 음양의 기운들이 움직이면서 만물을 만들어낸다. 그래서 우주의 존재는 없음 → 있음 → 만물의 방향으로 진행된다. 도의 진행방향은 여기서 멈추지 않고 만물이 극에 이르면 없음으로 되돌아간다. 만물 → 없음이 되고, 또다시 없음 → 있음 → 만물이 되니 도는 원의 모양이 된다. 이것을 노자는 "천하 만물은 있음에서 생겼고, 있음은 없음에서 생겼다."고 하였고, "되돌아가는 것은 도의 움직임"이라고 하였다.

질 문

1. 우리의 현실적 삶에서 약한 것이 유용하게 쓰일 때가 있는가?

2. 도가 원의 모양이라면, 만물도 항상 동일한 것이 되돌아오는가?

41장

내 용

높은 선비는 도를 들으면 부지런히 실행하고, 보통의 선비는 도를 들으면 반신반의하고, 낮은 선비는 도를 들으면 크게 비웃을 것이니, 낮은 선비가 비웃지 않는 도는 도라 하기에 부족하다. 그런 까닭에 다음과 같은 격언이 있다.

밝은 도는 어두운 것 같고, 전진하는 도는 후퇴하는 것 같고, 평탄한 도는 울퉁불퉁한 것 같고, 산처럼 높은 덕은 골짜기처럼 낮은 것 같고, 가장 깨끗한 것은 더러운 것 같고, 넓은 덕은 좁은 것 같고, 건실한 덕은 빈약한 것 같고, 꾸밈없이 진실한 것은 변질되고 흐려지는 것 같다. 큰 네모는 모서리가 없고, 큰 그릇은 늦어 이루어지기 어렵고, 큰 소리는 들리지 않고, 큰 모양은 형태가 보이지 않는다. 도는 숨겨져 있어 이름이 없지만, 무릇 오직 도만이 잘 베풀고 또 잘 이룬다.

上士聞道勤而行之 中士聞道若存若亡 下士聞道大笑之 不笑不足以爲道 故建言有之 明道若昧 進道若退 夷道若纇 上德若谷 大白若辱 廣德若不足 建德若偸 質眞若渝 大方無隅 大器晩成 大音希聲 大象無形 道

隱無名 夫唯道善貸且成(상사문도근이행지 중사문도약존약망 하사문도대소지 불소부족이위도 고건언유지 명도약매 진도약퇴 이도약뢰 상덕약곡 대백약욕 광덕약부족 건덕약투 질진약투 대방무우 대기만성 대음희성 대상무형 도은무명 부유도선대차성)

도 표 1

도를 듣고 반응하는 세 종류의 선비[116)]			
선비의 단계	인식	논리	인간
낮은 선비	유지의 지 (有知의 知)	이분법(二分法)	얕은 지식인(知識人)
보통 선비	무지의 지 (無知의 知)	변증법(辨證法)	구도인(求道人), 학자(學者)
높은 선비	현묘의 지 (玄妙의 知)	무위법(無爲法)	성인(聖人), 현인(賢人)

116) 노자가 41장에서 말한 선비의 단계에 따른 인식, 논리, 인간으로 구분하여 각각에 해당하는 내용을 적은 것은 필자의 생각이다. 이론으로 만들기에는 아직 더 다듬어야 할 여지가 있지만, 41장을 이해하는 데 도움이 될 것 같아 제시한다.

도 표 2

<table>
<tr><td colspan="7">억지가 없는 무위법(無爲法)의 입장에서 41장 격언의 도식화</td></tr>
<tr><td>원인</td><td colspan="3">정(正)</td><td colspan="2">반(反)</td><td>결과</td></tr>
<tr><td rowspan="8">도는 숨겨져 있어 이름이 없음</td><td rowspan="8">양(陽) 좋게 보임</td><td>밝음(明)</td><td rowspan="8">약(若): ~와 같다 그대로 ~다</td><td>어두움(昧)</td><td rowspan="8">음(陰) 좋지 않게 보임</td><td rowspan="8">도는 잘 베풀고 이루도록 도와줌</td></tr>
<tr><td>나아감(進)</td><td>물러섬(退)</td></tr>
<tr><td>평탄함(夷)</td><td>굽음(纇)</td></tr>
<tr><td>높은 덕(上德)</td><td>낮음(谷)</td></tr>
<tr><td>크게 깨끗함(大白)</td><td>더러움(辱)</td></tr>
<tr><td>넉넉함(廣德)</td><td>부족함(不足)</td></tr>
<tr><td>튼튼한 덕(建德)</td><td>빈약함(偸)</td></tr>
<tr><td>질박함(質眞)</td><td>변덕스러움(渝)</td></tr>
<tr><td rowspan="4">경계가 없음</td><td rowspan="4">대(大)</td><td>큰 네모(大方)</td><td colspan="2">모서리가 안보임(無隅)</td><td rowspan="4">무(無)</td><td rowspan="4">인식되기 어려움</td></tr>
<tr><td>큰 그릇(大器)</td><td colspan="2">완성이 잘 안됨(晩成)</td></tr>
<tr><td>큰 소리(大音)</td><td colspan="2">잘 듣기지 않음(希聲)</td></tr>
<tr><td>큰 모양(大象)</td><td colspan="2">잘 보이지 않음(無形)</td></tr>
</table>

해 설

41장은 40장에서 언급한 도에 대해 좀 더 구체적으로 설명하고 있는 곳이다. 노자는 도를 들었을 때 도에 따라 실행하는 사람은 높은 선비이고, 보통의 선비는 반신반의하며, 낮은 선비는 크게 비웃는다고 말한다. 그리고 낮은 선비가 크게 비웃지 않으면 오히려 도가 아니라고 말한다.

그러면 낮은 선비는 왜 크게 비웃는가? 낮은 선비는 자기가 알고 있는 것을 진리라고 믿고, 그것을 기준으로 모든 것을 판단한다. 그 기준에 어긋나면 크게 비웃는 것이다. 이 사람은 이분법에 함몰되어 있는 얕은 지식인으로서 자기가 알고 있는 것이 진리가 아닐 수 있다는 점을 모른다.

자기가 무지하다는 사실을 아는(無知의 知) 자를 노자는 보통의 선비라고 한다. 그는 도를 들으면 반신반의한다. 왜냐하면 이분법을 넘어 변증법으로 진리를 찾는 방법이 있다는 것을 알기 때문이다. 변증법은 모순관계에 있는 두 대립항을 극복하면서 더 나은 진리를 찾아가는 인식방법이다. 그래서 그는 자기가 알고 있는 것이 잘못일 수 있다는 점을 알고 있는 구도자이고 학자이기 때문에, 망설이지만 사고가 궁극적인 세계에 이를 정도로 깊지 못해 도를 확신할 수는 없다.

이에 비해 도를 듣고 확신할 수 있는 사람이 높은 선비이다. 이 사람은 깊은 사고의 사람으로 궁극적인 현묘(玄妙)의 세계까지 통찰력으로 볼 수 있는 자이다. 그는 오감(五感)의 작동이나 이성적 추리를 통해서는 현묘한 세계에 도달할 수 없다는 것을 안다. 그는 오히려 오감의 작동이나 이성적 추리의 문을 닫아야 비로소 현묘한 세계에 도달할 수 있다는 것을 안다.

높은 선비는 오감의 작용이나 이성적 추리를 하는 행위가 참 진리인 현묘의 세계를 아는 데 방해가 되는, 인위적인 억지의 행위임을 안다. 그래서 그는 이런 행위를 막은 상태에서, '있는 그대로'의 세계 전체를 한꺼번에 직관 통찰하는 무위법(無爲法)을 쓰고 있다. 그는 무위법으로 도를 알기 때문에, 도를 들으면 감동을 하면서 실행에 옮긴다.

억지가 없는 무위법을 아는 사람은, 앞면과 뒷면이 원래부터 있는 것이 아니라 인간이 그렇게 정했기 때문에 있게 된, '억지가 있는 유위법(有爲法)'에 의한 인위적인 것에 불과하다는 것을 안다. 즉 그는 궁극적인 현묘의 세계는 그러한 구별을 하지 않는 '억지가 없는 무위법(無爲法)'에 의해 인식됨을 안다. 필자는 여기에서, 낮은 선비는 이분법, 보통의 선비는 변증법, 높은 선비는 무위법을 적용해서 분류하였고, 높은 선비가 본 관점을 도표로 정리해 보았다.

일반적으로 41장의 격언은 13개로 말한다. 그렇지만 필자는 13번째 격언이 전체를 아우르는 말로서 원인과 결과를 표현하는 말로 해석하여 격언에서 제외시켰다. 그리고 12개 격언 중에 앞의 8개는 '약(若 : ~같다, 그대로)'이라는 용어로 앞뒤 단어를 연결하고 있고, 나머지 4개는 '약'이라는 용어 없이 앞뒤 단어가 연결되어 있어, 둘을 구분하였다.

구분한 이유는, 앞의 약이라는 단어가 들어간 8개의 문장은 음양이론으로 해설하여 앞 글자는 양으로, 뒤의 글자는 음으로 대응시킬 수 있는 데 비해, 뒤의 4개 문장은 음양으로 대응시킬 수가 없기 때문이다. 그렇지만 12개 모두 정(正)과 반(反)으로는 구분할 수 있다.

그리고 필자가 세 종류의 선비를 구분할 때 사용한 방식인 무위법에 따라, 약을 '같다'는 의미 외에 '그대로'라는 의미로도 해석하였다.

즉 'A 약 B'일 경우, 인위적인 이분법과 변증법을 사용하지 않고 무위법에 따라 'A 그대로 B' 방식으로 해석이 가능하다. 이러한 방식으로 해석하면 격언 중 첫 번째 문장은 '밝은 도는 어두운 것 같다.'는 해석 외에 '밝은 도는 그대로 어둡다.'는 해석이 가능하다.

그리고 두 번째 문장은 '전진하는 도는 후퇴하는 것 같다.'는 해석 외에 '전진하는 도는 그대로 후퇴한다.'가 된다. 나머지 문장에서 평탄함과 굽음, 높음과 낮음, 깨끗함과 더러움, 넓음과 좁음, 튼튼함과 빈약함, 질박함과 변덕스러움 등은 반대말인데, 반대말은 그대로 동일하다는 의미로 해석이 가능하다.

이렇게 반대말을 그대로 동일한 것으로 해석하는 방식을 두고 크게 비웃지 않으면 어찌 지식인이라 할 수 있겠는가? 그런데 이때 크게 비웃는 지식인은 자신이 진리를 인식하는 기준을 이분법에 두고 있다는 사실을 모른다. 이분법은 사물을 구분하는 데 있어서 유용하게 쓰이는 인식방법이다. 그렇지만 이것은 현상을 인식하는 방식이지 실재를 인식하는 방식이 아니다.[117] 이것을 구분하지 못하는 얕은 지식인은 낮은 등급의 선비이며, 이들이 크게 비웃지 않으면 실재를 지칭하는 도라 할 수 없는 것이다.

'약'이 들어가지 않은 4개의 문장은 우리가 일상에서 접하는 작은 것들은 인식되지만 그 작은 것들도 크게 확장해서 극에 이르게 하면 거의 인식되지 않는다는 것을 말하고 있다. 따라서 큰 네모는 모서리가 없고, 큰 그릇은 늦어 이루어지기 어렵고,[118] 큰 소리는 들리지

---

117) 이것에 대해서는 화이트헤드가 『과정과 실재』*(Process and Reality)*와 『관념의 모험』*(Adventure of Idea)*에서 상세히 설명하고 있다.

118) '큰 그릇은 늦어 이루어지기 어렵다.'로 번역된 원문은 대기만성(大器晩成)이다.

않고, 큰 모양은 형태가 보이지 않는다는 4개의 문장에서 술어는 '거의 ~하지 않다'(rarely)는 의미로 해석하는 것이 무난하다. 그러면 이들이 왜 거의 인식되지 않는가? 극에 이른 큰 것들은 인간의 감각지각에 포착되지도 않고, 이성적 추리로도 유추가 되지 않기 때문이다.

우리들의 감각기관인 오감은 모두 한계를 지니고 있다. 눈에는 가시광선(可視光線)이 있고, 귀에도 가청주파수(可聽周波數) 등이 있다. 다른 감각기관도 마찬가지로 한계가 있다. 한계 안에 들어온 것만 인식되고 나머지는 인식되지 않는다. 이성적 추리도 한계가 있다.

공간 중에서 가장 크다고 생각되는 우주공간은 끝이 있는가? 끝이 있다면, 끝 다음의 공간은 무엇인가, 끝이 없다면, 끝이 없는 게 있을 수 있는가? 공간의 끝은 있다고 해도 문제고, 없다고 해도 문제다. 공간만 그런 것이 아니라 시간도 마찬가지다. 우주에 시작이 있다면 시작 전의 시간은 무엇인가. 끝이 있다면 끝 다음의 시간은 무엇인가? 서양근대철학의 대가(大家)인 칸트(I. Kant, 1724-1804)는 이 문제에 대해 『순수이성비판』에서 '이율배반(二律背反)'이기 때문에 이성적으로는 알 수 없다고 하였다.

41장 격언의 논리는 정(正)은 정(正)이고 반(反)은 반(反)인 이분법(二分法)으로는 알 수 없는 영역이다. 동양식의 용어인 음과 양으로 말하면, 양은 양이고 음은 음인 이분법이 아니다. 그리고 정(正)과

이 말은 '큰 그릇은 늦게 이루어진다.'는 말로 많이 알려져 있다. 이렇게 번역해도 무리는 없다. 그러나 이 말과 함께 언급된 4개의 문장을 보면 술어가 모두 부정(否定)으로 되어 있다. 그래서 문맥의 흐름에 맞추어 '늦게 이루어진다.'는 긍정적인 번역보다 '늦어 이루어지기 어렵다.'는 부정적인 번역을 선택했다.

반(反)이 지양(止揚)하여 합(合)에 이르는 변증법의 방식도 아니다. 즉 양과 음이 지양하여 양도 아니고 음도 아니면서 양과 음을 모두 포함하는 제3의 용어에 이르는 것도 아니다. 양이 그대로 음과 같다. 양 속에 음이 있고, 음 속에 양이 있다. 음과 양은 공간과 시간이 분리되어 있지 않다. 즉 음은 양으로, 양은 음으로 곧 바뀐다.119)

노자는 이것을 인위적인 인식법을 넘어 궁극적인 도를 인식한 무위법(無爲法)이라고 한다. 무위법으로 도를 파악한다고 해서, 도를 '아무것도 하지 않는 것'으로 해석해서는 안 된다. 왜냐하면 도는 모든 존재자로 하여금 존재하도록 끊임없이 베풀어서 그들이 자신을 이루도록 하는 창조의 역할을 하기 때문이다. "도는 숨겨져 있어 이름이 없지만, 무릇 오직 도만이 잘 베풀고 또 잘 이루게 한다."

도는 감각에 포착되지도 않고, 이성적 추리로도 포착되지 않으니 숨겨져 있다. 그리고 숨겨져 있는 것에 이름을 붙일 수 없다. 왜냐하면 이름을 붙이기 위해서는 숨겨져 있는 것과 숨겨져 있지 않은 것을 구분해야 하는데, 감성과 이성으로 그 경계선이 포착되지 않고 모호한 상태에 놓여 있기 때문이다. 이름을 붙이는 이유는 사물을 구분해

---

119) 이것을 역(易)이라고 한다. 음과 양을 표시할 때, 이분법을 나타내는 ◒이 아니라 ☯으로 나타낸다. ☯의 표시 속에 있는 점들은 양과 음 속에 각각 다른 기운이 들어 있다는 것이고, 중간에 있는 물결모양(~)은 역의 변화를 나타낸다. 이것을 태극표시라고 하는 이유는, 가장 큰 극인 태극(太極)에 이르면 이분법이 극복되어 양이 그대로 음이 되고 음이 그대로 양이 되는 우주의 본모습을 표시했기 때문이다. 이러한 태극의 원리를 국기에 포함하고 있는 우리나라는 현묘한 세계를 안을 수 있는 묘한 나라이다. 비록 지금은 어느 나라보다도 이분법으로 큰 고통을 받는 나라이지만, 이것이야말로 오히려 이분법이 얼마나 엉터리인가를 국민들로 하여금 뼈저리게 느끼게 해서, 이분법을 제대로 극복하는 무위법이 촉발될 것이라는 희망을 가져본다.

서 알아듣고 서로 소통하기 위해서이다.

따라서 경계가 불분명하면 소통에 오히려 방해가 되는 문제가 발생하니 이름을 붙이지 않는 것이 좋다. 이름 붙일 수 없는데도 불구하고 도는 만물을 생성하고 소멸시키는 등 모든 존재의 근원적인 작용을 남김없이 해낸다. 아니 이름 붙일 수 없을 만큼 크고 무한하니까 오히려 모든 존재에게 베풀어 그들이 자신을 이루도록 계속 도울 수 있다.

질 문

1. 반대되는 것을 같은 것으로 봐야 도를 알 수 있다면, 만물을 같은 것으로 보는 정도 차이에 따라 상급, 중급, 하급의 선비를 구분할 수 있는가?

2. 노자가 만물을 같은 것으로 보는 정도가 높은 성인이라면, 어찌 선비들을 같은 급으로 보지 않고 상급, 중급, 하급으로 구분하는가?

42장

내용

도는 하나[120]를 낳고, 하나는 둘을 낳고, 둘은 셋을 낳으며, 셋은 만물을 낳는다. 만물은 음을 짊어지고 양을 안고 있으며, 텅 빈 기운을 통하여 조화된다. 사람들이 싫어하는 것이 외롭게 되거나, 덕이 적거나, 복이 없는 것인데, 왕과 제후는 그런 것들로 자신을 일컫는다. 그러므로 그들은 만물이란 언제나 덜면 더해지고 더하면 덜게 됨을 안다.

남들이 가르치는 바를 나 역시 가르친다. 강한 들보처럼 세력(勢力)의 중심에 서는 자는 제 명에 죽지 못하니, 나는 이 말을 가르침의 근본으로 삼으려 한다.[121]

---

120) 적어야 얻어지고, 많아야 헷갈려 잃게 된다. 그런 까닭에 성인은 상반되는 것까지 껴안아서 하나로 보고 뭇 사람들이 싫어하는 낮은 곳에 스스로 임할 수 있는 관점을 세상살이의 표준으로 삼는다.(22장) 학문을 하면 나날이 일삼는 일이 늘어나고 도를 행하면 나날이 일삼는 일이 줄어든다. 나중에는 줄고 또 줄어 억지가 없음에 이르게 된다. 억지가 없음에 이르게 되면 하지 못함이 없다.(48장)

121) 『신완역 노자』, 김학주, 명문당, 1992. pp. 129-130, 참조. 42장 해설에서 김학주는, 하나는 음양이 두 기(氣)로 나누어지기 이전의 근본적인 기, 둘은 음양의 두 기, 셋은 음양의 두 기의 변화에 의하여 생겨나는 물질의 근원이 되는 기로

道生一 一生二 二生三 三生萬物 萬物負陰而抱陽 沖氣以爲和 人之所惡 唯孤寡不穀 而王公以爲稱 故物或損之而益 或益之而損 人之所教我亦教之 强梁者不得其死 吾將以爲教父(도생일 일생이 이생삼 삼생만물 만물부음이포양 충기이위화 인지소오 유고과불곡 이왕공이위칭 고물혹손지이익 혹익지이손 인지소교 아역교지 강양자부득기사 오장이위교부)

도 표

<table>
<tr><td>만물의 생성과정</td><td>해석</td><td colspan="3">가르침의 근본</td></tr>
<tr><td>도 → 하나</td><td>도 → 충기</td><td>내용</td><td>따른 결과</td><td>따르지 않은 결과</td></tr>
<tr><td>하나 → 둘</td><td>충기 → 음기+양기</td><td>만물의 손익 (반대로 향함)</td><td rowspan="3">왕과 제후는 자신을 외롭고 덕이 적고 복이 없다고 일컬음</td><td rowspan="3">강하고 중심에 있는 자는 제 명에 죽지 못함</td></tr>
<tr><td>둘 → 셋</td><td>음기+양기 → 충기+음기+양기</td><td>덜면 더해짐</td></tr>
<tr><td>셋 → 만물</td><td>충기+음기+양기 → 만물</td><td>더하면 덜게 됨</td></tr>
</table>

본다. 여기서 김학주의 해설을 든 이유는, 그가 두 기를 음양으로 보았기 때문이다. 김학주뿐만 아니라 많은 해설가들이 두 기를 음양으로 본다. 물론 하나, 둘, 셋에 해당하는 것이 각각 무엇인지에 대해서는 해설가들에 따라 다양하다. 왕필은 언어(名)와 관련하여 해석하고 있다. 하나는 없음, 둘은 없음과 없음으로 말해진 것, 이때 없음이라고 말해진 것은 이미 말해졌으니 있음이다. 셋은 처음의 없음과 없음과 있음으로 나누어진 둘을 합친 것으로 본다. 하상공은 천지인 삼재(三才)와 관련하여 해석하고 있다. 하나는 일기(一氣), 둘은 음기(陰氣, 濁氣, 땅)와 양기(陽氣, 淸氣, 하늘), 셋은 둘에 화기(和氣, 인간)를 더한다.

해 설

42장은 도에서 만물에 이르는 과정을 숫자 1, 2, 3으로 나타내고 있으며, 그 과정에서 우리들이 얻을 수 있는 교훈에 대해서 말하고 있다.

노자가 "도는 하나를 낳고, 하나는 둘을 낳고, 둘은 셋을 낳으며, 셋은 만물을 낳는다."고 하였다. 도가 만물을 낳을 때, 중간 단계인 숫자 1, 2, 3을 거쳐서 낳았다. 이때 숫자 1, 2, 3은 각각 무엇을 말하는지 살펴보자. 이때의 1, 2, 3에 대해서는 다양한 해석이 있지만, 필자는 다음과 같이 해석한다.

'1'은 텅 빈 기운(冲氣)이다. '2'는 음의 기운(陰氣)과 양의 기운(陽氣)이다. '3'은 텅 빈 기운, 음의 기운, 양의 기운이다. 이때 '텅 빈 기운'은 음의 기운과 양의 기운을 낳을 수 있으면서 또한 음의 기운과 양의 기운이 운행될 수 있는 조건으로서의 장(場)이며 토대가 된다. 이 세 가지 기운이 어울려 만물을 낳게 된다. 그래서 노자는 "셋은 만물을 낳는다. 만물은 음을 짊어지고 양을 안고 있으며, 텅 빈 기운을 통하여 조화된다."고 하였다.

이어서 노자는 이러한 원리를 실행한 왕과 제후의 행위를 예로 든다. "사람들이 싫어하는 것이 외롭게 되거나, 덕이 적거나, 복이 없는 것인데, 왕과 제후는 그런 것들로 자신을 일컫는다." 여기서 일반 사람들이 싫어하는 외롭고, 덕이 적고, 복이 없는 것은 모두 음에 해당한다. 그런데 가장 양이 강해서 강한 들보처럼 세력의 중심에 서 있는 왕이나 제후들은 자신을 음이라고 칭한다. 이것이 바로 음을 짊어지고 양을 안고 있으며, 텅 빈 기운을 통해 조화를 이루는 모습이다.

왕과 제후들은 만물의 생성원리를 아는 자들이다. 즉 이들은 양의 세계를 유지할 수 있는 방법이 음의 세계와 조화를 이루어야 함을 알고 있다. 만물은 항상 도에 의해 조정(調整)을 받기 때문에 우주는 넘치지 않고 존속된다. 이때의 조정은 덜면 더해지고 더하면 덜어내는 것이다. 그래서 노자는 "그러므로 만물이란 언제나 덜면 더해지고 더하면 덜게 됨을 안다."고 말한다. 이렇게 왕과 제후들이 만물의 생성원리를 알고 실행한다는 것은 세상에 이미 이것에 대한 가르침이 있었다는 말이다.

노자는 자신도 이러한 가르침을 따른다고 말한다. "남들이 가르치는 바를 나 역시 가르친다." 그런데 세상에는 이 가르침을 따르는 사람보다 따르지 않는 사람이 많다. 이들은 오로지 양의 기운만 키우려고 하고, 음의 기운을 배척하려고 한다. 외톨이로 외롭게 살아가는 것은 음이며, 많은 사람들로부터 스포트라이트를 받으면서 살아가는 것은 양이다. 덕이 적은 것은 음이고 덕이 많은 것은 양이다. 복이 적은 것은 음이며 복이 많은 것은 양이다. 양의 기운을 키운다는 것은 세상에 자신을 드러낸다는 것이다. 이것을 노자는 '감히 천하에 앞선다.'고 말하면서 경계(警戒)하였다.

이들은 자신을 드러내기 위해서 강해지려고만 하며 세력의 중심에 서려고만 한다. 이들은 이것을 소위 출세 성공이라고 하면서 인생의 목적으로 생각하고 의심 없이 매진한다. 그런데 노자는 이렇게 하면 제 명에 못 산다고 경고한다. "강한 들보처럼 세력의 중심에 서는 자는 제 명에 죽지 못한다." 이에 반해 '기꺼이 약하고 변두리에 설 수 있는 자'가 오히려 현명한 자라고 노자는 생각한다. 그래서 '감히 천하에 앞서지 않는다.'는 것을 자신의 보배라고 67장에서 말한다. 그리고 42장에서는 "나는 이 말을 가르침의 근본으로 삼으려 한다."는 말로 끝을 맺는다.

질 문

1. "만물이란 언제나 덜어버리면 더하여지게 되고, 더하면 덜어지게 되는 것이다." 이것을 손해 보는 쪽으로 결정하면 결과적으로 이익이 되고, 이익이 되는 쪽으로 결정하면 결과적으로 손해를 본다는 것으로 해석 가능한가? 해석 가능하다면 예를 들 수 있는가?

2. "강하고 세력의 중심에 서는 자는 제 명에 죽지 못한다."고 했는데, 세상에서 가장 강하고 세력의 중심에 서는 자가 왕이 아닌가. 그런 왕이 스스로를 외롭고(孤), 덕이 부족하고(寡), 복이 없다(不穀)라고 하면서 자신을 유약하고 세력의 변두리에 있는 것처럼 칭하는 것은 속임수가 아닌가?

3. 우리들이 출세 성공을 목표로 사는 것을 햇볕인 양만 보려고 하고 그늘인 음을 보지 않으려 한다는 것에 비유하고 있는데, 양과 음을 모두 보면서 살아가는 사람은 인생의 목표가 무엇인가?

43장

내 용

세상에서 지극히 부드러운 것이 지극히 단단한 속을 여기저기 부산하게 돌아다닐 수 있고, 부드러운 것은 단단함이 없기 때문에 틈이 없는 곳에도 들어갈 수 있다. 나는 이로써 부드러움을 추구하며 억지가 없는 행위가 유익하다는 것을 안다. 그래서 나는 억지가 없는 유익함을 억지가 없이 말없이 가르치지만, 세상에 그것을 이해하기에 이른 사람은 드물다.

天下之至柔 馳騁天下之至堅 無有入無間 吾是以知無爲之有益 不言之教 無爲之益 天下希及之(천하지지유 치빙천하지지견 무유입무간 오시이지무위지유익 불언지교 무위지익 천하희급지)

도 표

부드러움과 '억지가 없음'의 쓰임

부드러움이 단단함을 이김		억지가 없음이 이익임을 나는 알고 있음	
지극히 부드러운 것이 단단한 속을 돌아다님	부드러운 것은 틈이 없는 곳에도 들어감	그래서 나는 억지가 없음의 유익함을 말없이 가르침	그러나 세상에 그것을 이해하는 사람은 드묾

해 설

단단한 쇠를 절단하는 첨단 기술로 레이저 절단기가 있고, 산소 절단기가 있는데, 이것보다 더욱 잘 드는 것은 물칼 절단기이다. 물처럼 부드러운 것이 쇠처럼 단단한 것을 뚫어낸다.[122] 우리가 겨울에 문이나 창문을 모두 닫고도 생활할 수 있는 것은 틈이 없는 것 같은데도 산소가 외부로부터 들어오기 때문이다. 그리고 집 안에서 핸드폰을 사용할 수 있는 것은 파(波)들이 집의 안팎을 뚫고 들락거린다는 것을 의미한다. 이것은 파들이 진행할 때는 입자가 아닌 파동처럼 크기가 없어서 틈이 거의 없는 곳에도 들어갈 수 있기 때문이다. 이러한 파들은 물결처럼 부드럽다. 그래서 가지 못하는 곳이 거의 없다.[123]

---

122) "세상에 물만큼 부드럽고 약한 것은 없다. 그러나 단단하고 강한 것을 공격해서 이길 수 있으려면 물만한 것이 없다. 그 어떤 것도 물을 대신할 수 없기 때문이다. 약함이 강함을 이기고 부드러움이 단단함을 이긴다는 것을 세상에 모르는 사람이 없지만 실행할 줄 아는 사람도 없다."(78장)

123) 현대의 물리학에서는 빛의 이중성을 받아들인다. 여기서 이중성이란 빛이 단단한 입자의 성질과 유연한 파동의 성질 양쪽을 지니고 있음을 말한다. 고대로부터

어떤 사람이 말했다. “세상에서 가장 단단한 것은 다이아몬드가 아닌 고정 관념이다. 진보라고 하면 모두 종북이고 보수면 모두 수구꼴통이란 고정 관념이 서로간의 대화를 힘들고 아프게 하는 것 같다. 고정관념이 대화를 막고 경색국면을 만든다.” 고정된 생각은 단단하게 굳은 생각이다. 부드러운 유연한 생각을 할 수 있어야 대화가 가능하고 소통이 이루어진다. 수양을 많이 한 사람의 생각은 유연하다. 그래서 인격자는 부드럽다. 반대로 인격이 부족한 사람은 이분법의 좁은 생각을 벗어나지 못하여 단정적이고 단단하다.124)

노자는 단단한 것보다 유연한 것을 높이 평가한다. “사람이 살아

학자들은 이 양쪽 성질은 양립불가능하다고 생각했다. 그러나 현재까지 입증된 바에 의하면 빛은 진행할 때는 전자기파로서의 파동성을 나타내고, 물질과 상호작용할 때는 광량자로서의 입자성을 나타내는 이중성을 갖고 있으며 동시에 질량이자 에너지인 매우 특이한 자연의 존재임이 밝혀졌다.

124) 이분법은 아리스토텔레스 논리의 토대가 되고 있다. 이것은 결국 ‘A’와 ‘A아닌 것’이 모순관계에 있음을 나타낸다. 모순관계란 두 항이 동시에 참일 수 없는 관계이다. 즉 하나가 참이면 다른 것은 반드시 거짓이 되는 관계를 말한다. 이것을 양립불가능성이라고도 한다. A를 A라고 말하는 것은 A를 다른 것이 아닌 바로 그 A로 한정한다는 것이다. 그래서 말해진 A는 A의 한정형식이다. 이렇게 한정형식이 들어간 ‘A’는 ‘A가 아닌 것’과 모순관계가 된다. 이 모순관계 때문에 한정형식이 들어간 세계는 ‘A’와 ‘A 아닌 것’으로 이분된 세계가 된다. 그래서 우리는 어떤 것을 무엇이라고 이름 붙이면, 그렇게 이름 붙여진 것과 그것이 아닌 것으로 이분된다. 우리는 일상과 학문의 세계에서 한정형식을 동원해 이름 붙이지 않으면 다른 것과 구분이 되지 않기 때문에 그것을 알 수도 없고 의사소통이 되지 않는다. 이렇게 이름 붙임을 통해 사물을 구분하고 의사소통이 되기 때문에 이름 붙인 대로 사물이나 사실이 그대로 있는 것처럼 착각하게 된다. 화이트헤드는 이것을 ‘잘못 놓여진 구체성의 오류’라고 부른다. 노자는 불언지교(不言之教)를 제시하면서, 말을 하면 견고하게 굳어버려 이분법에 빠진다는 점을 경계하고 있다.

있으면 부드럽고 약하지만 죽고 나면 단단하고 강해진다. 만물과 초목도 살아있을 때는 부드럽고 약하지만 죽으면 시들고 마르면서 단단하고 강해진다. 그러므로 단단하고 강한 것은 죽음의 무리이고 부드럽고 약한 것은 삶의 무리다. 그런 까닭에 군대가 강하면 이기지 못하고 나무도 강하면 부러진다. 강대한 것은 아래에 있게 되고 유약한 것이 위에 있게 된다."(76장)

물질적으로나 정신적으로나 단단하면 주변과 양립하기가 어렵다. 자신의 위치에 다른 존재가 들어올 수 없기 때문이다. 유기체 철학을 창시한 화이트헤드는, 현실적 존재자는 자신의 위치에 다른 현실적 존재자가 들어올 수 있다고 주장한다.[125]

자신의 위치에 다른 존재가 들어올 수 있기 위해서는 자신 속에 빈 곳이 있어야 한다. 반대로 말해서 다른 존재가 위치한 곳에 들어갈 수 있기 위해서는 그 존재의 빈 곳에 들어갈 수 있을 정도로 지극히 작고 유연해야 한다. 거의 없음에 가까우면 못 가는 곳이 없다. 그런데 사람들은 있음에 가까워지고자 하고, 더욱 단단한 있음을 만들려고 노력한다. 단단한 있음을 만들면 만들수록 다른 존재가 침범할 수 없는 나의 위치가 확고해진다고 생각한다.

그러나 실제로는 그럴수록 소통이 막혀 자신이 고립되어 가는 줄도 모른다. 이것을 아는 성인은 그런 노력을 하지 않을 뿐만 아니라

---

125) 화이트헤드는 대부분의 철학이 자신의 위치에 다른 존재가 들어올 수 없다고 주장하는데, 그 이유는 단순정위의 오류(fallacy of simple location)를 범하기 때문이라고 말한다. 이때의 단순정위(單純定位)는 어떤 존재가 자리를 잡으면 그 자리에 다른 존재가 위치할 수 없음을 의미한다. 이에 비해 화이트헤드는, 정도 차이는 있지만 모든 현실적 존재자는 다른 모든 현실적 존재자에 들어갈 수 있다고 말한다.

반대의 일인 '억지가 없음'을 실행한다. 자신을 부드럽게 하고 드러내지 않으려 한다. 이렇게 함으로써 그는 세상의 모든 존재가 자신 속에 들어오고, 자신은 모든 존재에 자유롭게 들락날락할 수 있는 큰 이득을 얻는다는 사실을 안다.

그래서 그는 말없는 가르침을 행한다. 억지가 없는 행위가 이익이 된다는 것을 알고 실행하는 경지에 이른 사람이 세상에는 아주 드물다. 억지가 없는 행위를 하는 사람은 말로써 사람을 가르치기를 꺼린다. 왜냐하면 말을 하는 것 자체가 벌써 있음을 실행하는 것이기 때문이다. 있음은 단단해짐을 의미한다. 말은 문장을 통해 나타내고, 문장은 주어-술어의 구조[126]를 지닌다.

술어는 긍정이나 부정으로 끝맺기 때문에 어떤 사실에 대해서 딱 잘라 판단하거나 결정을 내리는 단정적인 말이다. 단정해 버리면 굳어진다.[127] 굳어지면 다른 존재를 받아들이지 못해 '억지가 없음의

---

126) 주어-술어 구조를 체계화시킨 사람은 아리스토텔레스이다. 그는 주어가 지니고 있는 속성(屬性) 중 일부를 술어로 나타내었을 때 참이며, 그렇지 못한 경우에 거짓이 된다는 점을 발견했다. 그리고 술어는 결국 긍정과 부정으로 끝맺는다고 말한다. 예를 들어 "이 책은 사각형이다."고 했을 때, 실제로 그 책이 사각형이면 참이고 그렇지 않으면 거짓이다. 즉 주어인 그 책이 지니고 있는 성질인 종이로 만듦, 글씨가 씌어 있음, 저자가 누구임, 출판사는 어디임, 사각형임 등의 여러 성질 중에 사각형이 있고, 그 사각형을 술어로 제시하면 참이다. 그리고 "이 책은 사각형이다."에서 '~이다'는 긍정으로 끝맺거나 '~이 아니다'는 부정으로 끝맺는다. 그 책이 지닌 성질 중 사각형이 있을 때 긍정하면 참이고, 부정하면 거짓이 된다. 만약 그 책이 지닌 성질 중 사각형이 없을 때 긍정하면 거짓이고, 부정하면 참이 된다.

127) 굳어짐은 구체화(concretization)되었다는 의미이며, 구체화되었다는 것은 어떤 형상을 띤 상태로 굳어졌다는 것이다. 시멘트와 모래를 섞고 물을 넣은 상태에서 어떤 틀 속에 두면 어느 정도 시간이 지나 그 틀의 형태를 띤 상태로 굳어져

이익'을 취할 수 없다. 물론 이때의 '억지가 없음의 이익'은 내가 모든 존재 속으로 들어갈 수 있고, 모든 존재를 내 속으로 받아들일 수 있는 경지이다.

소크라테스의 무지의 지, 석가의 언어도단, 노자의 불언지교는, 모두 언어의 한계 때문에 궁극적 실재인 도를 알기가 어렵다는 점을 나타낸 말이다. 그럼 우리는 언어를 통해서 사고할 수밖에 없는데 어떻게 해야 하는가? 우리들이 사고를 할 때 언어라는 도구가 필요해서 사용하긴 하지만, 그 한계를 알고 사용하는 것이 해결책이다.

여기서 언어의 한계는 두 가지가 겹쳐 있다. 하나는 영역과 관계되어 있다. 일상적인 사물은 언어가 지니고 있는 한정형식으로 한정시켜 이해하면 되지만, 궁극적 실재는 그렇게 할 수 없다는 한계이다. 다른 하나는 일상적인 사물이라 하더라도, 그것의 현상은 한정되어 한계가 있지만 그 현상을 품고 있는 실재는 한계가 없다는 것이다. 이러한 언어의 한계를 넘어야 부드러움의 극치를 이룰 수 있으며, 억지가 없음의 이익을 얻을 수 있다.

질 문

1. '억지가 없음'의 이익을 얻으려면 억지가 없어야 되는데, '억지가 없음'은 일상생활에서 구체적으로 어떻게 하는 것인가?

버린다. 굳어진 이것을 우리는 콘크리트라고 한다. 이렇게 콘크리트화(구체화)되면 그 자리에 다른 존재가 들어올 수 없다.

2. '억지가 없음'과 '부드러움'은 어떻게 연결되는가?

44장

내 용

명예와 몸 중 어느 것이 나와 더 가깝고 친한가? 몸과 재화 중 어느 것이 더 많아서 버려도 되는가? 명예와 재화를 얻는 것하고 몸을 망치는 것 중 어느 것이 더 병인가? 그런 까닭에 명예를 심하게 아끼면 반드시 큰 비용이 들고, 재화를 많이 쌓아두면 반드시 크게 잃는다. 만족할 줄 알면 욕됨을 면하게 되고, 그칠 줄 알면 위험하지 않고, 길게 오래간다.

名與身孰親 身與貨孰多 得與亡孰病 是故甚愛必大費 多藏必厚亡 知足不辱 知止不殆 可以長久(명여신숙친 신여화숙다 득여망숙병 시고심애필대비 다장필후망 지족불욕 지지불태 가이장구)

도 표

명예와 재화보다 몸을 소중히 여겨 만족하고 멈출 수 있으면 오래 잘 살 수 있음

<table>
<tr><td>주장</td><td>명예와 재화보다 몸이 더 소중함</td><td>만족과 멈춤을 알면 오래감</td></tr>
<tr><td rowspan="4">근거</td><td>명예는 멀고 몸은 나와 더 가까움</td><td rowspan="2">만족을 알면 욕됨을 피할 수 있음</td></tr>
<tr><td>재화는 많고 몸은 하나밖에 없음</td></tr>
<tr><td>명예를 아끼면 반드시 큰 비용이 듦</td><td rowspan="2">멈춤을 알면 위태로움을 피할 수 있음</td></tr>
<tr><td>재화를 많이 쌓아두면 반드시 몸을 망침</td></tr>
</table>

해 설

"돈을 잃으면 조금 잃는 것이요, 명예를 잃으면 많이 잃은 것이고, 건강을 잃으면 모든 것을 잃는 것이다."는 말이 있다. 노자도 44장에서 재화, 명예, 몸 등 세 가지 주제를 다룬다. 세 가지 중에서 재화와 명예는 같이 묶어서 하나로 볼 수 있고, 다른 하나는 몸이다. 노자의 주장은 물론 몸이 재화나 명예보다 더 중요하다는 것이며, 그 이유를 상세히 밝히고 있다.

몸을 소중히 해야 하는 이유는 결국 '자신의 삶을 오랫동안 온전하게 유지하기 위해서'이다. 노자는 12장에서 '배를 위하고 눈을 위하지 말라.'고 말한다. 이때의 '배를 위한다는 것'은 오직 의식주를 해결하면서 생존할 수 있는 몸을 위한다는 말이다. 이에 비해 '눈을 위한다는 것'은 남의 시선을 의식해서 남과 비교하여 자신이 우위에 서겠다는 말이다. 즉 남보다 잘나 보여야 한다는 것이다. 남보다 잘나 보이려면 남보다 재화가 더 많고 명예가 높아야 한다. 남의 시선을 의식해서 삶을 사는 사람들이 몸을 상하면서까지 재화와 명예를 얻기 위해

분투하기 때문에 제 명에 못사는 모습을 노자는 안타깝게 생각한다.

노자는 44장에서 왜 몸이 명예나 재화보다 더 소중한지를 밝히고 있다. 노자는 먼저 "명예와 몸 중 어느 것이 나와 더 가깝고 친한가?"라고 묻는다. 명예는 세상 사람들에게 인정받을 때 얻어지기 때문에, 내가 남에게 어떻게 보이는가의 문제이다. 결국 노자는 나의 몸과 남의 시선을 비교했을 때, 당연히 남의 시선보다 내 몸이 나와 더 가깝고 친하지 않느냐고 말한다.

그런데 우리들의 일상생활에서는 자신의 몸보다 남의 시선을 더 가깝고 친하게 여기는 경우가 많다. 그러면서도 그것이 자신의 명예욕 때문인 줄 모른다. 특히 한참 놀 나이의 어린아이들이 공부에 매달리면서 지친 몸을 이끌고 명예욕에 찌든 부모에게 맞추어 가는 모습을 보면 가슴이 아프다. 그리고 자기 자식을 남에게 뒤처지지 않도록 하기 위해 과외비를 마련하려고 불철주야(不撤晝夜)로 일하는 부모의 입장도 안타깝기는 마찬가지이다.

그리고 노자는 하나밖에 없는 몸을 수많은 재화들보다 소중히 여기지 않는 사람들에게 "몸과 재화 중 어느 것이 더 많아서 버려도 되는가?"라고 묻는다. 재화의 일차적 목표는 당연히 몸을 유지하는 것이다. 그 다음에 이차적 목표로 남보다 더 잘사는 모습을 보이는 것이다. 그런데 몸을 망쳐가면서까지 재화를 모으려고 하는 것은 본말전도이다. 이 점을 도외시하더라도 재화는 숫자가 많기 때문에 줄어들어도 어느 정도는 있지만, 몸은 하나밖에 없으니 줄어들 것이 없이 망한다. 따라서 하나밖에 없는 몸이 수많은 재화보다 월등히 소중하다고 노자는 말한다.

그런데 우리는 흔히 명예와 재화를 얻기 위해서 몸을 상하는 행위를 쉽게 한다. 그래서 노자는 이어서 "명예와 재화를 얻는 것하고 몸을 망치는 것 중 어느 것이 더 병인가?"라고 묻는다. 물론 아무리 명예와 재화를 얻는다 해도 몸을 망치면 무슨 소용이 있겠는가. 당연히 몸을 망치면서까지 명예와 재화를 추구하는 일은 어리석은 일이다.

어리석은 사람들은 자연의 모든 존재를 자신의 명예와 재화를 차지하려는 목적을 위한 수단으로서의 도구로 취급해버린다. 자신의 몸보다 명예와 재화를 더 소중하게 생각하는 병은 치료제가 없는 유행병보다 더 무섭게 퍼져 있다. 더 무서운 이유는 유행병은 병이라는 것을 알고 조심할 수는 있지만, 이 병은 병이라는 것을 모르고 있기 때문이다.

그래서 노자는 "명예를 심하게 아끼면 반드시 큰 비용이 들고, 재화를 많이 쌓아두면 반드시 크게 잃는다."고 하였다. 그리고 이것에 대한 해결책으로 자신의 몸이 건강하고, 의식주가 해결되어 생존하는 것으로 만족할 줄 알아야 한다고 말한다. 이 이상으로 명예와 재산을 늘리고자 하는 것은 자신이 남보다 잘났음을 억지로 드러내려는 쓸데없는 욕심임을 지적한 것이다.

노자는 이 욕심 때문에 결국은 자신의 몸을 망치는 욕된 상황에 처해짐을 경고하고 있다. 그래서 만족할 줄 알고 그칠 줄 알아야 욕됨을 면하고 위험해지지 않는다고 말한다. "만족할 줄 알면 욕됨을 면하게 되고, 그칠 줄 알면 위험하지 않고, 길게 오래간다." 그리고 길게 오랫동안 편안한 삶을 누릴 수 있다고 말한다.

그런데 자신의 몸이 건강하고 의식주가 해결되어 생존하는 선에서 만족하고 명예와 재산을 늘리는 일을 그치면, 욕됨을 면하고 위험해지지 않으며 길게 오랫동안 편안한 삶을 누릴 수 있다는 점은 인정할 수 있다. 그렇다고 해도 그것만으로는 뭔가 인생이 밋밋하지 않은가? 즉 길게 오랫동안 살면 뭐하느냐는 의문이 든다. 노자가 '길게 오래 간다.'고 말하는 근저에는 두 가지 의미가 포함되어 있다.

첫째는 개인적으로 가장 즐겁고 보람된 인생을 살면서 길게 오래 간다는 의미이다. 생존하는 선에서 만족하고 명예와 재산을 늘리는 일을 그치면, 자신의 삶은 일찍 안정이 된다. 그러면 나머지 인생은 다른 사람의 눈치 볼 것 없이 자신이 가장 하고 싶은 즐거운 일에 몰두하면 된다. 물론 이때 남을 괴롭히는 일은 안 된다. 왜냐하면 남을 괴롭히면 자신의 심성이 파괴되어 그 즐거움이 오래가지 못하기 때문이다. 자신이 하고 싶은 일을 통해 즐거움을 길게 오랫동안 지속하기 위해서는, 남에게도 도움이 되는 보람 있는 일을 할 수밖에 없다.

둘째는 개인뿐만 아니라 인류 나아가 만물과 함께 길게 오랫동안 잘 지낼 수 있다는 의미이다. 이것에 대해서는 이화여자대학교 에코과학부의 석좌교수인 최재천 통섭학자의 말로 대신할까 한다. 그는 『호모심비우스(Homo Symbious)』라는 책에서, 지혜가 있는 인간이라는 호모사피언스(Homo sapiens)와 다른 인종으로 마음과 소통을 강조하는 공생인(共生人) 호모심비우스를 소개하고 있다.

그는 호모사피언스는 머리가 좋은데 현명하지 못하다고 말한다.[128] 왜냐하면 호모사피언스는 그 좋은 머리로 지구를 지배하면서

---

128) 호모사피언스의 삶의 방식대로 살면 인류는 가장 빨리 망한다. 그리고 난 뒤에 많은 진화과정을 거쳐 공생인류인 호모심비우스가 나타났을 때 그들은 호모사피언스의 유적들을 보면서 가장 어리석은 인종이었다고 평가할 것이라고 최재천

타자인 다른 인간이나 자연의 존재들을 마음대로 하려고 해서 공멸해 가기 때문이라고 한다. 이에 비해 새로운 인간형인 호모심비우스는 인간의 공생뿐만 아니라 모든 자연의 존재들과도 공생한다고 말한다.

사람들이 각자 자신의 삶을 진정으로 즐겁게 살기 위해서, 그리고 인간을 포함한 모든 공동체들이 일찍 망하지 않기 위해서 노자의 생각이 필요한 것 같다. 노자의 생각을 받아들이면 우리들 모두가 명예와 재산을 늘려서 남보다 잘나 보이려고 하는 행위를 멈추고, 각자 자신의 몸을 더 소중히 해서 다함께 즐겁고 길게 오랫동안 살 수 있을 것이다.

질 문

1. 노자가 이 장에서 주장하는 길게 오래(長久) 사는 삶은 '가늘고 길게 사는 것보다 짧고 굵게 사는 것'이 좋다고 생각하는 사람들 입장에서는 받아들이기 어려운 삶이 아닌가?

2. 명예와 재화를 추구하면서도 건강을 잘 유지해서 길고 오랫동안 사는 사람도 있지 않은가?

교수는 말한다.

45장

내 용

크게 이룬 것은 결함이 있는 것 같은데, 그것을 사용해도 낡지 않는다. 크게 채운 것은 비어 있는 것 같은데, 그것을 사용해도 다함이 없다. 크게 곧은 것은 굽은 것 같고, 크게 뛰어난 기교는 서투른 것 같고, 크게 뛰어난 웅변은 말 더듬는 눌변처럼 들린다.

바쁘게 움직이면 추위를 이길 수 있고 고요히 있으면 더위를 이길 수 있듯이, 맑고 고요한 것은 더럽고 시끄러운 세상을 바로 잡는다.

大成若缺 其用不弊 大盈若沖 其用不窮 大直若屈 大巧若拙 大辯若訥 躁勝寒 靜勝熱 淸靜爲天下正(대성약결 기용불폐 대영약충 기용불궁 대직약굴 대교약졸 대변약눌 조승한 정승열 청정위천하정)

도 표

이분법의 극복	주어	술어	쓰임

<table>
<tr><td rowspan="5">크게 보면
양분된 것이
하나로 같음</td><td>크게 이룸은</td><td>결함 있는 것 같은데</td><td>낡지 않음</td></tr>
<tr><td>크게 채움은</td><td>비어 있는 것 같은데</td><td>다함이 없음</td></tr>
<tr><td>크게 곧음은</td><td>굽은 것 같은데</td><td>모남이 없음</td></tr>
<tr><td>크게 뛰어난 기교는</td><td>서투른 것 같은데</td><td>못함이 없음</td></tr>
<tr><td>크게 뛰어난 웅변은</td><td>말 더듬는 눌변
같은데</td><td>막힘이 없음</td></tr>
<tr><td rowspan="3">반대쪽을
택하면
어려움을
극복할 때
도움이 됨</td><td>움직이면</td><td>추위를 이길 수 있어</td><td>추위를 막음</td></tr>
<tr><td>고요히 있으면</td><td>더위를 이길 수 있어</td><td>더위를 막음</td></tr>
<tr><td>맑고 고요함은</td><td>더럽고 시끄러운
세상을 바로 잡아</td><td>전쟁을 막음</td></tr>
</table>

해 설

도덕경 중에서 45장은 이분법의 극복을 두 가지 면에서 가장 선명하게 보여주고 있다. 첫 번째 면은, 큰 관점에서 보았을 때 상반(相反)된 것이 둘이 아니라 하나로 같다는 것이다. 이것을 노자는 56장에서 '현묘한 같음'이라는 의미의 현동(玄同)이라고 했고, 필자는 이 책 마지막에 붙여놓은 '노자『도덕경』이해를 위한 이분법적 사고의 극복'이라는 글에서 현동론(玄同論)으로 소개하였다. 이것은 이론적 측면이다.

둘째는, 일상생활에서 실행 가능한 현동론의 사례를 보여주고 있다. 반대쪽을 택하면 어려움을 극복할 때 도움이 된다는 것이다. 보통의 이분법적 사고로는 부유하고 귀함(富貴)을 좋아하면 가난하고 천함(貧賤)을 싫어하듯이 상반되는 쪽을 배척하기 쉽다. 그러나 이분법적 사고를 극복하면 상반되는 것을 끌어안아서 자신에게 도움이 되는 쪽으로 만든다. 이것은 현동론을 생활철학에 적용한 측면이다.

먼저 현동론의 이론적 측면부터 살펴보자. 노자는 다섯 가지 반대의 개념들인, '이룸과 못 이룸, 채움과 빔, 곧음과 굽음, 솜씨 좋음과 서툼, 말 잘함과 말 못함'을 크게 보면 같다고 한다. 어떻게 이것이 가능한가? 우리는 일상에서 이분법에 사로잡혀 생활하고 있기 때문에 이것을 이해하기가 쉽지 않다. 예를 들어보자. 우리는 '앞면'의 반대는 '뒷면'이라고 알고 있다. 그래서 누가 앞면이 뒷면이라고 주장하면 틀린 주장이라고 말한다. 즉 앞면은 앞면이고 뒷면은 뒷면이지, 앞면이 곧 뒷면이라고 말하면 논리적으로 모순이 된다고 생각한다.

그런데 '뫼비우스의 띠(Meobius Strip)'[129]를 보면 앞면과 뒷면의 구분이 되지 않는다. 좁고 긴 직사각형 종이를 한 번 꼬아서 앞면의 끝을 뒷면의 끝에 이어 붙이면 뫼비우스 띠가 된다. 이 경우 앞면이 곧 뒷면이라고 주장할 수 있다. 뫼비우스 띠는 위상학[130]과 관련된다.[131] 위상학은 '같음'의 범위를 넓힌 학문이다. 위상학은 노자가 이

---

129) 좁고 긴 직사각형 종이를 한 번 꼬아서 양쪽 끝을 맞붙여 이루어지는 띠. 바깥면과 안쪽 면의 구별이 없는 것이 특징으로, 독일의 수학자인 뫼비우스(1790-1868)가 창안한 데서 이름이 붙여졌다.

130) 위상학은 비교적 최근에 발전하기 시작했다. 위상학은 물체를 변형시켰을 때 물체가 가지는 성질에 대해 연구하는 것이다. 이때의 변형이란 휘고, 잡아 늘리고, 내려 누르는 것을 말한다. 이러한 변형을 보여주는 좋은 예는 원을 변형시켜 삼각형을 만드는 것이다. 이 경우 삼각형과 원은 위상학적으로 동일하다고 말한다.

131) 뫼비우스의 띠(Möbius strip)는 위상수학적인 곡면으로, 경계가 하나밖에 없는 2차원 도형이다. 안과 밖의 구별이 없는 대표적인 도형으로서 비가향적

장에서 말한 것처럼 반대의 입장에서 있는 것도 '크게 보면 같다.'는 관점을 취한다.

예를 들어 우리는 삼각형과 원은 다르다고 말한다. 그렇지만 위상학적 관점에서는 같다. 이것은 변형을 고려한 사고방식이다. 강철로 된 삼각형을 원으로 변형시키기는 쉽지 않지만, 고무줄로 된 삼각형을 원으로 변형시키기는 쉽다. 이러한 삼각형은 원으로뿐만 아니라 사각형이나 오각형 등 여러 가지 형태로 쉽게 변형시킬 수 있다. 생각이 강철처럼 굳은 사람은 이분법에서 벗어나지 못하지만 고무줄처럼 유연한[132] 사람은 위상학적 사고를 쉽게 이해할 수 있다. 결국 위상학은 '같다'는 개념을 좁은 고정된 시각이 아니라 유연하고 큰 시각에서 본 것이다.

노자도 큰 이룸, 큰 채움, 큰 곧음, 큰 기교, 큰 웅변은 그 반대인 결함, 빔, 굽음, 서툼, 눌변과 같다고 말한다. 그런데 노자는 크게 이룬 것과 크게 채운 것은 그것을 사용해도 낡지 않고 다함이 없다고 했다. 이룸이 완성되면 다음에는 낡아질 일만 남은 것이 아닌가. 완전히 가득차면 더 이상 채울 수 있는 공간이 없지 않은가. 낡지 않으려면 결함이 있어 계속 완성을 향해 나아가야 하고, 다하지 않으려면 빈 곳이 있어 끊임없이 채워가야 한다.

그래서 세상에서 가장 큰 것은 우주이고, 우주는 결함이 있어 항상

(non-orientable)이다. 종이 끝을 테이프로 이어 붙여 만든 뫼비우스의 띠. 만약 개미가 뫼비우스의 띠를 따라 표면을 이동한다면 경계를 넘지 않고도 원래 위치의 반대면에 도달하게 된다.

132) 위상학적 관점은 사고의 유연함에서 나왔다고 볼 수 있고, 사고의 유연함은 변형 가능성을 인정함이다. 변형 가능성을 인정한다는 것은 변형 불가능성인 고정(固定)된 관점에서 벗어나 변형 가능한 과정(過程)적 관점을 지닌 것이다.

낡지 않고 새롭다. 이러한 우주에서 가장 큰 직선은 존재하는가? 존재한다면 직선은 무한히 뻗어가야 한다. 그리고 우주의 공간은 무한해야 한다. 그런데 상대성 이론에서는 휜 공간이 제시된다. 물리학에서 상대성 이론의 휜 공간이라는 말이 나오기 전까지 생각해 왔던 공간개념에는 몇 가지가 전제(前提)되어 있다.

첫째, 별들을 포함한 물체들은 생멸을 거듭하지만 공간은 우주와 더불어 항상 존재한다는 것이다. 둘째, 공간은 바둑판처럼 평행선을 유지하는 직선들의 집합으로 반듯하게 놓여있다(▦)는 것이다. 셋째, 어떤 물체들이 놓이더라도 그들을 품고 있는 공간은 영향을 받지 않는다는 것이다. 이것을 절대공간이라고 한다. 절대공간은, 공간을 차지하고 있는 물체로부터 영향을 받지 않고 항상 자신의 속성인 반듯한 상태를 유지하는 공간이다.

그런데 상대성 이론은 공간이 물체로부터 영향을 받아서 반듯한 상태를 유지하지 못하고 휜다는 것을 증명하였다. 그리고 물체의 중력이 크면 클수록 상대적으로 휘는 정도가 심해진다는 것도 밝혀냈다. 이렇게 물체의 중력에 영향을 받는 공간을 상대공간이라고 한다. 상대공간이 밝혀지면서 지금까지 인류가 생각해 왔던 공간의 개념에 변화가 일어났다. "크게 곧은 것은 굽은 것 같다."고 말한 노자는 오늘날 우리가 겨우 알아낸 공간개념을 이미 알고 있었다는 것인가.

노자의 생각을 따라가 보면, 그는 공간을 생각했을 뿐 아니라 모든 존재가 '크게 되면 어떨까?'에 대해 깊이 사색한 것 같다. 노자는 25장에서 '도는 크다.'고 했다. 그리고 '크다는 것은 간다는 것(大曰逝)'이고, '간다는 것은 멀다는 것(逝曰遠)'이고, '멀다는 것은 되돌린다는 것(遠曰反)'이라고 말했다. 노자가 크다는 것을 서·원·반으로 본 것은, 가장 크다고 할 수 있는 우주의 공간이 직선이 아니라 원이라는 것을 말하고 있다.

뿐만 아니라 그는 크다는 것의 의미를 깊이 사색한 결과, "크게 이룬 것은 결함이 있는 것 같은데, 그것을 사용해도 낡지 않는다. 크게 채운 것은 비어 있는 것 같은데, 그것을 사용해도 다함이 없다. 크게 곧은 것은 굽은 것 같고, 크게 뛰어난 기교는 서투른 것 같고, 크게 뛰어난 웅변은 말 더듬는 눌변처럼 들린다."라고 말하게 된다. 이것은 크게 보면 반대쪽까지 모두 포함하는 전체가 보인다는 것으로 현동론[133]의 이론적 측면을 말한 것이다.

그리고 이제는 현동론을 생활철학에 적용한 측면을 살펴보자. 추위를 극복하기 위해서는 움직여서 열을 내야 한다. 반대로 더위를 극복하기 위해서는 움직이지 않고 열을 식혀야 한다. 추위와 더위는 반대이다. 추위와 더위는 이분법으로 보면 양립불가능이다. 그런데 노자의 현동론적 관점으로 보면 함께 공존한다. 특히 추위를 극복하려고 움직여 열을 내면서 더위와 공존시킨다. 반대로 더위를 극복하려고 움직이지 않아 열을 식히면서 추위와 공존시킨다.

노자는 45장의 마지막에 맑고 고요함은 천하를 바르게 한다고 했다. 이 말은 45장의 결론에 해당하는 구절일 것이다. 그렇다면 앞뒤 문맥으로 보았을 때, 천하를 바르게 하는 것은 추위와 더위 등의 이야기와 어떤 관계에 있는가? 고요함이 들어가는 것으로 보아 열을 식히는 것과 관계가 있을 것 같다.

노자가 살던 당시는 춘추시대로 전쟁 중이다. 당연히 천하가 바르

133) '현동론'에 대해서는 이 책 마지막에 제시한 '노자 『도덕경』 이해를 위한 이분법적 사고의 극복'에 상세히 적혀 있으니 참고하기 바람.

게 되면 전쟁이라는 불이 꺼지게 되면서 열을 식힐 수 있다. 노자가 고요함만 말한 것이 아니고 '맑고 고요함'이라고 한 것은, 전쟁이 탁함에서 나오며 탁함을 정화시켜 맑게 해갈 수 있음도 나타낸 것이다. 물론 이때도 반대되는 다른 것을 완전히 없앤다는 이분법적 관점을 넘은 현동론(玄同論)의 관점을 사회현상에 적용한 것이다.

질 문

1. 대부분의 학문이나 생활에서 이분법을 사용하는데, 이분법이 잘못이라면 모두가 잘못이라는 말인가?

2. 이분법을 극복하면 과연 투쟁이나 전쟁을 막을 수 있는가?

46장

내 용

세상에 도가 있으면 잘 달리는 말이 똥거름을 날라 농사짓기 때문에 군마(軍馬)이기를 그친다. 세상에 도가 없으면 성 밖에서 군마로 살게 된다.

불행은 만족을 모르는 것보다 큰 것은 없고, 허물은 득 보려고 욕심내는 것보다 더 큰 것은 없다. 그러므로 만족할 만한 조건이 되어서가 아니라 만족할 줄 알아서 만족해야 항상 만족할 수 있다.134)

天下有道 卻走馬以糞 天下無道 戎馬生於郊 禍莫大於不知足 咎莫大於欲得 故知足之足 常足矣(천하유도 각주마이분 천하무도 융마생어교 화막대어부지족 구막대어욕득 고지족지족 상족의)

---

134) 백서본은 왕필본과 뒷부분에 조금 차이가 있다. 백서본에는 다음과 같이 되어 있다. '죄는 가히 욕심보다 큰 것은 없다. 불행은 만족을 모르는 것보다 큰 것은 없다. 허물은 득을 보고자 하는 마음보다 앞선 것은 없다. 만족할 줄 아는 만족이어야 항상 만족이다(罪莫大於可欲 禍莫大於不知足 咎莫憯於欲得 知足之足恒足矣).' 그리고 죽간본에는 다음과 같이 뒷부분밖에 없다. '죄는 욕심이 심한 것보다 두터운 것이 없다. 허물은 득을 보고자 하는 마음보다 앞선 것은 없다. 만족할 줄 알아서 만족하는 이것이야말로 항상 만족이다(罪莫厚乎甚欲 咎莫憯於欲得 禍莫大於不知足 知足之爲足此常足矣).'

도 표

도가 있으면 진정한 만족에 이르러 항상 만족함					
도의 유무와 말(馬)의 쓰임		불행과 허물의 원인		도의 유무와 만족	
도가 있음	도가 없음	불행의 원인	허물의 원인	도 없는 일시적 만족	도 있는 항상의 만족
잘 달리는 말이 똥을 나름	성 밖에서 군마로 활동함	만족을 모름이 가장 큼	욕심을 내는 것이 가장 큼	조건이 되어 만족함	만족할 줄 알아 무조건 만족함

해 설

노자는 46장에서 먼저 도가 있으면 다투던 일도 멈추게 되고, 도가 없으면 조그마한 일에도 다투게 된다는 점을 군마(軍馬)의 예를 들어 지적하고 있다. 평상시는 말이 농사짓는 일에 쓰이는데 전쟁이 일어나면 군마로 쓰이게 된다. 반대로 전쟁 시에 군마로 쓰이는 말이 평화가 지속되면 똥거름을 나르는 농사일에 쓰이게 된다. 전쟁이 있어나면 어찌 말만 군마로 쓰이겠는가. 전쟁이 한창일 때는 집 안에 있는 놋쇠그릇까지 모두 동원되기도 한다. 사람들은 군인이나 군수품 만드는 노동자로 끌려가기도 한다. 이렇게 전시체제가 되면 사람이나 물건이나 동원명령이 내려지게 된다.

전쟁까지 가지 않더라도 일상에서 다투기만 해도 생산적인 일에 쓰인 에너지가 파괴적인 일에 쓰이게 된다. 사물뿐만 아니라 시간이나 정신이 그쪽으로 쏠리게 된다. 게다가 그 다툼에서 지면 스트레스까지 받게 된다. 이겨도 순간의 쾌감은 있을지 모르지만 패자의 아픔이 느껴져 마음은 불편하다.135) 우리는 지금 경쟁심에 몰두하며 이기기 위해서 전 에너지를 쏟아 붓는 자본주의 시대에 살고 있다. 자본주의 사회는 결국 무한경쟁을 요구한다. 그래서 자본주의가 발달한 나라가 행복지수가 높지 않고, 자본주의의 발달속도가 늦은 방글라데시가 행복지수가 높다.

그런데 우리는 왜 경쟁심이 더욱 커지고 다툼이 많은 사회로 나아갔을까? 노자는 46장의 뒷부분에서 그 원인을 밝히고 있다. 만족을

---

135) 다툼에서 이겼을 때 기쁨이 있는 경우는 크게 두 가지가 있다. 하나는 다툼에서 이겼기 때문에 나에게 명예나 재산을 얻은 경우이다. 이럴 때는 다툼에서 진 상대는 명예나 재산을 잃는 슬픔을 안게 된다. 결국은 상대의 슬픔을 먹이(?)로 나의 배를 채우는 것이다. 어찌 마음이 불편하지 않겠는가. 마음이 불편하지 않기 위해서는 선의의 경쟁을 해야 한다. 즉 상대와 함께 성장해 가자는 마음을 가지는 것이다. 이때는 다툼에서 진 사람이 이긴 사람을 진정으로 축하해줄 수 있고 이긴 사람은 진 사람에게 당신 덕분이라고 감사할 수 있다. 이 감사의 마음을 가진 사람은 바둑시합의 경우처럼 이겨도 상대를 배려해서 기쁨을 드러내지 않고 덤덤함을 유지한다.

다른 하나는 상대를 미워해서 다투는 경우이다. 미움이 생긴 이유는 여러 가지가 있겠지만 대별하면 상대가 나의 명예나 재산을 가로챘거나 갑의 위치에서 잘난 체하며 나를 무시했을 때이다. 그래서 그 미운 상대와 다투게 되고, 그 다툼에서 이기게 되면 '원수를 갚았고 속이 시원하다.'는 생각이 들 수는 있다. 그러나 이때 다툼에서 진 상대는 나에게 원한을 갖게 되며 원한을 갚을 기회를 노리게 된다. '한 사람의 원수는 백 명의 친구도 막을 수 없다.'는 말이 있다. 내 주위에 나를 망하게 하기 위해 노리고 있는 자가 있다는 것은 불편을 넘어 불안하게 한다.

모르고 계속해서 더욱 많은 것을 얻고자 하기 때문이다. 이때의 '더욱 많은 것'에 해당하는 것은 지위, 명성, 재산, 권력 등이다. 사람들은 이것들을 더 많이 획득하면 자신을 보다 높이 보이는 데 도움이 된다고 생각한다. 이 생각은 비교우위를 차지하고자 하는 마음에서 비롯된다.

우리가 절대적 빈곤을 해결하는 선에서 만족할 수 없는 이유는 상대적 빈곤 때문이다. 상대적 빈곤은 남들과 비교해서 아래에 있는 것을 견딜 수 없다는 느낌이다. 그래서 비교우위를 차지하려니 남과 경쟁하게 되고 다투게 된다. 유산문제로 다투는 형제자매들은 유산이 아예 없는 자식들보다 좋은 조건에 있지만, 그들 간의 비교우위를 차지하지 못한 상대적 빈곤 때문에 다툰다. 이런 상대적 빈곤을 없애고 절대적 빈곤을 벗어나는 것에 만족하면 항상 만족할 수 있다는 것이 노자의 생각이다.

항상 만족하는 것은 남과 관계없이 스스로 만족할 때 가능하다는 것이다. 만약에 남과 비교해서 어느 정도 얻었을 때 만족하려고 하면 상대에게 매이게 된다. 그러면 가끔은 만족할 수 있어도 지속적으로 만족하기는 어렵다. 남과 비교하지 않고 스스로 만족하는 것을 노자는 만족을 아는 만족(知足之足)이라고 한다. 그리고 만족을 아는 만족일 때 항상 만족(常足矣)할 수 있다고 한다.

결국 노자는 다투는 마음이 비교우위를 차지하기 위해 명예와 이익 등을 더 얻고자 하는 욕심 때문에 일어난다고 했다. 그리고 이 마음을 없애기 위해서는 '만족을 아는 만족'이 필요하다고 했다. 이 만족은 남과의 비교를 해서 '이 정도면 되었다.'고 느끼는 만족이 아니라, 남과의 비교 없이 최소한의 생존으로도 충분히 만족하는 것이다. 이 만족일 때 비로소 항상 만족에 머물 수 있다는 점을 노자는 46장에서 밝히고 있다.

질 문

1. 최소한의 생존으로 만족한다면 그것은 거지의 삶이 아닌가? 즉 생존 경쟁에서 낙오자가 되는 것이 아닌가?

2. 노자가 말한 삶을 대부분의 사람이 실천하면 문명의 발전은 없지 않은가?

47장

내 용

문밖에 나가지 않고도 세상의 이치를 알 수 있고, 창밖을 내다보지 않고도 자연의 이치를 볼 수 있다. 그 이치들을 알기 위해 멀리 나가면 아는 것이 더욱 적어진다. 그러므로 성인은 가지 않고도 알고, 보지 않고도 무엇인지 알 수 있으니, 인위적인 공부를 하지 않아야 오히려 도의 경지를 이룰 수 있다.

不出戶知天下 不闚牖見天道 其出彌遠 其知彌少 是以聖人不行而知 不見而名 不爲而成(불출호지천하 불규유견천도 기출미원 기지미소 시이성인불행이지 불견이명 불위이성)

도 표 1

원근 / 인식	도와 가까워지는 곳	도와 멀어지는 곳

도를 인식하는 방향	자신 안으로 향해 전체를 봄	자신 밖으로 향해 부분을 봄
도를 인식하는 도구와 방법	깊은 통찰과 억지가 없는 행위	개별지식과 억지가 있는 행위
도를 인식한 결과	조용함	분주함

도 표 2

<table>
<tr><td>대상</td><td colspan="3">도에 도달할 수 있는 이치</td></tr>
<tr><td rowspan="2">어떤 대상을 아는가?</td><td colspan="3">문밖에 나가지 않고도 세상의 이치를 앎</td></tr>
<tr><td colspan="3">창밖을 보지 않고도 자연의 이치를 앎</td></tr>
<tr><td rowspan="2">대상을 어떻게 공부하지 않고 분명하게 아는가?</td><td>가지 않고도 분명히 앎</td><td rowspan="2">공부를 하지 않아야 도를 이룸</td><td rowspan="2">외면 공부를 통해 부분밖에 볼 수 없는 데 비해, 내면 통찰을 통해 전체를 볼 수 있기 때문</td></tr>
<tr><td>보지 않고도 분명히 앎</td></tr>
</table>

해 설

47장은 도에 도달하는 방법을 나타내고 있으며, 죽간본에 나타나지 않는다. 이것은 후대의 존재론자가 인식론까지 다듬어서 삽입한 것으로 보인다.[136] 이때에 다듬어진 인식론에는 인연생기론의 불교

이론과 음양학설을 포함하는 주역이론 등을 수용한 존재론이 바탕에 놓여 있다.137)

47장에서 우리가 일상생활에서 유념해야 할 곳 중 하나는 "멀리 나가면 나갈수록 아는 것이 적어진다."는 구절이다. 이 구절을 지금의 쉬운 언어로 말했을 때, '공부하면 할수록 진리에서 멀어진다.'는 말138)로 표현할 수 있다. 공부를 하면 할수록 진리에 다가가는 것이 아니라 멀어진다는 말은 쉽게 납득이 되지 않는다. 그 이유는 다음과 같다.

공부를 많이 한 사람들은 자신이 전공한 분야의 이치에 밝고, 그 밝은 눈으로 세상에 힘을 얻어 경쟁에서 승리하고 사회적으로 성공한다. 그렇다면 이들은 세상의 이치에 밝다고 할 수 있다. 이들은 전공 공부를 통해서 우주의 이치에 밝고, 그것을 생활에 응용하는 과정

---

136) 성인들의 경전들은 대부분 초기에는 직제자들의 기록에 의거하고, 후대로 가면서 논리에 뛰어난 걸출한 인물이 나타나 존재론적, 인식론적, 가치론적 체계를 갖추게 된다. 반대로 말하면 존재론적 체계를 갖추게 되었기 때문에 성인의 경전으로 숭앙받게 되었다고 할 수 있다. 도덕경도 마찬가지다.

137) 불교의 인연생기설(연기설)에서는 모든 존재가 따로 떨어져서는 존재할 수 없고 모두 존재론적으로 연결되어 있다. 주역의 음양이론도 이분법이 극복되고 음 속에 양이 있으며 양 속에 음이 있어서 존재론적으로 공존이 가능하다. 인간의 내면과 외면이 존재론적으로 연결되어 있기 때문에 내면만 제대로 볼 수 있으면 외면을 보기 위해 멀리 가지 않아도 우주와 인간세상을 알 수 있다.

138) 지혜가 생겨나니 큰 거짓이 있게 된다.(18장) 성스러움을 끊고 지혜로움을 버리면 백성들의 이익은 백배로 늘어날 것이다.(19장) 늘리기 위한 배움이 아니라 줄이기 위한 배움을 추구한다.(64장) 옛날에 도를 잘 터득한 사람은 백성들이 총명해지도록 두지 않고 오히려 우매해지도록 한다. 백성들을 다스리기 어려운 것은 그들에게 지혜가 많기 때문이다.(65장) 깊은 원리를 아는 사람은 박식함을 자랑하지 않고 박식함을 자랑하는 사람은 깊은 원리를 모른다.(81장)

에서 세상의 이치에도 밝다. 물론 이들의 공부가 우주와 세상의 부분에 대한 것이기는 하지만, 공부를 많이 하지 않은 사람에 비해 이치에 밝은 것은 부정할 수 없다. 그런데도 노자는 공부를 많이 하여 지혜로워지면 도와 멀어진다고 하였다.

이것은 자신의 지식이 부분적인데도 전체를 아는 것으로 착각해서 그릇된 판단을 하기 때문이다. 속담에 '선무당이 사람 잡는다.'는 말이 있다. 어설픈 지식이 오히려 일을 그릇되게 하는 경우가 여기에 해당한다. 그물에는 강(綱)과 망(網)이 있다. 강은 그물의 중심이 되며 뼈대를 이루는 굵은 줄이다. 그래서 사물의 근본이라고도 한다. 망은 촘촘히 엮어져 있는 가는 줄이다. 고기를 잡을 때 망을 당겨서는 안 되고 강을 당겨야 한다. 도를 닦은 사람은 강을 당기는 데 비해 공부를 많이 했지만 어리석은 사람은 망을 당긴다고 볼 수 있다.

그물을 다룰 때 망을 당기는 사람이 자신은 다른 사람보다 많은 망을 알고 있기 때문에 잘났다고 여기면 더욱 안타깝다. 많이 알고 있는 것을 자랑하는 사람은 심리적으로 문제가 있는 사람이다. 이 사람은 머리가 나쁘다고 업신여겨진 경험이 있거나 자신의 못남에 대한 자격지심이 있는 사람이다. 진정으로 진리를 추구하는 사람은 자신이 얼마나 모르는 것이 많은지에 대해 절감하게 되며 겸허하게 망이 아니라 강을 잡기 위해 노력한다.[139)]

우리가 유념해야 하는 것 중 또 하나는 인위적인 노력을 하는 방향

139) 불교에서는 불교 지식을 남보다 더 많이 안다고 뻐기는 성문(聲聞)의 사람을 보고 '볶은 씨앗에서 싹이 돋을지라도 성불(成佛)할 수 없다.'든지, '부지깽이에서 싹이 돋을지라도 성불할 수 없다.'는 말이 있다. 공부를 한 것이 오히려 성불하는 데 방해가 된다는 말이다.

으로 움직이지 않으면서 진리에 다가갈 수 있다는 것이다. 어떻게 이것이 가능한가? 첫째는 인간의 내면을 제대로 볼 수 있으면 사회 환경인 인간 세상(天下)이나 자연 환경인 우주 운행(天道)을 볼 수 있는데, 이것은 인간과 인간을 둘러싼 환경이 존재론적으로 연결되어 있기 때문이다.

이것은 마치 인간의 몸에 있는 수많은 세포들이 인간의 몸 전체의 정보를 모두 공유하고 있어서 임의의 한 세포 안에 있는 정보를 알면 몸 전체의 정보를 아는 것과 같다. 어차피 우리의 과학기술 능력으로는 인간의 바깥세상 모두를 알 수 없다. 인간의 바깥세상 모두를 알 수 없고 부분밖에 모른다면 강(綱)을 모르고 부분적인 망(網)만 알게 된다.

인간 내면을 들여다보기 위해서 바깥을 향해 움직일 필요가 없다. 인간 내면의 근원을 보기 위해서는 깊은 명상이 필요한데, 인간 외면을 향한 지식과 그 지식의 축적 방식은 깊은 명상을 방해한다. 그래서 멀리 나가면 나갈수록 아는 것이 줄어든다고 한다. 물론 이때 외면을 향한 지식과 추적 방식을 '있는 그대로' 볼 수 있다면 방해를 피할 수 있다.

여기서 '있는 그대로 본다는 것'은 이때 형성된 지식이 부분적이며 외면적 지식이라고 알며, 추적 방식도 외면을 추적하는 방식으로 한정되어 있음을 아는 것이다. 도가사상에서는 인간 내면을 보기 위해 명상하는 것을 '도를 닦는다.'고 하며, 인간 내면 전체를 통찰할 수 있을 때 '도통했다'고 한다.

질 문

1. 도가에서는 인간 내면만 향하고 외면은 무시하는가?

2. 도가에서 도통하면 어떤 유용성이 있는가?

48장

내 용

학문을 하면 나날이 일삼는 일이 늘어나고 도를 행하면 나날이 일삼는 일이 줄어든다. 나중에는 줄고 또 줄어 억지가 없음에 이르게 된다. 억지가 없음에 이르게 되면 하지 못함이 없다. 천하를 취함에 있어 항상 일삼는 일을 하지 않기 때문에 가능하다. 일삼는 일을 하기에 이르면 그것 때문에 세상을 취하기에 부족하다.

爲學日益 爲道日損 損之又損 以至於無爲 無爲而無不爲 取天下常以無事 及其有事 不足以取天下(위학일익 위도일손 손지우손 이지어무위 무위이무불위 취천하상이무사 급기유사 부족이취천하)

도 표

천하에 앞서려고 학문을 하지만, 도에 위배되어 오히려 천하를 취할 수 없음		
학문과 도	학문을 하면	도를 하면

천하에 앞서려고 일삼는 일	일삼는 일이 늘어남	일삼는 일이 줄어듦
억지가 있음과 억지가 없음에 따른 하지 못하는 일	억지가 있음인 인위적 행위가 늘어나 하지 못하는 일이 많아짐	인위적 행위가 없는 억지가 없음에 이르려 하지 못함이 없어짐
천하를 취함	이루기에 부족함	이룰 수 있음

해 설

통행본 48장은 죽간본에는 앞부분만 나오고 백서본에는 조금 다른 문장으로 전부 나온다.140) 그러나 골격에는 세 가지에 큰 차이가 없다. 이 장은 앞의 47장의 연장이라고 해도 된다. 정확히 말하면 죽간본에 없는 47장은 죽간본에 있는 48장을 후대의 학자가 좀 더 체계적으로 다듬어 놓은 것으로 보인다.

47장의 "멀리 나가면 아는 것이 더욱 적어진다."는 말은 48장의 "학문을 하면 나날이 일삼는 일이 늘어나고 도를 행하면 나날이 일삼는 일이 줄어진다."는 말을 설명하기 위해서 삽입한 것으로 보인다.

---

140) 죽간본 : 학문을 하면 나날이 늘어나고 도를 행하면 나날이 줄어진다. 줄고 또 줄어 억지가 없음에 이르게 된다. 억지가 없음에 이르게 되면 하지 못함이 없다.

백서본 : 학문을 하는 자는 나날이 늘어나고, 도를 묻는 자는 나날이 줄어진다. 줄고 또 줄어 억지가 없음에 이르게 된다. 억지가 없음에 이르게 되면 이루지 못함이 없다. 천하를 취함에 있어 항상 일삼는 일을 하지 않기 때문에 가능하다. 그러한 일을 하기에 이르면 그것 때문에 세상을 취하기에 부족하다.

그리고 47장의 "인위적인 공부를 하지 않아야 오히려 도의 경지를 이룰 수 있다."는 말은 48장의 "천하를 취함에 있어 항상 일삼는 일을 하지 않기 때문에 가능하다."는 말을 확대해석한 것으로 보인다. 즉 "억지가 없음에 이르게 되면 하지 못함이 없다."는 것으로 풀이된다.

어떤 면에서는 47장처럼 해석해야 48장의 원 뜻을 잘 밝힐 수 있는 것으로 보인다. 48장의 마지막 문장처럼 천하를 다스리는 일에만 그쳐서는 노자의 글이 '군주론'이나 '정치이론'으로 축소될 가능성이 많아진다. 이것을 존재일반으로 확대해야만 '존재론'이 성립되면서 모든 학문에 적용이 가능하다. 지금까지 노자 도덕경 중에서 가장 오랜 것으로 알려져 있는 죽간본만 살펴보면 존재론이 약한 것은 사실이다. 후대에 집필된 것으로 보이는 백서본, 통행본, 현행본으로 가면서 존재론이 강화되기 때문에, 죽간본만 노자의 글로 보는 학자들 중에는 노자에게 존재론이 없다고 하면서 노자는 정치이론과 처세술만 말하고 있다고 주장하는 사람들도 있다.

학문을 하면 우선 지식이 늘어난다. 그런데 그 늘어난 지식으로 무엇을 하고자 하는가? 대다수 사람들은 권력, 재산, 지위, 명예 등을 더 늘리고자 한다. 그렇게 하려면 자신이 아는 지식으로 시험을 치거나, 자신을 인정할 갑(甲)의 위치에 있는 사람에게 잘 보여야 한다. 시험공부를 하는 것이나, 잘 보이기 위해서 노력하는 일이나 모두 자신의 출세라는 목적을 위해서이다. 이러한 목적을 달성하기 위해서 노력하는 것을 '일삼아 한다.'고 하고 줄여서 '일삼다'고 한다. '일삼다'는 말의 의미는 '일로 생각하여 한다.'거나 '좋지 아니한 일 따위를 계속하여 한다.'는 것이다.

유치원 다니기 전의 애들은 세상에 대해 호기심이 많다. 그 호기심이 충족될 때마다 기쁨에 넘친다. 그래서 귀찮을 정도로 어른들에게 질문을 한다. 그런데 유치원의 강제적인 주입식 교육이 시작되면서 애들은 공부가 힘든 일임을 안다. 이때부터 공부를 일삼아 하게 된다. 그래서 현재의 대부분의 사람들은 공부를 즐거워서 하는 것이 아니라 일삼아 한다. 그리고 취직 전에 취직을 하기 위해 노력하는 것과 취직 후에 직업생활을 하는 것도 대부분 일삼아 한다.

학문의 호기심을 없애버리는 강제적인 주입식 교육은 노자의 용어로 말하면 '인위적인 교육'이 된다. 인위적인 교육에 의해 축적된 지식이 많으면 많을수록 이것을 축적하는 데 든 비용인 노력과 경비에 대한 대가를 받으려고 한다. 즉 이때의 지식은 자신의 인위적인 목적인 출세를 추구하는 밑천으로 간주된다.

따라서 이것에 대한 대가가 주어지지 않으면 '내가 어떻게 고생하면서 지식을 축적해 왔는데'라면서 성을 낸다. 그리고 그 대가를 받기 위해 사회제도를 바꾸거나 힘 있는 사람에게 붙어서 자신의 지식을 수단과 방법을 가리지 않고 서슴지 않고 활용하기도 한다. 이렇게 되면 도와 멀어지는 것은 당연하다.

노자는 일삼아 하는 사람은 천하를 취하기에 부족하다고 한다. 왜 그런가? 이 사람은 천하를 취하는 것이 목적이 아니다. 천하를 지속적으로 취하여 자신의 권력, 재산, 지위, 명예 등을 계속해서 지니는 것이 목적이다. 이것이 목적인 사람은 이것에 전념하게 되고[141] 이것보다 더 큰 일은 없다. 나머지는 이것을 위한 수단에 불과하다. 즉 이 사람에게는 학문을 해서 지식을 늘리는 것, 사람을 만나는 것, 제도를 만드는 것 등도 모두 자신의 출세를 위한 수단으로서 '일삼아

141) '전념하다'는 말은 한자어 사(事)의 의미이기도 하다.

한다.' 이렇게 하면 본말이 전도되어 가치전도현상이 일어난다.[142]

수단으로서 일삼아 하는 것은 억지로 하는 부분이 있기 때문에 자연스럽지 못하고 인위적이다. 자연스럽지 못하고 인위적이면 자연스럽게 하는 것에 비해 부족할 수밖에 없다. 오른 손잡이가 왼손을 쓰면 부자연스럽다. 손에 이상이 생겨 발로 손이 하는 일을 하게 되면 부자연스럽게 억지로 하게 된다. 물론 엄청난 노력을 하면 발을 손같이 쓸 수는 있다. 그러나 손이 하는 것만큼 하기에는 부족하다.

노자는 자신이 가장 잘하는 것으로 자연스럽게 하라고 말한다. '노력하는 자는 즐기는 자를 이기지 못한다.'고 한다. 즐기는 자는 자신이 하는 일을 다른 목적을 위한 수단으로 여기지 않는다. 일하는 자체가 목적이다. 따라서 일삼는 일이 없다. 일삼는 일이 없기 때문에 천하를 취할 수 있다.

옛날에는 왕이 되어야 천하를 취할 수 있었다. 그러나 지금은 천하가 여러 가지로 분리되어 있다. 정경분리로 정치와 경제가 분리되어 있고, 권력도 삼권분립이나 사권분립이 되어 있으며, 사회 문화 등도 다양하게 분리되어 있다. 예를 들어 천하장사라든지 트로트계의 황제 등 각 분야마다 일인자들은 그 분야의 왕이니 황제 등으로 불린다.

각 분야의 황제에 이른 사람들을 살펴보면 일삼아 억지로 한 사람보다 그것 자체를 목적으로 거기에 빠져서 즐긴 사람들이 많다. 만약에 일삼아 했던 사람이 최고의 자리에 올랐다면 그 대가를 요구하기 때문에 갑질을 하는 등 문제가 발생해서 오래가지 못한다.

---

142) 칸트가 『실천이성비판』에서 "모든 사람을 대할 때 수단으로 대하지 말고 목적으로 대하라."고 한 것은 '모든 사람을 인격으로 대하라.'는 말이며, 사람을 수단으로 대하는 것은 윤리적으로 문제가 있다는 점을 지적한 것이다.

그런데 우리들은 학교에서 일률적으로 정해진 계획표에 따라 자신이 원하지도 않는 공부를 해야 하기 때문에 공부를 일삼아 하게 된다. 공부를 출세를 위한 수단으로 여기기 때문에 하기 싫은 일을 억지로 한다. 공부뿐만 아니라 직장생활도 마찬가지다. 일상생활에서 그 자체가 목적인 것은 노는 것 이외에는 거의 없다. 노는 것을 재창조(recreation)를 위한 휴식으로 생각한다면 이것까지도 억지로 일삼아 하는 게 된다. 우리는 노예처럼 일이라는 족쇄에 묶여 지내고 있는지도 모른다.

우리들이 의식주가 해결되어 생존하는 것으로 만족하고 학문을 출세 성공을 위한 수단으로 사용하지 않는다면, 학문하는 일은 얼마나 즐거운 일인가.143) 학문 이외에도 자신이 관심이 깊거나 취미가 있어서 하고 싶은 일을 한다면, 그 자체가 목적이기 때문에 즐거운 일임에 틀림없다. 즐겁게 배우고 즐겁게 일한다면 그것에서 이미 대가를 받았으니 일삼아 하는 사람처럼 또 다른 대가를 요구할 필요가 없다.

일삼아 학문을 하면 지식과 함께 족쇄도 커지면서 일삼는 일이 늘어난다. 이에 비해 도를 실행하면 그 족쇄를 나날이 벗게 되어 인위적으로 일삼는 일이 줄게 된다. 계속 도를 실행하면 결국에는 인위적인 족쇄가 없는 억지가 없음에 이르러 일삼는 일이 없게 된다. 그러면 즐겁게 하고 싶은 일에만 매진하게 되니 결과적으로는 그 분야에서 황제가 된다. 물론 이때 황제가 되는 것이 목적도 아니다. 만약에 즐겁게 그 자체를 목적으로 일하지 않고 '일삼아 하는' 것이 된다면 아직 그 분야에서 황제가 되기에 부족하다.

143) 공자는 '배우고 때때로 익히면 또한 기쁘지 아니한가.'라고 했다.

질 문

1. 노자가 말한 억지가 없는 삶이란 생존하는 것으로 만족하고, 나머지는 관심 있는 일이나 취미생활을 하면서 인생을 즐겁게 살라는 말인가? 그렇다면 무능력자가 되지 않는가?

2. 억지가 없는 삶을 산다고 하더라도 살기 위한 최소한의 족쇄는 있지 않은가?

49장

내 용

성인은 선과 악의 기준이나 믿음과 불신의 기준을 정해 놓은 항상의 마음이 없어서 백성들의 마음을 자신의 마음으로 삼는다. 선한 백성을 선하게 대하고 선하지 않는 백성도 역시 선하게 대한다. 도를 실천하는 덕이 선을 확대시킨다는 것을 알기 때문이다. 믿음이 있는 백성을 믿음으로 대하고 믿음이 없는 백성도 믿음으로 대한다. 그렇게 하는 덕이 믿음을 확대시킨다는 것을 알기 때문이다.

성인은 세상 안에 있으면서도 세상을 위한다는 생각을 거두고 그 마음을 흐리게 둔다. 백성들은 성인이 놓아둔 흐릿한 것에 눈과 귀를 모아 주시한다. 그렇게 함으로써 성인은 백성들을 모두 어린아이처럼 순박하게 만든다.

聖人無常心 以百姓心爲心 善者吾善之 不善者吾亦善之 德善 信者吾信之 不信者吾亦信之 德信 聖人在天下 歙歙爲天下渾其心 百姓皆注其耳目 聖人皆孩之(성인무상심 이백성심위심 선자오선지 불선자오역신지 덕신 신자오신지 불신자오역신지 덕신 성인재천하 흡흡위천하혼기심 백성개주기이목 성인개해지)

도 표

성인은 백성들을 모두 어린아이처럼 순박하게 만듬		
성인	세상	세상 안에 있으면서도 세상을 위한다는 생각이 없음
	백성	백성들로 하여금 흐릿함에 눈과 귀를 모아 주시하게 함
어린 아이	순박함	선과 악, 믿음과 불신의 기준을 정한 항상의 마음이 없음
	흐릿함	선과 악, 믿음과 불신의 기준이 없어서 불분명함
성인이 백성을 대함	선함과 악함	선한 백성을 선하게 대하고 선하지 않는 백성도 역시 선하게 대함
	이유	덕이 선을 확대시킨다는 것을 알기 때문
	믿음	믿음 있는 백성을 믿음으로 대하고 믿음 없는 백성도 믿음으로 대함
	이유	덕이 믿음을 확대시킨다는 것을 알기 때문

해 설

49장을 해석하는 데 있어서 빅토르 위고 작품인 『레 미제라블』이 떠오른다. 개과천선(改過遷善)하기 전의 주인공인 장발장을 백성으로, 그를 변화시킨 미리엘 주교를 성인이라고 가정하면 큰 줄기는 맞아 들어간다. 장발장은 은접시를 훔쳤지만 미리엘 주교는 은촛대까지 준다. "나에게 선하지 않게 대하는 자도 역시 선하게 대한다."는 구절과 맞아 들어간다.

주교는 장발장을 어린아이와 같이 여겼다. 대다수 사람들은 선과 악을 분별하여 선하게 사는 사람을 선하게 대하고 악하게 사는 사람에게는 악하게 대해야 한다고 여긴다. 이에 비해 성인은 그 구분을 흐리게 하면서 모두 선하게 대한다. 장발장은 잠자리와 음식을 베푼 주교의 은혜를 배신했다. 주교는 장발장의 모습을 보고 믿지 못할 사람임을 알았을 것이다. 그래도 장발장을 믿었다.

은접시를 훔치고 경찰에 붙잡혔을 때, 장발장은 주교에게 선물 받은 것이라고 거짓말을 했다. 경찰이 확인하기 위해 장발장을 데리고 수도원에 왔을 때, 주교는 은촛대까지 줬는데 왜 그것은 가지고 가지 않았냐고 하면서 오히려 은촛대까지 준다. 49장의 "믿음으로 대하지 않는 자도 나는 믿음으로 대한다."는 말을 주교는 실천하고 있다. 그래서 자신을 착한 어린이로 믿고 있는 주교에게 감화된 장발장은 어린아이처럼 착하게 변한다.

자베르 경감은 자신이 주님의 뜻을 따라 정의를 실천하고 있다고 생각한다. 그래서 악한 죄는 벌로 다스려야 한다고 믿는다. 그래서 이미 선하게 바뀐 장발장을 끝까지 추적해서 감옥에 넣는다. 이것은 악은 악으로 대하고, 불신(不信)은 불신으로 대하는 자세이다. 그러면서 이것이 진정한 정의이며 선이라고 그는 믿고 있다. 일반 백성들의 생각도 이와 같다.

"백성들은 천하의 일에 눈과 귀를 쏟아서 주시한다." 선과 악, 믿음과 불신을 이분법으로 분명히 해서 그것에 대한 응징을 하면, 악이 선으로 불신이 믿음으로 바뀐다고 자베르 경감은 믿고 있다. 그러나 미리엘 주교와 노자는 그렇게 생각하지 않는다. 악도 선으로 대하고 불신도 믿음으로 대해야 악이 선으로 불신이 믿음으로 변한다고 생각한다.

이들은 왜 그렇게 생각할까? 처음부터 악과 선, 불신과 믿음을 이분법으로 생각하지 않았기 때문이다. 주교가 신봉하는 크리스트교는 악을 선의 결핍으로 본다.[144] 선이 우세하고 악이 열악한 것이다. 악에 물든 경우를, 어린아이 시절의 장발장이 배가 고파서 빵을 훔칠 수밖에 없었던 사정을 이해해서, 즉 백성의 마음을 자신의 마음으로 삼아서 악을 선으로 덮었던 것이다.

노자는 2장에서 선함과 악함, 아름다움과 추함은 상대적이라고 했다.[145] 세상 사람들은 선함과 악함, 아름다움과 추함 등에 있어서 절대적인 기준이 있는 것처럼 생각하는데 그렇지 않다는 것이다. 49장의 첫 구절인 "성인은 항상의 마음이 없다."에서 '항상의 마음'을 2장과 연계하여 해석하면, 항상 동일하게 적용할 절대적인 기준이 없다는 의미이다.

49장에서는 선함과 믿음에 적용하였기 때문에 선함과 믿음에 '동일하게 적용해야 할 규범이 없다.'는 의미이다. 이러한 의미를 담고 있기 때문에 백서본에는 "성인은 항상 무심하다."고 적혀 있다.[146]

---

144) 악을 선의 결핍으로 보는 것은 아우구스티누스가 고대 그리스철학, 특히 신플라톤주의를 받아들여 구축한 신학이론이다.

145) 세상 사람들은 자신들이 좋아하는 인위적인 아름다움을 아름다움으로 알고 있다. 그러나 그 아름다움은 이미 자신들이 싫어하는 추함이 전제(前提)되어 있다. 세상 사람들은 자신들에게 좋은 행위인 인위적인 선함을 선함으로 알고 있다. 그러나 그 선함은 이미 자신들에게 좋지 못한 행위인 악함이 전제되어 있다.

146) 칸트는 『실천이성비판』에서 '~을 해야 한다'거나 '~을 해서는 안 된다'는 등의 동일하게 적용해야 할 규범이 있다는 '규범윤리'는 잘못이라고 말했다. 그래서 관습에 의한 도덕규범이나 종교규범 등을 인정하지 않았다.

내가 세상의 일을 잘 해보려고 마음먹었을 때, 그 일에 도움이 되는 사람과 방해가 되는 사람이 있게 된다. 그리고 내가 하는 일이 세상을 위한 일이라고 믿는 사람이 있고 믿지 못하는 사람이 있게 된다. 내가 하는 일에 도움이 되거나 믿고 따르는 사람은 좋은 선한 사람이고 방해가 되거나 믿지 않는 사람들은 나쁜 악한 사람이라고 우리들은 생각하기 쉽다.

그러나 노자는 그러한 절대 기준[147]을 요구하는 원천을 성인은 만들지 않는다고 말한다. 이 말은 자신이 천하를 위한다는 생각을 거두어서 모호하게 둔다는 것이다. 성인은 선함과 악함을 구분하는 절대적인 기준이 없다는 것을 알기 때문에 백성들을 선한 사람과 악한 사람으로 나누지 않는다. 성인의 눈으로 보았을 때 백성들은 모두 행복하게 살아야 할 어린아이와 같다. 잘못된 것은 그러한 환경에서 자랐던 것뿐이다.[148] 그래서 백성들 모두를 선함으로 대하고 믿음으로 대한다.

질 문

1. 착하지 않은 자를 선함이나 믿음으로 대했을 때 크게 낭패를 당할 수 있지 않는가?

---

147) 예를 들면 정치적 이데올로기가 포함된다.

148) 화이트헤드는 모든 존재는 환경의 산물이며, 선함(善)은 시의적절(時宜適切)한 것이라고 했다.

2. 백성들을 어린아이로 본다면 성인은 자신을 어른으로 여기는가? 그렇다면 만심이 아닌가?

50장

내 용

근원에서 나오면 살고 근원으로 들어가면 죽는다. 삶으로 가는 사람들이 열 명 중에 세 명이 있고 죽음으로 가는 사람이 열 명 중에 세 명이 된다. 살 수 있는 사람인데 공연히 죽을 곳으로 가는 사람 역시 열 명 중에 세 명이 된다. 그것은 무슨 까닭인가? 그것은 살려고 하는 마음이 너무 두텁기 때문이다.

대체로 보고 듣건대, 섭생을 잘하는 사람은 육지에서는 코뿔소나 호랑이를 만나지 않고, 군대에 들어가서는 적병에게 피해를 입지 않는다고 한다. 그런 사람은 코뿔소가 그 뿔로 받을 곳이 없고, 호랑이가 그 발톱으로 할퀼 곳이 없고, 적병이 그 무기를 쓸 때 허용할 곳이 없다. 그것은 무슨 까닭인가? 그에게는 뿔, 발톱, 무기들에 의해 죽을 곳이 없기 때문이다.

出生入死 生之徒十有三 死之徒十有三 人之生動之死地亦十有三 夫何故 以其生生之厚 蓋聞善攝生者 陸行不遇兕虎 入軍不被甲兵 兕無所投其角 虎無所措其爪 兵無所容其刃 夫何故 以其無死地(출생입사 생지도십유삼 사지도십유삼 인지생동지사지역십유삼 부하고 이기

생생지후 개문선섭생자 육행불우시호 입군불피갑병 시무소투기각 호무소조기조 병무소용기인 부하고 이기무사지)

도 표

<table>
<tr><td colspan="6">살려고 하는 마음이 두터우면 공연히 죽을 곳으로 가게 됨</td></tr>
<tr><td colspan="3">근원과의 관계로서 삶과 죽음</td><td colspan="3">섭생을 잘하는 사람</td></tr>
<tr><td>근원과 삶</td><td>근원과 죽음</td><td>살 수 있는데 죽음으로 감</td><td rowspan="2">코뿔소의 뿔에 받힐 곳이 없음</td><td rowspan="2">호랑이의 발톱에 할퀼 곳이 없음</td><td rowspan="2">적병의 무기를 허용할 곳이 없음</td></tr>
<tr><td>근원에서 나옴</td><td>근원으로 들어감</td><td>삶의 마음이 너무 두터움</td></tr>
<tr><td>3명/10명</td><td>3명/10명</td><td>3명/10명</td><td colspan="3">죽을 곳이 없기 때문</td></tr>
</table>

해 설

50장의 주제는 죽을 곳(死地)이다. 노자의 사상에서 죽음 자체는 크게 문제되지 않는다. 왜냐하면 죽음은 삶과 마찬가지로 근원에로의 출입(出入)에 불과하기 때문이다. 근원에서 나오(出)면 삶이고, 근원으로 들어가(入)면 죽음이다. 그래서 우리는 사람이 태어나면 '삶으로 나왔다'는 뜻인 '출생(出生)'을 했다고 하면서 출생신고를 한다. 그러나 대부분 사람들이 죽음을 싫어하기 때문에, 사람이 죽으면 '입사(入死)'했다는 말을 직접 사용하지는 않고 '돌아가셨다'는 말을 사용한다. 즉 왔던 곳으로 돌아갔다는 뜻으로 입사와 동일한 의미이면서 죽음이라는 단어를 피한 것이다.

삶과 죽음이 근원에로의 출입에 불과하다면 삶의 길에 있는 사람도 있고 죽음의 길에 있는 사람도 있을 것이다. 즉 근원에서 나와 한창 삶의 방향인 오르막으로 올라가는 사람이 있고, 어느 정도 삶이 끝나면서 근원으로 들어가는 죽음의 방향인 내리막으로 내려가는 사람도 있다. 이들이 각각 3/10이거나 1/3 정도씩 있다는 것이다. 이 사람들은 자연스러운 현상이기 때문에 문제가 되지 않는다. 노자가 문제 삼는 것은 삶의 방향으로 갈 수 있는 사람이 인위적인 무리를 해서 죽음의 방향으로 바꾼 사람도 3/10이거나 1/3 정도씩 있다는 것이다.

이들은 아직 충분히 더 살 수 있는데 스스로 죽을 곳을 향해서 달려가고 있으면서도 본인이 모르고 있어 노자는 안타깝게 생각한다. 이에 비해 도를 따라 행하는 덕의 생활로 섭생(攝生)을 하는 사람은 죽을 곳을 알아 피할 수 있다는 것이다. 이러한 사람은 죽을 곳(死地)을 피할 수 있기 때문에 코뿔소, 호랑이, 무기 등을 만나지 않고 설혹 만날 상황에 놓여 있더라도 피해를 입지 않는다.

노자의 도덕경이 서술될 때가 춘추전국시대이다. 전쟁으로 수많은 사람들이 하루아침에 죽임을 당하는 시대였다. 언제 자신에게 죽음이 닥칠지 몰라서 불안에 떨고 있는 사람들에게 섭생을 잘하면 제 명대로 살 수 있다는 말만 들어도 큰 위안이 될 수 있었을 것이다. 평지에는 적군들이 포진하고 있어 불안하고, 그것을 피해 산속으로 숨으면 짐승들에게 습격을 당하고 있는 당시 사람들의 쫓기는 모습이 그려진다. 50장을 도덕경에 삽입한 사람이 누구인지는 모르겠지만[149] 당시 상황에서 노자의 마음을 제대로 읽고 기술한 것 같다.

우리가 이 장을 읽으면서 삶에 어떤 변화를 일으킬 수 있는가?

첫째는 죽을 곳을 향해 가는 무리한 삶이 어떤 것인가에 대해서 생각해보아야 한다. 물론 이것에 대해 이 장에서 세부적으로는 언급되지 않았다. 다만 살려고 하는 마음이 두텁기 때문이라는 큰 줄기를 언급하고 있다. 그 예로 들 수 있는 고사성어(故事成語)는, 옛날에 욕심이 많은 농부가 벼를 심어 놓고 빨리 자라게 하려고 위로 조금씩 뽑아 올려놓았더니 벼가 모두 말라 죽었다는 '알묘조장(揠苗助長)'을 들 수 있다.

이것 이외에도 잘 살려고 욕심을 내다보면 무리를 하게 되어 건강을 잃는 경우도 많다. 심지어 사업을 확장하거나 권력을 차지하는 과정에 경쟁자들이나 주변 사람들에게 원한을 사게 되어 피살되는 경우도 있다. 피살까지는 되지 않는다 하더라도 상당한 스트레스를 받아 제 명에 못사는 경우가 허다하다.

둘째는 섭생을 잘하기 위해서는 어떻게 해야 하는가에 대해 생각해보아야 한다. 출세 성공을 위해 무리하지 않고 소박한 즐거움에 만족하는 삶을 사는 것이다. 이는 삶의 질(質)을 높이는 데 가치를 두는 삶의 태도이다. 남들에게 '있어 보이는' 삶의 양(量)인 권력, 지위, 재산, 명예 등을 키우기 위해 노력하기보다는, 자신의 삶의 질인 취미, 보람, 의미, 만족도 등을 높이기 위해 노력하는 것이다.

자신의 삶의 질을 높이는 데는 남과의 경쟁이 없이도 가능하다. 공부를 통해 사고의 틀을 키운다든지, 예술을 통해 감성을 풍부하게

---

149) 50장은 죽간본에는 없고 백서본에 있다.

만들어 가는 등 내면의 힘을 길러서 즐거움을 증대시키는 것 등에는 경쟁이 필요없다. 그리고 원한을 살 필요가 없고 무리할 필요도 없다. 그래서 삶의 질을 추구하는 나라의 수명이 늘어나고 있는 것인지 모르겠다.

셋째는 섭생을 잘하면 과연 죽을 곳에 가지 않게 되겠는가에 대해 생각해보아야 한다. 사회생활에서 경쟁을 줄이고 삶에서 무리를 하지 않기 때문에 죽을 곳에 갈 확률을 줄일 수는 있을 것이다. 그러나 코뿔소, 호랑이, 적병이 섭생을 잘하는 사람을 알아보고 "아! 저 사람은 섭생을 잘 하니까 혹은 도를 열심히 닦은 사람이니까 건드리면 안 된다."고 하면서 비켜주지는 않을 것 같다.

그러면 하늘이 도와서 그런 장면을 모면시켜 주는 것인가? 만약에 이런 방식으로 생각한다면 이것은 도가(道家)사상이 아니라 도교(道敎)사상이 된다. 즉 이것은 어떻게 살아야 하는가에 대한 삶의 태도를 논하는 것이 아니라 어떤 신비한 힘을 믿는 종교의 영역이 된다. 사실상 이 장은 양생술[150]을 포함한 도교가 탄생하게 된 배경이 되기도 했을 것이다.

질 문

1. 도가(道家)를 이해하면 죽음 문제를 극복할 수 있는가? 있다면 어떤 생

150) 병에 걸리지 않고 건강하게 오래 살기 위하여 건강관리를 잘하는 기술. 이때의 기술은 도를 따라 행하는 덕의 생활을 하는 것이다.

각을 해야 하는가?

2. 도가를 넘어 도교로 가면 안 되는가?

51장

내 용

도는 만물을 낳고, 덕은 만물을 기르고, 물체는 만물에 형태를 부여하고, 기세는 만물을 완성시킨다. 그런 까닭에 만물은 도를 존경하지 않을 수 없고 덕을 귀하게 여기지 않을 수 없다. 도가 존경받을 수 있고 덕이 귀하게 여겨질 수 있는 것은, '낳고 기름'을 명령하는 방식으로 하지 않고 만물이 항상 스스로 그렇게 한 것으로 느끼게 하기 때문이다.

그러므로 도가 만물을 낳고 덕이 만물을 기른다. 도와 덕은 만물을 늘리고 기르며, 곧게 키우려 근심하며, 가꾸고 보호한다. 도는 만물을 낳지만 자신이 낳았다는 의식이 없고, 덕은 자신이 키워가지만 만물이 은혜를 갚는다고 믿거나 기대하지 않으며, 성장시키기 위해 온갖 정성을 다 기울이지만 지배나 간섭하려 하지 않는다. 이것을 깊은 덕이라 한다.

道生之 德畜之 物形之 勢成之 是以萬物莫不尊道而貴德 道之尊德之貴 夫莫之命而常自然 故道生之 德畜之 長之育之 亭之毒之[成之熟之] 養之覆之 生而不有 爲而不恃 長而不宰 是謂玄德(도생지 덕축지

물형지 세성지 시이만물막부존도이귀덕 도지존덕지귀 부막지명이 상자연 고도생지 덕축지 장지육지 정지독지[성지숙지] 양지복지 생이불유 위이불시 장이부재 시위현덕)

도 표

<table>
<tr><td colspan="4">도는 만물을 낳지만 자신이 낳았다는 의식이 없어 만물의 존경을 받음</td></tr>
<tr><td colspan="4">덕은 만물을 키우지만 자신이 키운다는 의식이 없어 만물에게 귀하게 여겨짐</td></tr>
<tr><td colspan="2">각 존재들의 위치와 역할</td><td colspan="2">깊은 덕이 귀하게 여겨지는 이유</td></tr>
<tr><td>도(道)</td><td>만물을 낳음</td><td>1</td><td>명령하는 방식으로 하지 않음</td></tr>
<tr><td>덕(德)</td><td>만물을 기름</td><td>2</td><td>만물 스스로 한 것으로 느끼게 함</td></tr>
<tr><td>물(物)</td><td>만물에 형태를 부여함</td><td>3</td><td>만물의 은혜 갚음을 기대하지 않음</td></tr>
<tr><td>세(勢)</td><td>만물을 완성시킴</td><td>4</td><td>지배나 간섭하려 하지 않음</td></tr>
<tr><td>도와 덕</td><td colspan="3">만물을 늘리고 기르며, 곧게 키우려 근심하며, 가꾸고 보호함</td></tr>
</table>

해 설

51장은 노자의 존재론(存在論)과 덕치론(德治論)이 함께 기술되어 있는 곳이다. 존재론이 드러나는 앞 단락에서는 만물이 생성되어 완성되는 과정이 제시된다. 그 과정은, 도가 만물을 낳고, 덕이 만물을 기르며, 물체는 사물에 형태를 부여하고, 기세는 사물을 완성시킴을 통해 나타내고 있다.

덕치론이 드러나는 뒷 단락에서는 자신이 낳아서 기르고 있음을 만물로 하여금 눈치채지 못하게 하고, 지배나 간섭을 하려고 하지 않는 것이다. 이 덕치론을 인간사회의 통치에 적용하면 자연주의 정치론이 되고, 교육에 적용하면 자연주의 교육론이 된다.

먼저 시 두 편을 보면서 해설을 이어가고자 한다.

아버지 나를 낳으시고 어머니 나를 기르시니,
애달프다 부모님이시어
나를 낳아 기르시느라고 애쓰고 수고하시었다.
그 은혜를 갚고자 한다면 넓은 하늘도 끝이 없네.

– **시경**(詩經) –

아버님 날 낳으시고 어머님 날 기르시니
두 분 아니시면 이 몸이 살았을까.
하늘같은 은덕을 어디다가 갚사오리.

– **정철**(鄭澈) –

위의 시에서 전반부를 보면 둘 다, 나를 낳은 자는 아버지이고, 나를 기른 자는 어머니라고 말하고 있다. 그런데 51장에서 노자는 도가 만물을 낳고, 덕이 만물을 기른다고 하였다. 부모님이 나를 낳아서 길러주지 않았다면 나는 이 세상에 존재하지 않는다. 마찬가지로 노자의 말이 맞다면, 도와 덕이 나를 비롯한 만물을 낳아서 길러주지 않았다면 만물은 이 세상에 존재하지 않는다.

위에서 제시한 시와 51장에서 제시한 노자의 말에 공통점은 어떤 존재이든지 존재하기 위해서는 낳아준 자와 길러준 자가 반드시 있어야 한다는 점이다. 달리 말하면 낳아준 자와 길러준 자가 없는데, 갑자기 하늘에서 뚝 떨어지듯이 존재할 수 없다는 말이다. 이것에 대해 조금 더 철학적인 전문적 용어를 넣어서 말하면 다음과 같다.

인간과 같은 생물체에는 낳아준 아버지와 길러준 어머니가 있어야 자식이 존재할 수 있다는 존재론적 패턴151)을 무생물체까지 확대하면, 도라는 아버지가 낳고 덕이라는 어머니가 길러줘야만 만물이라는 자식들이 존재할 수 있다는 존재론적 패턴이 되는데, 이 부분이 동일하다는 것이다. 생물체의 존재패턴을 무생물의 존재까지 확대한 것을 유기체적 존재패턴이라고 할 수 있다. 유기체적 존재패턴은 무기체까지도 유기체처럼 낳고 기르는 방식으로 탄생해서 생존해가는 존재패턴을 말한다.

그러면 낳고 기르는 아버지와 어머니만 있으면 자식을 낳을 수 있는가? 그렇지는 않다. 정자와 난자라는 구체적인 물체가 있어야 하고 이들이 만나야 한다. 그리고 이들 속에는 유전자가 지니고 있는 정보

151) 화이트헤드의 존재론에서는 존재범주(The Categories of Existence) 8개 중 마지막 범주가 대비(對比, Contrasts)인데, 그 대비를 패턴화된 존재자들(patterned entities)이라고 한다. 이것은 존재범주 중 앞의 7개의 범주들이 뭉쳐서 하나의 존재자(entity)가 되었을 때의 양식(mode)이다. 본문의 예로 들면, 아버지는 낳고 어머니는 길러야 자식이 존재할 수 있다는 양식이다. 이런 양식을 확대해서 모든 존재에게 적용하면 존재론적 패턴이 된다.

가 있어야 한다. 이때의 정보는 형태를 띠게 된다. 형태를 띠기 때문에 태어나는 자식은 아버지와 어머니를 닮게 된다. 그래서 정자와 난자라는 물체는 새롭게 태어나는 자식에게 형태를 부여한다고 말할 수 있다. 그리고 유전정보라는 형태를 지니고 태어난 자식들이 어른으로 성장해가는 데는 어머니의 보살핌도 필요하지만, 스스로 커갈 수 있는 기운의 세력인 힘도 있어야 한다.

이렇게 유기체적 존재패턴으로 보았을 때, 현실적으로 존재하는 것은 네 가지의 원인이 필요하다는 것을 알 수 있다. 이 네 가지 원인이 51장에서 잘 드러나고 있다. "도는 만물을 낳고, 덕은 만물을 기르고, 물체는 만물에 형태를 부여하고, 기세는 만물을 완성시킨다." 이것을 사람에 대비했을 때, 도는 낳아준 아버지이고, 덕은 길러주는 어머니이며, 물체는 유전정보를 지닌 정자와 난자이고, 기세는 부모의 도움을 받아 자신을 완성해 갈 수 있는 힘이라고 할 수 있다.

위의 시에서 후반부를 보면 자식을 낳아서 길러준 부모님의 은혜나 은덕에 대해, 자식 입장에서 깊은 감사의 마음을 지녀야 함을 말하고 있다. 이것은 유교에 있어서는 기본덕목에 해당한다. 유교에서는 자신을 존재하게 해준 부모의 은혜나 은덕을 잊어버리면 인간이 아니라 '짐승 같다'고 말한다. 짐승들은 대부분 자신을 낳아준 부모의 은혜나 은덕을 쉽게 잊어버리지만, 인간은 부모의 은혜나 은덕에 감사하고 되돌리고자 하는 효도의 마음이 있다. 그래서 인간을 만물 중에서도 뛰어난 존재로 여긴다. 인간과 인간 아님을 구분할 때, 자신을 존재하게 해준 부모님의 은혜나 은덕을 강하게 의식하고 있는가 없는가로 기준을 삼고 있다.

노자도 자식은 자기를 낳아서 길러준 부모를 존경하고 귀하게 여겨야 한다고 말한다. "만물은 도를 존경하지 않을 수 없고 덕을 귀하게 여기지 않을 수 없다." 자식에 해당하는 만물은 아버지에 해당하는 도를 존경하고 귀하게 여겨야 한다. 그렇지만 노자는 여기에 단서가 있어야 한다고 말한다. "도가 존경받을 수 있고 덕이 귀하게 여겨질 수 있는 것은, '낳고 기름'을 명령하는 방식으로 하지 않고 만물이 항상 스스로 그렇게 한 것으로 느끼게 하기 때문이다." 만물에 해당하는 자식들이 부모의 은혜나 은덕 덕분이 아니라 스스로 자랐다고 느끼도록 두어야 한다는 것이다.

그런데 자식이 부모의 은혜나 은덕을 강하게 느껴야 훌륭한 사람이라고 주장하게 되면, 자연스럽지 못한 인위적인 행위가 된다. 윗물이 맑으면 아랫물은 저절로 맑다. 이것이 자연스러운 현상이다. 따라서 자연스러움을 높게 평가하는 노자는 윗사람의 태도가 중요하다고 말한다. "도는 만물을 낳지만 자신이 낳았다는 의식이 없고, 자신이 키워가지만 만물이 은혜를 갚는다고 믿거나 기대하지 않으며, 성장시키기 위해 온갖 정성을 다 기울이지만 지배나 간섭하려 하지 않는다."

아버지가 자식을 낳지만 자신이 낳았다는 의식이 없고, 어머니가 자식을 키워가지만 자식이 은혜를 갚는다고 믿거나 기대하지 않으며, 부모가 자식을 성장시키기 위해 온갖 정성을 다 기울이지만 지배나 간섭하려 하지 않는다는 부모의 태도가 중요하다. 부모가 이러한 태도를 취하면 자식은 저절로 부모를 존경하고 귀하게 여기게 된다.

그런데 어리석은 부모는 자식에게 말하기를 '내가 너를 어떻게 힘들게 키웠는데, 네가 나에게 그럴 수 있느냐.'라고 하면서 나무란다. 이렇게 말하면 자식은 반발하면서 잘못될 가능성이 많다. 더욱 정확히 말하면 그렇게 말하는 부모는 자녀에게 쏟은 정성이 사실은 자신을 빛내려고 한 것이지 자녀를 위해 한 것이 아닐 가능성이 많다.

진정으로 자녀를 위해 정성을 쏟는 사람은, 자신이 자녀에게 항상 부족하다는 것을 잘 안다. 그래서 자녀가 잘 자라주었기 때문에 항상 미안하고 고마운 마음을 가지고 있다. 부모가 이런 마음을 가지면 자녀도 부모처럼 동일하게 자신이 부족한데도 부모님이 잘해주어 미안하고 고맙다는 생각을 갖게 된다. 이것이 윗물이 맑으면 아랫물이 맑은 자연스러운 현상임을 노자는 말하고 싶은 것이다. 노자는 윗사람이 효도를 강조하면 반대로 될 가능성이 많다고 말할 것이다.

이제는 덕치론(德治論)으로 넘어가보자. 맹자(孟子)도 백성을 덕으로 다스려야 한다면서 덕치(德治)를 강조했다. 이것을 왕도정치(王道政治)라고 했다. 이와 반대되는 통치를 패도정치(霸道政治)라고 했다. 이것은 백성을 강력한 힘으로 제압하면서 다스리는 통치이다. 패도정치를 부정하는 면에서는 노자와 맹자는 동일한 입장을 취한다.

맹자는 왕이 어버이와 같은 따뜻한 마음을 지니고 덕으로 다스리면 백성은 감읍(感泣)하면서 순종하고 효도하는 자식처럼 왕을 받들 것으로 본다. 이럴 때 백성들은 감읍하기 때문에 왕에 대한 좋은 인상을 깊게 가진다. 그런데 노자는 통치를 받는 자가 통치자가 있다는 정도만 알지 누구인지 몰라야 한다고 말한다.[152] 즉 패도정치보다는

---

152) 가장 훌륭한 통치자는 피지배자들로 하여금 자신을 있는지만 알게 한다. 그보다 못한 통치자는 피지배자들로 하여금 친근감을 느끼게 하고 자신을 칭찬하도록 한다. 그 보다 더 못한 통치자는 피지배자들로 하여금 자신을 두려워하게 만든다. 그 보다 더더욱 못한 통치자는 피지배자들로 하여금 결과적으로 자신을 경멸하도록 해버린다. 훌륭하지 못한 통치자일수록 백성들에 대한 믿음이 부족하다가

왕도정치가 낫지만 왕도정치도 무위정치(無爲政治)만 못하다는 것이다.

따라서 노자의 덕은 맹자의 덕과 다르다. 덕은 도가 낳은 자식을 기르지만, 자식은 자기를 기르는 덕이 있다는 정도만 알고 자기 스스로 잘 크고 있다고 생각하도록 해야 한다. 그래야 억지가 없는 덕이 된다. 노자는 51장에서 이러한 억지가 없는 덕으로 다스려야 된다는 점을 강조하면서 이 덕을 '깊은 덕'이라고 한다. 그런데 우리들은 보통 덕을 베푼 사람은 베풂을 받은 사람이 그 은혜를 모르면 섭섭하게 생각하면서 더 이상 은혜를 베풀지 않으려고 한다.

만약에 이렇다면 그 덕은 올바른 덕이 아니라고 노자는 말하고 있다. 왜냐하면 이때의 덕은 인위적(人爲的)인 덕이기 때문이다.[153] 노자의 덕을 생각하면 눈물이 난다. 진정한 덕이 무엇인지, 진정한 사랑이 무엇인지, 그 사랑이 얼마나 깊은지 감읍하지 않을 수 없다. 그리고 조그마한 사랑을 베풀고는 알아주지 않는다고 섭섭하게 여겼던 자신이 심히 부끄럽다.

결국 믿지 못함에 이른다. 이에 비해 훌륭한 통치자는 피지배자들의 능력을 믿고 내버려 두면서 느긋하게 기다리고 말을 아끼며 간섭하지 않는다. 그러면 공을 이루고 일이 완수될 때, 백성들은 자신들이 모두 원래 그런 능력 있는 사람이라서 그렇게 했다고 말한다.(17장)

153) 높은 덕을 가진 사람은 덕을 의식하지 않는다. 그런 까닭에 덕이 있는 것이고 하급의 덕을 가진 사람은 덕을 잃지 않으려고 애쓰게 된다. 그것은 덕이 없기 때문이다. 높은 덕을 가진 사람은 도에 따를 뿐 스스로 의식함이 없고 하급의 덕을 가진 사람은 스스로 노력함으로 의식함이 있다.(38장)

질 문

1. 부모가 자기 자식을 낳고 기른다는 의식이 없으면 식물인간이 아닌가?

2. 노자의 말대로 하면, 부모가 자녀에게, 통치자가 백성에게, 교육자가 피교육자에게, 의사가 환자에게, 종교지도자가 신도에게 정말로 베풀고 있는 사람은 베푼다는 의식이 없다는 것인가?

52장

내 용

세상의 일에는 항상 처음이 있다. 그 처음을 있게 한 자가 세상의 어미가 된다. 먼저 그 어미인 '없음'을 인식한 후에야 그 자식인 '있음'을 제대로 알 수 있다. 이미 그 자식인 있음을 제대로 알고 난 후 다시 그 어미인 없음을 지킬 수 있으면 죽을 때까지 위태롭지 않다. 자식인 있음만 알고 그 어미인 없음을 지킬 수 없도록 일부분만 알게 하는, 감각기관의 구멍을 막고 문을 닫으면 평생 근심거리가 없다.

그러한 구멍을 통해서 보이는 부분적 지식으로 세상일을 이루려고 하면 평생 구제할 수 없다. 그러한 구멍으로 알 수 없는 시작단계의 작은 기미(幾微)를 보면 밝고, 어미인 없음으로부터 받은 어린 상태의 부드러움을 지키면 강하다. 그 어미인 없음과 자식인 있음을 포함한 전체로부터 얻은 도의 빛을 써서 밝음으로 돌아가면, 몸에 재앙을 남기지 않는다. 이 도의 밝음으로 자식인 있음과 어미인 없음이 항상 함께함을 보는 데 익숙하면, 이것을 '항상에 익숙하다(習常).'고 한다.

天下有始 以爲天下母 旣得其母 以知其子 旣知其子 復守其母 沒身不殆 塞其兌 閉其門 終身不勤 開其兌 濟其事 終身不救 見小曰明 守柔

曰强 用其光 復歸其明 無遺身殃 是爲習常(천하유시 이위천하모 기득기모 이지기자 기지기자 부수기모 몰신불태 색기태 폐기문 종신불근 개기태 제기사 종신불구 견소왈명 수유왈강 용기광 복귀기명 무유신앙 시위습상)

도 표

항상 전체를 보는 도의 밝음으로 돌아가면 몸에 재앙을 남기지 않음		
부분과 전체	부분지식에 머뭄	항상 전체를 바라봄
경계선은 시작지점임	시작 이후만 봄	시작 전·후를 봄
어미와 자식의 비유	자식으로서의 삶에 머뭄	자식의 삶을 살면서 어미를 지킴
비유가 의미하는 것	있음만 키우려는 도가 아닌 삶	있음과 없음을 합친 도의 삶
인식의 방법	감각의 구멍과 문으로 봄	감각의 구멍과 문을 닫음
인식의 결과	밝음으로 돌아가지 못해 기미를 알아차리지 못함	밝음으로 돌아가서 작은 기미도 알아차림
	단단함을 지켜 오히려 약함	부드러움을 지켜 오히려 강함
	구제받지 못함	위태롭지 않음
인식의 원인	항상에 익숙하지 않음	항상에 익숙함

해 설

52장의 전체적인 의미는 대강, 무엇인가를 바로 알면 위태롭지 않고, 근심거리가 없고, 몸에 재앙거리를 남기지 않는다는 것이다. 문제는 여기서 바로 아는 것이 무엇인지, 또 그것을 알면 어떻게 해서 위태롭지 않게 되는지를 아는 것이다. 바로 아는 것이 무엇인지에 대한 학문은 진리론 혹은 인식론[154]과 관련된다. 바르게 앎으로써 불행을 막고 행복할 수 있다는 것은 가치론 혹은 행복론[155]과 관련된다. 52장의 요지는 바르게 알면 적어도 쓸데없는 불행은 막을 수 있다는 것이다.

52장 중 중간의 구절만[156] 죽간본에 나오고 앞 문장과 뒷 문장은 백서본부터 나온다. 따라서 죽간본에 나오는 중간 부분을 제외한 나머지 부분은 후대에 가면서 1장, 25장, 32장 40장과 대비하여 붙여진 내용으로 보아야 한다. 이 중 52장의 앞부분은 1장과 관련된다.

---

154) 진리론은 '이 세상에 과연 진리가 있는가? 있다면 그 진리는 무엇인가?'에 대한 이론이다. '그 진리를 우리는 알 수 있는가? 알 수 있다면 어떻게 아는가?' 등에 대한 이론은 인식론이다.

155) 가치론은 사물이나 사실 등이 인간과의 관계에서 생기는 중요 정도와 쓸모 정도 등의 가치문제를 다루는 이론이다. 그 가치 중 '인간의 최종 목적이 행복인가? 행복이라면 그 행복은 어떻게 달성되는가?'에 대한 이론이 행복론이다.

156) 감각·욕망의 기관인 문을 닫고, 그 감각·욕망의 소통로인 구멍을 막으면 죽을 때까지 억지로 힘들이지 않을 것이다. 구멍을 열게 되면 그 일을 좇아 끝내 이루려고 하기에 죽을 때까지 도(道)로 되돌아오지 못한다.(悶其門 塞其穴 終身不務 啓其穴 濟其事 終身不來 : 죽간 을본 6장, 노자, 최재목 역주, 을유문화사, 2013.5.)

> 도라고 생각하여 말할 수 있는 도는 항상의 도가 아니다. 왜냐하면 도라고 생각하여 말할 수 있기 위해서는 이름을 붙여야 하는데, 이름을 붙여 부를 수 있는 이름은 항상의 이름이 아니기 때문이다. 이름 없음이 천지의 시작이고, 이름 있음이 만물의 어미이다. 그러므로 늘 이름 붙이고자 함이 없어야 그 대상의 오묘한 실재를 보고, 늘 이름 붙이고자 함이 있어야 그 대상의 분명한 현상을 본다. 이 실재와 현상은 같은 곳에서 나왔으며 이름이 없고 있고의 차이가 있을 뿐이다. 이 양자는 만물들 사이의 차이를 드러내는 방향으로 나아가면 더욱 분명해지겠지만 같음 방향으로 나아가면 그 경계는 모호해진다. 모호하고 더욱 모호한 곳으로 나아가면 여러 오묘한 궁극적 실재의 세계로 들어가는 문이 나온다.(1장)

52장은 "세상의 일에는 항상 시작이 있다. 그 시작을 있게 한 자가 세상의 어미가 된다. 먼저 그 어미인 없음을 인식한 후에야 그 자식인 있음을 제대로 알 수 있다."는 말로 시작된다. 그리고 1장에는 "이름 없음이 천지의 시작이고, 이름 있음이 만물의 어미이다."는 말이 있다. 1장에서는 '천지의 시작'이라 하고 52장에서는 '세상의 일에는 시작이 있다.'고 했다. '천지'는 없음에서 있음이 만들어질 때의 '시작단계'이다. 즉 천지가 만들어지고 천지의 조화 속에 세상의 만물이 생성된다. 52장의 '세상의 일에는 시작이 있다.'고 할 때, 시작은 1장의 '만물의 어머니'인 '이름 있음'이다. 그리고 그 어머니의 자식은 만물이다.

그런데 1장에서 "이름 붙이고자 함이 없어야 그 대상의 오묘한 실재를 보고, 늘 이름 붙이고자 함이 있어야 그 대상의 분명한 현상을 본다."고 하였다. 그리고 "실재와 현상은 같은 곳에서 나왔으며 이름이 없고 있고의 차이가 있을 뿐이다."고 하였다. 노자는 이 차이에 주목하지 말고 같음에 주목하라고 말한다. 같아서 구분이 되지 않는 세계는 없음의 세계이다. 이 있음과 없음의 세계들이 다르지 않다는 것을 아는 것이 중요하다고 1장에서는 말하고 있다.[157]

그렇다면 52장에서 "먼저 그 '어미인 없음'을 인식한 후에야 그 '자식인 있음'을 제대로 알 수 있다."는 말은 상대적인 말이다. 천지(天地)라는 자녀가 탄생되면서 비로소 천지라는 '이름의 있음'이 시작되었다면, 그 입장에서 천지를 낳은 어미는 천지가 있기 전이기 때문에 당연히 '없음'에 해당하고, 낳아진 자녀는 천지가 있은 후이기 때문에 '있음'에 해당한다.

여기서 '이름을 얻기 전의 천지'와 '이름을 얻은 후의 천지'를 구분해야 한다. 이름을 얻기 전의 천지는 아직 '없음'에 해당하고, 이름 얻은 후의 천지가 되어야 비로소 '있음'이 된다. 마치 이름을 정해서 출생신고를 해야 주민번호가 나오면서 비로소 국민의 한 사람으로 등록되는 것과 같다. 1장의 '이름 없음이 천지의 시작이고, 이름 있음이 만물의 어미이다.'라는 말과 40장의 '천하 만물은 있음에서 생겼고, 있음은 없음에서 생겼다.'는 말이 바로 이러한 의미이다.

그런데 노자는 "이미 그 자식인 있음을 제대로 알고 난 후 다시 그 어미인 없음을 지킬 수 있으면 죽을 때까지 위태롭지 않다."고 말한다. 왜 그런가? 이것에 대한 대답과 52장의 이어지는 문장들을 이해하기 위해서는 25장과 32장을 함께 검토할 필요가 있다.

157) 시작이 모두 같은 하나라는 사상은 도가의 도뿐만 아니라 원효의 하나, 하이데거 또는 에리히 프롬의 존재, 크리스트교의 야훼 등과도 유사하다.

만물이 개별화되기 전에 뒤섞인 채 혼돈상태로 이루어진 것이 있는데, 그것은 하늘과 땅보다 먼저 생겼고, 소리 없이 고요하도다! 형체 없이 공허하도다! 대비할 것 없이 홀로 있고 바뀌지 않으며, 모든 곳에 두루 미치면서도 위태롭지 않으니 만물을 낳는 모체로서 가히 천하의 어머니라 할 수 있겠다. 나는 그 이름을 모르겠다. 나는 그 이름을 알지 못하므로 임시로 도라고 부르겠다. 굳이 의미에 가깝게 이름 붙인다면 그것은 크다고 할 수 있고, 크다는 것은 끊임없이 나아가는 것이라 할 수 있고, 끊임없이 나아가는 것은 멀리 근원에 이르는 것이라 할 수 있고, 근원에 이른다는 것은 다시 되돌아가는 것이라 할 수 있다. … (25장)

도는 항상 이름이 없다. 도는 오직 다듬지 않은 통나무 같이 쓸모가 거의 없어서 세상 사람들이 있는 그대로는 신하로 삼아 사용할 수가 없다. … 마름을 시작함으로써 이름이 있고 쓸모가 있게 된다. 또한 이름이 있고 쓸모가 이미 있더라도 더 쓸모 있는 쪽으로 계속 진행하지 말고 무릇 멈출 줄 알아야 한다. 원상태로 언제든지 돌아갈 수 있도록 멈출 줄 알면 위태하지 않게 된다. … (32장)

우리는 무엇(what)에 대해 생각을 하려면 그것의 이름을 떠올리게 된다. 그리고 이름을 떠올릴 때는 그 이름의 정의(definition)에 따르게 된다. 정의는 뜻을 한정(define)한다는 말이다. 뜻을 한정해야만 다른 것과 구분이 되면서 바로 그 무엇을 생각하게 된다.

예를 들어 '바나나'를 생각해보자. 바나나의 색과 모양이 떠오를 수 있다. 그리고 바나나 맛과 감촉 등이 떠오르고 그것에 얽힌 추억이 떠오를 수 있다. 이 떠오르는 생각 중 누구에게나 보편적으로 떠오르는 것이 있다면 그것을 통해 우리는 바나나를 정의할 수 있다. 네이버 사전에는 바나나를 다음과 같이 정의한다. "초승달 모양의 긴 타원형으로 색깔은 주로 누런색이다. 맛과 향기가 좋다."

여기에 나오는 '초승달 모양', '누런색', '맛 좋음', '향기 좋음' 등은 모두 바나나를 한정하는 용어들이다. 그리고 이 한정용어들을 담고 있는 그것에 '바나나'라고 이름 붙이면 그 이름도 또한 한정용어가 된다. 화이트헤드는 이 한정용어들을 한정형식, 또는 영원한 대상[158]이라고 한다.

'바나나는 초승달 모양의 누런색 과일이다.'고 정의했을 때, 이 정의 속에는 이미 바나나, 초승달 모양, 누런색 등의 한정형식들이 들어가 있다. 그래서 누군가 바나나는 초승달 모양이 아니라고 주장하거나, 누런색이 아니라고 주장하면 다투게 된다. 즉 앞의 정의는 잘못이라고 지적하는 측과 잘못이 아니라는 측의 다툼이다.

화이트헤드는 우리가 무엇인가를 의식한다는 것은 긍정·부정의 대비라고 한다. 의식한다는 것은 한정형식을 넣어서 생각한다는 것이고, 한정형식이 들어가면 그 한정형식이 아닌 것을 부정하게 된다. 모든 다툼과 재앙의 근원은 이것 때문이라는 사실을 노자는 일찍 알았다.

노자는 이름 없음이 근원이며, 이 근원에서 천지라는 이름 있음이 나왔고, 이 이름 있음이 어미가 되어 수많은 이름을 낳아 만물이라는

158) 화이트헤드가 말하는 한정형식 또는 영원한 대상은 플라톤의 이데아(Idea), 아리스토텔레스의 형상(eidos, form, 形相), 그 이후 철학사에서 나타난 본질(essensia, essence, 本質)과 본성(natura, nature, 本性) 등과 유사점이 있다. 그러나 세부적으로는 각 용어들의 차이점도 많이 있지만 여기서는 그 사물을 그것으로 불리게 하는 불변의 성질이라는 공통부분에 주목한다.

자식이 나왔다는 것을 알아야 다툼을 막을 수 있다고 한다. 이 말은 이름에 얽매이면 긍정과 부정을 피할 수 없어서 다투게 된다는 것이다. 그래서 "이미 그 자식인 있음을 제대로 알고 난 후 다시 그 어미인 없음을 지킬 수 있으면 죽을 때까지 위태롭지 않다."고 했다. 여기서 어미인 없음을 지킨다는 것은 '긍정·부정으로 인해 생기는 이름'이 없는 상태를 유지한다는 것이며, 이렇게 했을 때 다툼이 없어서 위태롭지 않다는 것이다.

부자라는 이름은 가난한 자라는 이름과 대비되며, 부자를 긍정하면 가난한 자를 부정하게 된다. 그래서 부자와 가난한 자 사이에 갈등 상황이 오게 된다. 그러나 재산의 구분에 의미를 두지 않는 사람에게는 부자와 가난한 자 모두 같은 사람일 뿐이다. 그 예로 어린아이는 재산의 구분에 의미를 두지 않고 친구가 되며 함께 논다. 어린아이에게는 그냥 친구이지 부자 친구와 가난한 친구로 구분되지 않기 때문이다.

부자를 긍정하고 가난한 자를 부정하는 부잣집 어린아이의 부모는 걱정스러운 눈으로 가난한 친구와 놀고 있는 어린아이를 보면서 간섭하려 할지 모른다. 부자와 가난한 자를 구분해서 간섭하려는 부모는 자신의 생각이 성숙하며 옳고 어린아이의 생각은 미숙하며 옳지 않다고 여길 것이다. 그러나 노자는 오히려 어린아이의 생각이 도에 가까우며 훌륭하다고 말한다.

우리가 만물을 접하여 이름으로 구분 짓는 일은 감각기관을 통하여 외부를 받아들일 때 이루어진다. 이때의 감각기관 중 대표적인 것이 이목구비의 일곱 가지 구멍이다. 노자는 이 구멍을 막으라고 한다. 감각기관의 구멍을 막고 문을 닫으면 평생 근심거리가 없다.

그러한 구멍을 통해서 보이는 부분적 지식으로 세상일을 이루려고 하면 평생 구제할 수 없다. 그러한 구멍으로 알 수 없는 시작단계의 기미(幾微)를 보면 밝고, 어미인 없음으로부터 받은 어린 상태의 부드러움을 지키면 강하다. 그 어미인 없음과 자식인 있음을 포함한 전체로부터 얻은 도의 빛을 써서 밝음으로 돌아가면, 몸에 재앙을 남기지 않는다.

도의 밝음으로 자식인 있음과 어미인 없음이 항상 함께 있다는 것에 익숙하면, 이것을 '항상에 익숙하다(習常).'고 한다. 그리고 "감각기관의 구멍을 막고 문을 닫으면 평생 근심거리가 없다." 반대로 "그러한 구멍을 통해서 보이는 부분적 지식으로 세상일을 이루려고 하면 평생 구제할 수 없다." 구분 짓는 일을 많이 하면 할수록 어린아이에서 멀어져 구제불능이 된다.

노자는 "그러한 구멍으로 알 수 없는 시작단계의 작은 기미(幾微)를 보면 밝고, 어미인 없음으로부터 받은 어린 상태의 부드러움을 지키면 강하다."고 말했는데, 이때의 기미는 박(樸)에 해당한다.159) 박은 통나무이며 자르기 전의 상태로서 무명(無名)이다. 우리는 이 통나무를 자르고 색칠하고 다듬어서 여러 가지 물건들을 만든다.

이때 통나무는 어미이며 여러 가지 물건들은 자식이다. 통나무는 이름이 통나무라는 이름 하나밖에 없으며 효용가치는 작다. 그러나 이것으로 만든 수많은 물건들은 이름이 많으며 효용가치가 크다. 그래서 이것들은 현실적인 부와 명예와 권력 등을 가져줄 수 있다.

---

159) 도는 오직 다듬지 않은 통나무 같이 쓸모가 거의 없다.(32장) 통나무를 다듬으면, 세상 사람들에게 쓰임이 있는 그릇이 된다.(28장) 이름 없는 순박함(無名之樸)(37장).

노자는 현실적인 효용가치가 작은 통나무가 진정으로 큰 가치가 있음을 아는 것을 현명하다고 한다. 세상 사람들 대부분이 통나무보다 효용가치가 큰 물건들을 가지려고 하니까 그것으로 인한 근심과 다툼이 일어난다. 이에 비해 통나무는 효용가치가 작기 때문에 이것으로 인한 근심과 다툼이 일어나지 않는다. 그것으로 인한 재앙을 만나지 않는다.

부드러움을 지키는 것은 한정형식으로 굳어지기 전의 유연한 상태로 있음을 지키는 것이다.160) 한정형식이 들어가면 굳어지고 그 굳어진 생각들로 다투게 된다. 생각이 유연하지 못한 것은 굳어진 사고방식 때문인데 이것은 이름과 함께 시작된다. 이름 부르는 순간 그 이름이라는 한정형식이 진입한다. 하나의 사물이나 사실에는 수많은 이름이 모여 집합을 이루고 있다.

우리는 이 집합을 통해 사물이나 사실을 판단한다. 따라서 이 판단에는 수많은 긍정·부정의 한정형식이 진입해 있기 때문에 다툼을 피할 수 없으며, 그 다툼에서 이겨야 현실적인 부와 명예와 권력 등을 지닐 수 있다고 생각하기 때문에 종신토록 근심거리가 있고 재앙을 만나게 된다.

노자는 이어서 "도의 빛을 써서 밝음으로 돌아가면, 몸에 재앙을 남기지 않는다."고 말한다. 여기서의 빛은 현명한 빛이다. 많은 사람들이 더 많은 이름인 단어와 문장들을 익히면 정확한 판단에 이를

---

160) 정기(精氣)를 모아 다스려서 부드러움에 이르게 하는데 젖먹이처럼 할 수 있겠는가?(10장), 사람이 살아 있으면 부드럽고 약하지만 죽고 나면 단단하고 강해진다. 만물과 초목도 살아있을 때는 부드럽고 약하지만 죽으면 시들고 마르면서 단단하고 강해진다.(76장)

수 있다고 생각한다. 그러나 어떤 면에서는 이름을 많이 알면 알수록 현명하지 못해 정확한 판단과는 멀어질 수 있다. 이름이 많아진 자식은 어미와 멀어져 어미를 지킬 수 없기 때문이다.

이런 경우를 화이트헤드는 '잘못 놓여진 구체성의 오류'라고 말한다. 이 말은 한정형식들로 구성된 문장으로 내린 판단을 구체적인 사물이나 사실을 그려낸 것으로 오해한다는 의미이다. 달리 말하면 구체적인 사물이나 사실은 언어로 담아낼 수 없는데도 담아낼 수 있다고 착각한다는 것이다.

노자가 말하는 밝음은 상(常)을 아는 것이다.161) 화이트헤드는 구체적인 사물이나 사실은 과정(process)이라고 말한다. 노자는 서·원·반(逝·遠·反)이라고 한다. 이것은 진정한 실재는 흐른다고 할 수 있다. 예를 들어, 진정한 실재인 '흐르는 강물'을 한정형식이라는 '그릇'에 담으면 물은 동일한 물이지만, 흐름이 사라지고 물은 곧 부패하게 된다.

살아 숨 쉬고 있는 청개구리를 해부하여 표본으로 만들면, 표본실의 청개구리는 생명의 흐름이 사라진다. 방부제에 의해 부패를 막고 있기 때문에 불변으로 보이지만 그 청개구리는 진정한 실재의 살아있는 청개구리는 아니다. 언어는 한정형식을 지니기 때문에 방부제와 유사하다. 불변으로 가장(假裝)해서 진정한 실재처럼 보이지만 사실은 진정한 실재인 과정을 질식시킨다.

---

161) 근원으로 되돌아가는 곳을 고요함이라고 한다. 이것을 일러 되돌아갈 운명(復命)이라 한다. 되돌아갈 운명을 일러 늘 그러함(常)이라 하고, 늘 그러함을 아는 것을 일러 현명(明)하다고 한다. 늘 그러함을 모르면 미망에 빠져 흉하게 된다.(16장)

노자는 '질식시키지 않은 상태로 있는 그대로의 전 과정'을 '항상'이라고 한다. 항상은 전 과정이기 때문에 시작 전과 후인 어미와 자식을 함께 볼 때 가능하다. 그래서 전 과정인 상(常)을 아는 것을 밝다고 한다. 노자가 말하는 존재의 전 과정은 40장에 다음과 같이 나타나 있다. "되돌아가는 것은 도의 움직임이고, 약한 것은 도의 쓰임이다."

그런데 1장에서는 "이름 없음이 천지의 시작이고, 이름 있음이 만물의 어미"라고 했다. 이름 없는 시작에서 이름 있는 천지가 나오고 천지의 자식들인 만물은 이름이 더욱더 많이 주어짐으로써 나온다. 그리고 만물은 다시 이름 없는 곳으로 돌아간다. 이것이 도의 움직임이다. 도의 움직임이 존재의 전 과정이고, 이것이 불변의 도인 '항상(常)'이다. 이 항상을 아는 것을 세상 이치에 밝다고 하고, 이 밝음은 현명한 빛을 씀으로써 가능하다. 현명한 빛을 씀은 약함을 사용하는 도의 쓰임이다.

세상 사람들은 생존경쟁의 세계에서 이기기 위해서는 강해져야 한다고 생각하고 강해지는 방향으로 치닫는다. 한 발이라도 더 강한 쪽으로 가기 위해 노심초사한다. 강한 쪽은 없음에서 있음의 방향이다. 그래서 한 발이라도 더 있음 쪽으로 가려고 하며, 혹시 자신이 그 방향으로 가는 데 있어 쓸데없이 머뭇거리지는 않는지 걱정한다. 재산, 명예, 지위, 권력, 학벌, 인맥, 스펙 등의 있음을 늘리기 위해 노력하고, 남보다 부족하면 근심하고 위축된다. 그리고 있음을 자랑하고 잘난 체하며 갑질을 한다. 그래서 다투게 되며 무리가 생겨 재앙이 된다.

그런데 노자는 강해지는 있음의 방향으로 가지 말고 약해지는 없음의 방향으로 가라고 말한다. 없음의 방향으로 가면 다툴 일이 없고,

이 길이 멍절 때 차가 막히는 방향과 반대 길로 가는 것처럼 편안하고 즐겁다는 사실을 알기 때문이다. 이것을 노자는 존재의 전 과정인 항상을 익숙하게 알고 있다고 하여 '항상에 익숙하다(習常).'고 말한다.

질 문

1. 노자는 약해지는 방향으로 가라고 하는데, 정말 약해지면 생존경쟁에서 밀려 짓눌리고 힘들게 살게 되지 않는가? 또는 시대의 흐름에 역행해도 불안하지 않는가?

2. 노자가 주장하는 것처럼 감각기관을 다 막고 문을 닫으면 세상과 소통은 하지 않고 산속에 홀로 살아야 하지 않는가?

3. 언어가 사물이나 사실을 아는 데 오류가 있다면 지금까지 수많은 원리들은 어떻게 알아내었으며 과학기술이 발전했을까?

53장

내 용

만일 누가 나에게 통치술과 관련하여 변함없는 진리가 있느냐고 묻는다면, 다음의 두 가지를 조금 자신 있게 말할 수 있다. 하나는 통치자와 백성들이 다함께 잘 사는 큰 길로 가는 게 좋다는 것이다. 다른 하나는 오직 통치자는 백성들에게 베풀고 있다는 생각, 이것을 두려워해야 한다는 것이다.

통치자와 백성들이 다함께 잘 사는 큰 길은 아주 평탄해서 가기 편한데도, 백성들은 자기만 잘 살려는 작은 지름길을 좋아한다. 그렇게 되면 백성들에게 베풀고 있다고 생각하는 통치자가 머무는 조정은 아주 깨끗하고 호화로운 데 비해, 백성들의 생활터전인 밭은 아주 황폐하게 되고, 창고는 텅텅 비게 된다. 그리고 조정의 관리들은 화려한 비단옷을 입고, 날카로운 칼을 차고 다니며, 물릴 정도로 음식을 배불리 먹고, 재화는 남아돈다. 이러한 것을 도적이 되어 뽐낸다고 한다. 어찌 잘못된 길(非道)이 아니겠는가?

使我介然有知 行於大道 唯施是畏 大道甚夷 而民好徑 朝甚除 田甚蕪 倉甚虛 服文綵 帶利劍 厭飮食 財貨有餘 是謂盜夸 非道也哉(사아개

연유지 행어대도 유시시외 대도심이 이민호경 조심제 전심무 창심허 복문채 대리검 염음식 재화유여 시위도과 비도야재)

도 표

<table>
<tr><td colspan="3">통치술과 관련된 변함없는 진리</td></tr>
<tr><td colspan="2">두 가지</td><td>백성들을 큰 길로 가게 함</td><td>자신은 베푼다는 생각을 안함</td></tr>
<tr><td colspan="2">도를 행하는 통치자</td><td>○</td><td>○</td></tr>
<tr><td colspan="2">도를 행하지 않는 통치자, 백성, 관리들</td><td>X</td><td>X</td></tr>
<tr><td rowspan="3">상태</td><td>통치자</td><td colspan="2">통치자가 머무는 조정은 아주 깨끗하고 호화로움</td></tr>
<tr><td>백성</td><td colspan="2">백성의 생활터전인 밭은 황폐하고, 창고는 비어 있음</td></tr>
<tr><td>관리들</td><td colspan="2">비단옷 입음, 날카로운 칼을 참, 배부름, 재화가 남음</td></tr>
<tr><td>결론</td><td colspan="3">백성들이 큰 길로 가지 않고, 통치자가 베푼다는 생각을 갖고 있으면 조정의 관리들은 도적이 되기 때문에 작은 길은 잘못된 길(非道)임</td></tr>
</table>

해 설

이 장을 읽으면서 아동문학가인 트리나 폴러스의 『꽃들에게 희망을』이라는 책이 생각난다. 그 책에서 애벌레들이 더 높은 자리에 가려고 경쟁을 하다 보니 애벌레들로 이루어진 높은 탑이 만들어진다. 여기서 경쟁하는 애벌레들은 다른 애벌레를 짓밟거나 자신이 짓밟힌다. 짓밟히는 과정에 밀리거나 발을 헛디디면 밑으로 추락한다. 추락하면 죽거나 불구가 되며, 혹시 성하면 또다시 그 대열에 끼어들어 올라간다. 이 애벌레들은 오직 정상에 가는 것이 목표다. 이런 애벌레 탑들이 곳곳마다 있다.

그런 중에 일부 애벌레는 그 대열에 참석하지 않는다. 그리고 그 중 또 일부는 목숨을 걸고 자신이 뽑은 실로 자신의 몸을 동여매면서 고치를 만들고 있다. 이들은 번데기가 되는 과정을 거쳐 나비가 된다는 확신을 갖고 있다. 나비가 되면 경쟁을 하지 않아도 된다. 다른 애벌레를 밟지 않고도 높은 곳을 비롯해 어디든지 훨훨 날아 올라갈 수 있는 날개가 있기 때문이다. 그리고 꽃들에게 가서 맛있는 꿀을 먹으면서도 그들에게 자손을 퍼뜨릴 수 있다는 희망을 주니 꽃들이 반긴다.

이 책에서 저자는 경쟁하는 애벌레의 그룹과 경쟁하지 않는 애벌레의 그룹으로 나눈다. 경쟁하는 그룹에서 승리하여 탑 정상에 이른 애벌레들은 그곳에 아무것도 없다는 것을 알게 되어 허탈하게 된다. 그렇지만 정상을 향해 달려오고 있는 수많은 애벌레들에게 그 사실을 숨긴다. 오히려 그 자리를 유지해가면서 그 정상이 대단한 것처럼 보이게 한다. 왜냐하면 그들이 알게 되어 탑이 무너지면 자신들이 더 이상 잘난 체를 할 수 없기 때문이다.

이 이야기를 52장의 내용과 견주어보면, 탑을 향해 달려가는 수많은 애벌레는 위태롭고, 근심하며, 재앙을 만나게 된다. 이 애벌레들은 나비가 자신을 낳은 어머니이면서 또한 자신의 미래인 줄 모른다. 그래서 자신도 나비가 될 수 있다는 점을 모른다. 그러나 이 사실을 아는 애벌레는 위태롭지 않고, 근심이 없으며, 재앙을 만나지 않게 된다. 왜냐하면 자신의 날개로 하늘을 날아다니면서 꿀을 먹을 수 있으니 상대를 밟고 올라설 필요가 없으며, 자신의 삶 자체가 번식하고자 하는 꽃들에게 희망을 주는 보람찬 존재이기 때문이다.

이 이야기를 53장에 견주어보면, 도를 행하는 통치자는 탑을 향해 달려가는 수많은 애벌레 같은 백성들에게 나비처럼 경쟁 없는 평탄한 큰 길(大道)을 가라고 말한다. 그러면서 백성들에게 자신이 베풀고 있다는 잘못된 생각을 할 것 같아서 두려워하며 조심한다. 그렇지만, 백성들은 경쟁해서 높은 탑 정상에 가는 좁은 길을 좋아하며 말을 듣지 않는다. 또한 탑 정상에 있는 사람들(朝廷)은 나비가 되는 큰 길이 있다는 말을 유언비어라고 몰아붙이면서 자신들의 권익을 챙긴다. 그렇게 하여 자신이 사는 조정은 깨끗하고 호화롭게 만든다.

이에 반해 탑을 향해 올라가는 백성들의 삶은 황폐하게 된다. 그런데도 정상을 차지하고 있는 관리들은 정상에 뭔가가 있는 것처럼 허세를 부리고, 자신들의 말을 듣지 않는 사람에게는 위협까지 한다. 그리고 자신을 떠받치고 있는 모든 것을 자신의 것으로 만든다. 그래서 음식을 배불리 먹고 재화도 남아돈다. 이들이 하는 모양은 도적질하여 뽐내는 것이니 바른 길이 아니다.

53장[162]은 죽간본에 나오지 않는다. 그러니 노자가 직접 적었을

162) "이 장은 부도(不道 : 33장, 55장), 폐도(廢道 : 18장), 실도(失道 : 38장), 무도(無道 : 46장), 유도(有道 : 24장, 31장, 46장) 등과 대조하여 읽는 것이 도움이 된다" (『노자도덕경 해설』(왕필본 · 백서본 · 죽간본의 비교분석). 임헌규. 철학과 현

가능성은 적다. 그리고 위정자들을 도적이라고 표현하는 등 문장 스타일이 다른 장에 비해 조금 거칠다. 이 글을 적은 사람은 당시 위정자들을 강하게 질타하고 있다. 그들은 비도(非道)의 정치를 심하게 해서 백성들은 기근으로 굶어 죽어가는 상황인데도 사치와 폭정을 하는 모습을 보였기 때문이다. 그리고 그 원인이 위정자들의 잘못에도 있지만, 그들이 제시한 길이 잘 사는 길이라면서 좋아하고 따르는 백성들의 어리석음에도 있음을 안타까워하고 있다.

이런 일이 어찌 그 당시에만 있었겠는가. 춘향전에서 이몽룡이 변학도의 생일잔치에서 말한 시(詩)에도 잘 나타나고 있다. "금빛 찬란한 아름다운 잔에 담긴 맛좋은 술은 천백성의 피요, 옥으로 만든 쟁반에 담긴 맛있는 고기는 만백성의 기름을 짠 것이니, 촛농이 떨어짐과 함께 백성의 눈물이 떨어지고 풍악소리가 높을수록 원망소리도 높아진다." 위정자들이 가지고 있는 권력을 빼앗고자 하는 사람들은 위정자들의 실정(失政)이나 부정부패를 들어 비판을 한다. 그리고 자신은 권력을 잡게 되면 실정을 하지 않고 깨끗한 정치를 하겠다고 공언한다. 그리고 그러한 명분을 쌓아서 기존의 정권을 무너뜨리고 새로운 정권을 세운다.

그러나 대부분 얼마가지 않아서 동일한 방식으로 그 정권도 물러난다. 역사 속에서 이러한 패턴이 되풀이되는 경우가 많다. 왜 그런가? 위정자들이 경쟁하는 길로 가서 성공했기 때문이다. 즉 남을 밀치고 그 자리에 올랐기 때문이다. 노자가 말하는 큰 길(大道)은 나비처럼 훨훨 날아다니는 길이다.

실사, 2005.8. 303쪽). 필자도 내용을 이해하는 데 도움이 되었다. 이 장을 보다 깊이 이해하고자 하는 사람에게는 필요한 검토이다.

나비가 날아다니는 길은 애벌레 탑처럼 남을 짓밟고 올라가는 길이 아니다. 남을 딛고 있으면서도 그것을 자랑스럽게 생각한다면 그들은 이미 도적이다. 왜냐하면 남들이 떠받쳐주고 있는 수고를 자신이 마음대로 한다는 것이 남의 주머니에 있는 돈을 자신이 마음대로 하는 것과 같기 때문이다.

도적이 아닌 사람들은 그 수고에 대해 정당한 대가(代價)를 지불해야 한다. 그런데 대가를 지불하지도 않고, 그 모든 재산과 권리를 마음대로 행사하면서도 당연하다는 듯이, 심지어 잘난 듯이 행세하면 어찌 비도(非道)가 아니겠는가? 노력을 해서 이 자리에 올랐으니 대가를 이미 지불했다는 생각이 이들에게 있다. 이것은 마치 도적놈이 나는 위험을 무릅쓰고 담을 넘거나 여러 가지 준비를 철저히 했으니, 훔친 물건은 내가 가지는 것이 당연하다고 생각하는 것과 같다.

자신을 그 높은 자리에 있게 한 백성들의 논밭이 황폐해지고, 곳간이 비어 있는데도 그것을 방관하면서 자신들은 배 터지게 먹고, 좋은 비단 옷을 입으면서 돈이 넘쳐나고 있다. 이것을 일러 농사를 짓고, 비단 옷을 만든 자들의 노고를 도적질하고 나서 뽐내는 것이라고 53장은 지적한다.

53장을 보다 잘 이해하기 위해 예를 들어보겠다. 어떤 소년이 어릴 때부터 대머리였다. 그는 이것으로 인해 주변 친구들에게 놀림거리가 되었다. 놀림을 당하지 않기 위해서 그는 과격하게 행동했고 이것이 습관이 되어 깡패가 되었다. 그는 종교지도자를 찾아가서 "내가 종교를 믿으면 머리카락이 나느냐?"라고 물었다. 종교지도자는 "머리카락이 난다."고 대답했다. 그는 "내가 종교를 믿었는데도 머리가 안 나면 당신을 죽여도 되느냐?"라고 물었다. 종교지도자는 상대의 모습이나 말투가 섬뜩했지만, 죽여도 좋다고 했다. 다만 진심으로 열심히 하라고 했다. 그는 그 길로 종교를 열심히 믿고 종교지도자가 하라는 대로 실천했다.

그 깡패는 어떻게 되었겠는가? 결론부터 말하면 그는 그 종교의 지도자가 되었다. 머리카락이 낫기 때문인가? 아니다. 종교를 실천하는 가운데 머리카락이 없는 것이 자신의 삶에서 전혀 문제가 되지 않는다는 것을 알았기 때문이다.

이것을 알기 전까지 그 사람에게는 머리카락이 있고 없고가 가장 큰 문제였다. 그런데 조금 더 큰 시야에서 자신을 보니 그것은 자신의 삶에 장애가 되지 않았다. 그것을 장애라고 여겼던 자신의 마음이 오히려 장애였다. 머리카락이 없다는 것은 남들과 다르다는 것이지 틀린 것이 아니다. 이것을 부끄럽게 생각하고 자신이 못났다고 여긴 마음이 틀린 것이다. 이런 못난 마음을 지니고 있는 이상, 자신을 못났다고 지적하는 외부세계에 대해 과격해지거나, 자신의 내부세계로 틀어박히는 것은 모두 정신장애이다.

재산, 권력, 명예, 지위 등이 있고 없고를 인생의 가장 큰 문제로 생각하는 사람들도 정신장애자가 아닌가. 이것으로 사람의 잘나고 못나고의 기준으로 삼고 조금이라도 이것들을 늘리려고 달려가는 사람들은 탑의 정상을 향해 기어 올라가는 애벌레들과 무엇이 다른가. 이것들이 자신의 귀중한 삶 자체에 비해 너무나 가치 없음을 안다면 허탈해질 것이다.

정상 가까이에 이른 애벌레들이 허탈해하는 것처럼, 이 허탈감을 메우기 위해 사치와 쾌락에 빠져든다면 더욱 못난 사람들이다. 연예계의 스타들이나 소위 상류층이라고 불리는 사람일수록 더 깊은 내면의 수도가 필요한 이유이다. 그런데 이 사람들을 보고 부러워하면서 쫓아가는 사람들은 더더욱 못난 사람이 아닌가.

노자는 12장에서 '배를 위하고 눈을 위하지 말라.'고 하면서 의식주가 해결되는 선에서 만족하고 그 이상의 재산, 권력, 명예, 지위 등은 남의 눈을 의식해서 잘나고 못나고를 비교하는 것에 불과하니 그것에 신경 쓰지 말라고 한다. 배를 위하고 남은 재산, 권력, 명예, 지위 등을 노자는 먹고 남은 '잔밥(餘食)에 불과하다.'고 24장에서 말한다. 먹고 남은 잔밥을 서로 차지하려고 경쟁을 하는 사람들을 보면서 밥 먹은 것에 만족하는 사람들은 부러워하지 않는다.

그래서 노자는 33장에서 '만족을 아는 자가 진정한 부자'라고 말한다. 이런 진정한 부자들은 장애 없는 나비처럼 편안하고 즐겁게 산다. 이들이 사는 길이 큰 길(大道)이다. 그런데 큰 길을 놔두고 백성들은 잔밥을 차지하기 위한 경쟁의 길인 작은 길(小道)로 달려간다.

만약에 대다수 사람들이 노자가 말한 것처럼 배를 위하는 정도에 만족하고 재산, 권력, 명예, 지위 등을 잔밥 정도로 여기면, 애벌레 탑과 같은 경쟁의 구도는 처음부터 만들어지지 않을 것이다. 실제로 자연(自然)에서는 애벌레 탑 같은 것이 없다. 이러한 탑은 인위적(人爲的)인 것이 통하는 인간세계에만 있는 일이다.

권력과 지위는 학급의 주번 정도로 여겨 어쩔 수 없이 돌아가면서 맡게 되는 일이 될 것이다. 돈과 명예는 소풍이나 체육대회에서 특기를 잘 발휘해 상을 타는 정도에 머물 것이다. 이것은 거기서 상을 탔다고 해서 잘난 사람으로 우월감을 가질 정도가 아니라는 의미이다.

질 문

1. 노자는 "오직 통치자는 백성들에게 베풀고 있다는 생각 이것을 두려워해야 한다."고 했는데, 너무 지나친 겸손이 아닌가?

2. 현재 먹고 남은 잔밥에 해당하는 재산, 권력, 명예, 지위 등이라도 미래를 위해 확보해 놓아야 하지 않는가?

3. 권력은 무정부보다는 좋은 필요악이 아닌가. 그렇다면 권력의 집중을 막을 수 없지 않은가?

54장

내 용

잘 세운 것은 뽑히지 않고, 잘 품은 것은 이탈하지 않는다. 선조들이 이러한 도리를 잘 알고 실행하면, 자손들이 지내는 제사는 그치지 않을 것이다. 그 도리를 자신이 수행하면 그 덕이야말로 진실하고, 가정에서 수행하면 그 덕이야말로 여유롭고, 마을에서 수행하면 그 덕이야말로 길어지고, 나라에서 수행하면 그 덕이야말로 풍성하고, 천하에서 수행하면 그 덕이야말로 평화가 두루 미친다.

그러므로 자신으로써 자신을 돌아보고, 가정으로써 가정을 돌아보고, 마을로써 마을을 돌아보고, 나라로써 나라를 돌아보고, 천하로써 천하를 돌아본다. 나는 어찌 천하가 그러한 줄 알겠는가? 이것이 자연의 이치이기 때문이다.

善建者不拔 善抱者不脫 子孫以祭祀不輟 修之於身其德乃眞 修之於家其德乃餘 修之於鄕其德乃長 修之於國其德乃豊 修之於天下其德乃普 故以身觀身 以家觀家 以鄕觀鄕 以國觀國 以天下觀天下 吾何以知天下然哉 以此(선건자불발 선포자불탈 자손이제사불철 수지어신기덕내진 수지어가기득내여 수지어향기덕내장 수지어국기득내풍 수

지어천하기득내보 고이신관신 이가관가 이향관향 이국관국 이천하관천하 오하이지천하연재 이차)

도 표

	수행	덕	결론
자연의 이치인 도리를 실행함	자신을 닦고 돌아봄	진실함	내가 잘하면 일이 잘못되지 않음을 알고 운명이나 남 탓을 하지 않으며, 자신과 자신이 속한 공동체를 돌아보면서 부족한 점을 채워나감
	가정을 닦고 돌아봄	여유 있음	
	마을을 닦고 돌아봄	길어짐	
	국가를 닦고 돌아봄	풍성함	
	천하를 닦고 돌아봄	평화로움	
사 례	잘 세운 것은 뽑히지 않고, 잘 품은 것은 이탈하지 않음의 도리를 선조들이 잘 알고 실행하면 자손들이 지내는 제사가 그치지 않음		

♣ 해 설

우리들은 어떤 일이 잘 안되었을 때, 운이 나빴다고 하거나 그것을 방해한 남 때문에 그렇다고 여기기 쉽다. 그러나 노자는 그 모든 원인이 자신의 부족함 때문이라고 말한다. 왜냐하면 자신이 부족하지 않으면 어떤 일이든 안 되는 상황이 처음부터 오지 않기 때문이다.

그래서 54장 첫 구절은 "잘 세운 것은 뽑히지 않고 잘 품은 것은 이탈하지 않는다."이다. 이 말은 만약에 세운 것이 뽑히거나 품은 것이 이탈한다면 그것은 잘 세우지 못했고 잘 품지 못해서 그렇다는 의미이다. 그런데도 자신의 부족함을 탓하지 않고, 그 원인을 다른 곳으로 돌리면 잘못이라고 노자는 지적하고 있다.

그 다음 구절은 잘 세우고 잘 품은 경우 어떤 결과가 나오는지를 알기 위한 한 가지 사례로 조상에 대한 제사를 들고 있다. 노자는 선조들이 자손들을 잘 키운 경우, 그 자손들이 지내는 조상에 대한 제사가 그치지 않는다는 말을 한다. 역으로 말해서 자손들이 조상에 대한 제사를 지내지 않으면 선조들이 자손들을 잘 못 키웠다는 말이 된다. 자손들이 조상에 대한 제사를 끊는다는 것은 조상들이 세운 것을 뽑았다는 말이며, 조상들이 품은 것에서 이탈했다는 말이다.

여기에는 두 가지 정신이 들어 있다. 그 정신 중 첫째는, 모든 일에 있어 남 탓이나 운명[163] 탓을 하지 말고 자신의 탓으로 여기라는 정신이다. 이 정신은 천주교에서 '내 탓이오' 운동으로 전개되기도 한다.[164] 그리고 불교에서는 연기론(緣起論)[165]이라 하여 어떤 상황에

---

163) 여기서의 운명은 자신의 행위에 대한 결과와 관계없이 우연히 일어난 것이라는 의미이다.

164) 프란치스코 교황의 방한을 계기로 한국에서는 '내 탓이오' 운동의 열기가 더 뜨거워졌다. 원래 "내 탓이오, 내 탓이오, 내 큰 탓이옵니다!"(라틴어 mea culpa, mea culpa, mea maxima culpa!)라는 말은 가톨릭 미사 때 자신의 죄를 고백하며 쓰는 말이다. 이 말이 우리나라에서 회자하게 된 것은 90년대 초 김수환 추기경이 자동차 뒤에 '내 탓이오'라는 스티커를 붙여 큰 반향을 일으킨 일이 그 단초가 되었다. 그러다가 교황의 방문을 앞두고 갑자기 다시 '내 탓이오' 캠페인이 재점화되었던 것이다.

165) 연기론은 인연생기론(因緣生起論)의 약자(略字)이다. 여기서 연(緣)은 환경과

처해지든지 그 모든 원인은 자신의 내면에 있다는 점을 나타낸다. 54장에서 말하는 이 도가(道家)의 정신은 어떤 일이 잘못된 경우라도 내 탓으로 여긴다는 점에서 천주교와 불교의 정신과 유사하다고 할 수 있다.

여기에서 말하는 두 가지 정신 중 둘째는, 세웠는데 뽑혔거나 품었는데 이탈한 경우가 발생하면 잘하지 못해서 그렇다고 반성하고 잘하기 위해 적극적으로 노력하는 정신이다. 어느 정도 적극적으로 노력해야 하는가? 세웠다고 하면 뽑히지 않을 정도이고, 품었다고 하면 이탈하지 않을 정도로 잘 할 때까지이다.[166] 이 정도로 잘 할 때까지는[167] 항상 자신이 부족하다고 여기고 자신의 부족한 점을 닦아 없

상황 등 외면(外面)을 말한다. 인(因)은 그러한 환경과 상황에 처해져야만 하는 원인이다. 이 원인이 나의 내면에 저장되어 있음을 말한다. 그리고 생기(生起)는 연과 인이 만나서 바로 지금의 사건이 일어남을 말한다.

166) 노자는 적극적으로 노력하지 않는 삶의 스타일을 강조하는 것으로 오해하기 쉽다. 적극적이지 않는 것은 남들과의 경쟁인 외면에서 그런 것이지, 내면의 반성과 도를 추구하는 데 있어서는 아주 적극적이다. 노자의 사상은 현실긍정의 측면이 강하다. 이런 면이 불교에 영향을 주어 중국에서는 자기 내면을 적극적으로 관찰하는 선종(禪宗) 탄생을 도운 측면이 있다.

167) 54장에 의하면 두 가지의 '잘할 때까지'만 소개되어 있으나 27장과 68장에는 더 많이 소개되어 있다.

"길을 잘 가는 자는 흔적을 남기지 않는다. 말을 잘하는 자는 나무랄 허물이 없다. 계산을 잘하는 자는 계산도구를 사용하지 않는다. 잠그기를 잘하는 자는 빗장과 자물쇠를 사용하지 않는데도 열리지 않게 한다. 묶기를 잘하는 자는 묶을 줄을 사용하지 않는데도 풀 수 없게 한다. 그런 까닭에 성인은 항상 사람을 잘 구하므로 사람을 버리는 일이 없고, 항상 물건을 잘 건져서 버리는 일이 없다. 이것을 일러 늘 그러한 이치를 아는 현명함을 잇는다고 한다."(27장)

"관리를 잘하는 자는 무력의 위세를 사용하지 않고, 싸움을 잘하는 자는 성내지 않으며, 적을 가장 잘 이기는 자는 적과 마주치지 않고, 사람을 가장 잘 쓰는

애야 한다. 노자를 현실주의자가 아닌 이상주의자로 보는 경우가 있는데 그것은 현실적으로는 이 정도로 잘 하기 어렵다고 여기기 때문이다. 그러나 노자는 내면의 힘을 기르면 가능하다고 보기 때문에 현실적이다.

노자는 이러한 정신으로 사는 것이 삶의 이치이며 삶의 도리라고 보면서, 이 도리를 익혀서 실행하는 것을 수행이라고 한다. 그리고 이 도리를 개인뿐만 아니라 집단으로 외연을 확대하여 개인, 가정, 마을, 나라, 천하의 일에도 해당시킨다. 그러면 그는 수행의 결과로 개인에게는 진실됨이, 가정에는 여유가, 마을에는 오래감이, 국가에는 풍성함이, 천하에는 평화로움이 두루 미친다고 말한다.

이러한 확대는 유교경전인 『대학(大學)』에 나오는 수신제가치국평천하(修身齊家治國平天下)를 생각나게 한다. 이 두 방식이 모두 수신(修身)168)에서 출발해서 천하의 일까지 가능하다고 생각했다는 점에서 유사하다. 이것은 춘추전국시대의 제자백가들은 모두 천하의 평화를 어떻게 구축하느냐가 가장 큰 관심사였기 때문에 당연한 것이다.

노자는 이어서 이 도리를 제대로 아는 사람은 "자신으로써 자신을 돌아보고, 가정으로써 가정을 돌아보고, 마을로써 마을을 돌아보고,

---

자는 그들의 아래에 몸을 둔다. 이것을 다투지 않는 덕이라 하고, 이것을 사람 쓰는 능력이라 하며, 이것을 하늘과 짝할 수 있는 옛날부터 전해온 지극한 이치라 한다."(68장)

168) 『대학』에서는 수신(修身)에 이르는 단계로 격물치지성의정심(格物致知誠意正心)을 들고 있으나, 『도덕경』에는 수신(修身)에 해당하는 수지어신(修之於身)에 이르는 단계에 대해 구체적으로 언급한 것은 없다. 뿐만 아니라 수(修)라는 단어도 54장 이외에는 나오지 않는다.

나라로써 나라를 돌아보고, 천하로써 천하를 돌아본다."고 하였다. 개인적인 일이 조금이라도 덜 되었을 때, 그 원인을 다른 곳에서 찾지 않고 철저히 자기 자신에게서 찾는 사람은 결국 실패하지 않는다.

마찬가지로 가정의 일이 조금이라도 덜 되었을 때, 그 원인을 다른 곳에서 찾지 않고 철저히 그 가정 안에서 찾는 가정은 실패하지 않는다. 이런 방식으로 마을, 국가, 천하의 문제도 각자 그 공동체 안에서 철저히 그 원인을 찾아 수준을 높여가면 실패하지 않는다.

이 54장에서 말하는 도리를 제대로 안다면, 모든 것을 내 탓으로 여기고 잘 해낼 수 있는 사람이 되려고 내면의 힘을 기르기 위해 노력할 것이니, 결국 우리는 실패하지 않는 인생을 살 수 있다. 그런데 왜 우리는 이런 도리를 모르고 남 탓이나 변명을 하면서 내면의 힘을 기르지 않는가? 외면의 힘에 너무 의지하기 때문이다. 외면의 힘은 바깥으로 보이는 것으로 남들이 쉽게 인정해 주는 힘이다. 이 힘은 눈에 보이는 경쟁에서 이길 수 있는 힘이다.169)

노자는 33장에서 '남을 이긴 자는 힘이 있고, 자신을 이기는 자는 강하다.'고 했다. 눈에 보이지 않는 자신과의 싸움에서 이길 것을 강조한 것이다. 대부분의 사람들은 남을 이기기 위한 힘을 기르거나, 힘을 기르지 못했을 경우에는 힘이 있는 자에게 고개를 숙이면서 살아간다. 그러나 처음부터 그런 경쟁에 뛰어들지 않으며, 내면의 실력을 길러 잘 세워서 뽑히지 않고 잘 품어서 이탈하지 않도록 만드는 사람이 인생의 승리자가 된다.

---

169) 『꽃들에게 희망을』이라는 책의 내용 중에서 예를 들면, 이때의 이길 수 있는 힘은 기둥을 오르는 애벌레들이 다른 애벌레들을 밟고 올라설 수 있는 힘이다.

질 문

1. 노자는 남과의 싸움 없이 인생을 살 수 있다고 생각하는가?

2. 자신과의 싸움을 강하게 한다면 무위자연의 삶과는 배치되지 않는가?

3. 노자가 제사를 소중하게 여겼는가? 그렇다면 불로장생을 추구하는 도교와는 어긋나지 않는가?

55장

내 용

덕을 두텁게 품음은 갓난아이와 비교된다. 갓난아이는 벌과 전갈과 살무사도 독을 쏘지 않고, 맹수가 발톱으로 할퀴지 않으며, 움키는 새도 손톱으로 잡지 않는다. 그리고 갓난아이는 뼈가 약하고 근육이 부드럽지만 쥐는 힘은 견고하다. 암수의 교합에 대해서는 아직 모르지만 음부가 발기하는데 정기가 지극하기 때문이다. 하루 종일 울어도 목이 쉬지 않는데 조화가 지극하기 때문이다. 조화를 알면 오래 지속하고, 오래 지속할 줄 알면 현명하다.

그런데 많은 사람들은 삶에 있어 능력이나 재산 등을 억지로 늘리려고 한다. 늘리려는 마음으로 기운을 쓰면 자신이 강해진다고 생각하기 때문이다. 그런데 만물은 장성해서 강해지면 곧 쇠퇴한다. 강해지기 위해 억지로 늘리려고 함을 가리켜 도에 어긋난다고 한다. 도에 어긋나면 오래 지속하지 못하고 일찍 끝나버린다.

含德之厚 比於赤子 蜂蠆虺蛇不螫 猛獸不據 攫鳥不搏 骨弱筋柔而握固 未知牝牡之合而朘作 精之至也 終日號而不嗄 和之至也 知和曰常知常曰明 益生曰祥 心使氣曰强 物壯則老 謂之不道 不道早已(함덕지

후 비어적자 봉채훼사불석 맹수불거 확조불박 골약근유이악고 미지빈모지합이최작 정지지야 종일호이불사 화지지야 지화왈상 지상왈명 익생왈상 심사기왈강 물장즉노 위지부도 부도조이)

도 표

<table>
<tr><td colspan="3">조화를 알아 지속하는 두터운 덕은 갓난아이처럼 사는 것임</td></tr>
<tr><td colspan="2">갓난아이</td><td>정기와 조화가 지극함</td></tr>
<tr><td rowspan="6">사례근거</td><td>1</td><td>뼈와 근육은 약한데도 손아귀 힘은 강함</td></tr>
<tr><td>2</td><td>남녀교합은 모르는데도 발기함</td></tr>
<tr><td>3</td><td>종일 울어도 목이 쉬지 않음</td></tr>
<tr><td>4</td><td>벌, 전갈, 살무사가 쏘지 못함</td></tr>
<tr><td>5</td><td>맹수가 할퀴지 못함</td></tr>
<tr><td>6</td><td>거친 새가 움키지 못함</td></tr>
<tr><td rowspan="2">결 론</td><td>얕은 덕</td><td>억지로 늘리려고 함 → 도에 어긋남 → 지속 못함 → 어리석음</td></tr>
<tr><td>두터운 덕</td><td>늘리려고 하지 않음 → 도에 일치함 → 지속함 → 현명함</td></tr>
</table>

해 설

우리들은 흔히 노자가 도에 어긋난다고 하는 일인 부도(不道)에 매달리고 있다. 이것은 삶에 편리하고 좋은 것을 더 많이 지녀 강해지고 장성해지면 가장 행복한 삶을 산다고 여기기 때문이다. 그래서 한 발짝이라도 이 방향으로 다가가기 위해 일심으로 노력한다. 그런데 노자는 이 방향으로 가면 쉽게 쇠퇴하게 된다고 지적하고 있다.

노자는 48장에서 "학문을 하면 나날이 일삼는 일이 늘어나고 도를 행하면 나날이 일삼는 일이 줄어진다. 나중에는 줄고 또 줄어 억지가 없음에 이르게 된다. 억지가 없음에 이르게 되면 하지 못함이 없다. 천하를 취함에 있어 항상 일삼는 일을 하지 않기 때문에 가능하다. 일삼는 일을 하기에 이르면 그것 때문에 세상을 취하기에 부족하다."고 하였다.

우리들 대부분은 학교에서 공부를 왜 하느냐고 물으면, '출세 성공하기 위해서'라고 답한다. 하급학교의 공부 목적은 보다 좋은 상급학교에 입학하기 위해서이다. 이 목적에 부합하지 않는 과목 등은 어쩔 수 없이 하거나 형식적으로만 하게 된다. 이때의 '보다 좋은 상급학교'는 말할 것도 없이 출세 성공하는 데 유익한 학교이다. 학생들에게 공부는 경쟁력을 키우기 위한 수단에 불과하다.

그렇지만 학생들에게는 이 수단이 출세 성공을 위해 대단히 필요한 수단으로 여겨지기 때문에 공부는 학생들에게 엄청난 스트레스를 주고 있다. 이러한 스트레스는 학교를 졸업 후 사회에 나가면 더욱 강화된다. 이 사회는 강자만이 살아남는 무한경쟁 체제이며 프로들의 세계이기 때문이다.

무한경쟁 체제에서는 어떤 개인이나 집단도 남보다 앞서 강성해지는 자만이 살아남는다는 강박관념170)을 지니기 쉽다. 긍정적으로 본

---

170) 강박관념(強迫觀念) : 마음속에서 떨쳐 버리려 해도 떠나지 아니하는 억눌린

다면 이 강박관념이 오늘날 같은 과학기술시대를 열었고, 앞으로도 더욱 가속도가 붙어 인류는 미래를 예상하지 못할 정도의 빠른 속도로 강성해질 것이다. 그리고 그 혜택을 많은 사람들이 누리고 있다. 그러나 부정적으로 본다면 과학기술의 발전은 물질적으로는 생태오염과 환경파괴를, 사회적으로는 약육강식의 국제관계를,[171] 정신적으로는 고독을 수반한 황폐함을 낳고 있다.[172]

달이 차면 기울 듯이 만물은 장성하면 쇠퇴한다. 그런데 억지로 무리하게 빨리 장성해지기 위해 달려가는 것은 도에 어긋난다고 노자는 말한다. 크게 보는 노자의 눈에는 출세와 성공을 지향하는 사람들의 삶이 억지로 무리하게 빨리 장성해지는 것을 좇고 있는 것으로 보인다. 그래서 권력, 명예, 지위, 재산 등의 기운을 좇아서 강해지고자 하는 마음만 지니고 있는 사람들에게, 당신들이 그렇게 해서 장성해지면 쉽게 쇠퇴의 길로 들어서게 되는데도 그 길로 가겠느냐고 묻고 있다.

그럼 쉽게 쇠퇴의 길로 가지 않기 위해서는 어떻게 해야 하는가? 물론 생활을 이롭게 한다고 여겨지는 권력, 명예, 지위, 재산 등의 기운을 좇아서 강해지고자 하는 마음을 늘릴 것이 아니라 줄여야 한다. 이런 마음을 줄여 가면 갈수록 덕은 두터워진다고 노자는 생각한

생각. (네이버 사전)

171) 각 나라들이 국제관계에서 우위를 점하기 위해서 부자나라 강한 병력이 되기 위한 정책을 취하면서 서로 우수한 무기를 지니기 위해, 그리고 그러한 무기를 지니기 위한 경제력을 높이기 위해 치열한 경쟁을 하고 있다. 이 과정에서 끊임없는 전쟁이 일어나고 있다. 노자는 부자나라 강한 병력과 반대의 길인 작은 나라 적은 백성을 들고 있다.

172) 카뮈의 표현을 빌자면 이방인(異邦人)이 증가하고 있다.

다. 그리고 가장 두터운 덕을 지닌 상태를 갓난아이의 상태와 같다고 말한다.

갓난아이는 아직 권력, 명예, 지위, 재산 등이 자신의 생활에 이익이 되는 줄 모른다. 따라서 그런 것들을 늘리려고 하지 않는다. 다만 기본적 욕구에 충실하면서 부드러운 상태를 유지하기 때문에 자연과 잘 조화를 이루고 있다. 그 예로서 갓난아이가 뼈도 약하고 근육이 부드러운데도 불구하고 손아귀 힘이 세다. 또한 갓난아이는 남녀의 교합을 몰라도 음부가 발기하는데 이것은 정기(精氣)가 지극하기 때문이라고 노자는 말한다.

그리고 갓난아이는 어미의 젖이 없을 때 울어서 알려야 살 수 있기 때문에 목청껏 운다. 그래도 그 갓난아이는 목이 잠기지 않는다. 이것은 그 어리고 어린 생명도 자신의 생명에 진정으로 이익이 되는 것이 무엇인지 알아서 생명을 지켜냄을 알 수 있다. 이런 힘에 대해 노자는 조화가 지극하기 때문이라고 한다.

손아귀의 힘이 강하고, 음부가 발기하고, 목이 쉬지 않는 것 등은 모두 몸의 기운이 조화의 극치를 이루고 있기 때문으로 노자는 보고 있다. 그리고 이런 조화를 아는 것을 일러 '오래 지속함'이라고 했다. 55장에서 오래 지속함은 일찍 끝남과 대비되는 말이다. 따라서 갓난아이는 오래 지속할 수 있는 방법을 자연히 본능적으로 안다고 볼 수 있다. 이에 비해 대다수의 어른들은 오히려 오래 지속할 수 있는 방법을 모르고 일찍 끝나는 길로 들어가고 있다. 그래서 노자는 오래 지속함을 아는 것을 현명하다고 하면서 어린아이처럼 살 것을 강조한다.

노자가 아무리 이렇게 말을 해도 사람들은 잘 알아듣지 못한다.

왜냐하면 약한 자가 강자의 먹이가 되는 약육강식의 세계에서는 강해야 오래간다고 생각하기 때문이다. 이에 대해 노자가 대답하기를, 갓난아이는 "벌과 전갈과 살무사도 쏘지 않고, 맹수가 발톱으로 움키지 않으며, 거친 새도 손톱으로 움키지 않는다."고 한다.[173] 갓난아이는 강건해지기 위한 여러 힘들을 늘리려고 하지 않는다. 그러니 이것은 도에 일치한다. 도에 일치하니 지속하고, 지속할 수 있으니 현명하다.

우리는 생존경쟁이 심한 현실을 감안할 때 어린아이의 삶은 유약하기 때문에 그대로 있어서는 안 되고 자라면서 강건해져야 한다고 생각한다. 그러나 노자는 만물은 강건해지면 빨리 쇠퇴하기 때문에 좋지 않다고 말한다. 노자는 강건해지면 도와 멀어지면서 덕이 얕아지니 유약한 갓난아이처럼 사는 것이 바람직하다고 말한다. 그래야만 도에 가깝고 덕이 두텁다고 한다.

고대 동양철학자인 노자가 내린 이 결론은 서양철학을 전공한 나에게 서양의 현대철학자 니체가 낙타, 사자, 어린아이의 단계 중 어린아이 단계가 가장 높다고 한 말을 생각나게 한다.

---

173) 실제로 정기가 지극하고 조화가 지극하면 짐승들도 덤비지 못하는지는 모르겠다. 앞으로 과학자가 증명할 일이다. 그러나 한 가지는 확실한 것 같다. 갓난아이는 타자(짐승이나 사람 등)에 대해 적대감이나 두려움은 없을 것 같다. 짐승들도 상대가 위협의 대상으로 여기지는 않을 것 같다.

질 문

1. 어린아이의 삶은 본능적이고, 본능적이면 동물과 같은데, 어찌 높이 평가할 수 있는가?

2. 만물은 유전하는데 오래 지속하기 위해 어린아이의 상태를 유지하려는 것도 자연스럽지 못하고 인위적이 아닌가?

56장

내 용

어떤 대상이든 한정형식으로 구분해서 이름 붙일 수 있어야 그 대상을 비로소 무엇이라 말할 수 있는데, 진실로 있는 것[174]은 이름으로 불리어 분별되기 전의 상태이기 때문에 이것을 아는 사람은 말이 없다. 이름으로 분별해서 말하는 사람은 진실로 있는 것을 제대로 알지 못한 것이다. 진실로 있는 것을 제대로 알기 위해서는 사물들을 분별하는 감각기관[175]이라는 구멍을 막고 판단작용[176]이라는 문을 닫아야 한다.

이렇게 하면 분별하는 예리함은 꺾이고, 공통부분을 보게 되어, 다

---

174) 우리말로는 진정한 실재(實在)라 할 수 있다. 영어로는 reality, 라틴어로는 Rēs Verae, 도가(道家)의 용어로는 도(道), 불교용어로는 공가중(空假中)의 삼체(三體) 가운데 중체(中體)라 할 수 있다.

175) 시각은 '색깔과 모양'이라는 한정형식을, 청각은 '소리'라는 한정형식을, 미각은 '맛'이라는 한정형식을, 후각은 '냄새'라는 한정형식을, 촉각은 '촉감'이라는 한정형식을 각각 느낀다.

176) 감각기관을 통해 들어오는 한정형식들을 내용으로 하고, 이 내용(자료)에다 감성형식과 오성형식을 부여하여 판단하기 위한 명제를 구성해낸다.(칸트의 인식론 참조)

툼의 원인이 되는 분열을 해소하여 통합한다. 감각기관을 통해 들어온 한정형식의 두드러진 빛깔을 다른 빛깔과 조화시켜 두드러지지 않게 하고, 티끌처럼 분별되지 않도록 같게 한다. 이것을 '현묘한 같음'[177]이라고 한다.

그래서 가까이 할 수도 없고, 멀리 할 수도 없다. 이익이라 할 수 없고, 손해라 할 수도 없다. 귀하다 할 수 없고, 천하다 할 수 없다. 따라서 가깝고 멈, 이익과 손해, 귀하고 천함 등의 분별심에 매이지 않고 자유롭게 살면서 평화로운 세상을 만들 수 있기 때문에 세상에서 가장 귀한 존재가 된다.

知者不言 言者不知 塞其兌 閉其門 挫其銳 解其分 和其光 同其塵 是謂玄同 故不可得而親 不可得而疏 不可得而利 不可得而害 不可得而貴 不可得而賤 故爲天下貴(지자불언 언자부지 색기태 폐기문 좌기예 해기분 화기광 동기진 시위현동 고불가득이친 불가득이소 불가득이리 불가득이해 불가득이귀 불가득이천 고위천하귀)

도 표

현묘한 같음(玄同)을 아는 자는 세상에서 가장 귀한 존재임		
	현묘한 같음을 앎	현묘한 같음을 모름
사람	아는 자는 말이 없고,	모르는 자는 말이 있고,

177) 한정형식이 들어가서 분별되기 전의 '진실로 있는 그대로의 같음'이다.

	말하는 자는 모름	말하는 자는 모르는 자임
이유	한정형식으로 구분하지 않음 → 이름이 없음 → 말이 없음	한정형식으로 구분함 → 이름이 있음 → 말이 있음
행위	감각의 구멍과 판단의 문을 막음 → 예리함을 꺾고, 분열을 해소하고, 빛을 조화시키고, 티끌과 같게 함	감각의 구멍과 판단의 문을 막지 않음 → 가깝고 멈, 이익과 손해, 귀하고 천함의 이분법에 매여 사물을 분별함

해 설

"아는 사람은 말이 없고, 말하는 사람은 알지 못한 것이다."로 시작되는 56장은 도덕경의 존재론과 인식론이 함께 고려되어야 풀리며, 이분법이 극복되어야 이해 가능하다. 그리고 56장은 이분법의 극복을 생활에 실천하는 자세까지 언급하고 있다.

'아는 사람은 말이 없고, 말하는 사람은 알지 못한 것이다.'에서 핵심어는 '안다'는 동사이다. '안다'는 말은 목적어가 요구되는 동사이다. 즉 목적어에 해당하는 '무엇'을 안다고 해야 말이 되는 동사이다. 그러면 56장의 첫 구절에서, '무엇'을 아는 사람이 말이 없고, 말하는 사람은 '무엇'에 대해 알지 못한다는 것인가? 대다수의 도덕경 해설가들은 '무엇'에 해당하는 것을 도라고 한다.

그래서 그들은 '도를 아는 사람은 말이 없고, 도에 대해 말하는 사람은 도에 대해 모르는 사람이다.'로 해석한다. 해석에 무리가 없다. 문제는 도를 신비로 몰아가는 데 있다. 이렇게 신비로 몰아가는 사람들은 이것에 대해서 더 이상 언급하지를 않는다. 도에 대해 언급하면 위의 56장 첫 구절에 따라 '모르는 사람이 되기 때문'이다.

그런데 이것에 대해 언급하는 학문을 존재론(存在論, ontology)이라고 한다. 존재론은 궁극적인 존재, 진정한 실재, 존재 그 자체인 실체 등 다양하게 불리지만, 이것보다 더 실재적인 것을 찾을 수 없는 가장 근원적인 존재에 대해 밝히는 이론이다. 많은 철학자들이 이것에 대해 언급했으며, 나름으로 이 근원적인 존재와 이 존재에서 비롯된 다른 존재들과의 관계를 포함해서 전우주의 존재를 설명하려고 했다. 이것을 우주론(宇宙論, cosmology)이라고 한다.178)

그리고 근원적인 존재와 이 존재에서 비롯된 다른 존재들을 어떻게 우리가 알 수 있는가에 대한 이론을 인식론(認識論, epistemology)이라고 한다. 노자는 56장에서 바로 그 근원적인 존재에 대해 언급하면서 그것에 대한 인식이 이분법(二分法, dichotomy)에 의해서는 알 수 없다는 점을 지적하고 있다.

우리는 일반적으로 사물을 인식할 때 이분법에 입각해서 한다. 이분법은 감각기관을 통해서 사물을 인식할 때 원천적으로 발생한다. 감각기관 중 우리가 가장 많이 사용하는 것이 시각이기 때문에 시각에 의한 경우를 예로 들어보자. 우리 앞에 '붉은 사과'가 놓여 있는 것을 보고 '저 사과는 붉다.'는 말로 표현했다면 옳은 표현이다. 그런데 그 상황을 보고 '저 배는 붉다.'고 하거나, '저 사과는 푸르다.'고 하면 그릇된 표현이다.

---

178) 우주론에서 신론(神論)을 뺀 이론을 존재론이라 하고 신론을 포함한 이론을 형이상학(形而上學)이라고 주장한 사람도 있었는데, 그는 볼프((Christian Wolff, 1679-1754, 독일의 계몽 철학자)이다.

여기서 '옳다'와 '그르다'를 구분하는 데 쓰인 단어는 두 개이다. 그 두 단어는 '사과'와 '붉음'이라는 한정형식[179]들이다. 그 사물을 지칭하면서, '저것은 사과이다.'라고 하면 옳고, 앞 문장의 '사과' 자리에 배 등 사과 이외의 단어를 넣으면 그르다. 왜냐하면, 사과 이외의 단어를 그 자리에 넣는다는 것은, '저것에 대한 언급이 아니기 때문이다. 결국 진위(眞僞)의 여부는 '저것은 사과이다.'와 '저것은 사과가 아니다.'의 이분법에 의해 확인된다. 같은 방식으로 '저 사과는 붉다.'와 '저 사과는 붉은 것이 아니다.'의 이분법에 의해 진위가 확인된다.

이렇게 이분법에 의해 진위가 확인되는 사물은 근원적인 존재가 아니라, 이 근원적인 존재에서 비롯된 다른 존재들이다. 이 존재들을 인식하는 방법인 이분법을 근원적인 존재를 인식하는 데 사용하면 오류가 발생한다고 노자는 보고 있다. 왜냐하면 근원적인 존재는 한정형식이 진입하기 이전의 상태로 있기 때문이다.

한정형식이 진입하기 이전에는 '옳다'와 '그르다'의 이분법으로 분화되기 이전의 '같음'을 유지하고 있는 상태이다. 이러한 상태를 '현묘한 같음(玄同)'[180]이라고 한다. 그래서 노자는 근원적인 존재를 인식하기 위해서는 우선 그 오류를 발생시키는 감각기관을 틀어막아야 한다고 말한다. 그리고 그 감각기관을 통해 이분법으로 만들어서 판단하는 문을 닫아야 한다고 말한다.

감각기관을 막고 판단하는 문을 닫으면, 이분법으로 갈고 닦인 분

---

179) '붉은 사과'의 경우, '사과'라는 명칭으로 한정되거나, '붉은'으로 한정되기 때문에 한정형식이라고 한다.

180) 현묘한 같음(玄同)은 깜깜한 밤에 사물을 보았을 때 모두 검은 색으로 같게 보이는 상태이다. 이것은 낮에 시각이 작동되어 한정형식들이 진입하여 다르게 분화되어 보이는 상태와 대비된다.

석(分析)의 예리함을 스스로 꺾을 수 있고, 이분법으로 인해 발생한 분열을 해소하여 통합시킬 수 있다. 이러한 행위는 자신을 뚜렷이 드러내고자 하는 마음을 눌러 주변과 조화를 이루면서 자신이 티끌들처럼 주변과 같은 존재라는 마음으로 주변사람을 대하게 한다.

이것이 가능한 이유는 근원적인 존재인 진정한 실재는 이분으로 갈라지기 이전의 '현묘한 같음' 상태에 있음을 알기 때문이다. 이러한 현묘한 같음은 지식이 많은 학자보다는 55장에서 살펴본 것처럼 갓난아이의 세상에 대한 시선에서 쉽게 찾을 수 있다.

갓난아이의 시선에서 찾을 수 있는 현묘한 같음을 얻은 사람은 가깝고 멈, 이익과 손해, 귀하고 천함 등의 분별심에 매이지 않는다. 현묘한 같음을 얻었기 때문에 어떤 대상을 가까이 하거나 멀리할 수 없고 이익을 보거나 손해를 볼 수 없고 귀하게 여기거나 천하게 여길 수 없다. 내가 누군가를 가까이하면 상대적으로 누군가는 멀어질 수밖에 없다. 내가 이익을 보면 상대적으로 누군가는 손해를 본다. 내가 누군가를 귀하게 여기면 상대적으로 누군가는 천하게 여겨진다.

이러한 상대적 평가에서 소외되고, 손해보고, 천하게 취급받은 사람들은 불평불만을 갖게 된다. 반대로 상대적 평가에서 친해지고, 이익보고, 귀하게 대접받은 사람은 우쭐해지기 쉽다. 이것으로 인한 분열이 세상에서 모든 투쟁의 원인이 된다. 이런 투쟁의 원천을 차단해서 분열을 해소하는 인물이야말로 세상에서 가장 귀한 존재임에 틀림없다고 노자는 말한다.

질 문

1. 아는 자는 말이 없고 말하는 자는 모른다고 했는데, 웬 말이 이렇게 많은가?

2. 분별심이 없으면 현실생활이 불가능하지 않은가?

3. 우리처럼 평범한 사람들이 근원적인 존재인 진정한 실재를 굳이 알 필요가 있는가?

57장

내 용

통치자는 바름의 기준을 세워 통치하고, 기이(奇異)한 물건을 만들어 병기로 사용한다. 그러나 그런 일을 하지 않고 천하를 취하는 것이 좋다. 내가 어떻게 그것을 아는가 하면 다음의 이유 때문이다.

세상이 꺼려하는 일이 많아지면 백성들은 더욱 가난하게 된다.[181] 그리고 세상에 이로운 도구가 많이 주어지면 국가는 더욱 혼란해진다.[182] 사람들이 기교가 많아지면 기이한 물건들이 더욱 생기게 된다. 법령이 더욱 뚜렷해지면 오히려 그 법령을 앞지르는 도적이 많이 있게 된다.[183]

그러므로 성인이 말하기를, 나는 인위적으로 하는 바가 없는데도 백성들은 스스로 변화한다. 나는 고요하게 두기를 좋아하는데도 백

---

181) 공정한 사회를 만든다면서 규제를 강화하면 경제가 위축되어 다함께 가난하게 된다.

182) 기이하고 값비싼 최신상품이 계속 쏟아지면 가진 자와 못가진 자 사이의 격차가 심해지면서 백성들 사이의 갈등이 증폭되어 사회는 혼란에 빠지게 된다.

183) 죄가 항상 규제를 앞지른다. 죄가 발생한 이후에야 그 죄를 벌하는 규제가 따르기 때문이다.

성들은 스스로 바르게 된다. 나는 일을 벌이지 않는데도 백성들은 스스로 부자가 된다.[184] 나는 잘 가르치려고 하지 않는데도 백성들은 스스로 순박해진다.

以正治國 以奇用兵 以無事取天下 吾何以知其然哉 以此 天下多忌諱而民彌貧 民多利器國家滋昏 人多伎巧奇物滋起 法令滋彰盜賊多有 故聖人云 我無爲而民自化 我好靜而民自正 我無事而民自富 我無欲而民自樸(이정치국 이기용병 이무사취천하 오하이지기연재 이차 천하다기위이민미빈 민다리기국가자혼 인다기교기물자기 법령자창도적다유 고성인운 아무위이민자화 아호정이민자정 아무사이민자부 아무욕이민자박)

도 표

<table>
<tr><td colspan="4">문제(問題)</td><td colspan="3">해결(解決)</td></tr>
<tr><td>관점</td><td colspan="3">대다수 통치자의 생각은
부자나라 강한 병력임</td><td>관점</td><td colspan="2">성인의 생각은
작은 나라 적은 백성임</td></tr>
<tr><td>유(有)
의
철학</td><td>바름의 기준을</td><td>세상에
꺼려하는
일이
많아지면</td><td>백성들이
더욱
가난해짐</td><td>무(無)
의
철학</td><td>일을 벌이지
않음</td><td>백성들이
스스로
부자가 됨</td></tr>
</table>

184) '만족을 아는 자가 부자다'고 할 때의 부자이다.

	세워통치	법령이 더욱 뚜렷해지면	도적이 많아짐		고요함을 좋아함	백성들이 스스로 바르게 삶
	기이한물건을병기로사용함	세상에 이로운 도구가 많이 주어지면	국가는 더욱 혼란해짐		잘 가르치려 하지 않음	백성들이 스스로 순박해짐
		사람들이 기교가 많아지면	기이한 물건들이 더욱 생김		인위적인 일을 하지 않음	백성들이 스스로 변화해 감

해 설

경제적으로 잘 살고 군사적으로 강한 부자나라 강한 병력의 나라를 목표로 하는 대다수의 통치자들이 나라 안에서는 질서를 잡기 위해서 백성들에게 바른 행위를 강요한다. 이때의 바른 행위는 올바른 수단을 사용하여 목적을 이루는 것을 말한다. 예를 들면, 열심히 공부하거나 일하는 정당한 수단으로 출세 성공하는 경우이다.[185] 그러나 나라 밖으로는 침략 등 바르지 못한 행위를 쉽게 한다. 이때의 바르지

185) 여기서의 바름은 병력을 사용할 때의 바르지 못함과 대비하여 설명한 것이다. 그러나 바름으로 나라를 다스린다고 했을 때, 바름의 기준을 통치자가 정하기 때문에 생기는 문제는 다음 문단에서 설명한다.

못한 행위는 올바르지 못한 수단을 써서라도 목적을 이루는 것을 말한다.

예를 들어 타국을 침략하여 식민지를 만드는 경우, 이때의 바르지 못한 수단은 거짓말이다. 그래서 자국민에게는 부자나라 강한 병력을 위한 진출이라 하고, 지배받는 타국민에게는 선진문화를 전수한다는 명분을 세운다. 비유하면, 자기 집 식구들에게는 도덕, 윤리의 바른 삶을 살아야 한다고 가르치면서, 다른 집을 통째로 빼앗아 버리는 일을 쉽게 하고도 그럴듯한 명분을 내세우는 것과 같다. 병법에서는 수단과 방법을 가리지 않고 이겨야 하고, 이기는 자가 정의이기 때문이다.

노자는 이런 일을 하지 않으면 오히려 천하를 취할 수 있다고 말한다. 그 이후에 내가 어떻게 그러함을 알 수 있는가 하면 이것 때문이라고 하면서 그 이유를 밝히고 있다. 바름으로 나라를 다스리기 위해서는 통치자가 내린 바름의 판단에 따르게 된다. 그런데 통치자의 판단은 자기가 통치하는 데 도움이 되는 것은 바른 것이며, 방해가 되는 것은 바르지 못한 것으로 분류되기 쉽다.

그리고 이 기준에 따라 백성들에게 도움이 되는 행위는 하라고, 방해가 되는 것은 하지 말라고 명령하면서 이 명령을 바른 것이라고 교육한다. 통치자는 이러한 명령과 교육을 통하여 백성들을 여러 가지로 규제하게 된다. 백성들은 이것에 따라 꺼리고 기피하는 일이 생기게 된다. 백성들이 꺼리고 기피하는 일이 많아지면 더욱 가난해진다고 노자는 말한다.

이것이 왜 그런가를 생각해보니 공산주의 국가가 떠오른다. 공산주의 국가는 경제적 평등과 인간소외를 해결하는 바른 방법이 모든 생산 수산을 공유화하는 길이라고 여겨 그것을 제도화한 국가이다. 그래서 공동생산과 공동분배를 하고 기초적인 소비품은 배급제를 하고 있다. 이것을 위해 대부분의 경제활동이 중앙집권적 계획경제의 원칙 아래 운영되고 있다.186)

따라서 중앙의 규제가 강화될 수밖에 없으니, 백성들은 열심히 일해도 그 대가(代價)가 자신에게 돌아오지 않는다. 그래서 백성들은 경제활동을 꺼리고 기피하게 된다. 결국 경제는 위축되고 다함께 가난해지는 결과를 가져오게 된다. 그리고 규제를 강화하기 위해서 법령이 불어나서 백성들에게 더욱 뚜렷하게 전달되면 백성들 중에는 더욱 가난하게 되어 도적이 되지 않고는 살아갈 수 없는 사람들이 늘어나게 된다.

이에 비해 자본주의 국가는 생산수단과 분배수단을 개인이나 개별조직에 맡기고, 생산자가 소비자와 자유롭게 만나는 시장경제를 한다. 생산자나 소비자가 모두 자유롭게 만나 경제적 이득을 얻으려고 노력하다 보면 가격과 생산량은 시장에서 자동으로 조절된다.187) 생산자와 소비자가 모두 좋은 물건들을 많이 지니는 것을 이익이라고 믿고, 여기에 몰두하면서 조금이라도 손해를 보지 않으려고 한다.

따라서 자본주의 국가에서는 국가공동체의 이익보다 개인이나 개별공동체의 이익을 더 우선시하기 때문에 지역이기주의188)에 따른

---

186) 북한 같은 경우 '국가계획위원회'에서 이 일을 맡아 해왔으나, 지금은 경제난의 해소를 위해 지방에 어느 정도 역할을 이양하고 있다.

187) 국부론의 저자인 아담 스미스(Adam Smith, 1723.6.5.-1790.7.17., 스코틀랜드 출신의 정치경제학자이자 윤리철학자)는 이것을 '보이지 않는 손'이라 했다.

188) 님비현상(NIMBY : Not In My Backyard)과 핌피현상(PIMFY : 'Please In My Front Yard') 등

문제가 발생되었을 때 국가는 더욱 어둡게 된다. 그리고 자본주의는 좋은 물건을 만드는 기교가 뛰어난 기술자를 우대해서 이기심에 물들어버린 백성들을 유혹하는 물건이 더욱 생기게 된다. 이러한 물건들이 많아지면 많아질수록, 가진 자와 못가진 자 사이의 격차는 심해지고, 만족하는 자의 숫자는 줄어들면서 행복지수는 떨어진다.

소박하고 적은 백성만 있는 나라인 '작은 나라 적은 백성'을 강조하는 노자의 관점에서 보면, 공산주의와 자본주의는 모두 '부자나라 강한 병력'을 추구하는 근본적인 문제를 안고 있다. 공산주의는 강병을, 자본주의는 부국을 우선으로 하고 있을 뿐이다. 그리고 공산주의는 공동체가 개별보다 우선이라서 바름에 맞추어야 하는 규제가 많고, 자본주의는 개별이 공동체보다 우선이라서 자유경쟁에서의 승리를 바름보다 더 중시한다. 노자의 눈으로 보면 바름을 강조하는 공산주의나 경쟁에서의 승리를 강조하는 자본주의가 모두 인위적인 이분법의 분별심에서 발생한 '있음의 철학'이 만들어낸 산물이다.

노자는 이에 대한 근원적인 해결방법으로 '없음의 철학'에서 나온 방법을 제시한다. 그 방법은 통치자가 인위적인 일을 하지 않고, 고요함을 좋아하고, 일을 벌이지 않고, 잘 가르치려고 하지 않으면, 백성들은 스스로 변화하고, 스스로 바르게 살고, 스스로 부자가 되고, 스스로 순박하게 된다는 것이다.

질 문

1. 자본주의에서의 '보이지 않는 손'은 노자가 말하는 억지가 없음과 어느 정도 유사성이 있지 않은가?

2. 노자가 보기에 있음이 문제라면, 공산주의와 자본주의는 각각 어떤 있음을 강조하는가?

58장

내 용

통치자가 바르지 못함을 바로잡는 일을 답답할 정도로 미루면 백성들은 순박해져 인정이 도탑게 되고, 바르지 못함을 바로잡는 일을 자세하게 따져 실행으로 옮기면 백성들의 심성은 이지러지고 인정이 부족하게 된다. 화(禍)는 복(福)이 의지하는 곳이고, 복은 화가 숨어 있는 곳이다. 누가 그 끝을 알 수 있겠는가? 바르지 못함을 바로잡기 위해서는 바름이 고정되어 있어야 하는데, 끝까지 지속하는 그러한 바름은 없다. 왜냐하면 바름도 그른 기이함이 되고, 선함도 요사스러운 악함이 되기 때문이다.

사람들이 이러한 이치를 모른 채 미혹189)한 지는 참으로 오래되었다. 그러므로 성인은 자신이 옳고 그름을 구별해서 옳게 행동하지만, 다른 사람들의 옳고 그름을 구별해서 편 가르지 않는다. 자신이 청렴하지만, 다른 사람들을 청렴하지 않다고 말함으로써 상처 입히지 않

189) 미혹에는 다음의 세 가지가 있을 것 같다. 첫째, 세상에 바름이 있다고 생각함. 둘째, 현재 상황에서 자신이 완전히 바른 판단을 할 수 있다고 생각함. 셋째, 그 판단에 따라 자세하게 따지면서 과감히 실행에 옮길수록 착한 행위라고 생각함.

는다. 자신이 정직하지만, 다른 사람들도 자신처럼 정직해야 한다면서 거리낌 없이 말하지 않는다. 자신이 훌륭한 삶을 살지만, 남들에게 자신의 삶이 훌륭하다는 점을 비치게 하여 자랑하지 않는다.

其政悶悶 其民淳淳 其政察察 其民缺缺 禍兮福之所倚 福兮禍之所伏 孰知其極 其無正 正復爲奇 善復爲妖 人之迷 其日固久 是以聖人方而不割 廉而不劌 直而不肆 光而不燿(기정민민 기민순순 기정찰찰 기민결결 화혜복지소의 복혜화지소복 숙지기극 기무정 정복위기 선복위요 인지미 기일고구 시이성인방이불할 염이불귀 직이불사 광이불요)

도 표

이론 근거	조직 통치		성인의 행위
화(禍)는 복(福)이 의지하는 곳이고, 복은 화가 숨어 있는 곳임	바로잡는 일을 미루면	백성들은 순박해짐	자신은 옳게 행동하지만, 다른 사람들의 옳고 그름을 구별해서 편 가르지 않음
바름도 그른 기이함이 되고, 선함도 요사스러운 악함이 됨	바로잡는 일을 실행하면	백성들의 심성이 부족해짐	자신은 정직하고 훌륭한 삶을 살지만, 다른 사람에게 강요하지 않고 자랑도 안함

해 설

58장은 가장 오래된 죽간본에 나오지 않는다. 반면에 55장, 56장, 57장은 죽간본에 나온다. 따라서 58장은 후대에 노자 해설가가 55장, 56장, 57장의 글을 종합적으로 해설한 것으로 보인다.

55장은 강하고 견고한 것을 우위에 두는 것을 바르다고 생각하는 것에 대해, 그렇지 않음을 가장 유약한 어린아이의 장점을 들어 지적하고 있다. 56장은 이분법을 잘 아는 사람이 다른 사람보다 우위에 있다고 뽐내는데, 실은 이분법을 잘 알면 알수록 진정한 진리인 현묘한 같음(玄同)으로부터 멀어져서 어리석다고 한다. 57장은 통치자가 바르게 통치하든지 바르지 않게 통치하든지 관계없이 암암리에 억지가 있는 이상 이미 나라를 잘못 다스리고 있다는 것을 지적하고 있다. 해결책으로는 인위적으로 하는 바가 없음, 고요하게 두기를 좋아함, 일을 벌이지 않음, 잘해보려고 하지 않음을 제시하고 있다.

55, 56, 57장에서 노자가 지적하고자 하는 문제의 바탕에는 자신은 바르고 남은 바르지 않다고 여기는 마음이 놓여 있다. 58장은 바로 자신이 바르다고 여기는 그 마음이 문제라는 점에 대해 종합적으로 지적하고 있다. 노자는 이 이치를 대부분 사람들이 오랫동안 잘 모르고 이분법에 입각한 사고를 옳다고 여기고 있다고 말한다.

그리고 노자는 이 이치를 백성들을 다스리는 통치에는 어떻게 적용하는지, 개인인 자신은 구체적으로 어떻게 행위하는지를 비교적 상세히 밝히고 있다. 결국 58장은 이 이치를 제대로 알면 조직사회도 잘 다스릴 수 있고, 자신도 주변과 마찰 없이 잘 살아갈 수 있다는 것을 말하고 있다.

58장을 해석하는 데 자크 랑시에르의 『무지한 스승』190)이 필요한 것 같다. 이 책에서 저자인 랑시에르가 모델로 여긴 인물이 있다. 그는 19세기의 대학 교수이며, 나중에 장관까지 지낸 '조세프 자코트'이다. 그는 1818년에 루뱅대학 불문학 담당 외국인 강사가 되었을 때 어떤 지적 모험을 했다. 정치적인 상황으로 네덜란드로 망명한 자코트는 네덜란드 학생들에게 프랑스어를 가르치는 임무를 맡는다.

그런데 자코트 자신은 네덜란드어를 전혀 모르고 학생들은 프랑스어를 전혀 모른다. 하지만 그는 한 권의 프랑스-네덜란드 대역판만으로 그 일을 성공적으로 수행한다. 그리고 본인이 라틴어를 모르면서 라틴어를 학생들에게 가르치는 등 어떤 교과든지 가르치는 교수가 된다. 흔히 가르치는 자는 배우는 자보다 아는 것이 많아야 한다고 생각하지만 그는 그렇게 생각하지 않았다. 선생이 학생보다 몰라도 된다는 것이다. 그는 학생에게 배워가는 방식을 택했는데 오늘날의 용어로 하면 학생주도적 학습이 된다.191)

우리가 일상에서 다툼이 일어나는 것은 대부분 자신의 생각이 옳고, 상대의 생각이 잘못되었다는 무의식적 전제 때문이다. 그런데 사

---

190) 자크 랑시에르 저, 양창렬 역, 궁리출판사, 원서(LE MAITRE IGNORANT).

191) 필자는 이것을 '거꾸로 학습(inverse study)'이라고 이름 붙였다. 이 학습은 부모와 자녀 사이에서도 이루어진다. 어느 방송에서 자녀들을 모두 서울대 등 우수한 대학에 입학시킨 아버지를 인터뷰한 적이 있었다. 그때 그 아버지는 학벌이 아주 낮았는데, 자녀가 학교에 다녀오면, "나는 학교를 다니지 않아서 잘 모르니 오늘 배운 것을 나에게 좀 가르쳐 다오"라고 말했다. 자녀들은 열심히 설명했고, 설명하다 막히면 다음에라도 잘 알아와서 꼭 가르쳐 달라는 아버지를 위해 스스로 자료를 찾는 주도적 학습을 할 수밖에 없었다.

실은 자신의 생각이 옳다는 근거는 희박하다.

일상생활에서 우리들은 이럴 때는 이렇게 해야 하고 저럴 때는 저렇게 해야 한다고 흔히 말하지만, 우리들이 알고 있는 지식은 지금까지의 직·간접 경험에 의거한다. 그런데 우리들의 경험은 한계가 있다. 이것이 베이컨[192]이 말하는 동굴우상이다. 동굴우상은 개인경험의 한계에 따른 옳지 못한 앎을 우상이라고 표현한 것이다. 이것보다는 조금 낫지만 여전히 옳지 못한 앎으로 종족우상이 있다. 종족우상은 자신이 속한 집단의 종족이 지니는 한계에 따른 옳지 못한 앎이다. 자신의 생각이 옳다는 근거로 대다수 사람들이 그렇게 생각한다는 것을 들고 있는데, 이것도 잘못된 견해인 우상에 불과하다.

시장우상은 시장에서 장사하는 사람들이 물건을 팔면서 하는 말은 사실과 거리가 있다는 데서 기인한다. 이것은, 언어가 사실과 부합하는 것으로 생각하기 쉬운데 그렇지 않다는 것이다. 마지막으로 자신의 주장이 옳음을 뒷받침하기 위해서 권위 있는 사람의 말을 인용하는데, 어느 정도 일리는 있지만 이것도 옳다는 근거가 약하다. 이것을 베이컨은 극장우상이라고 한다. 극장에서 일어나는 일은 시나리오 작가의 상상력에서 나온 것인데, 관람객들은 그것을 사실로 여긴다는 말이다.

베이컨이 '아는 것이 힘이다.'라고 말했을 때의 아는 것은 우상에 의한 앎을 물리친 과학적 지식을 말한다. 그런데 오늘날 과학적 지식

---

192) 프란시스 베이컨(Bacon, Francis, 1561-1626)은 근대철학의 아버지 혹은 근대 경험론의 시조로 불린다. '아는 것이 힘이다.(Knowledge is power.)'와 '네 가지 우상(The four idol)'을 말한 것으로 유명하다. 네 가지 우상은 동굴우상(洞窟偶像, Idols of the Cave), 종족우상(種族偶像, Idols of the Tribe), 시장우상(市場偶像, Idols of the Marketplace), 극장우상(劇場偶像, Idols of the Theater)이다.

조차 온전한 지식이 아니라는 점이 칼 포퍼의 반증주의[193]와 토마스 쿤의 패러다임이론과 정상과학이론 등[194]으로 밝혀졌다.

우리가 그나마 옳은 앎이라고 신뢰를 보낼 수 있는 것이 과학(science)인데, 과학은 인문과학(人文科學), 사회과학(社會科學), 자연과학(自然科學) 등으로 나눌 수 있다. 이 중에서도 가장 신뢰할 수 있는 자연과학의 이론조차도 반증되거나 정상과학에서 밀려날 수 있는 것임이 밝혀지고 있다. 그런데 노자는 고대에 벌써 이것을 정치이론과 생활원리로 응용하고 있다.

---

193) 칼 라이문트 포퍼 경(Sir Karl Raimund Popper, CH, FRS, 1902-1994)은 오스트리아에서 태어난 영국의 철학자로, 런던 정치경제대학교(LSE)의 교수를 역임하였다. 20세기 가장 영향력 있었던 과학철학자로 꼽히고 있으며, 과학철학뿐 아니라 사회 및 정치철학 분야에서도 많은 저술을 남겼다. 고전적인 관찰-귀납의 과학 방법론을 거부하고, 과학자가 개별적으로 제시한 가설을 경험적인 증거를 통해 결정적으로 반증하는 방법으로 과학이 발전함을 주장하였다. 반증주의란 가설이나 이론은 관찰이나 실험에 의해 지속적인 확인을 받게 되며 반증된 가설이나 이론은 더 우수한 가설이나 이론으로 대체되어 과학이 발전한다는 과학관이다.

194) 토머스 새뮤얼 쿤(Thomas Samuel Kuhn, 1922-1996)은 미국의 과학사학자이자 과학철학자이다. 『과학 혁명의 구조』의 자자로 유명하다. 철학, 심리학, 언어학, 사회학 등 여러 분야를 섭렵하여 과학철학에 큰 업적을 남기었다. 그에 따르면 과학의 발전은 점진적으로 이루어지는 것이 아니라 패러다임의 교체에 의해 혁명적으로 이루어지며 이 변화를 '과학혁명'이라고 불렀다. 패러다임(paradigm)은 어떤 한 시대 사람들의 견해나 사고를 근본적으로 규정하고 있는 테두리로서의 인식의 체계, 또는 사물에 대한 이론적인 틀이나 체계를 의미하는 개념이다. 예를 들어 천동설이 진리로 받아들여지던 시기에 다른 모든 천문 현상은 천동설의 태두리에서 설명되었다. 정상과학(正常科學, normal science)은 지금 이 시대의 사람들과 이론들이 가지고 있는 체계 속에서 현재의 패러다임을 지지하기 위해 일궈 나가는 과학의 결과물을 말한다.

통치자가 자신이 하는 통치가 바른지 잘 모르겠다는 입장을 취하면서 결정을 미루면 백성들은 순박하고 착한 사람이 되어 스스로 잘 한다. 그렇지만 통치자가 자신이 통치하는 것이 옳다는 무의식적 전제에 사로잡혀 신념을 갖고 백성들을 감시하고 일일이 통제하면, 백성들은 눈치를 보면서 그 통제에서 벗어날 것만 생각하면서 자발성과 착한 심성이 부족한 사람이 된다.

물론 감시하고 통제하는 통치자는 자신이 하는 일이 나라 안에 옳지 못한 일을 바로잡아 나라의 재앙을 막고 복을 증가하기 위해서 불가피한 일이라고 생각한다. 이때 내린 자신의 판단은 나라의 재앙을 줄이고 복을 늘리기 위한 방법이라고 생각하지만 충분히 잘못될 수 있다. 그리고 만약에 그 방법이 좋다고 하더라도 강제적인 수단을 사용하면 백성들의 자발성을 잃게 하는 더 큰 잘못을 저지르게 된다는 점을 간과하는 데 문제가 있다.

이런 잘못을 저지르는 통치자는 자신이 시행하고자 하는 대로 해야 행복하게 되고, 이것이 시행되지 않으면 재앙이 온다고 생각한다. 이 생각의 바탕에는 자신이 하는 일이 옳기 때문에 자신이 선함이고 자신의 일에 방해가 되는 자를 악함으로 여기는 이분법적 사고가 놓여있다.

노자는 재앙과 행복의 존재론적 관계를 제시함으로써 이분법적 사고가 문제라는 점을 지적한다. 재앙은 행복이 의지하는 곳이고, 행복은 재앙이 숨어 있는 곳이다. 누가 그 끝을 알 수 있겠는가. 한 여름에 이미 겨울이 시작되고, 한 겨울에 여름이 시작되는데 여름과 겨울의 끝이 분명하게 정해져 있지 않다. 마찬가지로 재앙과 행복도 시작과 끝이 없으며 상호의존적이다. 노자는 이 이치를 궁구하여 바름과 바르지 못함, 선함과 악함도 마찬가지임을 밝힌다. 즉 바름 속에 바르지 못함이 있고 선함 속에 이미 악함이 있다는 것이다.195)

노자는 통치자가 바르지 못함을 바로잡기 위해서는 바름이 고정되어 있어야 하는데 끝까지 지속하는 그러한 바름은 없다고 단언한다. 그런데 어찌 통치자가 자신의 생각을 백성들에게 강제할 수 있는가라고 묻는다. 노자는 이 장에서 자신의 생각이 옳고 남의 생각이 잘못이라는 무의식적 전제가 얼마나 문제인가를 강하게 지적하고 있다.

통치자를 비롯해 대부분의 사람들이 이 이치를 모르고 자신의 생각을 옳다고 여기면서 자신의 생각과 다른 사람을 자신의 생각 쪽으로 이동시키기 위해 강제하는 데서 모든 투쟁이 벌어진다. 투쟁을 일으키는 자신의 생각이 미혹에서 비롯되었다는 점에 대해서는 전혀 생각하지 않는다. 노자는 사람들의 이러한 미혹된 생각이 오래되었고 견고하다면서 안타까워하고 있다.

그리고 노자는 사람들에게 이러한 자신의 생각조차도 강제하기 않는다. 왜냐하면 자신의 생각이 옳다고 상대로 하여금 자신의 생각대로 하도록 강제하면 동일한 잘못을 범하게 되기 때문이다. 노자는 통치자로서의 삶에 있어서나 개인적인 삶에 있어서 이 이치를 몸으로 실현하고 있다.

그래서 노자는 자신이 어떻게 한다고 말하지 않고 이러한 이치를 알고 몸으로 실현하는 성인은 다음과 같이 행동한다고 말한다. "성인은 자신이 옳고 그름을 구별해서 옳게 행동하지만, 다른 사람들의

---

195) 58장에서는 등가(等價)로 대비되는 용어를 피한 것으로 보인다. 즉 '바름'에 대비한 '바르지 못함'이라는 용어를 쓰지 않고 '기이함'을, '선함'에 대비한 '악함'이라는 용어를 쓰지 않고 '요망함'을 쓰고 있다.

옳고 그름을 구별해서 편 가르지 않는다. 자신이 청렴하지만, 다른 사람들을 청렴하지 않다고 말함으로써 상처 입히지 않는다. 자신이 정직하지만, 다른 사람들도 자신처럼 정직해야 한다면서 거리낌 없이 말하지 않는다. 자신이 훌륭한 삶을 살지만, 남들에게 자신의 삶이 훌륭하다는 점을 비치게 하여 자랑하지 않는다."

필자는 노자에 비해서 생각이 많이 얕으면서도 나의 생각이 옳다고 얼마나 우겼으며, 남에게 나의 생각에 따르도록 강제를 얼마나 많이 했는가를 생각하면 부끄럽다.

질 문

1. 노자는 바르지 못한 행위를 하는 사람을 보고 가만히 있으라고 가르친 것인가?

2. 겨울 속에 여름이 있고 여름 속에 겨울이 있다고 해도 여름은 여름이고 겨울은 겨울이 아닌가. 이것이 이분법을 극복하는 것과 어떤 관계가 있는가?

59장

내용

사람을 다스리고 하늘을 섬기는 데 아낌만한 것이 없다. 여기서의 아낌은 즉시 상대에게 따른다는 것이다. 즉시 상대에게 따르는 것을 일러 덕을 거듭 쌓는다고 한다. 덕을 거듭 쌓으면 극복하지 못할 일이 없게 된다. 극복하지 못할 일이 없게 되면 그 능력의 끝을 알 수 없다. 그 능력의 끝을 알 수 없게 되면 나라를 소유할 수 있게 된다. 나라의 어미를 소유하면 오래 갈 수 있다. 이것을 일러 뿌리는 깊고 바탕이 단단하다고 한다. 이것이 오랫동안 살아남게 하고 주관할 수 있는 도리이다.

治人事天莫若嗇 夫唯嗇是以早服 早服謂之重積德 重積德則無不克 無不克則莫知其極 莫知其極可以有國 有國之母可以長久 是謂深根固柢 長生久視之道(치인사천막약색 부유색시이조복 조복위지중적덕 중적덕즉무불극 무불극즉막지기극 막지기극가이유국 유국지모가이장구 시위심근고저 장생구시지도)

도 표

아낌의 덕을 행하면 오랫동안 살아남음		
아낌의 덕이란	자신의 의견을 아끼고 즉시 상대에게 따름	
아낌의 덕을 행할 때	사람을 다스리고, 하늘을 섬길 때(자연을 대할 때)	
아낌의 덕을 행하면	1	극복하지 못할 일이 없게 됨 → 그 능력의 끝을 알 수 없음 → 나라를 소유할 수 있게 됨
	2	나라의 어미를 소유할 수 있게 됨 → 오래 갈 수 있음
오래갈 수 있는 이유	1	뿌리라서 : 뿌리는 줄기나 잎보다 깊고 단단하기 때문
	2	도리라서 : 오래 살고 오래 가게 하는 도리이기 때문

해 설

노자는 사람을 다스리거나(治人) 하늘을 섬기는 데(事天)[196] 아낌

196) 사천(事天)에 대한 해석은 일반적으로 '하늘을 섬김'으로 하고 있다. 그러나 도덕경에 나오는 천(天)은 종교적으로 섬길 대상은 아니다. 천(天)은 만물 중 으뜸이지만 지(地)나 인(人)에게 섬김을 받을 존재는 아니다. 존재론적으로 동일한 현묘한 같음(玄同)이다. 도덕경은 자기 이외의 상대를 대하는 도(道)와 덕(德)을 말하고 있는데, 59장에서는 자기 이외의 자를 남(사람)과 하늘(자연)로 구분해서 언급하고 있다. 양쪽을 대하는 원리는 동일하지만, 통치자의 입장에서는 백성들이 다스림(治)의 대상이고 하늘이 섬김(事)의 대상이다. 조직의 과장(課長)에게 있어 과원(課員)은 다스림의 대상이고 부장(部長)은 섬길 대상일 뿐이다. 이것에 대해서는 61장에서 상세히 언급된다.

만 한 것이 없다고 하면서 아낌의 중요성을 강조했다. 그리고 아낌을 잘못 해석할 것이 염려되어,[197] 자신이 말한 아낌은 즉시 상대에게 승복해서 따르는 것[198]이라고 말한다. 여기서 즉시 상대에게 따른다는 것은 상대를 만나자마자 내 의견을 접어두고 상대의 의견을 존중한다는 말이다. 내 의견을 접어두는 행위를 노자는 59장에서 '아낌(嗇)'[199]이라고 표현했다.

노자는 자신의 의견을 아껴두고 상대의 의견을 존중해서 따르면 결과적으로는 상대가 나에게 따르게 된다는 이치를 말하고 있다. 이것을 58장에서는 자신인 통치자가 바르지 못함을 바로잡는 일을 답답할 정도로 미루면(悶悶) 상대인 백성은 순박해져 인정이 도탑게 되어 순순(淳淳)히 따른다고 표현했다. 동일한 원리가 58장에서는 인간 세상에만 적용되어 있고, 59장에서는 자연 환경에까지 확대 적용

197) 여기서의 '아낀다'는 오늘날 우리가 사용하고 있는 '인색하다'는 말과는 부분적으로 같고 부분적으로는 다르다. 같은 부분은 함부로 낭비하지 않고 아껴둔다는 의미이고, 다른 부분은 자신의 것만 소중하고 상대의 것은 소중하지 않다는 의미가 아니다. 오히려 자신을 낮추면서 상대의 것을 소중하게 여겨 상대에게 맞춰가는 것이다. 상대에게 맞춰가기 위해서는 사심과 욕망을 줄여야한다.(19장)

198) 복(服)은, 원래 명사(名詞)로는 '옷'을 말하지만 동사(動詞)로는 '옷을 입는다'는 뜻이다. 우리가 옷을 입을 때 계절에 따라 다르고, 만나는 상대에 따라 다르다. 겨울에 두터운 옷을 입고, 여름에 얇은 옷을 입는 것은 자연환경에 맞추어 따르는 것이고, 만나는 상대에 따라 다르게 입는 것은 상대에 맞추어 따르는 것이다. 그래서 복(服)은 상대에 맞추기 때문에 '좇다'거나 '따르다'는 의미가 있다.

199) 색(嗇)이라는 용어는 올 래(來) 자와 돌 회(回) 자가 합쳐진 글자이다. 돌 회(回)는 물이 소용돌이 쳐 빙빙 도는 모양을 나타낸 글자이다. 따라서 색(嗇)은 외부에서 들어온(來) 것이 바깥으로 나가지 못하고 안에 가두어 둔다(回)는 의미이다. 우리가 인색(吝嗇)하다고 할 때 이 아낄 색(嗇)을 쓰는 것도 외부에서 들어온 재물을 가두어 두고 바깥으로 보내지 않는다는 의미이다.

되어 있다.[200]

자연으로부터 우리들은 많은 혜택을 받고 있다. 그리고 자연이 우리에게 많은 것을 가르쳐 주고 있다. 그러나 우리는 자연에 대해서 우리 나름대로 진단하고 그 진단한 생각대로 거리낌 없이 함부로 대하고 있다. 즉 자연을 존중하지 않고 그의 말에 겸허히 귀 기울이지 않고 우리가 판단한 대로 개발이라는 미명하에 지배하고 있다. 그 결과 자연은 파괴되어가고 복원력을 잃어가고 있다.

복원력을 잃은 자연은 여러 가지 재앙으로 우리의 지배에 반발하고 있다. 따라서 우리는 우리의 의견에 따라 자연을 지배할 것이 아니라 자연의 의견에 따라야 한다. 그래서 자연복원력을 회복하고 그 자연에 순응해서 살 때 자연도 우리를 따르면서 오랫동안 유지된다.[201]

상대의 의견을 존중해서 따르면 결과적으로는 상대가 나에게 따르게 된다는 이치는 자연에만 통하는 것이 아니라 인간 세상에도 그대로 적용된다고 노자는 말한다. 상대에게 따르기 위해서는 자신보다 상대를 높이 평가하면서 상대의 의견을 존중해야 한다. 즉 자신이 상대보다 더 높다거나, 자신이 바르고 상대가 잘못이라고 생각하면서 자신의 의견대로 상대를 지배하려고 한다면 상대는 떠나게 된다. 그러나 상대를 높이 평가하면서 상대의 의견을 존중하면 그 사람은

200) 58장은 가장 오래된 죽간본에 나오지 않고 59장은 나오기 때문에, 오히려 동일한 원리가 59장에 와서 확대되었다고 볼 수도 있지만, 58장에서 인간 세상에만 축소 적용되었다고 볼 수도 있다.

201) 이 점 때문에 오늘날 환경학자들이 노자에 관심을 가진다. 그리고 오늘날 우리가 겪고 있는 '코로나 19'라는 전염병 등의 근원적인 해결책을 여기서 찾으면 어떠냐고 노자가 우리에게 묻는 것 같다.

인정을 받고 있기 때문에 그 사람이 오히려 인정한 사람을 따르게 된다.

상대를 따르기 위해서는 자신을 낮추어야 한다.[202] 자신을 낮추지 못하는 사람은 자신이 가장 높다고 여기므로 자신보다 낮은 남을 따를 수 없다. 남을 따를 수 없는 사람은 독불장군이 된다. 독불장군이 되면 남들도 이 사람을 따르지 않기 때문에 외롭게 된다. 그리고 따르는 사람이 없기 때문에 서로 협동해야 하는 조직생활이 어렵고 더욱이 그 조직을 이끌어 갈 장은 되기 어렵다.

그러므로 조직의 장은 자신을 낮출 줄 알아야 한다. 자신을 낮추지 않아도 집안의 배경이 좋거나 뛰어난 재능이 있어 일시적으로 장이 될 수는 있을지 모른다. 그러나 그 조직이 오래가지 못하거나, 최소한 그 사람은 그 자리에 오래 있을 수 없다는 점이 59장에서 강조되고 있다.

노자는 상대를 만났을 때 즉시 자신을 낮추고 상대에게 따를 때 덕이 거듭 쌓인다고 말한다. 왜냐하면 그때마다 그 사람들이 자신을 따르는 일이 거듭되어 주변에 자신의 일을 진심으로 함께 하고자 하는 사람들이 양적으로 많아지고, 질적으로 깊어지기 때문이다. 이렇게 덕 쌓는 일을 거듭하면 극복[203]하지 못할 일이 없다고 노자는 말

---

202) 신약성서에도 "누구든지 자기를 높이면 낮아지고, 자기를 낮추면 높아질 것이다."(마태복음 23:12, 누가복음 14:11, 18:14)고 나와 있다.

203) 극복(克服)이라는 용어를 풀이하면 '복(服)을 이긴다(克)'는 말이 된다. 이때의 복(服)은 '따르지 않으면 안 되는 상황'이라고 할 수 있고, 이긴다(克)는 것은 그 상황을 따르지 않아도 되는 상태로 바꾸었음을 의미한다. 예를 들어 '중병(重病)을 극복했다'고 하면, 중병으로 인해 병원에 있어야 한다든지, 정해진 음식을 먹어야 한다는 등의 여러 가지 복종(服從)되어야 하는 상황으로부터 벗어난 상태

한다. '기쁨은 나누면 배가 되고, 슬픔은 나누면 반이 된다.'는 말이 있듯이, 덕이 쌓이면 어려운 일도 함께 잘 처리해 나가니 큰일도 쉽게 극복할 수 있게 된다.

그래서 어느 정도의 큰일까지 극복하는 사람이 될지 모른다. 그 끝을 모르겠지만 가장 큰 조직인 나라[204]까지 소유하게 될 것이라고 한다. 그리고 이 아낌의 원리를 안다면 국가를 소유할 뿐만 아니라 오랫동안 유지할 수도 있다. 왜냐하면 이 아낌의 원리는 국가 통치의 근원인 어미로서, 국가의 뿌리를 깊게 하고 바탕을 견고하게 하기 때문이다. 이것이 국가를 오래가게 할 수 있고, 통치자가 오랫동안 주관할 수 있는 도리이다.

아랫사람이 말을 잘 듣지 않거나 사고를 내어 주변에 피해를 입혔을 때, 그 조직의 책임자가 '저의 부덕의 소치입니다.'고 말하는 경우가 있다. 만약에 조직의 책임자가 이 말을 진심으로 했다면, 지금 우리가 읽고 있는 59장을 제대로 이해하고 실천하는 사람으로 보인다. '부덕의 소치'는 내가 조직의 장으로서 덕이 부족했기 때문에 부하가 말을 듣지 않거나 사고 등의 잘못이 발생되었음을 인정한다는 말이다.

59장에 따르면 덕이 부족했다는 것은 부하들을 대할 때 그들을 무시하여 그들의 의견에 즉시 따르지 않았던 것이다. 그리고 그들의 의견에 따르지 않았다는 것은 그들을 존중하지 않고 아끼지 않았다는 것이다. 조직의 장이 부하들을 아낀다면 그들의 의견을 충분히

가 되었다는 말이다.

204) 오늘날의 시각에서 보면, 국가보다 더 큰 국제조직이나 세계적인 기업 등도 포함할 수 있다.

수렴할 뿐만 아니라 부하의 허물을 감싼다. 그러면 부하들은 신이 나서 일을 자발적으로 열심히 한다. 그래서 조직은 커지고 오래간다. 이것이 인사에 적용되는 아낌의 원리이다.

아낌의 원리는 당연히 경제의 원리로도 쓰인다. 외부에서 들어오는(來) 수입을 모아두고(回) 지출하지 않으면(嗇) 당연히 돈은 쌓이게(積) 된다. 그런데 수입보다 지출이 많으면 쌓이는 것이 없어서 경제적 어려움을 겪게 된다. 노자는 작은 지출에도 충분히 만족하는 사람이 부자[205]라고 말한다. 그 이상의 지출에 대해서는 먹고 남은 밥에 불과하다[206]는 점을 강조한다. 수입보다 지출이 많은 사람은 그 지출을 통해 자신의 존재감을 드러내려고 하는 경우가 많다.

이 사람은 없으면서도 있어 보이고자 하는 마음이 강하다. 이것이 바로 '아낌'과 반대되는 '소모'의 마음이다. 아낌의 원리를 알고 실천하는 사람은 어떤 일을 할 때도 실력을 100% 발휘하지 않는다. 아껴두고 자신을 드러내려고 하지 않는다. 상대가 자신의 실력의 끝이 어느 정도인지 헤아릴 수 없도록 한다. 자신의 실력을 쉽게 드러내면서 자랑하는 사람은 소모하는 사람이다.[207] 아끼는 사람은 있으면서도 없는 듯이 살아간다.

노자는 왕이나 높은 자리에 있는 사람들을 부정적으로 바라보지

---

205) 33장.

206) 24장. 예를 들면 한 달에 80만원을 버는 사람이 50만원으로 생활하면서 만족한다면 30만원씩 거듭 쌓여가는 것은 당연하다. 그런데 한 달에 2,000만원을 버는 사람이 매달 3,000만원 씩 지출한다면 가난하게 된다.

207) 검소, 소박, 절약 등은 아낌과 가깝고 화려, 사치, 낭비는 소모와 가깝다. 67장에서 언급된 노자가 지니고 있는 보배 세 가지 중에 하나가 검소(儉)인 것도 같은 맥락이다.

않는다. 왜냐하면 그런 위치에 오르기까지 덕을 쌓았을 경우가 많기 때문이다. 노자의 눈으로 보면 재벌들이나 권력자들이 그런 위치에 있기까지 누구보다도 더 자신을 낮추면서 상대에게 따랐다는 점이 보인다. 오늘날 우리들은 메이커 제품을 선호한다. 이것은 대기업이 그만큼 소비자의 요구조건에 맞추어 따랐다는 것을 의미한다.

권력자들도 그가 속한 조직의 상하 상대에게 그리고 국민들의 요구조건에 맞추어 따른 결과로 권력을 쥐게 되었다고 볼 수 있다. 이런 점에서 노자의 사상은 현실도피가 아니라 현실을 긍정하는 입장이기도 하다. 물론 그렇다고 출세지향적인 처세술로만 노자를 보는 것은 편견이며 단견이다.

질 문

1. '여자는 남자를 따르면서 따르게 한다.'는 말이 있는데 노자의 입장과 같은가? 같다면 이때 남자가 잘못되고 수준 낮은 판단을 할 때도 따라야 할 것인가?

2. 59장에 나오는 아낌의 원리대로 실천하면 결국 큰 조직을 오랫동안 소유하게 된다는 말인데, 왜 노자는 큰 조직을 소유하지 못했는가?

60장

내 용

큰 나라를 다스리려면 작은 물고기를 요리하듯이 조심스럽게 해서 상처를 내지 않아야 한다. 도를 지니고 세상에 임하면 귀신도 신령한 힘을 발휘하지 못한다. 여기서 귀신이 신령한 힘을 발휘하지 못한다는 것은 그 신령한 힘으로 사람에게 상처를 입히지 않는다는 의미이다.

귀신이 신령한 힘으로 사람에게 상처를 입히지 않지만, 성인도 역시 사람에게 상처를 입히지 않는다. 대체로 보아 도로써 세상에 임하면 귀신과 성인 양쪽이 서로에게 상처를 입히지 않으므로 그 덕을 주고받아 서로에게 돌아가게 하면서 백성들을 편안하게 한다.

治大國 若烹小鮮 以道莅天下 其鬼不神 非其鬼不神 其神不傷人 非其神不傷人 聖人亦不傷人 夫兩不相傷 故德交歸焉(치대국 약팽소선 이도리천하 기귀불신 비기귀불신 기신불상인 비기신불상인 성인역불상인 부양불상상 고덕교귀언)

도 표

<table>
<tr><td colspan="3">큰 나라를 다스리려면 백성들에게 상처를 입히지 않고 편안하게 살도록 해야 함</td></tr>
<tr><td rowspan="2">상처를 주지 않으려면</td><td>비유</td><td>작은 물고기를 요리하듯이 해야 함</td></tr>
<tr><td>실제</td><td>도를 지니고 세상에 임해야 함</td></tr>
<tr><td rowspan="2">도를 지니고 세상에 임하면</td><td>귀신도</td><td>신령한 힘으로 사람에게 상처를 입히지 못함</td></tr>
<tr><td>성인은</td><td>도를 실행하니 사람에게 상처를 입히지 않음</td></tr>
<tr><td>귀신과 성인이 서로 상처를 입히지 않고</td><td>양쪽 모두</td><td>덕을 주고받으면서 서로에게 돌아가게 하니 백성들이 편안해지고 나라가 자연히 커지게 됨</td></tr>
</table>

해 설

나라를 다스림에 있어 57장은 일삼는 일이 없음(無事)을, 58장은 답답할 정도로 미룸(悶悶)을, 59장은 아낌(嗇)을 강조하고 있다면, 60장에서는 '상처를 입히지 않음'(不傷)이 강조되고 있다. 이 각 장의 핵심용어들은 모두 일맥상통하고 있다. 그렇다면 60장의 '상처를 입히지 않음'이라는 용어를 중심으로 다른 장들의 핵심용어를 해석하면 그 맥을 잡을 수 있다. 57장의 무사(無事)는 단순히 '일을 하지 않음'이 아니라 '남[208]에게 상처를 입힐 수 있는 일삼는 일을 하지

208) 물론 이때의 '남'은 사람뿐만 아니라 하늘을 대표로 하는 만물과 자연을 모두 포함하고 있다. 59장의 "사람을 다스리고 하늘을 섬기는 데 아낌만한 것이 없다."

않음'이 된다.

58장의 '민민(悶悶)'은 '찰찰(察察)하지 않음'인데, 이때의 찰찰은 '지나치게 꼼꼼하고 자세함'이다. 따라서 '민민'은 상대를 지나치게 꼼꼼하고 자세하게 살펴서 자신의 통제권 안에 두려고 하면 그 상대에게 상처를 입히는 행위가 되니, 상대가 하는 대로 자신의 결정을 '답답할 정도로 미루라'는 말이다. 59장의 '아낌'은 즉시 상대에게 따르는 것(早服)이다. 상대에게 즉시 따르지 않고, 상대를 복종시켜 자신의 생각대로 움직이게 하려면 상대에게 상처를 입히게 된다는 말이다.

상처를 입히지 않음이 강조되는 60장의 첫 문장은 큰 나라를 다스리는 데 있어 작은 생선을 요리하듯이 하라는 것이다. 작은 생선은 쉽게 상처를 입기 때문에 작은 생선이 상처를 입지 않을 정도로 조심해서 다루라는 말이다. 큰 나라는 작은 나라와 백성들을 다스린다. 작은 나라는 큰 나라에 비해 약하고 상처를 입기 쉽다. 그리고 백성들도 권력자에 비해 약하고 상처를 입기 쉽다. 상처를 쉽게 입을 수 있는 이들을 작은 생선을 요리하듯이 조심스럽게 다루는 것이 도로써 세상에 임하는 자세라고 노자는 말한다.

힘이 있는 사람은 상처를 입어도 크게 영향을 받지 않는다. 우리들은 영상물을 통해 무술의 고수들이 상처를 많이 입어도 다시 일어나 적을 무찌르는 장면을 많이 본다. 이에 비해 상대적으로 약자들은 작은 상처에도 쉽게 죽거나 불구가 된다. 힘이 있는 자의 말 한마디가 힘이 없는 자의 가슴에 못을 박는 수가 종종 있다. 어린아이처럼 약한 자가 나에게 욕을 했다고 해서 내 가슴에 못이 박히지는 않는다.

참조.

보통상태라면 '저 아이가 교양이 없어 앞으로 살아갈 일이 걱정된다.'고 생각하면서 안타까워할 것이다. 그러나 내가 심리적으로 약한 상태에 있을 때는 그 욕이 상처가 될 수 있다. 그래서 힘 있는 위치의 사람이나 국가는 무심코 한 행동이 약한 상대에게 상처를 주지 않는지 조심해야 한다. 결과적으로는 이런 마음이 있어야 힘 있는 위치에 지속적으로 있을 수 있다.[209]

이렇게 도로써 세상에 임하면 귀신도 신령한 힘을 발휘하지 못한다[210]고 노자는 말한다. 귀신은 인간의 정신을 홀려서 악한 행동을 하도록 이끄는 등 인간에게 나쁜 영향을 끼치는 존재이다. 이러한 존재가 나쁜 일을 할 수 있는 신령한 힘을 발휘하지 못하면 인간 세상에 나쁜 일이 줄어들게 된다. 이때의 나쁜 일은 사람에게 상처를 주는 일이다.

그래서 노자는, 보다 정확히 말하면 귀신이 신령한 힘을 발휘하지 못하는 것이 아니라 그 신령한 힘으로 사람에게 상처를 입히지 못한다고 한 것이다. 큰 나라를 다스리는 통치자가 도로써 작은 나라를 대하거나 백성들을 대할 때 귀신들은 그곳에 있는 사람들에게 상처를 입히지 못한다.

그런데 성인 또한 사람에게 상처를 입히지 않는다. 성인은 도를 실행하면서 덕을 많이 쌓은 사람이라서 사람을 대할 때나 귀신을 대할 때도 상대에게 상처를 입히지 않는다. 59장에 의하면 덕을 많이

---

209) 59장에서 노자가 제시한 것처럼, 상대를 아끼면 즉시 상대에 따르고, 즉시 상대에 따르면 덕이 거듭 쌓여서 나라 같은 큰 조직을 지니게 되며 오래간다.

210) 귀(鬼)라는 단어는 60장에 한 번만 나온다. 신(神)이라는 단어는 6장에 곡신(谷神), 29장에 신기(神器), 39장에 신(神)과 영(靈), 60장에 귀(鬼)와 신(神)이 있고 신(神)과 불상(不傷)이 있다.

쌓은 사람은 즉시 상대를 따르는 것이고, 즉시 상대를 따르는 것은 상대를 아끼는 것이다. 물론 이때 상대를 아낀다는 것은 상대를 사랑하며(慈), 자신은 검소하며(儉), 세상에 나서지 않는 것(不敢爲天下先)이다.[211] 60장에 의하면 이렇게 하는 이유는 바로 상대에게 상처를 주지 않기 위해서이다.

앞에서 필자는 "큰 나라를 다스리는 통치자가 도로써 작은 나라를 대하거나 백성들을 대할 때 귀신들은 그곳에 있는 사람들에게 상처를 입히지 못한다."고 하였다. 그리고 "성인은 사람을 대할 때나 귀신을 대할 때도 상대에게 상처를 입히지 않는다."고 하였다.

그러면 위와 같이 도가 통하는 세상에서 귀신과 성인이 만나면 어떻게 되겠는가? 대체로 보아도 서로 상대에게 상처를 입히지 않기 때문에 그 덕을 주고받아 서로에게 돌아가게 한다. 즉 양쪽 모두 덕을 쌓아가게 된다. 결국 60장의 이치는 인간에게 나쁜 영향을 끼치는 귀신도 성인을 만나게 되면 오히려 덕을 쌓아가는 존재가 된다는 것이다.

노자는 60장에서 왜 귀신이야기를 하고, 그 귀신을 성인과 대비시키고 있는가? 도덕경의 귀신에 대해 정확한 정의는 하기 어렵다. 그렇지만 60장의 문맥으로 보아 귀신이 성인의 반대편에 서 있는 것은 분명하다. 따라서 성인이 남에게 상처를 주지 않기 위해 조심한다면, 귀신은 그런 것에 아랑곳하지 않고 자신이 하고 싶은 일을 마음대로

---

211) 67장의 세 가지 보배를 여기에 적용하였다. 노자는 같은 장에서 이 세 가지를 항상 지키고 보존해야 하는 것이라고 하였다. 이것이 60장에서는 "도로써 천하에 임하는" 자세로 제시되었고, 59장에서는 "사람을 다스리고 하늘을 섬기는 데 있어 아낌만 한 것이 없다."고 표현되어 있다.

하는 존재이다.

사람들은 보통의 경우 자신이 한 말이나 행동이 남에게 상처를 주지는 않는지 신경을 쓴다. 왜냐하면 자신이 베푼 덕이 자신에게 되돌아옴을 알기 때문이다. 즉 내가 남에게 상처를 주면 그 상대가 나에게 상처를 줄 수 있고, 내가 남에게 덕을 베풀면 그 상대도 나에게 덕을 베풀 수 있다는 것을 안다. 그래서 우리들은 가능하면 남에게 상처를 주지 않기 위해 노력한다.

그런데 사람이라도 특별한 경우에는 남에게 상처를 의식적으로 주거나 상처를 주는 일에 신경을 쓰지 않는다. 남에게 의식적으로 상처를 주는 경우는 상대에게 상처를 받아서 되돌리는 때가 많다. 이때는 상대가 진심으로 사과하고 상처를 준 만큼 배상(賠償)을 하면 대부분 해결된다. 물론 상대가 진심으로 사과하지 않거나 배상이 원만히 이루어지지 않으면 상호간에 상처를 주는 일이 지속되거나 증폭될 수 있다.

사과하고 배상하는 쪽이 상대에게 상처를 입힌 정도를 생각한 양(量)과 사과를 받고 배상을 받는 쪽이 상대로부터 상처를 받은 정도를 생각한 양(量)에 차이가 있는 경우는 당사자끼리 해결을 하지 못하고 국가의 전문기관인 법원의 판결까지 간다. 이렇게 되면 서로간에 상처가 깊게 남는다.

상대에게 상처를 받지 않았는데도 상대에게 의식적으로 상처를 입히는 사람은 인격적인 문제가 있다. 상대를 괴롭힘으로써 쾌감을 느끼거나, 상대를 괴롭히면 나에게 어떤 이익이 나온다고 생각하기 때문이다. 이 사람은 자신의 쾌감이나 이익을 얻기 위해 상대에게 상처를 주면서도 아랑곳하지 않는다. 이 사람은 자신이 베푼 덕이 자신에게 되돌아옴을 모르고 쾌감이나 이익과 같은 일시적인 좋음에만 집착하고 있기 때문에, 장기적으로는 덕이 부족하여 사회에서 낙오자가 되어, 소외되고 무능력한 자로서 외롭고 힘겹게 살아가게 된다. 물론 이때도 자신의 부덕을 뉘우치지 못하고 남을 원망하면 더욱 빠른 속도로 추락한다.

이번에는 무의식적으로 상대에게 상처를 주는 경우를 생각해보자. 무의식적이기 때문에 상대에게 상처를 주었는지, 얼마나 주었는지를 모른다. 그러나 상처를 받은 상대는 선명하게 기억하는 경우가 많다. 물론 상처 입은 상대도 자신이 누구에 의해 상처를 입었는지를 모르거나 심지어 자신이 상처를 입고 있다는 사실조차 모르는 경우도 있다.

대표적인 것이 환경공해이다. 문제는 무의식적으로 상대에게 상처를 입힌 경우에도 자신이 베푼 덕이 자신에게 되돌아옴의 원리가 통하는가이다.[212] 노자도 이 원리가 통하기 때문에 조심해야 한다고 말한다. 특히 힘 있는 자가 힘없는 자를 아끼지 않고 힘자랑하면서 함부로 대하면 반드시 힘없는 자에게 상처를 입히게 된다는 점을 누구보다 깊이 알고 있었다. 그래서 큰 나라를 다스리는 자는 작은 나라나 백성들을 대할 때 작은 생선을 요리하듯이 조심하라 한 것이다.

성인은 의식적으로나 무의식적으로 상대에게 상처를 주지 않으려고 조심하는 자이다. 이에 비해 세상살이에서 상대에게 상처를 주는지 주지 않는지에 대해 무관심한 자는 귀신이거나 귀신에 홀린 사람이다. 이들은 알게 모르게 상처를 많이 받았던 자들이다. 그러나 귀신

---

212) 불교에서는 인과법칙(因果法則)에 의한 숙업(宿業)을 설하기 때문에 통한다고 볼 수 있다.

이나 귀신에 홀린 사람도 도로써 세상살이에 임하는 성인을 만나게 되면 상대에게 상처를 주지 않는 자로 바뀌게 된다.

왜냐하면 귀신이나 귀신에 홀린 사람은 결과적으로 덕이 부족해 외롭고 힘든 상태에 있는데, 자신을 진심으로 아끼는 사람을 만나면 상처가 낫기 때문이다. 그래서 성인과 귀신이 만나면 서로에게 상처를 주지 않고 그 덕을 주고받아 서로에게 돌아가게 한다.

질 문

1. 귀신까지도 사람에게 상처를 주지 않게 만들려면 힘이 있는 위치에 있는 사람이 힘이 없는 자에게 상처를 주지 않기 위해 조심만 하면 되는가?

2. 남에게 상처를 쉽게 주는 사람을 대할 때 그를 귀신에 홀린 사람으로 대하는 것은 미신이 아닌가. 그리고 그것은 그 사람의 인격을 무시한 것이 아닌가?

61장

내 용

큰 나라는 하류(下流)와 같다. 왜냐하면 하류는 상류의 것들이 모여들어 교차하는 곳이기 때문이다. 또한 큰 나라는 세상의 많은 수컷들을 모여들게 하는 암컷과 같다. 왜냐하면 암컷은 항상 고요하게 있으나 수컷을 이기는데, 고요하게 있음으로써 아래가 되어 따르는 자세를 취하기 때문이다. 그러므로 큰 나라가 작은 나라보다 아래에 처함으로써 작은 나라를 취하게 된다. 그런데 작은 나라도 큰 나라의 아래에 처하면 큰 나라를 취하게 된다.

따라서 서로 간에 혹은 아래가 되어 상대를 취하게 되고, 혹은 아래가 되어 상대에게 취해진다. 왜냐하면 큰 나라는 아울러 함께 작은 나라 사람들까지 양육하고자 할 뿐이고, 작은 나라는 자기 나라의 백성들을 지키기 위해 스스로 큰 나라 아래로 들어가기 때문이다. 대체로 큰 나라와 작은 나라 양쪽이 각기 바라는 대로 하고 싶다면, 큰 쪽이 마땅히 먼저 아래가 되어야 한다.

大國者下流 天下之交 天下之牝 牝常以靜勝牡 以靜爲下 故大國以下小國 則取小國 小國以下大國 則取大國 故或下以取 或下而取 大國不

過欲兼畜人 小國不過欲入事人 夫兩者各得其所欲 大者宜爲下(대국자하류 천하지교 천하지빈 빈상이정승모 이정위하 고대국이하소국 즉취소국 소국이하대국 즉취대국 고혹하이취 혹하이취 대국불과욕겸휵인 소국불과욕입사인 부양자각득기소욕 대자의위하)

도 표

<table>
<tr><th rowspan="2"></th><th colspan="2">비유</th><th rowspan="2">바라는 바</th><th rowspan="2">바람직한 결과</th></tr>
<tr><th>장소</th><th>동물</th></tr>
<tr><td rowspan="2">큰 나라</td><td>하류(下流)</td><td>암컷(靜)</td><td rowspan="2">함께 아랫사람을 양육하고자 함</td><td rowspan="2">먼저 아래가 됨으로써 작은 나라를 취함</td></tr>
<tr><td>상류들이 모여듬</td><td>수컷이 모여듬</td></tr>
<tr><td rowspan="2">작은 나라</td><td>상류(上流)</td><td>수컷(動)</td><td rowspan="2">큰 나라 아래로 들어가서 통치자를 섬김</td><td rowspan="2">스스로 아래가 됨으로써 큰 나라를 취함</td></tr>
<tr><td>하류로 흘러감</td><td>암컷과 어울림</td></tr>
</table>

해 설

61장의 핵심어는 '아래가 됨(爲下)'이다. 그리고 이 원리대로 하면 큰 나라와 작은 나라도 함께 상생[213]할 수 있으며, 특히 큰 나라가 마땅히 먼저 하류(下流)처럼 아래가 되어야 한다는 점이 61장에서는 강조되고 있다.

큰 나라는 '교차하는 곳'이나 '암컷'과 같기 때문에 하류와 같다고 노자는 말한다. 교차로에서 모든 길들이 통하듯이 교차하는 곳은 모든 선(線)들이 모여드는 곳이다. 이와 같이 모든 시냇물이나 작은 강물들이 하류로 모여든다. 왜냐하면 시냇가나 작은 강보다 아래에 있어, 그곳의 물들은 하류로 흘러가기 때문이다. 이렇게 큰 나라는 작은 나라들이 모여드는 중심 역할을 하고 있다.

마찬가지로 발정기의 암컷이 수컷들을 모여들게 한다. 이때 수컷들은 암컷을 차지하기 위해 있는 힘을 다해 싸우지만 암컷은 고요하게 기다렸다가 수컷 중 최후의 승자를 받아들인다. 이때의 겉모습은 승리한 수컷이 암컷을 차지하는 것처럼 보이지만, 사실은 고요하게 기다리는 암컷이 항상 수컷을 이긴다. 암컷은 최후의 승자를 섬기는 낮은 자세로 고요함을 택하지만 결과적으로는 수컷들을 있는 힘을 다해 싸우게 하여 가장 강한 정자(精子)를 받아들이기 때문이다. 정자를 받아들여 새끼를 낳으면 그곳이 바로 그들의 보금자리가 된다. 이렇게 큰 나라는 작은 나라들의 보금자리가 된다.

위와 같이 큰 나라는 작은 나라보다 아래가 되어 낮은 곳에 처함으로써 작은 나라들이 모이는 보금자리가 된다. 그러므로 '아래가 됨'은 큰 나라 입장에서 작은 나라를 취하는 방법이 된다. 이 '아래가 됨의 원리'는 작은 나라가 큰 나라를 취하는 데 있어서도 통한다고 노자는 말한다. 작은 나라가 확실하게 큰 나라의 슬하에 들어가면 큰 나라는 자기 식솔로 생각하고 작은 나라를 받아들여 보호해준다.

---

213) 영어로는 양쪽 모두 이기는 윈윈(win win)이라 할 수 있다.

만약에 작은 나라가 큰 나라의 슬하로 마지못해 들어가서 큰 나라에게 믿음을 주지 못하면 큰 나라는 작은 나라가 언제 배반할지 모르기 때문에 경계의 대상으로 여기게 된다. 그러면 작은 나라는 큰 나라에게 받아들여지지 않을 뿐만 아니라 선제공격을 당할 수도 있다. 따라서 작은 나라는 큰 나라 통치자의 의심을 받지 않으려면 진심으로 섬겨야 한다. 이것이 작은 나라가 큰 나라를 취하는 방법이다.

따라서 큰 나라와 작은 나라가 서로 취하고 취해진다. 때로는 큰 나라가 취하고 작은 나라는 취해지며, 반대로 때로는 작은 나라가 취하고 큰 나라가 취해진다. 중요한 것은 두 나라 모두 원하는 바를 이루게 된다는 것이다. 큰 나라가 원하는 바는 작은 나라 백성들까지 아울러 슬하에 두고 식솔로 삼고자 함이요, 작은 나라가 원하는 바는 큰 나라의 슬하에 들어감으로써 안전하게 백성들을 지키고자 함이다. 양쪽 모두 서로 간에 '아래가 됨'으로써 가능해지는 일이다.

노자는 61장의 마지막에 가서 큰 나라와 작은 나라가 모두 원하는 바를 이루기 위해서는 특히 큰 나라가 마땅히 먼저 아래가 되어야 한다고 강조한다. 그러면 노자는 왜 힘이 있는 큰 나라의 솔선수범이 중요하다고 말하는가? 큰 나라는 작은 나라에게 배신당한다면 부분을 잃겠지만, 작은 나라는 큰 나라에게 배신당하면 전부를 잃을 수 있기 때문에 더욱 상대에 대한 경계를 많이 해서 쉽게 무릎을 꿇지 않는다.

큰 나라가 자신을 보호해줄 것이라는 확신이 들지 않으면 모두 잃을 수 있으니 끝까지 저항하려고 한다. 따라서 큰 나라가 작은 나라보고 먼저 내 밑에 들어오면 보호해 주겠다고 말한다고 해서 그것을 믿고 들어오는 작은 나라는 거의 없다. 그래서 작은 나라가 믿고 들어

올 수 있도록 큰 나라가 먼저 아래에 처하는 것이다.

유교식의 아동교육용 저서인 박세무의 『동몽선습(童蒙先習)』에 형우제공(兄友弟恭)이라는 말이 있다. '형은 아우를 친구처럼 평등하게 대하고 동생은 형을 어른 대하듯이 공경해야 한다.'는 말이다. 여기서 순서를 생각하면 형이 아우에게 먼저 친구처럼 평등하게 대해야 동생이 형을 어른 대하듯이 하게 된다.

반대로 형이 동생을 아랫사람 대하듯이 하면 동생은 형을 친구처럼 대등하게 막 대하려고 한다. 그래서 막 대하는 동생을 보고 힘으로 눌러서 아래에 두고자 하면 할수록 동생은 막 대하는 것이 심해져서 나중에는 형을 아래 사람 대하듯이 하게 된다. 따라서 동생 스스로 아래에 처하도록 하기 위해서는 형이 먼저 동생을 친구처럼 평등하게 대하면서 존중해야 한다. 이 형우제공의 원리를 확대하면 선후배 사이에도 적용되지만, 부모와 자식, 스승과 제자 등 수직관계로 생각되는 모든 인간관계에도 적용된다.[214]

마찬가지로 노자는 61장에서 큰 나라와 작은 나라 사이의 상생관계를 말했지만 이것을 확대하면 모든 수직관계에 적용할 수 있다. 다만 유교의 형우제공에서는 형이 아우를 친구처럼 대등하게 대하라고 하였는데, 노자는 형보고 아우의 아래로 내려가라고 말한다.

형우제공에서는 형이 동생을 친구처럼 대등하게 대하기만 해도 동생은 감읍(感泣)하여 형을 어른 대하듯이 공경한다. 이것은 형이 높

---

214) 유교의 삼강(三綱 : 君爲臣綱, 父爲子綱, 夫爲婦綱)과 오륜(五倫 : 父子有親, 君臣有義, 夫婦有別, 長幼有序, 朋友有信)의 원리도 원래는 '윗물이 맑아야 아랫물이 맑다.'는 것이 전제되어 있었다. 그래서 특히 삼강은 임금, 아버지, 남편이 먼저 모범이 되어야 한다고 명시하였다.

고 아우는 낮다는 것이 전제되어 있기 때문에 가능하다. 노자도 큰 나라와 작은 나라에 있어 힘의 차이가 있음을 인정하고는 있다. 그런데도 두 나라가 오랫동안 지속되기 위해서는 상호의존이 요구되는 상생관계가 필요함을 말하고 있다.

근간에 '갑질'이라는 용어가 많이 회자(膾炙)되었다. 갑질은 갑에 해당하는 힘 있는 자가 을에 해당하는 힘없는 자에게 강제로 부당한 일을 시키거나, 을을 함부로 대하는 것을 이르는 말이다. 61장에 의하면 갑질하는 자는 을의 '아래가 됨'을 이끌어낼 수 없기 때문에 더 이상 지속적으로 클 수가 없다. 힘 있는 자가 현명하다면 자신의 조직을 지속적으로 키워가기 위해서 힘없는 자의 '아래가 됨'을 실천할 것이다. 마찬가지로 힘없는 자가 현명하다면 자신과 자신이 거느리고 있는 조직원의 안전과 성장을 지키기 위하여 힘 있는 자의 '아래가 됨'을 실천할 것이다.

국제관계에서 '아래가 됨'의 원리를 적용해보자. 이 원리가 옳다면 대국인 채 지속적으로 커가는 나라는 주변 소국의 '아래가 됨'을 실천했다고 보아야 한다. 먼 과거로부터 현재에 이르기까지 대국인 채 지속적으로 커가는 나라는 중국이다. 오늘날 중국이 아울러 가장 많은 사람들을 양육하고 있다는 면에서 가장 큰 나라이다. 그런데 그 중국에서 노자 사상이 나왔다는 것은 우연이 아니다.

그렇지만 지금의 중국이 '아래가 됨'을 실천하고 있는지는 잘 모르겠다. 그리고 작은 나라인 우리나라는 중국이라는 큰 나라에 들어가 섬기면서도 나라를 잘 보존하여 반만년 역사를 이어가고 지금은 훌륭하게 성장해가고 있다. 단순히 사대주의라고 비난만 할 일이 아니다. 이것은 현명한 사대주의도 있다는 점을 시사한다.

개인관계에서 '아래가 됨'의 원리를 적용해보자. 이 원리에 따라 내가 앞으로 크게 성장할 것인지 작게 소멸해갈지를 알 수 있겠다. 만약 내가 나보다 작은 사람의 '아래가 됨'을 실천하여 그들에게 도움을 주고 있다면 그들이 기꺼이 나의 아래에 모여들 것이다. 그리고 나보다 큰 사람의 '아래가 됨'을 실천하여 그 자를 진심으로 섬기면 그 자는 나를 신뢰해서 키워줄 것이다. 그러면 나는 크게 성장해 간다.

그렇지만 자존심(실제는 자만심) 때문에 나보다 큰 사람의 '아래가 됨'이 잘 안 되고, 잘 났음(실제는 못났음) 때문에 뻐기고 싶어 나보다 작은 사람의 '아래가 됨'이 잘 안 된다면 작게 소멸해 갈 것이다. 이 장을 정리하면서 필자의 삶을 되돌아보고 반성의 계기로 삼는다.

질 문

1. 59장의 '즉시 상대를 따름', 60장의 '상처를 입히지 않음'과 61장의 '아래가 됨'의 차이점은 무엇인가?

2. '아래가 됨'의 원리를 생활에서 실천하면 반드시 사회적으로 성공하는가? 그렇다면 사회적으로 성공하지 못한 자는 '아래가 됨'이 못 되어 그런가?

62장

내 용

도(道)는 만물의 깊숙한 곳에 있으면서 모든 곳에 미친다. 그래서 도는 착한 사람에게 보물이 되고, 착하지 않는 사람에게 보호막이 된다. 아름다운 말은 높게 평가되고, 존중받을 행동은 사람들에게 좋은 영향을 미칠 수 있다. 그러니 착하지 않은 사람이라도 보호막을 만들기 위해 아름답고 존중받을 도를 어찌 버리겠는가?

그러므로 천자가 서고 삼공이 임명되었을 때, 비록 아름다운 구슬을 가지고 남보다 먼저 사두마차 앞으로 달려와 선물을 주어 권력의 보호를 바란다 할지라도 가만히 앉아서 도를 닦아 나아가는 것만 같지 못하다.

옛날부터 이 도를 귀하게 여긴 이유는 무엇인가. 그것은 도로써 이득을 구할 수 있고, 죄가 있어도 면할 수 있기 때문이 아니겠는가? 그러므로 세상에서 도가 가장 귀한 것이다.

道者萬物之奧 善人之寶 不善人之所保 美言可以市 尊行可以加人 人之不善 何棄之有 故立天子 置三公 雖有拱璧以先駟馬 不如坐進此道 古之所以貴此道者何 不曰以求得 有罪以免耶 故爲天下貴(도자만물

지오 선인지보 불선인지소보 미언가이시 존행가이가인 인지불선 하기지유 고립천자 치삼공 수유공벽이선사마 불여좌진차도 고지소이귀차도자하 불왈이구득 유죄이면야 고위천하귀)

도 표

<table>
<tr><td colspan="4">세상에 도가 가장 귀한 이유는 도로써 이익을 얻고, 죄를 면할 수 있기 때문임</td></tr>
<tr><td rowspan="4">도의 영향력</td><td>미치는 범위</td><td colspan="2">존재하는 모든 곳에 미침</td></tr>
<tr><td>이유</td><td colspan="2">만물의 근원인 깊숙한 곳에 있기 때문</td></tr>
<tr><td rowspan="2">인간에게 미친 영향</td><td colspan="2">선한 사람에게는 보물이 됨</td></tr>
<tr><td colspan="2">선하지 않은 사람에게는 보호막이 됨</td></tr>
<tr><td rowspan="2">도의 나타남</td><td>아름다운 말</td><td>높이 평가됨</td><td rowspan="2">선하지 않는 사람에게 도를 버리지 못하게 함</td></tr>
<tr><td>존중받을 행동</td><td>남에게 좋은 영향을 미침</td></tr>
<tr><td>도를 닦음</td><td colspan="3">권력자에게 선물을 주는 것보다 이익이 되고 보호막이 됨</td></tr>
</table>

해 설

62장의 첫 구절은 "도는 만물의 깊숙한 곳에 있으면서 모든 곳에 미친다."이다. 이것은 32장의 "비유하면 도가 세상에 있음은 마치 골짜기와 시냇물이 강과 바다로 흘러가는 것과 같이 자연스럽다."와 맥락을 같이 하고, 40장의 근원으로 "되돌아가는 것은 도의 움직임이고"와 맥을 같이 한다.

공자 같은 선인(善人)[215]은 아침에 도를 들으면 저녁에 죽어도 좋다고 했다. 석가 같은 선인은 과거세 설산(雪山)에서 수행을 하다가 도를 얻기 위해 자신의 몸을 나찰(羅刹)에게 주었다.[216] 소크라테스 같은 선인은 사람들의 무지(無知)를 자각시키려다가 사형을 당했다.[217] 노자는 도를 천하의 어머니라고 말했다.[218] 이들은 모두 도를

215) 공자, 석가, 예수, 소크라테스 혹은 무함마드를 세계 4대성인(四大聖人)이라고 한다. 그렇지만, 여기서는 62장에 맞추어 선인(善人)이라 칭했다. 선인과 불선인의 차이는 타자나 공동의 이익을 우선으로 추구하느냐, 자신의 이익을 우선적으로 추구하느냐의 차이에 달려있다. 선인은 도의 추구 자체를 인생의 목적으로 여기고, 불선인은 도를 자신의 이익추구를 위한 수단으로 여긴다.

216) 과거세에 설산에서 수행하고 있을 때의 석가를 설산동자(雪山童子)라고 한다. 이때 설산동자가 얻은 도법(道法)이 '제행무상(諸行無常) 시생멸법(是生滅法) 생멸멸이(生滅滅已) 적멸위락(寂滅爲樂)'이다. 이 도법의 뜻을 필자는 다음과 같이 해석해본다. 〈현실적인 것은 모두 진행되고 있어 항상의 상태를 유지할 수 없다. 이것을 '생성된 것은 모두 소멸해 가는 법'이라고 한다. 생성하고 소멸하는 것까지 이미 멸하고 나면, 고요한 멸이 되면서 모든 것이 즐거움으로 바뀌게 된다.〉 이것은 노자가 도를 서·원·반의 흐름 전체로 보고, 장자가 어슬렁어슬렁 노님(逍遙遊)으로 본 것과 유사하다.

217) 소크라테스는 사약을 마시면서도 나는 바르게 살았으니 저세상에 가면 그곳의 신들에게 대접 받을 것이라며, 탈출을 권하는 주변 사람들에게 탈출이라는 바르지 못한 행위를 해서는 안 된다고 말했다.

218) 만물이 개별화되기 전에 뒤섞인 채 혼돈상태로 이루어진 것이 있는데, 그것은 하늘과 땅보다 먼저 생겼고, 소리 없이 고요하도다! 형체 없이 공허하도다! 대비할 것 없이 홀로 있고 바뀌지 않으며, 모든 곳에 두루 미치면서도 위태롭지 않으니 만물을 낳는 모체로서 가히 천하의 어머니라 할 수 있겠다. 나는 그 이름을

목숨보다 소중한 보물과 같이 여기며 자신도 실행하고 남도 실행하기를 바랐다.

도는 항상 이름이 없다. 도는 오직 다듬지 않은 통나무 같이 쓸모가 거의 없어서 세상 사람들이 있는 그대로는 신하로 삼을 수 없다. 만약 군왕이 이 통나무와 같은 자연의 도를 지킬 수 있다면 세상 만물은 모두 스스로 그에게 공손한 손님처럼 따를 것이다. 하늘과 땅이 서로 화합하여 감로(甘露)가 내리게 될 것이며, 백성들은 명령을 하지 않아도 스스로 잘 따를 것이다.

필요한 규격대로 베거나 자르는 마름을 시작함으로써 이름이 있고 쓸모가 있게 된다. 또한 이름이 있고 쓸모가 이미 있더라도 더 쓸모 있는 쪽으로 계속 진행하지 말고 무릇 멈출 줄 알아야 한다. 원상태로 언제든지 돌아갈 수 있도록 멈출 줄 알면 위태하지 않게 된다. 비유하면 도가 세상에 있음은 마치 골짜기와 시냇물이 강과 바다로 흘러가는 것과 같이 자연스럽다.

그렇지만 대부분의 사람들은 도를 그렇게 소중하게 여기지 않는다. 심지어 낮은 경지의 사람들은 도를 말하면 비웃는다. 41장에는 다음과 같은 말이 있다. "높은 선비는 도를 들으면 부지런히 실행하고, 보통의 선비는 도를 들으면 반신반의하고, 낮은 선비는 도를 들으면 크게 비웃을 것이니, 낮은 선비가 비웃지 않는 도는 도라 하기에 부족하다."

노자는 위의 글에서 심지어 낮은 경지의 사람들이 비웃지 않으면 그것은 도가 아니라고 했다. 그런데 62장에서는 도가 선인(善人)에게

모르겠다. 나는 그 이름을 알지 못하므로 임시로 도라고 부르겠다. 굳이 의미에 가깝게 이름 붙인다면 그것은 크다고 할 수 있다. … (25장)

있어서는 보물이 되고, 선하지 않은 사람에게 있어서는 보호막이 된다고 하였다. 어떻게 해서 선하지 않은 사람에게 도가 보호막이 되는지를 논증하는 것이 62장의 핵심이다. 선하지 않은 사람에게도 도가 보호막인 근거로 두 가지를 들고 있다.

하나는 '아름다운 말'이 시장에서 높이 평가될 수 있다는 것이다. 그리고 '남을 존중하는 행위'는 사람들에게 좋은 영향을 미칠 수 있다는 것이다. 이 두 가지는 자신의 이익을 취하기 위해서 나온 것으로 선하지 않은 사람의 말과 행동이다. 그렇지만 결과적으로는 남들에게 신임을 얻게 되고, 그 신임이 자신에게 잘못이 있을 때 그것을 면하게 해주는 보호막이 된다는 논리이다.

선하지 않은 사람들은 '선하게 살아라.'는 선인의 말에 코웃음을 치지만 그것이 자신에게 이익이 된다는 말에는 움직이게 된다. 상인들이 손님에게 친절하게 대하는 것은 마음이 선하기 때문이 아니라 자신에게 이익이 되기 때문이다. 이들은 이익이 되느냐 손해가 되느냐에 대해서는 민감하다. 따라서 자신에게 이익이 되는 길이 남에게 아름다운 말을 하는 것이며 남을 존중하는 행위라는 것을 알게 되니 선하지 않은 사람이라 하더라도 어찌 도를 버리겠는가라고 노자는 말한다.

사회생활을 하면서 사람들은 어렵고 곤란한 일에 직면할까 봐 불안해한다. 그럴 때 사회적으로 힘이 있는 자가 자기를 돌봐준다면 안심이 된다. 그래서 힘이 있는 자와 친분을 쌓으려고 노력한다. 힘이 있는 자가 자신의 보호막 역할을 해주리라 기대되기 때문이다. 그래서 세상의 권력자가 바뀌면, 그 천하의 힘이 있는 자에게 선물을 바쳐 그 자에게 보호막 역할을 기대하게 된다. 그런데 노자는 보호막이 필요하면 그렇게 하는 것보다 가만히 앉아서 도를 닦아 나아가는 것이 낫다고 한다.

왜 그런가? 힘이 있는 자에게 보호를 받기 위해서는 그의 총애를 받아야 한다. 만약에 그에게 잘못 보여 총애를 잃게 되면 그 즉시 보호막이 없어질 뿐만 아니라 비참한 굴욕적인 상황에 처하게 된다. 그래서 그의 총애를 잃지 않기 위해 항상 전전긍긍하게 되며 오로지 그의 눈치를 보는 삶이 된다. 이러한 삶은 결국 자신의 귀중한 인생이 남에게 달려 있다는 말이다. 노자는 총애보다 자신의 몸을 더 소중히 하라고 13장에 다음과 같이 말한다.

> 총애와 모욕에 놀랄 일이 일어나지 않게 하고, 큰 우환을 귀하게 여기기를 자기 몸과 같이 하는 게 좋다. 무엇을 일러 총애와 모욕에 놀랄 일이라고 하는가. 총애와 모욕은 윗사람의 결정에 나의 운명이 걸려 있는 아랫사람이 될 때 일어나는 일이다. 윗사람의 신임을 얻어 총애를 받아도 놀라고 잃어서 모욕을 당해도 놀라니, 이것을 총애와 모욕에 놀랄 일이라고 한다. … 자신의 몸을 귀하게 여겨 천하로 생각한다면 그에게 천하를 바로 맡길 수 있다. 그리고 자신의 몸을 사랑해서 천하로 생각한다면 그에게 바로 천하를 부탁할 수 있다.

힘 있는 자에게 눈치를 보면서 매달려 있기보다는 자신이 그 자에게 필요한 몸이 되면 전전긍긍하지 않아도 된다. 즉 힘 있는 자와 당당히 거래를 하는 것이다. 거래에는 주고받음이 있어야 한다. 즉 내가 그 자에게 받은 만큼 줘야 한다. 이것이 상도(商道)이다. 그렇기 때문에 자신의 이익을 최우선으로 하는 '선하지 않은 사람'에게도 자신의 이익을 위해 쌓은 신용이 자신의 보호막이 된다. 이 도리를 옛 사람들도 잘 알고 도를 귀하게 여기고 있다. 그래서 도로써 이득을 구할 수 있고, 죄가 있어도 신용이라는 보호막으로 인해 면함의 베풂을 받을 수 있다. 그러므로 세상에서 도가 가장 귀한 것이다.

질 문

1. 선하지 않은 사람도 진정으로 자신에게 이익이 되는 쪽으로 움직이다 보면 결과적으로 신용을 쌓아 죄를 지었을 때 면할 수 있는 보호막이 된다는 말인데, '진정한 이기주의'는 좋다는 말인가?

2. 선하지 않은 사람 중에는 자신에게 진정으로 이익이 되는 것이 무엇인지도 모르고, 자신과 남에게 동시에 해를 끼치는 악인도 있는데, 이들도 도의 보호를 받을 수 있는가?

63장

내 용

억지가 없는 행위를 하고, 일삼는 일이 없도록 일을 하고, 맛없는 것을 맛있게 먹는 것이 좋다. 왜냐하면 억지가 있는 행위, 일삼는 일, 맛있는 것 먹기 등은 작고 적은 쉬운 일이지만, 이것을 방치하면 크고 많은 우환거리가 생겨 어려움에 봉착하기 때문이다. 원한을 덕으로 갚는 것도 이러한 우환거리인 어려움을 미리 없애기 위한 것이다.

쉬운 일에서 어려운 일이 꾀해지고, 미미한 일에서 큰일이 되어 간다. 왜냐하면 세상의 어려운 일도 반드시 쉬운 데서 만들어지고, 세상의 큰일도 반드시 미미한 데서 만들어지기 때문이다. 그러므로 성인은 작은 것이 마침내 크게 됨을 알아 미리 대비하기 때문에 능히 큰일을 이룬다. 대체로 가볍게 허락하는 것은 반드시 이것에 대한 믿음이 부족하기 때문이다. 쉽게 생각하여 처리한 것이 많으면 반드시 어려운 일이 많아진다. 그러므로 성인은 오히려 그 쉬운 일을 어렵게 여기기 때문에 끝까지 어려움에 봉착하지 않는다.

爲無爲 事無事 味無味 大小多少 報怨以德 圖難於其易 爲大於其細 天下難事必作於易 天下大事必作於細 是以聖人終不爲大 故能成其大

夫輕諾必寡信 多易必多難 是以聖人猶難之 故終無難矣(위무위 사무사 미무미 대소다소 보원이덕 도난어기이 위대어기세 천하난사필작어이 천하대사필작어세 시이성인종불위대 고능성기대 부경락필과신 다이필다난 시이성인유난지 고종무난의)

도 표

<table>
<tr><td colspan="3">오히려 쉬운 일을 어렵게 여겨야 끝까지 어려움에 봉착하지 않음</td></tr>
<tr><td rowspan="3">어려움에 봉착하지 않으려면</td><td>억지가 없는 행위를 함(爲無爲)</td><td rowspan="3">작고 적은 쉬운 일이 크고 많은 우환거리가 됨을 알아야 함</td></tr>
<tr><td>일삼는 일이 없도록 일을 함(事無事)</td></tr>
<tr><td>맛없는 것을 맛있게 먹음(味無味)</td></tr>
<tr><td>생활 사례</td><td colspan="2">원한을 덕으로 갚는 것도 우환거리인 어려움을 미리 없애기 위함</td></tr>
<tr><td rowspan="4">성인은 쉬운 일을 어렵게 여김</td><td colspan="2">쉬움에서 어려운 일이 꾀해지고, 미미함에서 큰일이 되어 감.</td></tr>
<tr><td colspan="2">작은 것이 마침내 크게 됨을 알아 미리 대비해야 큰일을 이룸</td></tr>
<tr><td colspan="2">쉽게 생각하여 처리한 것이 많으면 반드시 어려운 일이 많아짐</td></tr>
<tr><td colspan="2">대체로 가볍게 허락하는 것은 반드시 이것에 대한 믿음이 부족함</td></tr>
</table>

해 설

63장은 죽간본, 백서본, 왕필본에 모두 나오며,[219] 노자 사상의 핵심부분이 구체적으로 드러난 중요한 장이다. 특히 노자사상의 핵심 용어인 '억지가 없음(無爲)'과 '일삼는 일이 없음(無事)'이 무엇을 의미하는지를 알 수 있게 하는 설명들이 나타난다. 이 장에서는 억지가 없음과 일삼는 일이 없음이 '맛이 없음(無味)'과 함께 나온다. 그래서 우리는 맛이 없음을 통해 억지가 없음과 일삼는 일이 없음을 짐작할 수 있다. 그리고 맛이 없음이 무엇을 의미하는지는 12장을 통해 확인할 수 있다.

> 오색은 사람의 눈을 멀게 하고, 오음은 사람의 귀를 먹게 하고, 오미는 사람의 입을 상하게 하고, 말을 타고 달리며 사냥하는 것은 사람의 마음을 발광케 하고, 얻기 어려운 재화는 사람다운 행위를 방해한다. 그러므로 성인은 배를 위하고 눈을 위하지 않는다. 그리하여 저것을 버리고 이것을 취한다.

노자는 입맛을 돋우는 오미(五味)[220]를 오히려 입을 상하게 한다고 말하면서 입을 상하게 하지 않는 무미(無味)를 강조한다. 이 말은 맛있는 것을 선호하여 입맛을 고급화시키는 방향으로 가지 말고 저급한 상태로 두어 '맛없는 것을 맛있게 먹는다(味無味).'는 의미이다. 이것은 물론 맛에만 해당하는 것이 아니다. 색깔, 소리 등 오감(五感)에 모두 해당된다.

오감을 고급화시켜 놓으면 고급의 즐거움을 얻기 위해 돈이 많이

---

219) 죽간본에는 중간부분이 없으며,(爲亡爲, 事亡事, 味亡味. 大小之… 多易必多難. 是以聖人猶難之. 故終無難.) 백서본과 왕필본은 별 차이가 없다.

220) 오미(五味)는 단맛, 짠맛, 신맛, 쓴맛, 매운맛이다. 보통 이 다섯 가지 맛으로 여러 가지 요리를 하여 입맛을 돋운다.

든다. 누구나 가지려고 경쟁하는 그 돈을 마련하기 위해 힘든 인생을 살아야 한다. 그리고 오감을 고급화시켜 놓은 상태에서 저급의 대상을 만나야 될 상황에 처해지면 불행할 수밖에 없다. 그러니 고급화되어 있는 만큼 상대적으로 불행이 커질 수밖에 없다. 이것을 잘 아는 노자는 가장 낮은 저급의 대상을 만나더라도 그 속에서 맛과 멋을 찾을 수 있는 사람은 항상 행복할 수 있다고 말한다.

우리는 맛없는 것을 맛있게 먹음(味無味)을 유추하여 억지가 없는 행위를 함(爲無爲)과 일삼는 일이 없도록 일을 함(事無事)의 의미를 알아낼 수 있다. 맛있는 음식을 자주 먹게 되어 입맛이 고급화되려고 할 때 그것을 방치하면 불행의 길로 들어서게 된다. 그래서 입맛을 고급화시키지 않기 위해 소박한 음식을 먹는 등으로 맛없는 음식을 맛있게 먹을 수 있는 상태를 유지하는데, 이것을 억지가 없는 행위라 한다. 따라서 억지가 없는 행위를 하는 사람은, 고급 입맛에 물드는 것을 자연스러움을 잃어버릴 정도까지 억지로 늘리는 인위적인 행위를 하지 않는다.

그리고 맛없는 음식을 맛있게 먹을 수 없고, 입이 고급화되어 있지 못한 것을 부끄럽게 여기는 사람은 자신의 입을 고급화시키기 위해 출세와 성공 등 돈 버는 일에 혈안이 되지 않을 수 없다. 이 사람이 이렇게 출세와 성공 등 돈 버는 일에 혈안이 되는 이유는 자신을 드러내려고 하기 때문이다. 노자는 자신을 드러내려고 하는 이러한 것을, 쓸데없이 일을 만들어 하는 일이라 생각하여 '일삼는 일'이라고 한다. 일삼는 일의 어리석음을 아는 성인은 이러한 쓸데없는 일을 하지 않고, '일삼는 일이 없도록 일을 한다.'

결국 맛없는 것을 맛있게 먹음은 억지로 함이 없는 행위를 함(爲無

爲)과 일삼는 일이 없도록 일을 함(事無事)의 구체적인 사례라고 볼 수 있다. 그리고 맛없는 것을 맛있게 먹음(味無味)은 상류층으로 올라갈수록 쉽지 않다. 상류층 사람들은 맛있는 것을 먹을 기회가 많아서 맛없는 것을 맛있게 먹을 수 있는 소박한 입맛의 상태를 유지하기 어렵다.

상류층 사람의 입맛이 고급화되어 가면 갈수록 그 본인도 자신의 재산상태[221]를 끊임없이 키워가야 되니 피곤한 길로 들어서는 것이지만, 그 사람의 행위와 일들이 상대적 박탈감을 가져와 하류층 사람들을 더욱 힘들게 한다. 그래서 노자는 63장에서 처음부터 입맛을 고급화시키지 않기 위해 노력하는 일이 무엇보다 중요하다고 말한다. 입맛이 고급화된 이후에 다시 저급한 음식을 맛있게 먹기는 쉽지 않기 때문이다.

우리를 불행하게 하는 습관적 행위가 작고 적을 때는 쉽게 고칠 수 있지만, 습관이 된 이후 크고 많은 상태에서는 고치기 어렵다. 다른 예를 든다면 불행의 원인 중 하나인 원한을 쌓았을 경우도 마찬가지이다. 조그마한 원한을 쌓았을 때 즉시 덕(德)으로써 갚으면 원한을 쉽게 풀 수 있는데, 나중에 원한이 커지고 많아졌을 때 갚으려면 아주 큰 덕을 베풀어도 진정성을 의심받아서 쉽게 풀리지 않는다.

쉬운 일에서 어려운 일이 꾀해지고, 미미한 일에서 큰일이 되어간다. 왜냐하면 세상의 어려운 일은 반드시 쉬운 데서 만들어지고, 세상의 큰일은 반드시 미미한 데서 만들어지기 때문이다.

그러므로 성인은 끝내 입맛을 고급화시키는 불행의 씨앗이 크게 될 때까지 놔두지 않기 때문에 능히 행복한 큰일을 이룬다. 사회적으

221) 재산 상태와 거기에 따른 사회적 지위와 권력과 명예 등을 포함한다.

로 크게 성공한 사람이 끝내 입맛을 고급화시키지 않고 검소 소박한 상태를 유지하면 주변 사람들에게 크게 신임을 받는다. 그 사람은 자신을 위해서 일을 한 것이 아니라 진심으로 국가와 사회를 위해서 일한 사람으로 인정받기 때문이다.[222]

이에 비해 검소 소박한 상태를 무너뜨리고 쉽게 입맛을 고급화시키는 것을 허락해서 사치에 물든 사람들은 주변 사람들로부터 국가사회를 위해 일한다는 진정성을 의심받기 때문에 어려움이 많아지게 된다. 입맛을 고급화시키는 일은 쉬운 일이다. 상대적으로 고급화된 입맛을 원 상태로 돌리는 일은 어렵다.

이것을 아는 성인은 상류층이 되더라도 자신의 입맛을 고급화시키는 일을 쉽게 허락하지 않고 검소 소박을 유지해 간다. 그렇다고 성인이 고급음식을 전혀 먹지 않는다는 것은 아니다. 상류층에 있다 보면 고급음식을 먹을 일이 자주 생긴다. 그렇더라도 입맛을 고급화시켜서 소박한 음식을 먹지 못할 정도가 되지 않는다는 것이 중요하다. 그래서 소박한 음식을 맛있게 먹는 상태를 놓치지 않는 성인은 입맛을 고급화시키기 위한 부귀영화를 쫓아서 늘리는 행위를 하지 않고, 부귀영화를 차지해서 자신을 드러내려고 하는 일을 벌이지 않는다.

성인은 오히려 입맛을 고급화시키는 일을 무엇보다 어렵게 여기기 때문에 끝내 어려운 일에 봉착하지 않는다. 그리고 끝내는 큰 어려움 없이 큰일을 이루게 된다. 이것은 특히 상류층 사람들이 가정교육을 통해서라도 자식에게 명심시킬 중요한 교훈이다.

---

222) 황희 정승과 이순신 등과 같이 진정한 선비는 자신의 삶은 소박하게 유지하면서 나라를 위해서는 큰일을 한다.

질 문

1. 성인은 부귀영화를 누리려는 행위나 일을 불행의 씨앗으로 보고 있으면서도 큰일을 이룬다고 했는데, 큰일을 이루면 결국 부귀영화는 따르지 않는가?

2. 입맛이 고급화되는 것을 두려워한다면 고급문화는 꽃 피우지 못하는 것이 아닌가?

64장

내 용

안정이 되어 있을 때 위태할 것을 미리 대비하면 지키기 쉽고, 아직 조짐이 나타나기 전에 도모하면 위태함을 없애기 쉽고, 무를 때 녹이기 쉽고, 미세할 때 흩트리기 쉽다. 아직 나타나지 않은 상태에서 대비하고, 아직 혼란하지 않은 상태에서 다스린다. 한 아름의 나무도 가는 털끝에서 성장하고, 구층의 높은 건축물도 한 줌의 흙에서 세워지고, 천리 길도 한걸음에서 시작된다.

미리 대비하지 않고 커진 후에 하고자 하면 실패하고, 설사 성공해서 지닌다고 해도 곧 잃게 된다. 그러므로 성인은 처음부터 하지 않으니 무너질 것이 없고, 처음부터 잡지 않으니 잃을 것이 없다. 백성들은 일을 하는 데 있어 거의 완성될 무렵에도 실패를 한다. 일을 마칠 때까지 처음과 같이 신중하면 실패하지 않는다.

그러므로 성인은 욕심을 부리지 않고 초심을 유지하려는 욕심을 낸다. 따라서 구하기 어려운 재화를 귀하게 여기지 않는다. 그리고 늘리기 위한 배움이 아니라 줄이기 위한 배움을 추구한다. 따라서 뭇 사람들이 허물로 여기는 무지한 상태로 돌아온다. 이렇게 성인은 만물의 자연스러운 본성을 도움으로써 감히 인위적인 행위를 하지 않는다.

其安易持 其未兆易謀 其脆易泮 其微易散 爲之於未有 治之於未亂 合抱之木生於毫末 九層之臺起於累土 千里之行始於足下 爲者敗之 執者失之 是以聖人 無爲故無敗 無執故無失 民之從事 常於幾成而敗之 愼終如始 則無敗事 是以聖人欲不欲 不貴難得之貨 學不學 復衆人之所過 以輔萬物之自然而不敢爲(기안이지 기미조이모 기취이반 기미이산 위지어미유 치지어미란 합포지목생어호말 구층지대기어누토 천리지행시어족하 위자패지 집자실지 시이성인 무위고무패 무집고무실 민지종사 상어기성이패지 신종여시 즉무패사 시이성인욕불욕 불귀난득지화 학불학 복중인지소과 이보만물지자연이불감위)

도 표

<table>
<tr><td colspan="2">위태로운 상태에 빠지지 않기 위해 작은 조짐이 보이기도 전에 다스림</td></tr>
<tr><td rowspan="5">인위적인
시작 단계를
막아야 쉬움</td><td>안정이 되어 있을 때 위태할 것을 미리 대비하면 지키기 쉬움</td></tr>
<tr><td>아직 조짐이 나타나기 전에 도모하면 위태함을 없애기 쉬움</td></tr>
<tr><td>무를 때 녹이기 쉽고, 미세할 때 흩트리기 쉬움</td></tr>
<tr><td>아직 나타나지 않은 상태에서 미리 대비함</td></tr>
<tr><td>아직 혼란하지 않은 상태에서 미리 다스림</td></tr>
<tr><td>시작은
미미함</td><td>한 아름의 나무도 가는 털끝에서 성장을 시작함</td></tr>
</table>

<table>
<tr><td colspan="2" rowspan="2"></td><td colspan="2">구층의 높은 건축물도 한 줌의 흙에서 세워짐</td></tr>
<tr><td colspan="2">천리 길도 한걸음에서 시작됨</td></tr>
<tr><td rowspan="2">실패</td><td>성인</td><td colspan="2">처음부터 우환거리를 만들지 않아 실패가 없음</td></tr>
<tr><td>백성</td><td colspan="2">일이 완성될 무렵에도 신중치 못해 실패를 함</td></tr>
<tr><td colspan="2" rowspan="3">성인</td><td>생활 철학</td><td>생활 사례</td></tr>
<tr><td>초심을 유지하려는 욕심을 냄</td><td>재화를 귀하게 여기지 않음</td></tr>
<tr><td>늘리기 위한 배움을 안함</td><td>무지한 상태를 허물로 여기지 않음</td></tr>
<tr><td colspan="4">성인은 만물의 자연스러운 본성을 도울뿐 감히 인위적인 행위를 하지 않음</td></tr>
</table>

해 설

64장은 기본적으로는 63장의 연장선상에 있다. 위태로운 상태에 빠지지 않기 위해 작은 조짐이 보이기도 전에 다스리는 것이 좋다는 취지이다. 그래서 64장은 안정되어 있을 때 위태할 것을 미리 대비하면 지키기 쉽고, 아직 조짐이 나타나기 전에 위태함을 없애는 일을 도모하기 쉽고, 무를 때 녹이기 쉽고, 미세할 때 흩트리기 쉽다는 사례들을 제시하면서 시작된다.

그러고 나서 이러한 사례들을 정리하는 이론이 제시된다. 아직 나타나지 않은 상태에서 대비하고, 아직 혼란하지 않은 상태에서 다스린다. 그러고 나서 그 이유에 해당하는 사례들이 다시 제시된다. 한 아름의 나무도 가는 털끝에서 성장하고, 구층의 높은 대(臺)도 한 줌의 흙에서 세워지고, 천리길도 한걸음에서 시작된다.

다음은 실패하지 않는 인생을 살려면 어떻게 해야 하는가에 대한 논의가 제시된다. 실패하지 않기 위해서는 위의 취지에 따라 처음부터 실패할 행위를 하지 않아야 한다는 것이다. 미리 대비하지 않고 커진 후에 하고자 하면 실패하고, 설사 성공해서 지닌다고 해도 곧 잃게 된다.

그래서 이러한 이치를 아는 성인은 처음부터 하지 않으니 무너질 것이 없고, 처음부터 잡지 않으니 잃을 것이 없다. 성인에 비해 백성들은 실패를 많이 한다. 심지어 일이 성공적으로 끝나갈 마지막 무렵에도 실패를 한다. 마지막까지 처음처럼 신중하면 실패하지 않는데도 말이다.[223]

이것을 아는 성인은 그래서 처음부터 욕심을 부리지 않는 상태에 지속적으로 머물고자 하는 욕심을 낸다. 그 구체적인 사례를 생활 속에서 제시한다. 뭇 사람들이 서로 가지려고 하는 구하기 어려운 재화를 귀하게 여기지 않는다. 그리고 성인은 처음부터 지식으로 사회적 지위를 높이려는 배움을 하지 않는 배움을 추구한다. 그래서 뭇 사람들이 허물로 여기는 무지한 상태로 돌아온다. 이에 비해 뭇 사람들은 재화와 학벌을 귀하게 여기고 늘리려 하며, 늘리지 못한 상태로 가난하거나 학벌이 낮은 것을 허물로 여긴다.

그렇지만 성인은 그들이 허물로 여기는 그 낮은 자리에 돌아가고자 한다. 가장 맛없는 음식을 맛있게 먹는 상태를 유지해서 입을 고급화시키지 않는 것과 같다. 자신을 돋보이게 하지 않으려 함(欲不欲)

---

223) 이것은 일을 처음 시작할 때 가진 초심(初心)이 순수했을 때 그것을 잃어버리면 망하는 길로 들어서는 것과 유사하다.

과 지식을 자랑하지 않는 배움(學不學)은 모두 인위적인 것을 원천 차단하기 위한 것이다. 성인의 이러한 행위는 만물이 스스로 그러하듯이 혹은 있는 그대로 있듯이, 만물의 자연 상태를 유지하도록 돕기 위한 것으로 감히 처음부터 인위적인 것으로 나아가지 않는 것이다.

63장에서는 억지가 없는 행위를 함, 일삼는 일이 없도록 일을 함, 맛없는 것을 맛있게 먹음이 있었는데, 64장에는 욕불욕(欲不欲)과 학불학(學不學)이 나온다. 같은 맥락이다. 위무위(爲無爲)에서 앞의 위(爲)는 긍정적인 의미인 자연으로의 복귀이고, 없음(無) 뒤에 나오는 위(爲)는 부정적인 의미인 인위적(人爲的)인 위(爲)이다. 사무사(事無事), 미무미(味無味), 욕불욕(欲不欲), 학불학(學不學)도 동일한 구조이다.

모두 세 글자씩으로 되어 있는데, 세 글자 중 뒤의 글자인 인위적인 위(爲), 사(事), 미(味), 욕(欲), 학(學)은 모두 백성들이나 뭇사람들이 더 늘리면 늘릴수록 좋아하는 것이다. 그들은 이렇게 좋아하는 것들을 통해서, 구하기 힘든 재화, 명예, 권력, 지위 등을 지녀 남보다 잘났음을 증명할 수 있다고 믿는다. 그러나 성인은 바로 그런 생각이야말로 위태로움의 시작이며 불행의 씨앗임을 알고 원천 차단하는 것이 중요하다고 말한다. 바로 그 원천 차단의 방법이 세 글자 중 앞의 글자인 자연으로의 복귀인 위(爲), 사(事), 미(味), 욕(欲), 학(學)이다.

결국 64장은 성공과 실패에 대한 논의이다. 노자는 우선 실패하지 않기 위해서는 위태한 상황을 처음부터 만들지 않아야 쉽게 해결한다고 한다. 그래서 안정이 되어 있을 때 유지하기 쉬우며, 위태한 상황에 빠질 조짐이 나타나기 전에 조치를 취하기 쉽다고 한다. 만약에 그런 조짐이 나타나더라도 무를 때 녹이거나 미세할 때 흩어버리는 것이 쉽다고 한다.

이러한 이치를 모르는 백성들은 성공을 바로 눈앞에 두고도 실패하기 쉽다. 이유는 재화획득과 학벌추구를 통한 자연에 역행하는 위태한 상황을 키워왔기 때문이다. 이에 비해 억지가 없음, 고집이 없음, 자신을 돋보이게 하지 않으려 함, 지식을 자랑하지 않는 배움을 통해 자연에 순종하는 신중함을 유지해왔기 때문에 성공하기 쉽다.[224]

질 문

1. 재화획득과 학벌추구는 성공의 지름길인데, 그것이 왜 자연에 역행하며 위태한 상황을 키우는 것인가?

2. 백성들은 실패하기 쉽고 성인은 성공하기 쉽다고 했는데 그래서 도덕경을 처세술이라고 하는가? '처세술이 맞다'고 한다면 어찌 도라 할 수 있는가?

224) 48장의 "억지가 없음에 이르게 되면 하지 못함이 없다"를 참조할 것.

65장

내 용

옛날에 도를 잘 터득한 사람은 백성들이 총명해지도록 두지 않고 오히려 우매해지도록 한다. 백성들을 다스리기 어려운 것은 그들에게 지혜가 많기 때문이다. 그러므로 나라를 지혜로 다스리면 나라를 해치는 것이고, 지혜로 나라를 다스리지 않는다면 나라를 복되게 하는 것이다. 이 두 가지는 바로 우리가 헤아릴 기준이다. 항상 이 기준을 아는 것을 깊은 덕이라 한다. 깊은 덕은 심오하고 멀며 만물과 더불어 근원으로 돌아가게 한다. 그런 후에 큰 순조로움에 도달한다.

古之善爲道者 非以明民 將以愚之 民之難治 以其智多 故以智治國 國之賊 不以智治國 國之福 知此兩者亦稽式 常知稽式是謂玄德 玄德深矣遠矣 與物反矣 然後乃至大順(고지선위도자 비이명민 장이우지 민지난치 이기지다 고이지치국 국지적 불이지치국 국지복 지차양자역계식 상지계식시위현덕 현덕심의원의 여물반의 연후내지대순)

도 표

기준이 되는 깊은 덕에 이른 후에야 큰 순조로움에 도달해서 나라가 복됨	
깊은 덕	나라를 지혜로 다스리면 나라를 해치게 됨을 앎
	나라를 지혜로 다스리지 않으면 나라를 복되게 함을 앎
깊은 덕의 기능	심오하고 멀며 만물과 더불어 근원으로 돌아가게 함
도를 아는 자	백성들이 총명해지도록 두지 않고 오히려 우매해지도록 함

해 설

65장은 배움(學)의 문제를 보다 깊이 다루고 있다. 그리고 64장의 학불학(學不學)에 초점을 맞추면서 확대하여 정치철학과 도덕철학에 적용한 덕을 설한 것으로 보인다. 필자는 64장의 해설에서 학불학(學不學)을 "출세 성공하기 위한 배움을 하지 않는 배움"이라고 하였다.

학불학(學不學)의 세 글자 중 마지막 글자 학(學)은 자신의 출세 성공에 목적을 두고 있는 배움이다. 이러한 배움을 하지 않는다는 것이 뒤의 두 글자 불학(不學)이다. 그렇다면 첫 글자의 학(學)은 배움의 목적이 출세 성공에 있지는 않는지를 부단하게 반성(反省)하면서 살피고, 혹시 그렇다면 싹부터 없애는 방법을 배우는 것이다.225)

225) 그래서 64장은 실패의 싹을 아예 없게 하거나 있더라도 작을 때 처리해야 한다고 강조하고 있다. "안정이 되어 있을 때 위태할 것을 미리 대비하면 지키기

학불학을 정치철학에 적용한 것은 나라를 다스리는 자가 어떻게 백성을 다스려야 하는지를 말하고 있다. 그리고 학불학을 도덕철학에 적용한 것은 우리들이 일생을 살면서 배움에 대해 어떠한 마음가짐을 가져야 하는지를 말하고 있다. 65장은 정치철학부터 말하고 있다. "옛날에 도를 잘 터득한 사람은 백성들을 총명하게 하지 않고 오히려 우매하게 만든다. 백성들을 다스리기 어려운 것은 그들에게 지혜가 많기 때문이다. 그러므로 나라를 지혜로 다스리면 나라를 해치는 것이고 지혜로 나라를 다스리지 않는다면 나라를 복되게 하는 것이다."

나라를 지혜로 다스리면 나라를 해치는 것이라 하고 지혜로 나라를 다스리지 않는다면 나라를 복되게 하는 것이라 했는데 오히려 반대가 아닌가. 일반적으로 통치자가 나라를 지혜롭게 다스려야 나라를 부강하게 하고 국민들을 행복하게 살도록 해줄 수 있다. 반대로 통치자가 나라를 지혜롭지 못하고 어리석게 다스리면 외침과 내란을 겪으면서 백성들을 도탄에 빠지게 하여 불행하게 만든다. 그런데 왜 노자는 반대로 말하는가? 이 이유를 아는 것이 65장의 핵심이다.

나라를 지혜로 다스린다는 것은 지혜로운 사람을 기용해서 그들에게 행정을 맡긴다는 말이다. 그런데 여기서 말하는 지혜로운 사람은 많이 배운 사람이다. 64장에 나오는 학불학(學不學)의 입장에서 보면 이들은 불학(不學)을 하지 않고 학벌을 높여서 출세 성공하기 위해 배운 사람들이다. 즉 이들은 자신의 출세 성공이라는 목적을 위해

쉽고, 아직 조짐이 나타나기 전에 위태함을 없애는 일을 도모하면 대비하기 쉽고, 무를 때 녹이기 쉽고, 미세할 때 흩트리기 쉽다. 아직 나타나지 않은 상태에서 대비하고, 아직 혼란하지 않은 상태에서 다스린다."

나라의 관직이라는 수단을 사용하는 사람들이다.

겉으로는 나라의 일을 열심히 하는 것처럼 보이지만 사실은 자신의 부귀영화를 더 우선시한다. 따라서 이들은 권력이나 지위를 높이기 위해 강자에게 쉽게 아부하고 약자를 갈취한다.[226] 그리고 나라가 위기에 처해졌을 때 당연히 강자에게 붙어서 자신의 부귀영화를 지키거나 키워간다.[227] 이들에게 나라 일을 맡기는 것은 고양이에게 생선을 맡기는 격이 된다. 그래서 노자는 이들을 나라의 도적이라고 말한다.

배움의 목적이 출세 성공에 있지는 않은지를 부단하게 반성(反省)하면서 살피고, 혹시 자신이 그런 마음이라면 그 싹부터 없애려는 배움을 하는 사람은 출세 성공을 배움의 목적으로 여기는 사람이 보았을 때는 어리석게 보일지 모른다. 그러나 이들의 배움의 목적은 자신의 출세 성공보다 인간답게 올바르게 사는 데 있다.[228] 관직에 나가더라도 거기서 어떻게 행위하는 것이 옳은지, 인간답고 올바르게 사는 것인지에 관심이 깊고 승진이나 그것에 따른 부귀영화에는 거의 관심이 없다. 따라서 이들에게는 강자에게 아부하거나 약자를 갈취할 일이 처음부터 생기지 않는다.

---

226) 약자를 갈취해야만 강자에게 아부할 금전을 만들 수 있기 때문이다.

227) 이때의 강자가 침략국이면 그 나라에 붙을 것이고, 강자가 자국이면 자국을 위해 충성을 다해 출세의 기회로 삼을 것이다. 판단이 잘 서지 않으면 양다리를 걸치면서 어느 쪽이 이기더라도 괜찮게 만들어 놓는다. 물론 이것까지도 잘 되지 않으면 위험한 곳에 있지 않고 도망갈 것이다.

228) 칸트의 말처럼, 자신의 실천이성이 내린 명령이 옳기 때문에 무조건 따르는 정언명법(定言命法)에 복종하지, 자신에게 이익이 되기 때문에 따르는 가언명법(假言命法)에 복종하지 않는다.

그리고 나라가 위기에 처해졌을 때 기꺼이 최선을 다해 은혜에 보답한다.[229] 이들은 자신의 출세 성공과 부귀영화를 키워가는 일에 대해서는 지혜롭지 못하고 어리석다. 뿐만 아니라 이들은 백성들의 출세 성공과 부귀영화에 대해서도 별로 관심이 없다. 백성들을 그러한 것으로 유혹하거나 이끌지 않는다. 즉 백성들을 출세 성공과 부귀영화를 누릴 수 있는 지혜로써 이끌지 않는다. 그래서 인기가 없고 투박할 수 있다. 그러나 이들은 평상시에는 올바른 도에 따라 나라에 봉사하고, 나라가 위기에 처해지면 기꺼이 최선을 다해 나라를 구한다. 그래서 노자는 이들을 나라의 복이라고 말한다.

위정자들이 나라의 적인지 복인지는 그들의 본심을 봐야 한다. 우리는 그들의 본심이 정말 나라와 백성을 위하는지 자신의 출세 성공과 부귀영화를 위하는지를 주의 깊게 관찰해야 한다. 그런데 이것은 쉽게 드러나지 않는다. 그래서 노자는 이것을 구분할 줄 아는 일이 아주 중요하다고 했다. 이 두 가지는 바로 우리들이 헤아릴 기준이며 이 기준을 아는 것을 깊은 덕이라고 했다.

깊은 덕은 도가 실현된 깊고 바른 행위이다. 이것을 알기 위해서는 우선 자신의 내면을 깊이 볼 수 있어야 한다. 이것은 자신의 본심이

---

229) 소크라테스는 나라가 나를 악인으로부터 보호해 준 덕분에 지금까지 잘 살았는데, 내가 더 살겠다고 나라의 은혜를 져 버려서는 안 된다고 했고, '악법도 법'(소크라테스가 '악법도 법이다.'는 말을 플라톤 대화편에서 구체적으로 했는가 하는 문제는 학자들 사이에 논란이 있지만 여기서는 생략한다)이니 지켜야 한다면서 사약을 마시고 죽었다. 물론 우리나라의 올바른 선비들도 기꺼이 나라를 위해 목숨을 바쳤다. 그 얼과 혼이 살아 있기 때문에 우리나라는 수많은 고난을 극복해 왔고, 이 얼과 혼이 살아 숨 쉬며 강화된다면 앞으로 우리나라는 세계 속에서 우뚝 솟을 미래가 열릴 것이다.

정말 출세 성공과 부귀영화에 있지는 않는지를 헤아릴 기준을 아는 것을 말하기 때문이다. 이 기준에 따라 자신의 본심을 깊고 멀리까지 성찰해서 순수한 초심으로 되돌릴 수 있게 된 연후에 이르러서야 도에 크게 순응할 수 있다.

우리들이 헤아릴 기준인 계식(稽式)은 결국 학무학(學無學)의 세 글자에서 없을 무(無)자를 경계로 앞과 뒤의 학(學)자를 구분하는 기준이다.[230] 그리고 이 기준은 배움의 진정한 목적이 어디에 있느냐를 구분하는 기준이다. 따라서 배움의 진정한 목적이 자신의 출세 성공과 부귀영화에 있는가, 아닌가를 구분하는 기준이다. 이 기준을 알아서 실패의 길을 미리 차단한다면 이것이 바로 가장 이상적인 깊은 덕이다.

그런데 우리들은 대개 많이 배우면 총명하게 되어 출세 성공하는데 도움이 되고, 배우지 않으면 어리석게 되어 생존경쟁에서 낙오자가 되어 남에게 짓밟히는 삶을 산다고 생각한다. 그래서 우리의 부모들은 자식들이 사회에 나갔을 때 남에게 짓밟히지 않고 당당하게 살게 하려고 많이 배우도록 강조한다. 그런데 노자는 배움의 목적이 그래서는 안 된다고 말한다.

---

230) 이 기준으로 위무위(爲無爲), 사무사(事無事), 미무미(味無味), 욕불욕(欲不欲)의 각각 첫째 자와 셋째 자를 구분할 수 있다. 이것을 구분하면 도와 덕에 가깝게 된다.

질 문

1. 통치자가 백성들을 어리석게 한다면 우민정치(愚民政治)가 아닌가?

2. 도를 잘 터득한 사람이 백성들에게까지 출세 성공과 부귀영화를 목적으로 하지 않도록 나라를 다스린다면 민주주의 사회에서 표를 얻을 수 없는 것이 아닌가?

66장

내 용

강과 바다가 모든 계곡의 왕이 될 수 있는 까닭은 강과 바다가 아래에 있기 때문이다. 그러므로 모든 계곡의 왕이 되는 것이다. 그런 까닭에 성인은 백성 위에 있기를 바란다면 반드시 말로써 백성의 아래에 있지 않으면 안 된다는 것을 안다. 그리고 백성의 앞에 서기를 바란다면 반드시 몸으로써 백성의 뒤에 있지 않으면 안 된다는 것을 안다.

그런 까닭으로 성인이 위에 있어도 백성들이 무거워하지 않고, 앞에 있어도 백성에게 해가 되지 않는 것으로 여겨진다. 그러므로 세상 사람들이 그를 기쁘게 추대하면서 싫어하지 않는다. 그것은 다투지 않기 때문이다. 그러므로 세상의 누구도 그와 더불어 다툴 수가 없다.

江海所以能爲百谷王者 以其善下之 故能爲百谷王 是以欲上民 必以言下之 欲先民 必以身後之 是以聖人處上而民不重 處前而民不害 是以天下樂推而不厭 以其不爭 故天下莫能與之爭(강해소이능위백곡왕자 이기선하지 고능위백곡왕 시이욕상민 필이언하지 욕선민 필이신후지 시이성인처상이민부중 처전이민불해 시이천하낙추이불염 이

기부쟁 고천하막능여지쟁)

도 표

통치자가 백성의 위에 있으려면 누구도 그와 다툴 수 없도록 하는 게 좋음	
성인은	위에 있으려면 말로써 백성의 아래에 있지 않으면 안 된다는 것을 앎
	앞에 있으려면 몸으로써 백성의 뒤에 있지 않으면 안 된다는 것을 앎
통치자의 처신	통치자가 자신들의 위에 있어도 백성들이 무거워 하지 않도록 함
	통치자가 자신들의 앞에 있어도 백성들이 피해로 여기지 않도록 함
결과	백성들은 통치자를 기쁘게 추대하면서 싫어하지 않음
이유	세상의 누구도 통치자와 더불어 다투지 않기 때문
이치	강과 바다가 모든 계곡의 아래에 있기 때문에 그들의 왕이 됨

해 설

66장은 "자신을 높이면 낮아지고, 자신을 낮추면 높아진다."는 이치를 말하고 있다.[231] 노자는 그 예로 물의 이치를 들고 있다. 강과

231) 이 말은 성경(聖經, 누가복음 18장, 14절 등)에 나온다. 불교에서는 법화경 불경보살품(法華經 不輕菩薩品)에 잘 나타나고 있다.

바다로 모든 계곡의 물이 모여드는 까닭은 강과 바다가 강제해서가 아니라 스스로 낮은 위치를 잘 지키고 있기 때문이다. 이것은 한여름 뙤약볕에 큰 정자나무 아래에는 사람들이 저절로 모여드는 것과 같다. 이것도 물론 정자나무가 사람들에게 모이라고 명령해서가 아니다. 그곳이 그늘이 져 더위를 피할 수 있기 때문이다.

이렇게 억지로 강제하지 않아도 저절로 그렇게 되는 것을 도가사상(道家思想)[232]에서는 무위자연(無爲自然)[233]이라 한다. 무위자연으로 가장 높은 자리에 오르기 위해서는 사람들이 즐겁게 모여들어 그를 통치자인 왕으로 추대하면 된다. 그러면 어떻게 하면 사람들이 그렇게 하겠는가? 사람들이 그의 그늘 아래에 있으면 좋다고 여기도록 하면 된다. 한여름의 정자나무 아래처럼 말이다. 그늘을 만들지 않은 나무가 속임수를 쓰거나 강제적으로 자신에게 모이라고 하면 일시적으로 모일 수는 있지만 지속되지는 않는다. 시간이 흐르면 결국 속임수는 드러나고 강제적인 방법은 반작용[234]으로 무너진다.

사람들을 다스리는 통치자인 왕은 백성들을 통솔하고 다스리는 가장 높은 자리에 있다. 높은 자리에 있다는 것은 조직에 있어 인사권과 재정권을 행사할 수 있어 조직원들의 삶에 직접적인 영향력이 미칠

---

232) 도(道)를 우주의 근본원리로 여기는 사상이다. 주로 노자(老子)와 장자(莊子)의 사상 즉 노장사상(老莊思想)을 말한다.

233) 무위자연(無爲自然)이라는 말은 후대에 노자 해설가들에 의해 붙여진 합성어(合成語)이다. 이 말은 노자 『도덕경』에 직접 나오지는 않는다. 『도덕경』에는 '무위(無爲)'와 '자연(自然)'이 각각 다른 곳에 나오지만, 무위자연이라는 합성어는 노자의 사상을 가장 잘 드러낼 수 있다고 널리 알려져 있다.

234) 여기서의 반작용은 위에서 누르는 힘에 대항하여 일어나는 정치적 일인 쿠데타, 동난(動亂), 혁명 등을 말한다.

수 있음을 의미한다. 조직원들은 그에게 잘 보이면 진급하거나 경제적으로 풍부해지고, 잘못 보이면 퇴출되거나 경제적으로 궁핍해지며 심지어 목숨을 잃을 수도 있다.

이렇기 때문에 조직원에 해당하는 백성들은 통치자인 왕에게 잘 보이는 일을 무엇보다 최우선으로 여길 수밖에 없다. 이런 상황에서 왕의 말 한마디는 백성들에게 천금처럼 무겁게 여겨진다. 왕정국가에서는 실제로 왕명을 어겼을 때 반역죄로 몰아 삼족을 멸하기도 한다.

그런데 노자는 "백성의 위에 있고자 하면 반드시 말로써 백성의 아래에 있지 않으면 안 된다."고 하였다. 그래야만 "위에 있어도 백성들이 그의 말을 무거워하지 않기 때문"이라고 했다. 통치자가 어떻게 말을 하면 인사권, 재정권, 심지어 생살여탈권까지 지닌 그의 말을 백성들이 무겁게 여기지 않는다는 말인가.

그리고 노자는 이어지는 문장에서 "백성의 앞에 서기를 바란다면 반드시 몸으로써 백성의 뒤에 있지 않으면 안 된다."고 하였다. 그래야만 "앞에 있어도 백성에게 해가 되지 않는 것으로 여겨지기 때문"이라고 했다. 백성들이 통치자의 말을 무겁게 여기지 않고, 통치자가 앞에 있어도 자신들에게 해가 되지 않게 여기도록 하는 자를 노자는 성인이라고 말한다. 66장의 다음 67장에서 노자 자신이 세 가지의 보배를 지니고 있음을 말하고 있다. 통치자가 이 세 가지를 지니면 위와 같은 성인이 될 것이다.

첫째, 그는 어버이처럼 자애로워야 한다. 그래야 백성들을 자식같이 대하여 자식이 부모를 보호자로 여기기 때문이다. 둘째, 그는 사치와 허영에 들뜬 사람이 아니라 검소한 사람이라야 한다. 그래야 사리 사욕을 위해 백성들을 이용하지 않기 때문이다. 셋째, 그는 자신이 백성들의 봉사자인 심부름꾼에 불과하다고 여겨야 한다. 그래야 갑질을 하지 않기 때문이다. 통치자가 이 세 가지를 이루면 백성들은 그를 자신들의 위에서 간섭하는 존재로 여기지 않고, 뙤약볕의 그늘처럼 자신들을 편안하고 즐겁게 살도록 도와주는 존재로 여기게 된다.

모든 백성들이 통치자를 위와 같이 여기면서 즐겁게 왕으로 추대를 하면 왕은 자연스럽게 만백성의 위에 있게 된다. "그러므로 세상 사람들이 그를 기쁘게 추대하면서 싫어하지 않는다." 노자는 이렇게 백성들이 그를 왕으로 추대하면서 싫어하지 않는 것은 통치자가 "다투지 않기 때문"이며, 통치자가 다투지 않으니 "그래서 세상의 누구도 그와 더불어 다툴 수가 없다."고 말한다.

결국 노자는 왕으로 추대받기 위해서는 다투지 않는 삶의 자세가 중요하다고 본 것이다. 이 다투지 않는 삶의 자세는 백곡의 왕인 강과 바다처럼 낮은 곳에 있으려는 자세임이 분명하다.

다투지 않고 낮은 곳에 있으려는 자세에 대해 8장에서 "모든 사람이 싫어하는 더럽고 낮은 곳을 찾아가기 때문"이라고 말하고 있다. 노자는 8장에서 남들이 싫어하는 낮은 곳으로 향하는 물의 성질을 높이 평가하여 '물처럼 사는 것이 가장 좋다.'고 말한다. 그 이유는 '물은 만물을 이롭게 잘하면서 다투지 않기 때문'이다. 물은 만물 중 특히 생물이 살아가는 데 없어서는 안 되는 존재이다. 그러면서도 물은 자신이 더러워지면서 만물을 깨끗하게 한다. 즉 자신을 희생하면서 남을 빛나보이게 한다.

사람들은 자신을 돋보이게 하는 높은 자리에 가고 싶어 하고 천시

(賤視)받는 낮은 자리는 싫어한다. 돋보이는 자리는 높은 자리이며, 천시받는 자리는 낮은 자리이다. 그래서 사람들은 높은 자리에 가려고 하고 낮은 자리는 회피한다. 그런데 물은 높은 곳에서 낮은 곳으로 흐른다. 즉 기꺼이 낮은 자리로 찾아간다.

강과 바다가 계곡보다 낮은 곳에 있으니 그곳으로 물들이 모여들고 있다. 계곡에서 흘러들어오는 것은 물뿐만 아니다. 온갖 더러운 물건들도 함께 흘러든다. 그런데도 강과 바다는 싫어하지 않고 받아들여 깨끗하게 씻어낸다. 특히 바다는 소금으로 소독까지 하면서 모든 계곡과 강의 물을 받아내니 계곡의 왕이 아닐 수 없다.

국가의 왕도 마찬가지이다. 안으로는 도적, 강도, 깡패로부터, 밖으로는 외적의 침략을 막아 백성들의 생명과 재산을 지켜낸다. 왕이 이것을 하지 못하면 국난(國難)으로 백성들의 고통은 심해진다. 따라서 왕도 백성들의 삶에 물처럼 꼭 필요한 존재이다. 물과 같은 왕은 백성들의 생명과 재산을 지켜낼 뿐만 아니라 백성들의 삶을 더욱 빛나고 윤택하게 하기 위해서 노심초사한다.

그리고 자신은 기꺼이 낮은 곳에 머물면서 권력을 휘두르지 않아서 백성들로 하여금 자신의 말을 무겁게 여기지 않게 하며, 몸을 뒤로 물러 백성들의 윤택한 삶에 피해를 주지 않는다.

질 문

1. 노자가 말하는 이상적 인간은 처음부터 높은 자리에 가려고 하지 않을

것 같은데, 어찌 '백성 위에 있고자 한다면'이라는 가정을 할 수 있는가?

2. 물과 같은 왕이 현실적으로 존재 가능한가?

67장

내 용

세상 사람들이 모두 말하기를 나의 도는 크기는 하지만 본받을 만하지는 않다고 한다. 그들 말대로 나의 도는 무릇 오직 클 뿐이다. 그래서 본받을 만하지 않다고 생각할 수 있다. 만약 삶의 현장에서 본받을 만하면서도 오래가려면 구체적이고 자세한 부분도 있어야 하기 때문이다.

그렇지만 나도 사람들이 본받을 만한 세 가지 보배가 있어 지키고 보존하고 있다. 첫째는 자애이고 둘째는 검소이고 셋째는 세상 사람들 앞에 서지 않는 겸양이다. 자애가 있으므로 용감할 수 있고, 검소하기 때문에 세력이 넓어질 수 있고, 세상 사람들 앞에 서지 않기 때문에 기량과 포용력을 담은 그릇이 커져 조직의 장이 될 수 있다.

요즘 사람들이 자애를 버리고 다만 용감하려 하고, 검소함을 버리고 다만 세력을 넓히려 하고, 뒤로 물러나지 않으면서 다만 앞에 서려고 하는데, 이것은 죽음의 길이다. 무릇 자애심을 지닌 상태에서는 싸우면 승리할 수 있고 지키면 견고해진다. 왜냐하면 하늘이 마땅히 자애심을 지닌 자를 구제할 것인데, 하늘은 자애심으로써 그 자를 호위하기 때문이다.

天下皆謂我道大 似不肖 夫唯大 故似不肖 若肖久矣 其細也夫 我有三寶 持而保之 一曰慈 二曰儉 三曰不敢爲天下先 慈故能勇 儉故能廣 不敢爲天下先故能成器長 今舍慈且勇 舍儉且廣 舍後且先 死矣 夫慈 以戰則勝 以守則固 天將救之 以慈衛之(천하개위아도대 사불초 부유대 고사불초 약초구의 기세야부 아유삼보 지이보지 일왈자 이왈검 삼왈 불감위천하선 자고능용 검고능광 불감위천하선고능성기장 금사자 차용 사검차광 사후차선 사의 부자 이전즉승 이수즉고 천장구지 이자위지)

도 표

<table>
<tr><th colspan="2">노자에게서 우리가 본 받을 수 있는 세 가지 보배인 자애, 검소, 겸양</th></tr>
<tr><td>세상 사람들</td><td>노자의 도는 크기만 하지 본받을 만하지 않음</td></tr>
<tr><td rowspan="2">노자의 답변</td><td>일리가 있음. 본받을 만하려면 구체적이고 자세한 부분도 필요함</td></tr>
<tr><td>내가 지니고 있는 구체적인 보배를 사람들이 본받게 제시하겠음</td></tr>
<tr><td>노자의 보배</td><td>자애 → 용감, 검소 → 세력이 넓어짐, 겸양 → 그릇이 커짐</td></tr>
<tr><td rowspan="3">죽음의 길</td><td>자애를 버리고 다만 용감하려 함</td></tr>
<tr><td>검소함을 버리고 다만 세력을 넓히려 함</td></tr>
<tr><td>뒤로 물러나지 않으면서 다만 앞에 서려고 함</td></tr>
<tr><td rowspan="2">보배 중 제일은 자애심</td><td>자애심을 지닌 상태에서 싸우면 승리할 수 있고 지키면 견고해짐</td></tr>
<tr><td>하늘이 자애심으로써 호위하여 자애심을 지닌 자를 구제함</td></tr>
</table>

해 설

67장은 죽간본에 나타나지 않으며 백서본과 왕필본에 나타난다. 노자의 도와 덕을 일반인들이 알아들을 수 있는 진술로 간략하게 정리하기 위해 후대에 첨가된 것 같다. 이 장은 크게 두 부분으로 나눌 수 있다. 첫째는 노자의 도와 세간의 도를 큼과 자세함으로 잘 드러내고 있고, 둘째는 노자의 도를 실천적인 의미에서 세 가지 보배(三寶)로 구체화시키고 있다. 이 세 가지 보배는 노자가 우리들이 본받을 만한 삶의 본보기를 제시한 것이다.

먼저 노자의 도와 세간의 도를 비교하기 위해서, "세상 사람들이 모두 말하기를 나의 도는 크기는 하지만 본받을 만하지 않다고 한다."로 시작된다. 세간의 도는 본받을 만한 데 비해, 노자의 도는 큰 것 같기는 하지만 본받을 만한 구체적인 것이 없다고 세상 사람들이 말하고 있다. 아마 이것이 당시 노자에 대한 세간의 평판일 것이다. 이 평판에 대해 노자는 그것은 당연하다면서 다음과 같이 답하고 있다. 그들 말대로 '나의 도는 무릇 오직 클 뿐이다. 그래서 본받을 만하지 않다고 생각할 수 있다.' 이것은 무슨 말인가?

정말로 큰 것은 한정이 없다. 무엇이든 한정되었다면 한정된 것과 한정되지 않은 것으로 세분될 수밖에 없다. 그리고 세분된 것이 있다면 그 세분된 것보다 더 큰 것이 있다. 지칭되는 것보다 더 큰 것이 있다면 지칭되는 그것은 정말로 큰 것이 아니다. 세간의 도는 도라고 지칭되는 이상 한정하는 형식을 지니게 된다. 이 한정하는 형식을 화이트헤드는 『과정과 실재』에서 한정형식이라고 했다. 그리고 이 한정형식을 영원한 대상이라고 했다. 이 영원한 대상은 사고의 대상으로 영구적(永久的)인 관념(觀念, idea)이며, 노자의 용어로 말하면 이름 있음(有名)에 해당한다.

그런데 본받을 만하려면 본(本)이라는 구체적인 형상(形象)이 있어야 한다. 그리고 형상은 한정된 공간이 필요하다. 이 한정된 공간을 차지하는 것이 바로 한정형식이다. 노자의 도는 정말로 크기 때문에 한정형식이 없으니 형상이 없고, 형상이 없으니 본받을 것이 없다. 그래서 이어지는 말은 다음과 같다. "본받을 만하면서도 오래가려면 자세한 구체적인 부분도 있어야 하기 때문이다."

본받을 만하려면 한정형식인 영원한 대상이 진입해 있어야 하고, 영원한 대상이 영원하니 오래갈 수밖에 없다. 그리고 형식으로 한정했으니 세분되어 있는 것이다. 따라서 자신의 도를 보고 '크기는 하지만 본 받을 만한 것이 없는 것 같다.'는 세상 사람들의 생각에 노자는 오히려 동의한다.

세상 사람들의 생각에 동의한 노자는 세상 사람들에게 자신의 도를 보고 본받을 수 있는 몇 가지를 그들이 실천할 수 있는 덕으로 제시한다.235) 이것이 바로 자애(慈), 검소(儉), 겸양(謙)이다. 노자는 "나도 사람들이 본받을 만한 세 가지 보배가 있어 지키고 보존하고 있다."고 말한다.

그리고 이어서 "첫째는 자애이고 둘째는 검소이고 셋째는 세상 사

---

235) 도를 직접적으로 정의하면 한정형식이 들어가 세분되어 작아지기 때문에, 큰 도는 정의할 수 없다. 그래서 '도가 무엇이다.'는 언급 없이 도를 세상 사람들이 생활 속에서 실천할 수 있는 덕을 세 가지로 언급하는 간접적인 방식을 택했다. 도를 직접적으로 정의하는 방식을 피하는 방법은 도덕경 25장과 1장에도 잘 나타나 있다.

람들 앞에 서지 않는 겸양이다."고 말하면서 이것이 세상 사람들이 보배로 삼아도 되는 이유를 밝힌다. "자애가 있으므로 용감할 수 있고, 검소하기 때문에 세력이 넓어질 수 있고, 세상 사람들 앞에 서지 않기 때문에 기량과 포용력을 담은 그릇이 커져 조직의 장이 될 수 있다."

자애는 자녀를 지키고 훌륭하게 키워내고자 하는 어미의 마음이다. 어미들은 이 마음으로 험한 세파를 헤쳐 나간다. 세상일이 마음대로 되지 않고 좌초되어 절망적인 상황이라도 자녀를 생각하면 쉽게 포기할 수 없다. 쓰러질 때마다 오뚝이처럼 용감하게 일어선다. 그래서 '여자는 약하지만 어머니는 강하다.'[236]고 말한다. 어미가 자녀를 지키고 훌륭하게 키워내기 위해 용감해지는 것은 자연의 순리이다. 자연의 순리인 이유는 첫째, 어미와 자녀는 원래 한 탯줄로 이어져 있어 한 몸이었다. 둘째, 종족보존을 위해 어미와 자녀가 함께 위험에 빠져 있을 때 어미는 자신보다 자녀를 먼저 구하고자 한다.

검소는 치레하지 않은 수수함을 말하며 화려함과 사치의 반대말이다. 경제적인 관점에서 말하면 검소한 삶은 꾸미지 않고 있는 그대로의 모습으로 살기 때문에 돈이 거의 들지 않는다. 지출이 적은 삶이다. 수입에 비해 지출이 적으면 저절로 돈은 모이게 된다. 눈덩이 굴리듯이 커지게 된다. 반대로 수입에 비해 지출이 많으면 얼마가지 않아 돈은 바닥을 드러내며 망한다. 이 원리는 재산뿐 아니라 지위, 명예, 권력 등에도 동일하게 적용된다. 자신이 가진 세력보다 더 이상을 소모하면 세력이 고갈되고 적게 소모하면서 저축하면 세력은 확

---

236) 아이가 차 밑에 깔렸을 때 그 어머니가 엄청난 무게의 차를 들어 올린 것 등도 예로 들 수 있다.

장된다.

겸양은 겸손하며 양보하는 마음이다. 겸양의 마음을 지닌 사람은 남 밑에 있으려 하고 남 뒤에 서려고 한다. 그런데 이 사람은 결과적으로 남 위에 있게 되고 남 앞에 서게 된다. 이 이치는 66장에서 집중적으로 다루었다. 그런데 노자는 67장에서 그렇게 해야 그릇[237]이 커진다고 말한다. 그릇이 작은 사람들은 쉽게 남 앞에 서면서 자신을 드러내려고 한다. 이에 비해 그릇이 큰 사람들은 묵묵히 자신이 하는 일에 집중하니 저절로 그릇이 커지지만 자신을 쉽게 드러내지 않는다.

그래서 일반 사람들은 그 그릇의 깊이와 크기를 알 수 없다. 자신을 쉽게 드러내는 사람들은 남들이 자신을 인정해주지 않으면 성을 내고 다투게 된다. 이에 비해 그릇을 키워가는 사람들은 자신이 하는 일에서 의미와 보람을 찾고 덤으로 자신의 그릇이 커지는 것에 감사할 뿐이지, 남의 인정에는 관심이 없다. 따라서 남과 다투지 않는다.

노자는 "요즘 사람들이 자애를 버리고 다만 용감하려 하고, 검소함을 버리고 다만 세력을 넓히려 하고, 뒤로 물러나지 않으면서 다만 앞에 서려고 하는데, 이것은 죽음의 길이다."고 지적하면서 본받아서는 안 되는 반대의 길로 가고 있음을 안타까워한다. 사람들이 이러한 자연의 순리를 모르고 역행하면서 망하는 길로 가지 않게 하기 위해서 본받을 것이 자애, 검소, 겸양의 세 가지 보배인데, 사람들은 그 보배들을 지니지 않으면서 보배들을 지녔을 때 결과물로 주어지는 용감, 넓음, 앞에 섬만 탐내니 죽음의 길이 된다.

---

237) 여기서의 그릇을 필자는 기량과 포용력으로 표현했다. 기량은 그 사람이 지닌 재능과 도량이다.

노자는 이 67장의 마지막 문장에서 세 가지의 보배도 한 가지에서 비롯되었음을 밝히고 있다. 그 한 가지가 바로 자애심이다. "무릇 자애심을 지닌 상태에서는 싸우면 승리할 수 있고 지키면 견고해진다. 왜냐하면 하늘이 마땅히 자애심을 지닌 자를 구제할 것인데, 하늘은 자애심으로써 그 자를 호위하기 때문이다."

어미가 자녀를 지키고 훌륭하게 키워내고자 하는 마음으로 모든 사람과 세상일에 대하면 필승을 하는데, 그 이유는 하늘이 자애의 마음으로 그가 하는 일이 잘되도록 지켜내기 때문이라고 노자는 말한다. 하늘이 지켜낸다는 말은 자연스럽게 그렇게 된다는 것이다. 즉 자애의 마음으로 살면 자연스럽게 용감해지며, 세력이 넓어지고, 남을 이끄는 위치에 서게 된다는 것이다.

공자의 어짊(仁), 예수의 사랑(愛), 석가의 자비(慈悲), 노자의 자애(慈) 등 성인들은 모두 타자를 자식처럼 지키고 훌륭하게 키워내는 것을 자신의 삶보다 더 우선으로 여기고 있다. 그 결과 이들의 삶은 용감했고, 세력이 넓어졌으며, 많은 사람들의 위와 앞에 서게 되었다. 이것은 하나의 원리이며 자연의 순리이다. 그런데도 우리들은 왜 이러한 삶을 살지 못하는가?

모범적인 삶을 살아간 성인들이 있는데도 우리들은 왜 그들을 본받지 못하는가? 그 이유 중 가장 큰 것은 성인과 나와의 거리감이다. '그들은 성인이니까 그렇지. 내가 감히 성인을 따라갈 수 있나.' 하면서 지레 포기하거나 멀찌감치 둔다. 자애의 마음을 키우는 일은 포기하거나 멀찌감치 둘 일이 아니다. 이것은 우리 인생에서 선택사항이 아니라 필수사항이다. 우리가 망하는 길로 가지 않고 성하는 길로 가기 위해 반드시 해야 할 일이며, 가장 자연스러운 일이다.

질 문

1. 노자는 본받을 사항을 세 가지 보배로 제시했는데, 이 세 가지 보배로 도를 한정하면 노자의 도가 크지 않고 작아지지는 않는가?

2. 세 가지 보배 중 가장 근원이 되는 것이 자애심이면, 그 자애심을 어떻게 하면 키울 수 있는지에 대해 노자는 말하였는가?

68장

내 용

관리를 잘하는 자는 무력의 위세를 사용하지 않고, 싸움을 잘하는 자는 성내지 않으며, 적을 가장 잘 이기는 자는 적과 마주치지 않고, 사람을 가장 잘 쓰는 자는 그들의 아래에 몸을 둔다. 이것을 다투지 않는 덕이라 하고, 이것을 사람 쓰는 능력이라 하며, 이것을 하늘과 짝할 수 있는 옛날부터 전해온 지극한 이치라 한다.

善爲士者 不武 善戰者 不怒 善勝敵者 不與 善用人者 爲之下 是謂不爭之德 是謂用人之力 是謂配天 古之極(선위사자 불무 선전자 불노 선승적자 불여 선용인자 위지하 시위부쟁지덕 시위용인지력 시위배천 고지극)

도 표

진정으로 잘하는 자의 모습

<table>
<tr><td rowspan="4">진정으로 잘하는 자</td><td>관리</td><td>무력의 위세를 사용하지 않음</td></tr>
<tr><td>싸움</td><td>성내지 않음</td></tr>
<tr><td>적을 이김</td><td>적과 마주치지 않음</td></tr>
<tr><td>사람을 씀</td><td>그들의 아래에 몸을 둠</td></tr>
<tr><td colspan="3">다투지 않는 덕, 사람을 쓰는 능력, 하늘과 짝할 수 있는 오래된 지극한 이치임</td></tr>
</table>

해 설

훌륭한 무사는 무기를 잘 사용하지 않는다. 무공이 뛰어나 맨손으로도 상대를 제압할 수 있기 때문이기도 하지만, 상서롭지 못한 무기를 사용하지 않도록 아예 싸움을 일으키지 않으려 하기 때문이다. 이 원리를 모든 조직관리로 확대하면, 훌륭한 관리자는 무력의 위세를 사용하지 않고도 부하들을 잘 다스릴 수 있다. 그러나 관리능력이 부족한 자는 조직의 위력을 빌려서 다스린다. 조직의 위력을 빌리는 것은 강제력을 동원한 방식이다. 이 방식은 부하들을 스스로 따르도록 만들 수 없을 때 사용한다.

부하들에게 강제적인 방식을 쓰지 않고, 그들을 스스로 따르도록 만드는 자가 훌륭한 관리자이다. 그래서 노자는 68장에서 "관리를 잘 하는 자는 무력의 위세를 사용하지 않는다."고 말한다. 조직관리를 아주 잘 하는 사람은 강제적인 방식을 택하지 않을 뿐만 아니라 나아가 그 사람들의 아래에 몸을 두어 스스로 따르도록 만든다.

이 원리를 개인에게 적용했을 때, 상대보다 기량이 뛰어난 자는 상대가 싸움을 걸어왔을 때 성을 내지 않는다. 충분히 여유 있게 제압할 수 있기 때문이다. 싸우는 상대에게 성을 낸다는 것은 그런 여유가 없다는 것이고, 여유가 없다는 것은 상대를 제압할 만한 기량의 부족함을 드러냄에 불과하다. 상대에게 성을 낸다는 것은 상대의 존재를 강하게 의식하는 행위이다.

힘이 약한 어린아이가 어른에게 싸우자고 할 때, 대부분 어른은 가볍게 웃어넘긴다. 적개심을 품고 상대해야 할 적으로 여기지 않는다. 적수가 되지 않기 때문이다. 따라서 잘 싸우는 사람들은 이런 사실을 알고 자신은 성을 내지 않는다. 그래서 노자는 "싸움을 잘하는 자는 성내지 않는다."고 말한다.

어린아이와 어른이 싸움 상대가 되지 않듯이 어른 같은 마음과 현명함을 지닌 사람은 자신이 대하는 사람들을 어린아이처럼 보호해주고, 그들이 잘 되기를 바라기 때문에 원천적으로 적을 만들지 않는다. 67장에서 노자가 말한 자애(慈愛), 검소(儉素), 겸양(謙讓)의 세 가지 보배를 몸에 지닌 사람은 적이 생길 수 없다.

자애의 마음은 우선 상대가 진심으로 잘되기를 바라니 원한이 없으며, 검소의 마음은 분배에 있어 적게 차지해도 되기 때문에 마찰할 일이 없으며, 겸양의 마음은 남을 높이고 자신을 낮추고, 좋은 것을 양보하니 싫어할 사람이 없다. 그래서 정말 잘 싸우는 사람은 아예 적을 만들지 않는다. 그래서 노자는 "적을 가장 잘 이기는 자는 적과 마주치지 않는다."고 말한다.

노자는 싸움을 해서 이기기보다 적을 처음부터 만들지 않음을 중요하게 생각한다. 그래서 훌륭한 무사는 무기를 잘 사용하지 않는다. 왜냐하면 무기를 지니고 있는 것만으로도 상대를 불안하게 만들어 결과적으로는 싸움의 대상으로 만들기 때문이다. 제일 잘하는 것은 상대를 자신의 편으로 만드는 것이 좋고, 그것이 안 된다면 그를 최소한 적으로 만들지 않는 것이 좋다.

그러나 상대가 무기를 지니고 있으면서 위협한다면 어떻게 해야 하는가? 이때는 어쩔 수 없이 싸워야 하고, 싸우면 이겨야 한다. 다만 싸워서 이기더라도 기뻐해서는 안 된다. 왜냐하면 무기를 들고 싸우는 싸움, 특히 전쟁은 많은 희생이 따른다. 적이든 아군이든 희생당한 사람들에 대한 애도를 자신의 승리보다 먼저 생각해야 한다. 그래서 노자는 31장에서 "승리하더라도 이것을 미화해서는 안 된다."고 하였다. 그리고 69장에서는 "전쟁으로 인해 생명과 재산을 잃은 사람들을 생각하여 슬퍼하는 쪽이 민심을 얻게 되어 결국 승리하게 된다."라고도 한다.

68장은 크게 세 부분으로 구분할 수 있다. 첫째는 일생을 남과 다투지 않으면서 사는 방법에 대해 말하고 있다. 이것을 노자는 '싸우지 않는 덕'이라고 말한다. 둘째는 나에게 쓰임이 있도록 사람들을 잘 다루는 방법에 대해 말하고 있다. 이것을 '사람 쓰는 능력'이라고 말한다. 셋째는 하늘을 내편으로 만드는 방법에 대해 말하고 있다. 이것을 '하늘과 짝하는 오래된 지극한 이치'라고 말한다. 사람들과 다투지 않으며, 사람들을 잘 다루며, 하늘까지 내편으로 만들 수 있다면, 옛날부터 미래까지 이어져 오랫동안 내려갈 인생의 근본이치를 터득했다고 말할 수 있다.

다투지 않는 덕을 지닌 사람을 보고 흔히 원만한 성격이라고 말한다. 이것과 반대되는 성격은 모난 성격이다. 모난 성격은 모난 부분 때문에 주변과 자주 부딪치게 된다. 거기에 비해서 원만한 성격은 원만함 때문에 부딪치지 않는다. 원만한 성격을 지닌 사람은 남에게 강제를 쓰는 방식을 차마 하지 못한다. 거의 웃는 얼굴을 하고 있으며 성을 잘 내지 않는다.

남 앞에 잘 나서지 않으며 잘난 체하지 않는다. 왜냐하면 혹시 자신이 잘난 체하여 상대를 위축시키지 않는지 조심하기 때문이다. 이러한 원만함은 만나는 사람들을 모두 자기편으로 만들 수 있기 때문에 사람을 쓰는 덕이라고도 할 수 있다. 사람을 다스리는 술수로 생각하면 용인술이 되고, 오늘날 용어로는 조직관리 및 경영기법이나 리더십이 된다.

그런데 노자는 왜 이러한 덕성을 하늘과 짝하는 덕이라고 하였는가? 일반적으로 짝이 된다는 것은 유유상종이기 때문에 비슷한 수준에 있다는 의미가 된다. 즉 인간의 덕이지만 덕의 수준이 높아져서 하늘과 짝할 만큼의 수준이 된다. 다른 의미로는 짝으로 맺어지면 짝이 된 그 사람은 내편이 된다.

따라서 하늘과 짝이 되면 하늘이 내편이 되어 나를 돕는다고 볼 수 있다. 하늘이 돕는다는 것은 자연의 순리에 따라 물 흐르듯이 술술 풀린다는 의미도 있다. 결국 노자가 말하고자 하는 '다툼이 없는 덕'은 옛날부터 내려오고 미래까지 이어질 만고의 지극한 이치라 보아도 무리가 없는 것 같다.

질 문

1. 상대가 싸움을 처음부터 걸어오지 않게 함이 최선이라는 말은 알겠는데, 만약 싸움을 걸어왔을 때는 무기도 없이 성내지도 않고 이기려면 평상시에 무술을 많이 익혀놓아야 하는 게 아닌가?

2. 다투지 않는 원만한 성격이 모든 사람들과 하늘을 자기편으로 만들 수 있을 정도의 힘이 있는가? 있다면 그것을 아는 노자는 왜 그 힘으로 세상을 바꾸지 않았는가?

69장

내 용

용병술에 다음과 같은 말이 있다. "나는 전쟁에 있어 감히 주도자가 되지 않고 한 발 물러 서 있는 나그네가 되어, 감히 한 치도 나아가지 않고 오히려 한 자씩 물러선다." 이것을 가리켜, 싸움이라는 행위로 진행될 일이 없고, 소매를 걷어붙일 팔이 없으며, 쳐부술 적이 없고, 집을 병기(兵器)가 없는 것 같다고 한다.

적을 가볍게 보는 것보다 화가 큰 것은 없다. 적을 가볍게 보면 자신의 보배를 거의 잃게 된다. 그러므로 병력을 동원한 항전(抗戰)이 서로 간에 더 심해질 때에는 전쟁으로 인해 생명과 재산을 잃은 사람들을 생각하여 슬퍼하는 쪽이 민심을 얻게 되어 결국 승리하게 된다.

用兵有言 吾不敢爲主而爲客 不敢進寸而退尺 是謂行無行 攘無臂 扔無敵 執無兵 禍莫大於輕敵 輕敵幾喪吾寶 故抗兵相加 哀者勝矣(용병유언 오불감위주이위객 불감진촌이퇴척 시위행무행 양무비 잉무적 집무병 화막대어경적 경적기상오보 고항병상가 애자승의)

도 표

<table>
<tr><td colspan="2">노자 용병술의 바탕에는 자애, 검소, 경양의 세 가지 보배가 놓여 있음</td></tr>
<tr><td>전해져온 용병술</td><td>나는 전쟁에 있어 감히 주도자가 되지 않고 한 발 물러 서 있는 나그네가 되어, 감히 한 치도 나아가지 않고 오히려 한 자씩 물러섬</td></tr>
<tr><td>노자의 해설</td><td>싸움이라는 행위로 진행될 일이 없고, 소매를 걷어붙일 팔이 없으며, 쳐부술 적이 없고, 집을 병기(兵器)가 없는 것 같음</td></tr>
<tr><td>노자의 용병술</td><td>적을 가볍게 보는 것보다 화가 큰 것은 없는데, 적을 가볍게 보면 자신의 보배(자애, 검소, 겸양)를 거의 잃게 되어 전쟁에서 지게 됨</td></tr>
<tr><td rowspan="2">승리의 핵심</td><td>전쟁으로 인해 생명과 재산을 잃은 사람들을 생각하여 슬퍼하는 쪽이 민심을 얻게 되어 결국 전쟁에서 승리하게 됨</td></tr>
<tr><td>결국 노자의 보배 중에 으뜸인 자애가 전쟁에서 승리하는 데 핵심임</td></tr>
</table>

해 설

69장은 전쟁에 있어서도 보배를 잃지 않으면 승리할 수 있다는 것을 나타낸다. 즉 상대를 가볍게 여기지 않으면 전쟁을 일으키지 않는다는 것이다. 그러나 상대를 가볍게 여기기 때문에 싸움에 이길 자신이 있고, 또 이기면 상대를 마음대로 다룰 수 있다고 생각하니 전쟁을 일으킨다. 그런데 바로 이런 생각이 망하는 지름길이라는 점을 노자는 지적하고 있다. 왜냐하면 이런 생각이 67장에서 언급한 자애, 검소, 겸양의 세 가지 보배를 잃는 길이기 때문이다.

상대를 자애(慈愛)한다면 상대의 생명과 재산을 마음대로 할 수 없다. 상대의 생명과 재산을 마음대로 하기 위해서 상대를 완전히 제압하려고 전쟁을 일으키는 것은 당연히 상대를 사랑하지 않기 때문에 가능하다. 오직 자신의 정치력이나 경제력을 증가시키기 위함이다. 이렇게 나라를 다스리는 통치자가 다른 나라를 침범하면서까지 자신의 정치력과 경제력을 증가시켜서 무엇을 하려 하는가? 겉으로는 자국민들의 생명과 재산을 지키고 키우기 위해서라고 말할지 모른다. 그러나 통치자들 대다수는 실제로 자국민이 굶주려도 자신은 사치의 극치를 누리고 있다.

그리고 자국민을 위하여 타국민의 고통을 외면하는 자는 자기 가족을 위해 다른 가족의 고통을 외면하는 것과 같다. 이 방향[238]대로 간다면, 이 사람은 결국 자신을 위해 자기 가족의 고통을 외면하게 되고 마지막에는 자신 안에 있는 좋은 성품은 모두 버리게 된다.[239] 왜냐하면 더불어 사는 사회생활에 있어 큰 세계보다 자신과 가까운 작은 세계를 항상 우선하면 결국은 가장 좁은 세계에 갇히기 때문이다.

그리고 가족보다 자신을 우선시하는 사람은 자애가 부족하기 때문에 자신을 돋보이게 하는 일에 소홀할 수 없어 사치에 빠지게 된다. 여기에는 보상심리가 놓여 있다. 나는 이 정도의 생활을 해도 될 정도

---

238) 자기와 먼 세계보다는 자신과 가까운 세계를 더 중요시하는 방향으로 집단 이기주의나 개인 이기주의에 빠지기 쉽다.

239) 개인 이기주의가 심해지면 자신 안에서도 대아(大我) 부분은 모두 약해지고 소아(小我) 부분만 남게 되어 황폐해진다.

로 잘 났다는 생각이 기저에 놓여 있기 때문에 검소한 생활을 하기가 어렵다.

한편 통치자의 잘났다는 생각은 자신을 감히 천하에 앞선 자로서 생각하게 하며, 이런 생각이 겸양을 잊게 하여 전쟁을 주도하게 된다. 노자는 전쟁을 주도하는 자는 겸양하지 않으며, 검소하지 않으며, 자애롭지 못하다고 보고 있다. 그래서 이 자는 자신을 지켜줄 세 가지 보배를 잃어 결국은 망하게 된다고 한다. 그런데도 이 자는 자기가 자국민을 사랑하는 것으로 생각하고, 자국의 재산을 아끼는 것으로 생각하며, 국민이 원하기 때문에 마지못해 나서는 것으로 스스로를 포장하면서 망하는 길로 가고 있음을 모르고 있다. 그러면서도 자신이 용병술을 잘해서 전쟁에서 이길 수 있다면서 전쟁을 일으키고 주도한다.

"용병술에 다음과 같은 말이 있다. 나는 전쟁에 있어 감히 주도자가 되지 않고 한 발 물러 서 있는 나그네가 되어, 감히 한 치도 나아가지 않고 오히려 한 자씩 물러선다."고 노자는 말한다. 전쟁을 일으키는 주도자가 되려는 생각을 하지 않을 뿐만 아니라, 전쟁을 하지 않기 위해 뒤로 물러설 수 있을 때까지 물러서야 한다는 것이다.

그리고 이어서 말하기를 "이것을 가리켜, 싸움이라는 행위로 진행될 일이 없고, 소매를 걷어 붙일 팔이 없으며, 쳐부술 적이 없고, 집을 병기가 없는 것 같다고 한다."고 했다.

싸움과 관련하여 노자의 입장에서 가장 좋은 것은 싸움 자체가 일어나지 않는 경우이다. 그래서 싸움이라는 행위로 진행될 일이 없는 것[240)]이 가장 좋다. 우리들은 말싸움을 하다가 격해지면 "한판 붙잔

240) 63장의 억지가 없는 행위를 함, 일삼는 일이 없도록 일을 함, 맛없는 것을 맛있게

말인가.” 하면서 소매를 걷어 붙인다. 그러나 상대를 때릴 팔이 없으니 소매를 걷어붙일 일이 없다.241)

그리고 쳐부술 적이 없고, 집을 병기가 없는 것이 가장 좋다. 이렇게 하기 위해서는 세 가지 보배를 지키는 행위가 선행되어야 한다. 즉 자신을 드러내려고 하지 않고, 사치를 하려고 하지 않고, 남의 고통을 들어주며 기쁨을 주려고 노력하는 행위이다. 이런 노력을 하는 자는 감히 전쟁을 일으켜 백성들의 삶을 파괴시키지 않는다.

싸움과 관련하여 노자의 입장에서 그다음 좋은 것은, 부득이하게 싸움을 하게 되었을 경우 이기는 것이다. 그런데 싸움에서 지는 가장 큰 이유는 상대를 가볍게 볼 때이다. 그래서 노자는 “적을 가볍게 보는 것보다 화가 큰 것은 없다.”고 말한다. 상대를 가볍게 보면 방심을 하게 되어 허를 찔리는 실수를 하게 될 가능성이 많은 것도 이유이다.

이것보다 더 큰 이유를 노자는 상대를 가볍게 보는 행위 자체가 세 가지 보배를 거의 잃기 때문이라고 말한다. 남을 가볍게 보는 것은 반대로 자신을 무거운 존재로 여기는 것이다. 자신을 상대보다 귀중하게 여기는 통치자는 필연적으로 자애, 검소, 겸양242)이라는 세 가지 보배를 잃게 되며, 결국은 자신을 따르는 사람들을 떠나게 만든다.

먹음, 64장의 지식을 자랑하지 않는 배움과 맥을 같이한다.

241) 여기서 팔이 없다는 것은 실제로 팔이 없다는 것이 아니라 싸움을 할 팔이 없다는 의미로 싸울 일을 아예 만들지 않는다는 의미이다.

242) 이것은 통치자의 초심이다. 통치자는 백성들을 귀중하게 여기고 그들을 행복하게 살게 하는 것을 통치이유로 한다. 그런데 자신을 백성보다 더 귀중하게 여기게 되면 이 초심을 잃어버린 것이다. 초심을 잃어버리면 충신들은 떠나가고 간신들만 남게 되어 망하는 길로 들어서게 된다.

그래서 노자는 “병력을 동원한 항전이 서로 간에 더 심해질 때에는 전쟁으로 인해 생명과 재산을 잃은 사람들을 생각하여 슬퍼하는 쪽이 민심을 얻게 되어 결국 승리하게 된다.”고 말한다. 즉 세 가지 보배를 지키는 통치자에게 민심이 쏠리게 되어 결국 전쟁에서 승리하게 된다는 것이다. 세 가지 보배를 지키는 통치자는 주변 국가를 가볍게 여기지 않기 때문에 감히 전쟁을 일으키지 않는다

그리고 주변 국가들을 무겁게 여겨 전쟁이 일어나지 않도록 미리 대비한다. 그래도 전쟁이 일어난다면 백성들인 자국민이나 상대국민 모두가 겪는 고통에 대해 진정으로 슬퍼하기 때문에 자국의 백성들은 말할 것도 없고 상대국 백성들에게도 신임을 얻어 승리한다.

질 문

1. 전쟁에서 이기기 위해서는 인정에 치우치지 않고 무자비해야 되지 않는가. 그런데 노자는 슬퍼하는 쪽이 승리한다고 했는데 너무 감상적(感傷的)이지 않은가?

2. ‘공격이 최선의 방어다.’는 말이 있다. 주변 국가들에게 침략받지 않기 위해서는 부자나라 강한 병력의 소유국가가 되어 먼저 공격해야 할 때도 있지 않은가?

70장

내 용

내 말은 매우 알기 쉽고 매우 행하기 쉬운데도, 세상 사람들이 알 수 없고 행할 수 없다. 왜냐하면 말에는 핵심이 있고 일에는 근원이 있는데, 무릇 그 핵심과 근원은 오직 지식이 없어져야 알 수 있으나 사람들은 그 지식에 매달려 있기 때문이다. 그러므로 무지하라고 말하는 내 말을 못 알아듣는다. 내 말을 알아듣는 사람이 드물고 나를 본받는 사람도 귀하다. 그런 까닭에 그 핵심과 근원을 아는 성인이 남루한 베옷을 입은 속에 빛나는 구슬을 품고 있는 것 같다.

吾言甚易知甚易行 天下莫能知莫能行 言有宗 事有君 夫唯無知 是以不我知 知我者希 則我者貴 是以聖人被褐懷玉(오언심이지심이행 천하막능지막능행 언유종 사유군 부유무지 시이불아지 지아자희 칙아자귀 시이성인피갈회옥)

도 표

무지하라고 말하는 내 말을 알아듣는 사람이 드물고 나를 본받는 사람도 귀함	
주 장	내 말은 알기 쉽고 행하기 쉬운데 사람들은 알 수 없고 행할 수 없음
근거 1	나의 말에는 핵심이 있고, 나의 일에는 근원이 있음
근거 2	말의 핵심과 일의 근원은 오직 지식이 없어져야 알 수 있음
근거 3	지식이 없어져야 알기 쉽고 행하기 쉬운데, 사람들은 지식이 있음
비 유	성인이 남루한 베옷을 입은 속에 빛나는 구슬을 품고 있는 것 같음

해 설

노자가 하는 말은 매우 알기 쉽고 매우 행하기 쉬운데도, 세상 사람들이 알 수 없고 행할 수 없다. 왜 그런가? 말에는 핵심이 있고 일에는 근원이 있는데, 무릇 그 핵심과 근원은 오직 지식이 없어져야 알 수 있으나 세상 사람들은 지식을 지니고 있기 때문이다. 뿐만 아니라 지식을 숭상하고 그 지식을 바탕으로 모든 것을 판단하기 때문에 근원에 대한 핵심을 이해하기 더욱 어렵다. 70장을 풀 수 있는 열쇠는 노자가 말하는 '무지에 대한 이해'이다.

3장과 10장에서도 무지가 강조되고 있다. 노자가 말하는 무지의 의미를 알기 위해서 3장부터 살펴보자.

현명함을 숭상하지 않으면 백성들이 다투지 않고, 구하기 힘든 재화를 귀하게 여기지 않으면 백성들이 도적질을 하지 않으며, 욕심낼 만한 것을 보여주지 않으면 백성의 마음이 심란하지 않는다. 이 때문에 성인의 통치방법은 백성들의 마음을 비게 하고 배를 부르게 하며, 뜻을 약하게 하고 뼈를 강하게 하여 항상 백성을 무지·무욕하게 해야 한다. 그리고 백성들 중에 현명한 자가 있어 그 지혜로 인위적인 일을 하려고 하면 함부로 하지 못하게 한다. 이렇게 억지가 없음으로 다스리면 다스리지 못할 바가 없다.

백성들의 마음이 어지러운 것은 소위 지혜롭다고 알려진 사람들의 잘못된 사고 때문이다. 그래서 노자는 이들이 감히 나서지 못하도록 단속해야 한다고 말한다. 그래야 백성들의 무지와 무욕을 지킬 수 있기 때문이다. 노자는 3장에서 지혜로우며 현명하다고 알려진 이들 때문에 백성들은 다투고 있으며, 백성들로 하여금 욕심을 많이 부리게 하여 도적이 되게 한다고 말한다. 노자의 눈에는 지혜롭다고 알려진 사람들이야말로 '진리의 핵심과 일의 근원'을 모르는 자이다.

그런데 그들은 자신들이 다 알고 있는 것처럼 행동하고, 백성들로 하여금 그것을 믿고 그들이 만든 가치관을 따르게 한다. 백성들은 이들이 만든 지식을 판단 준거로 삼으면서 조금도 의심하지 않는다. 그래서 '진리의 핵심과 일의 근원'에 대해 노자가 하는 쉬운 말과 행동은 이해하지 못하고 따라할 수가 없다. 이들의 지식이 가로막고 있기 때문이다. 그런데도 백성들은 그들의 지식을 배우기 위해 노력한다. 그래서 노자는 지식을 버리라고 말한다.

지식을 버리는 것이 얼마나 어려운지에 대해서 노자는 잘 알고 있다. 그래서 10장에 다음과 같은 말이 있다. "백성을 사랑하고 나라를 다스리는 데 지식 없이도 가능하겠는가?" 백성들은 지식에 물들어서 지식을 판단준거로 삼고 있다. 그 판단준거는 재산, 지위, 권력, 명예 등을 많이 가져 자신을 세상에 드러낸 잘난 사람이 되는 것이다. 그리고 이때의 지식은 바로 잘난 사람이 되기 위한 수단이다. 즉 세속적인 출세와 성공을 위한 공부이다. 그런데 이런 생각이 바로 욕심을 키우는 것이며, 다툼을 일으키는 근본 원인이 된다.

잘난 사람이 되기 위해서는 상류층으로 올라가야 한다. 그리고 상류층에 올라갔다고 하더라도 그중에서도 초상류층을 만나면 자신은 못난 사람이 된다. 일반 상류층에 만족할 수 없다. 그래서 이번에는 초상류층을 향해 매진하게 된다. 이렇게 욕심은 끝이 없다. 그런데 상류층은 소수의 사람에 불과하며, 초상류층은 극소수의 사람에 불과하다. 그러니 필연적으로 치열한 다툼이 전개될 수밖에 없다. 이것이 국가 단위가 되었을 때는 무자비한 전쟁으로 치닫게 된다. 여기에는 자신의 잘남을 드러내는 일을 다른 사람의 생존보다 중요하게 여기는 그릇된 가치관이 스며있다.243)

백성들이 모두 재산, 지위, 권력, 명예 등을 가치 있게 여기는 이러한 가치관을 지니고 있으면 그들은 통치자가 이러한 가치 있는 것들

---

243) 노자는 이 그릇된 가치관을 바로 잡기 위해 세 가지 보배 중 하나로 '감히 천하에 앞서지 않음'을 들고 있다. 그리고 세 가지 보배 중 다른 하나로 욕심을 차단하기 위해 작은 것에서 만족을 하는 검소를 들고 있다. 그리고 이런 두 가지 마음의 뿌리로서 세 가지 보배 중 으뜸인 자애를 들고 있다. 자신이 잘났다는 것은 투쟁에서 자신에게 밀린 사람은 못났다는 것이 전제(前提)된다. 그런데 만약에 그 못난 사람이 자신이 자애하고 있는 자식이라면 그럴 수 있는가라고 노자는 묻는다.

을 줄 때 자기들을 사랑한다고 여긴다. 그런데 노자의 생각에 따르는 통치자는 이 가치관이 잘못되었다고 하면서 그러한 가치관을 갖게 하는 지식을 오히려 버리라고 말한다. 그러면 백성들은 통치자를 의심한다.

우리들에게는 무지와 무욕을 말하면서 모든 것을 혼자 차지하려는 속셈이라고. 그래서 잘못된 가치관은 욕심과 다툼을 확대하여 결국 세상살이가 힘들어지는데도244) 그 '지식을 버려라.'고 외치는 노자의 말은 메아리 없는 소리가 된다.

"그러므로 무지하라고 말하는 나를 못 알아본다. 나를 아는 사람이 드물고 나를 본받는 사람도 귀하다."고 노자는 말한다. 41장에는 다음과 같이 말한다. "높은 선비는 도를 들으면 부지런히 실행하고, 보통의 선비는 도를 들으면 반신반의하고, 낮은 선비는 도를 들으면 크게 비웃을 것이니, 낮은 선비가 비웃지 않는 도는 도라 하기에 부족하다."

높은 선비는 공부의 목적을 자신의 출세 성공보다 도를 구하는 데 두는 사람이다. 보통의 선비는 도를 구하는 일과 출세 성공하는 일을 함께 가치 있다고 여기는 사람이다. 그래서 반신반의한다. 낮은 선비는 출세 성공이 공부의 목적이라는 것을 의심하지 않는 사람이다. 그래서 도를 구하는 것이 공부의 목적이니 '출세 성공을 위한 지식을 버려라.'는 말을 크게 비웃는다.

---

244) 지금 우리나라를 지옥으로 표현하고 있는 '헬조선'(地獄 朝鮮)이라는 말이 유행하고 있다. '헬(Hell)조선'이라는 제목의 노래도 퍼지고 있고, '우리나라가 헬조선인 이유 60가지'의 글도 인터넷에서 쉽게 접할 수 있다. '헬조선과 게임의 법칙'이라는 주제로 'sbs 스페셜'(2016.5.8. 23:10)에서 다루기도 했다.

지금 우리는 '출세 성공을 하려면 열심히 공부해야 한다.'는 명제(命題)[245]를 너무나 당연히 받아들이고 있다. 노자는 이 명제가 잘못되었다고 말한다. 공부는 남보다 앞선 출세 성공을 위해 하는 게 아니라, 오히려 남보다 앞서지 않고도 만족하면서 남과 더불어 재미있게 살기 위한 것이다. 출세 성공을 위한 지식을 버렸기 때문에 참다운 공부가 깊은 사람의 겉모습은 소박하지만 안에는 보배를 품고 있는 것 같다. "그런 까닭에 그 핵심과 근원을 아는 성인은 남루한 베옷을 입은 속에 빛나는 구슬을 품고 있는 것 같다."고 한다.

질 문

1. 노자의 '오직 지식이 없어져야 알 수 있다.'는 말은, 소크라테스의 '무지의 지'(無知의 知), 베이컨의 '아는 것이 힘', 속담의 '모르는 것이 약'이라는 말과 비교하면 어떤가?

2. 지자(智者)들의 잘못된 판단 준거가 욕심과 투쟁을 확대해서 세상을 어지럽혔다면, 노자의 판단 준거는 무엇인가?

3. 지자(智者)들은 왜 잘못된 판단 준거를 가지게 되었는가?

---

245) 칸트는 도덕명제가 정언명법(定言命法)이어야지 가언명법(假言命法)이어서는 안 된다고 하였다. 왜냐하면 가언명법은 자신을 위해 다른 사람을 수단으로 대하기 때문이다.

71장

내 용

알면서도 모른 체하는 것이 가장 좋다. 반대로 알지 못하면서 아는 체하는 것은 병이다. 이러한 병은 오직 병인 줄 알기만 해도 그것 때문에 병에 걸리지 않는다. 성인은 이러한 병에 걸리지 않는다. 그 병을 병으로 여기기 때문이다. 그래서 성인은 병에 걸리지 않는다.

知不知上 不知知病 夫唯病病 是以不病 聖人不病 以其病病 是以不病
(지부지상 부지지병 부유병병 시이불병 성인불병 이기병병 시이불병)

도 표

성인은 잘난 체하는 병을 병으로 여기기 때문에 그런 병에 걸리지 않음	
잘난 체 병	알지 못하면서 아는 체해서 자신이 잘난 사람인 척하는 것
치료 방법	오직 병인 줄 알기만 해도 그것 때문에 병에 걸리지 않음
치료 결과	알면서도 모른 체하는 게 가장 좋다는 것을 알고 그렇게 행함

해 설

노자는 자신을 드러내고자 하는 마음을 큰 병폐로 보고 있다. 이 병폐는 자신이 남보다 앞선 위치에 있다는 것을 굳이 나타내고자 하는 마음이다. 이런 마음을 다스리지 않고는 개인의 진정한 행복도, 세상의 평화도 없음을 잘 알고 있는 노자는 '감히 천하에 앞서지 않는' 마음을 세 가지 보배 중 하나로 제시했다.

개인의 진정한 행복이 없는 이유는, 자신보다 앞선 위치에 있는 사람을 두고 견딜 수 없어 하며, 가장 앞선 위치에 있을 때는 그것을 지키기 위해서 노심초사하면서 살아야 하기 때문이다. 세상의 평화가 없는 이유는 앞서기 위한 다툼이 만연하여 무한경쟁으로 치닫기 때문이다.

자신이 남보다 앞선 위치에 있다는 것을 왜 굳이 드러내고자 하는가? 앞선 위치에 있으면 뒤처진 사람들로부터 부러움을 살 수 있고, 그 부러움을 살 때 우쭐대면서 살맛이 난다고 생각하기 때문이다. 즉 자신이 세상의 생존경쟁에서 승리하고 있는 '잘난 사람'이라는 생각을 하기 때문이다.

그런데 자신이 정말 잘난 사람이라면 굳이 남으로부터 잘난 사람이라는 말을 듣지 않아도 되지 않는가. 남보다 앞서 있어서 그들로부터 잘난 사람이라는 말을 굳이 들어야 된다면, 그 사람은 '못난 사람'에 대한 콤플렉스(complex)가 있는 사람이다.[246] 따라서 잘난 체하

246) 콤플렉스는 자기가 다른 사람에 비하여 뒤떨어졌다거나 능력이 없다고 생각하는 만성적인 감정 또는 의식이다. 가장 흔히 쓰이는 것은 열등의식으로 자기가 다른 사람보다 못났다고 생각하게 되는 의식이며 대개는 육체적 또는 정신적

는 사람은 못난 사람이고, 정말 잘난 사람은 잘난 체하지 않는다.

세상에서 잘난 체하기 위해 필요하다고 여겨지는 것은 재산, 명예, 권력, 지식 등이다. 잘난 사람에 비해 상대적으로 못난 사람들의 마음을 헤아리고 있는[247] 노자는 앞선 위치에 있는 사람이 잘난 체하지 않고, 있는 척도 하지 않는 것이 상책이라고 말한다. 특히 71장에서는 지식과 관련되어 잘난 체하는 병에 대해 말하고 있다.

노자는 "알면서도 아는 체하지 않는 것이 가장 좋다. 반대로 알지 못하면서 아는 체하는 것은 병이다."고 말한다. 알지 못하면서 아는 체하는 이유는 무식하다는 말을 듣지 않기 위해서이다. 콤플렉스이며 열등감 때문이다. 이것은 건강하고 정상적인 사람이 가지는 마음가짐이 아니고 병적이다. 많은 사람들이 아는 체하는 사회를 '잘난 체 병에 물든 사회'라 할 수 있다. 그런데 그 사회가 잘난 체 병에 물든 사회인 줄 모르면, 아는 체하는 사람들도 자신이 병적인 줄 모른다.

잘난 체 병에 물든 사회에 살면서 그 사회를 잘난 체 병에 물든 사회로 아는 사람은 그 병에 걸리지 않는다. 왜냐하면 이 병은 육체와 관련된 병과 달리 정신과 관련된 병으로서, 정신을 차리면 자신의 콤플렉스를 극복해서 더 이상 잘난 체하지 않을 수 있기 때문이다. 그래서 노자는 "이러한 병은 오직 병인 줄 알기만 해도 그것 때문에 병에 걸리지 않는다."고 말한다. 그 병을 극복한 자가 바로 성인이다. 그래서 성인은 이러한 병에 걸리지 않는다. 성인과 일반인의 큰 차이 중 하나는 잘난 체 병을 병으로 아는지 모르는지에 달려 있다고 노자

결함이 원인이 된다.(naver 사전 참조)

247) 노자의 세 가지 보배 중의 첫 번째가 자애이다.

는 생각한다.

'잘난 사람'이 있기 위해서는 상대적으로 '못난 사람'이 있어야 한다. 못난 사람은 내부적으로 콤플렉스를 지녀 위축되기 쉽고, 외부적으로 잘난 사람에 대한 시기 질투로 적개심을 키워 사회 불만 세력이 되기 쉽다. 잘난 사람의 우쭐댐은 못난 사람의 아픔 위에 성립된다.

성인은 자애로운 사람으로 못난 사람의 위축된 아픔을 자식의 아픔처럼 느끼기 때문에 잘난 체할 수가 없다. 그러나 콤플렉스를 극복하지 못한 못난 사람이 잘난 사람이 되었을 때는 못난 사람의 아픔을 외면한 채 잘난 체한다. 그러나 콤플렉스를 극복한 사람은 자신이 당한 아픔이 있어 더욱 겸손할 수 있다. 즉 재산, 명예, 권력, 지식 등이 있어도 없는 척, 알아도 모르는 척할 수 있다.

잘난 체하는 병을 극복하지 못한 사람들이 만나면 각자 자기자랑에 바쁘다. 자기 자신에 대한 자랑이 없으면 가족 자랑이나 가까운 지인 자랑이라도 하려고 한다. 물론 이때의 가까운 지인 자랑은 간접적인 자기 자랑이다.[248] 그런 사람과 만나면 씁쓸하고 안타깝다. 씁쓸한 것은 그 사람이 축하 받을 일이 생기기 위해서 누군가는 위로받을 일이 상대적으로 생겼을 것이고, 지금 자기자랑의 말을 듣고 있는 사람 중에도 그렇지 못한 사람이 위축될 수 있기 때문이다.

안타까운 것은 자랑하는 그 사람도 위로받을 자리에 언제든 갈 수 있다는 것과 자랑할 만한 내용이 대부분 쓸데없는 명문명리에 불과하다는 사실을 모르고 있기 때문이다. 또한 자신이 그런 잘못된 가치관을 확대 재생산하고 있어 병든 사회를 만들어가는 데 일조를 하고

248) 잘난 사람과 가깝기 때문에 유사시에는 그 사람의 힘을 빌릴 수 있음을 과시해서 자신에 대한 간접자랑이 된다.

있다는 사실을 모르고 있다는 것이 더욱 안타깝다.

'잘난 체하는 것이 뭐 그렇게나 큰 병인가?'라고 반문할 수 있다. 그러나 노자가 보기로는 큰 병이다. 첫째, 잘난 체하는 사람은 자신보다 못난 사람에 대한 자애가 없다. 그래서 자신보다 못난 사람에게 말이나 행동으로 피해를 준다. 둘째, 잘난 체하는 사람은 자신이 남보다 잘났음을 드러내기 위해 사치를 한다. 사치는 부패한 삶을 초래한다. 셋째, 남보다 앞서기 위해서 부단하게 고생해야 하는 피곤한 삶을 살게 된다. 삶에 여유가 없어진다.

결국 이러한 삶은 노자가 인생에서 가장 중요하게 여기는 세 가지 보배인 자애, 검소, 겸양을 잃은 상태이다. 세 가지 보배를 잃은 개인적인 삶에는 인간다운 진정한 행복이 없어진다. 그리고 세 가지 보배를 잃은 사람이 사회적으로 많아지면 그 사회는 필연적으로 비교우위의 무한경쟁으로 수없는 낙오자를 배출하여 살기 어렵게 된다. 어찌 이것이 큰 병이 아니겠는가!

잘난 체하는 사람의 모습을 볼 때, 성인은 그것을 세 가지 보배를 잃은 병으로 보기 때문에 자신은 그러한 병에 걸리지 않는다. 그래서 성인은 세 가지 보배를 몸에 지니고 살며 병에 걸리지 않고 행복하게 산다. 사람들의 잘난 체하는 모습을 보면서 부러워하거나 시기 질투를 한다면, 그것은 이미 그 사람들을 정말로 잘난 사람으로 여기는 것이다. 잘난 체하는 병을 병으로 아는 사람은, 잘난 체하는 사람을 보고 안타까워한다. 그런데 잘난 체하는 사람을 부러워하거나 시기 질투한다면 그 사람은 병을 병으로 보지 못하는 사람이다.

결론적으로 71장을 제대로 읽은 사람은, 잘난 체 병에 걸린 사람을 보고 병자인 줄 알아야 하고, 부러워하거나 시기 질투하지 않고 안타까워해야 한다. 그리고 잘난 체하는 사람들이 만연한 사회는 '잘난 체 병에 물든 사회'로 보고 그 사회에서 잘난 사람이 되기 위해 앞장서려고 하지 않아야 한다. 이것이 노자가 67장에서 세 가지 보배 중 세 번째로 말했고, 필자가 이번 글 앞에서도 언급했던 '감히 천하에 앞서지 않는다.'는 것이다.

질 문

1. 진리를 알면서도 아는 체하지 않기 위해서 가만히 있으면, 진리는 어떻게 사람들에게 알려지는가? 그리고 진리를 아는 성인이 가만히 있는 것은 자애롭지 못한 행위가 아닌가?

2. "아는 것을 안다고 하고, 모르는 것을 모른다고 하는 것, 이것이 앎이다."는 공자의 말과 "알면서도 아는 체하지 않는 것이 가장 좋다."는 노자의 말에는 어떤 차이가 있는가?

72장

내 용

백성들이 국가의 위협을 두려워하지 않는다면 통치권이 마비되어 나라의 기능이 상실되는 더 큰 위협에 이르게 될 것이다. 그래서 통치자는 백성들이 거주하는 곳을 압박하지 않아서, 그들로 하여금 삶을 싫어하지 않도록 해야 한다. 무릇 오직 통치자가 백성들로 하여금 삶을 싫어하지 않도록 압박을 하지 않아야 백성들도 자신들의 삶을 싫어하지 않게 된다.

따라서 성인은 스스로를 알아서 자신을 드러내려고 하지 않는다. 그리고 스스로를 사랑해서 자신을 귀하게 여기지 않는다. 왜냐하면, 자신을 드러내려 하고 자신을 귀하게 여겨 백성들을 압박하면 결국 망한다는 사실을 누구보다도 잘 알기 때문이다. 그래서 성인은 망하는 길을 피하고, 흥하는 길을 취한다.

民不畏威則大威至 無押其所居 無厭其所生 夫唯不厭 是以不厭 是以聖人 自知不自見 自愛不自貴 故去彼取此(민불외위즉대위지 무압기소거 무염기소생 부유불염 시이불염 시이성인 자지부자현 자애부자귀 고거피취차)

도표

<table>
<tr><td colspan="3">통치자가 자신을 드러내려 하고, 자신을 귀하게 여기면 결국 망함</td></tr>
<tr><td rowspan="6">망하는 길</td><td>1</td><td>통치자가 자신을 드러내려 하고 귀하게 여겨 백성들을 압박함</td></tr>
<tr><td>2</td><td>통치자가 백성들을 지속적으로 압박하여 백성들이 죽을 지경이 됨</td></tr>
<tr><td>3</td><td>백성들은 이래 죽으나 저래 죽으나 마찬가지라는 생각이 듬</td></tr>
<tr><td>4</td><td>백성들이 삶을 포기하여 국가의 위협을 두려워하지 않음</td></tr>
<tr><td>5</td><td>통치권이 마비되어 위기가 닥치면 나라의 기능이 상실됨</td></tr>
<tr><td>6</td><td>내란이 일어나거나 외적의 침입이 발생해서 결국 망함</td></tr>
<tr><td rowspan="4">흥하는 길</td><td>1</td><td>통치자가 자신을 드러내려 하지 않고 자신을 귀하게 여기지 않음</td></tr>
<tr><td>2</td><td>통치자가 백성들에게 압박을 가하거나 위협을 할 일이 발생하지 않음</td></tr>
<tr><td>3</td><td>백성들은 스스로를 사랑하고 삶의 의욕이 넘쳐서 열심히 살아감</td></tr>
<tr><td>4</td><td>국가는 평화롭게 번성하고 통치자와 백성은 모두 편안하고 즐거움</td></tr>
<tr><td>성 인</td><td colspan="2">자신을 드러내지 않고 귀하게 여기지 않음이 자신을 사랑하는 길임을 앎</td></tr>
</table>

해 설

72장은 자신을 드러내고 자신을 귀하게 여기는 일이 얼마나 무서운 일인지를 잘 나타내고 있다. 자신을 드러낸다는 것이 정당화되기 위해서는 상대보다 자신이 더 우월하고 귀한 존재라는 것이 전제된다. 그리고 이것은 상대가 자기보다 열등하기 때문에 우월한 내가 상대를 가르치고 통제해야 함을 당연하게 여기게 한다. 마치 세상의 경험이 많은 부모가 세상의 경험이 부족한 자식을 위험에 빠지지 않게 하거나, 좋은 상태로 빨리 성장시키기 위해서 강제하는 것을 타당하게 여기는 것과 유사하다.

아주 어린 자식이라면 위험을 막기 위한 최소한의 통제는 당연히 필요할 것이다. 그러나 그것을 빌미로 지나친 통제를 가하는 것은 잘못이다. 루소가 『에밀』[249]이라는 교육 저서에서 대다수의 부모가 이러한 잘못을 저지르고 있음을 지적하고 있다. 부모가 자식을 마음대로 통제할 수 있다고 여기는 것은 지배욕에 불과하다. 이 지배욕은 자유를 속박하며 타고난 본성인 인성을 파괴한다.[250]

루소는 아이에게 지배욕이 자라지 않도록 하는 일이 중요하다고 말한다.[251] 아이가 부당한 요구를 하면서 떼를 쓰는 경우, 아이가 보호자를 마음대로 통제하고 싶은 지배욕이 발동한 것이다. 이것을 허

---

249) 『에밀』은 계몽사상가인 루소(1712-1778)가 1762년(50세)에 발표한 것으로, 인간본성대로 애를 키워야 한다는 '자연주의 교육'의 명저(名著)이다. 이 책에서 '에밀'은 피교육자로 등장하는 가상인물의 이름이다.

250) "참으로 이상한 일이다. 모든 것은 조물주에 의해 선하게 창조되었음에도 불구하고 인간의 손길만 닿으면 타락하게 된다. 식물이나 동물은 물론 기후마저도 뒤흔들어 놓아 모든 것이 변형되고 뒤죽박죽으로 바뀐다. 이러한 경향은 같은 인간에 대해서도 그대로 적용된다. 인간은 자신의 취향에 따라 같은 인간을, 마치 가축이나 정원의 나무처럼 왜곡하고 변형한다. 이로 인해 인간의 본성은 질식할 수밖에 없다."(『에밀』 본문 첫 문장)

251) 루소는 『에밀』의 1부, '아이의 노예가 되지 말라'는 장(章)에서 자연의 길에 따르는 교육의 원칙을 네 가지로 말하고 나서 "이러한 원칙은 아이의 지배욕을 줄여 아이에게 더 많은 자유를 주게 할 것이고 타인들도 덜 성가시게 할 것이다." 고 말했다.

락하면 그 지배욕을 키워주게 된다. 따라서 아이의 보호자는 그 고집을 꺾기 위해서 아이보다 더 고집이 세야 한다.

노자가 자신을 드러내고 귀하게 여겨서는 안 된다고 하는 이유도 루소와 동일하게 부당한 지배력의 행사에 초점을 맞춘 것 같다. 노자와 루소 두 사람 모두 부당한 지배력을 행사하게 되면 인간의 본성[252]인 자유를 억압하게 된다는 점과 이 자유를 억압함이 인생과 사회에 있어 가장 큰 문제라는 자각이 있다. 통치자가 지배력을 행사하면서 자신의 행위가 부당할 수 있다는 의식이 없으면 백성들의 수많은 자유를 침해하게 된다.

특히 통치자는 백성에게 세금을 과도하게 매기면서 거두어들인 재력으로 화려한 궁궐을 짓거나, 자신을 따르는 사람들에게 풍부하게 나누어주면서 통치자금으로 사용한다. 이러한 압박으로 인해 백성들은 생활이 궁핍해지고 주거가 불안해진다. 그리고 그 추종자들은 충성 경쟁심이 붙어서 출세 성공을 위한 뇌물을 바치기 위해 더욱 백성들을 세금으로 쥐어짠다. 그러면 백성들은 어떻게 해도 먹고 살기 어려우니 결국 살고자 하는 의욕을 상실하기에 이르게 된다.

살고자 하는 의욕이 상실되면 백성들은 더 이상 국가의 통치에 따르지 않게 된다. 국가가 생살여탈권을 지녔다 하더라도 죽음을 두려워하지 않는 백성들은 통치자의 명령에 따르지 않는다. 통치자의 명령이 통하지 않으면 반란이 일어나거나 전쟁이 일어난다. 전쟁이 일

---

252) 본성(本性)을 영어로는 네이처(nature)라고 하며, 원어(라틴어)로는 나투어(nature)라고 한다. 이 단어의 의미는 타고난 성품이라는 것이며, 태어난 이후 형성된 성품과 반대말이다. 그래서 인위적인 것이 가미(加味)되지 않은 상태인 자연(自然, 스스로 그러함)의 의미를 가지고 있다. 그리고 여기서의 본성은 인성(人性)과 개성(個性)이 모두 포함된다.

어나더라도 백성들은 자신들을 죽음으로 내몬 자기의 나라를 돕지 않으니 그 나라는 망할 수밖에 없다. 이러한 상태까지 가지 않기 위해서 통치자는 세금을 과하게 거두거나 통제를 심하게 하여 거주하는 곳을 압박해서는 안 된다.

세금을 과하게 거두거나 통제를 많이 하면 백성들은 생활하기가 힘들어 생의 의욕을 상실하게 되고, 자신들의 삶을 싫어하게 된다. 그래서 노자는 72장에서 다음과 같이 말한다. "백성들이 국가의 위협을 두려워하지 않는다면 통치권이 마비되어 나라의 기능이 상실되는 더 큰 위협에 이르게 될 것이다. 그래서 통치자는 백성들이 거주하는 곳을 압박하지 않아서, 그들로 하여금 삶을 싫어하지 않도록 해야 한다. 무릇 오직 통치자가 백성들로 하여금 삶을 싫어하지 않도록 압박을 하지 않아야 백성들도 자신들의 삶을 싫어하지 않게 된다."

노자는 통치자가 백성들을 괴롭히지만 않는다면 백성들은 자신들의 삶을 싫어하는 단계까지 가지는 않는다는 생각을 지니고 있다. 백성들은 어떻든 살아보려고 밭을 일구고 산을 개간하면서 터전을 마련하려고 한다. 그렇게 힘들게 마련한 백성들의 터전을 통치자가 거주이전의 자유를 박탈하고, 세금이나 부역 등으로 통제하여 자유를 빼앗아버리면 백성들은 허탈해진다.

백성들은 도망을 가도 국가 안에 있으면 국가의 통제를 벗어날 수 없고, 다른 나라로 도망가면 그 나라의 국민이 아니라서 더욱 강한 통제를 받게 된다. 그러니 통치자 입장에서는 백성들의 거주지에 대한 압박을 그만두어, 백성들이 자신의 삶을 싫어하는 단계까지 가지 않도록 조심해야 한다. 그래서 노자는 다음과 같이 말한다. "무릇 오직 통치자가 백성들로 하여금 삶을 싫어하지 않도록 해야 백성들은 자신들의 삶을 싫어하지 않게 된다."

그러므로 통치자는 백성들의 자유로운 삶을 명분 없이 축소시켜서는 안 된다. 근대 정치론의 선구로 알려진 마키아밸리가 『군주론』에서 "통치자는 백성들의 비지배(非支配)의 자유를 최대한 지켜주고, 명령으로 인한 자유의 제한에 대해서는 그 정당함을 백성들에게 인식시켜야 한다."고 말했다. 즉 통치자는 최대한 백성들의 자유로운 삶을 보장하되, 최소한의 구속을 요구하는 명령조차도 백성들이 수용할 수 있도록 현명해야만 권력을 지속시킬 수 있다는 것이다.

노자는 통치자가 백성들에게 명분 없는 속박을 하는 이유는 자신을 드러내고자 함과 귀하게 여김 때문이라고 말한다. 그리고 이것을 아는 성인의 자세에 대해 다음과 같이 말한다. "성인은 스스로를 알아서[253] 자신을 드러내려고 하지 않는다. 그리고 스스로를 사랑해서 자신을 귀(貴)하게 여기지 않는다. 그러므로 성인은 자신을 드러내려고 함과 자신을 귀하게 여김을 물리치고, 자신을 알려고 함과 자신을 사랑함을 취한다."

질 문

1. 통치자가 백성들로 하여금 삶을 싫어하지 않도록까지는 압박을 해도 된다는 말인가?

---

253) 33장에 "남을 아는 자는 지혜롭고 자기를 아는 사람은 현명하다."는 구절이 나온다.

2. 이 72장을 내 삶에 어떻게 적용할 수 있는가?

73장

내 용

감행하는 쪽으로 용단을 하면 죽일 수도 있고, 감행하지 않는 쪽으로 용단을 하면 살릴 수도 있다. 이 두 가지 용단은 결과적으로 이익이 될 수도 있고 손해가 될 수도 있다. 하늘이 기피하는 일에 대해 누가 그 이유를 알겠는가! 그러므로 성인조차 그 용단을 어려워한다. 하늘의 도는 싸우지 않고도 잘 이기며, 말하지 않고도 잘 응하며, 부르지 않아도 스스로 오며, 느슨하지만 잘 도모한다. 하늘의 그물은 넓고 넓어 성기어도 빠뜨리지 않는다.

勇於敢則殺 勇於不敢則活 此兩者或利或害 天之所惡 孰知其故 是以聖人猶難之 天之道 不爭而善勝 不言而善應 不召而自來 繟然而善謀 天網恢恢 疏而不失(용어감즉살 용어불감즉활 차양자혹리혹해 천지소오 숙지기고 시이성인유난지 천지도 부쟁이선승 불언이선응 불소이자래 천연이선모 천망회회 소이불실)

도 표

<table>
<tr><td colspan="3">하늘의 그물은 넓어, 성기어도 빠뜨리지 않으니 하늘의 도는 피할 수 없음</td></tr>
<tr><td rowspan="3">통치자의 용단</td><td>감행하면</td><td>죽일 수도 있음</td></tr>
<tr><td>감행하지 않으면</td><td>살릴 수도 있음</td></tr>
<tr><td>결과적으로</td><td>이익이 될 수도 손해가 될 수도 있음</td></tr>
<tr><td>성인</td><td colspan="2">용단을 두려워해서 함부로 하지 않고 하늘의 도에 맡김</td></tr>
<tr><td>하늘의 도</td><td colspan="2">싸우지 않고도 잘 이기며, 말하지 않고도 잘 응하며,
부르지 않아도 스스로 오며, 느슨하지만 잘 도모함</td></tr>
</table>

해 설

73장에서는 우리들이 왜 인위적인 행위를 해서는 안 되고 억지가 없는 행위를 해야 하는지 그 이유가 잘 밝혀지고 있다. 넓게 보면 81장의 대다수가 억지가 없는 삶에 대해 설명하고 있다고 할 수 있지만, 특히 73장에서 사람과 하늘이 하는 일이 비교되면서 보다 뚜렷하게 드러난다. 노자가 보기에 사람이 하는 일은 불안하여 믿음이 가지 않고, 하늘이 하는 일은 안정이 되어 믿음이 간다.

노자는 73장에서 사람이 하는 일 중에 악한 행위를 한 사람에 대해 징벌하는 경우를 예로 들고 있다. 징벌을 "감행하는 쪽으로 용단을 하면 죽일 수도 있고, 감행하지 않는 쪽으로 용단을 하면 살릴 수도 있다." 그런데 사람은 현명하지 못해서 이 두 가지 용단 중 어느 것이 잘 되었는지 알 수가 없다. 그래서 노자는 이어지는 문장에서 "이 두 가지 용단은 결과적으로 이익이 될 수도 있고 손해가 될 수도 있다."고 말한다.

2장에서 노자는 아름다움과 선함에 대해 고정된 시각을 가져서는 안 된다고 말한다.254) 그런데 73장에서는 이익과 손해에 대해서 비슷한 구조로 말하는 것으로 보인다. 그래서 '천하 사람들은 모두 이익을 이익으로 알고 있는데, 그것은 이미 손해일 수 있다.'로 바꾸어 말할 수 있을 것이다.

아름다움과 추함, 이익과 손해, 선함과 악함 모두 가치의 문제이다.255) 가치의 문제는 주체와 대상과의 관계에서 발생한다. 동일한 대상이라도 주체에 따라 달라질 수 있다. 동일한 음식을 대접받더라도 주체에 따라 그 가치는 다르다. 그리고 같은 주체 앞에 주어진 동일한 대상이라도 시간, 장소, 조건 등의 상황에 따라 달라질 수 있다.

배가 고플 때의 음식과 배가 부를 때의 음식은 그 가치가 다르다. 따라서 가치는 상대적이다. 동일한 대상이라도 주체에 따라 다르고,

---

254) 천하 사람들은 모두 아름다운 것을 아름다움으로 알고 있는데, 그것은 이미 추함일 수 있다. 그리고 선한 것을 선함으로 알고 있는데, 그것은 이미 선하지 않을 수 있다.

255) 아름다움은 주체가 좋다고 느끼는 것이고 추함은 주체가 나쁘다고 느끼는 것이다. 이익은 주체에게 도움이 되는 것으로 아름다움을 지속시키는 힘이고, 손해는 주체에게 해로운 것으로 추함을 지속시키는 힘이다. 선함은 공공의 이익으로 이익을 지속시키는 힘이고, 악함은 공공의 손해로서 손해를 지속시키는 힘이다. 이때 누구든 정가치(正價値)인 미리선(美利善)을 추구하고 반가치(反價値)인 추해악(醜害惡)을 기피하지만, 이들이 상대적이라서 결과적으로는 어느 가치가 실현될지 모른다.

동일한 주체라도 상황에 따라 다르다면 객관적, 보편적, 절대적인 가치는 존재하지 않는다. 그런데 우리들은 이러한 가치들이 고정되어 있는 것처럼 착각하고 있음을 노자는 지적하고 싶은 것이다.

사람들은 누구나 그 상황에서 가장 가치 있는 일인 아름다움, 이익, 선함을 하고 싶어 한다. 그래서 자신이 가장 가치 있다고 생각되는 행위를 선택해서 감행한다. 그런데 가치관이 낮고 조잡하여 가치 있는 일이라고 감행한 것이 결과적으로 가치 없는 일인 추함, 손해, 악함이 될 수 있다. 예를 들어 누구나 바둑을 둘 때 가장 크고 급한 가치 있는 곳에 바둑돌을 놓기 위해 최선을 다한다. 그런데 바둑의 하수(下手)가 두고 있는 판을 고수(高手)가 옆에서 보면 훨씬 더 크고 급한 곳이 있는데도, 작고 덜 급한 가치 없는 곳에 바둑돌을 두고 있는 것이 보인다. 그렇지만 수가 낮은 하수(下手) 입장에서는 그것밖에 보이지 않으니 어쩔 수 없다.

여기서 중요한 것은 자신과 같은 하수가 감행한 일이 얼마나 잘못될 수 있는가를 아는 것이다. 이것을 알면 자신이 감행하는 일에 있어 주저하면서 고수의 판단을 빌리려고 한다. 그런데 자신이 하수인 줄 모르는 사람은 감행하는 데 있어 용단을 쉽게 내린다. 그렇게 내린 용단의 결과가 타자와 자신을 포함해서 함께 망하는 쪽으로 갈 수 있는데도 말이다. 어차피 하수는 어떤 일을 감행하는 쪽으로 용단을 내리든 감행하지 않는 쪽으로 내리든 어느 쪽이 이익이 되고 손해가 될지 모른다. 그것은 하늘이 알 뿐이다. 하늘은 사사로움이 없이 모든 존재가 이익이 되는 쪽을 선택하고 손해가 되는 쪽을 기피한다.

그런데 이것을 누가 알 수 있다는 말인가? 인생살이에 있어 가장 고수에 해당하는 성인조차도 이것은 알기 힘들어서 용단을 어려워한다. 이것은 바둑의 최고수라도 자신이 내린 판단이 잘못될 수 있기 때문에 용단을 두려워하는 것과 같다. 바둑의 최고수에 해당되는 이세돌 9단이 AI에게 졌다. 이제는 인간 중에 최고수조차도 AI에게 배우고 있다.

AI는 지금까지 바둑고수들이 두어온 모든 바둑을 다 입력해서 빠른 시간 안에 최적의 수를 찾아낸다. 용량과 속도에서 최고수인 인간을 능가하고 있기 때문이다. 따라서 갈수록 그 격차는 더욱 벌어질 것으로 예측된다. 그런데 AI의 용량과 속도가 아무리 크다고 해도 자연인 하늘을 능가할 수가 없다. AI의 크기는 한계가 있는 데 비해 자연인 하늘은 크기가 무한대이기 때문이다.

노자가 살던 시절에는 AI가 없었으니 판단력에 있어서 최고수인 성인과 자연인 하늘만 대비하고 있다. 노자는 인간 중에 최고수인 성인이 내린 판단이라 할지라도 자연인 하늘을 능가할 수 없다는 것을 알고 다음과 같이 말한다. "하늘이 기피하는 일에 대해 누가 그 이유를 알겠는가! 그러므로 성인조차 그 용단을 어려워한다."256)

성인은 어느 것이 가치 있는 판단인지를 자신이 모른다는 사실을 알고 있다. 그래서 함부로 나서지 않는다. 그러나 성인은 한 가지를

---

256) 옛날에 도를 잘 체득한 사람은 미묘하고 아득한 도에 통달하여서 깊이를 알 수 없다. 깊이를 알 수 없어 그 모습을 그리기 어렵지만, 억지로 그려본다면 다음과 같다. 조심스럽기 겨울에 냇물을 건너는 듯하고, 머뭇거리기 사방의 이웃을 두려워하는 듯하다.(15장)

세상 사람들은 눈치가 빠르고 세련되어 있지만, 나 홀로 눈치가 없고 세련되지 못하구나. 담박하기 바다와 같고, 바람소리가 멎지 않는 것 같다. 뭇 사람들은 모두 쓸모가 있는데 나만 홀로 쓸모없이 둔하며 어리석은 것 같다. 똑똑하게 남보다 앞서려는 다른 사람과 달리 나 홀로 먹는 것을 해결해주는 식모(食母)만 귀하게 여긴다.(20장)

확실히 알고 있다. 그것은 하늘이 가장 옳은 선택을 하며 그 길을 하늘은 가고 있다는 점이다. 이것을 노자는 하늘의 길이라고 하면서 다음과 같이 그 능력을 제시한다. "싸우지 않고도 잘 이기며, 말하지 않고도 잘 응하며, 부르지 않아도 스스로 오며, 느슨하지만 잘 도모한다. 하늘의 그물은 넓고 넓어 성기어도 빠뜨리지 않는다."

하늘이 싸움에서 진다면 우주는 사라진다. 우주에서 땅은 사라질 수 있어도 하늘은 항상 이겨서 살아남는다. 이때의 하늘은 존재 자체[257]이기 때문에 그것으로부터 나온 존재자와 싸움이 되지 않는다. 하늘 아래 있는 것들이 말하지 않아도 하늘은 그들의 사정을 잘 알아서 적절하게 대응한다. 그들이 부르지 않아도 오며, 느슨하게 아무 일을 하지 않는 것 같아도 가장 좋은 길을 도모해서 간다. 그리고 가장 좋은 길을 가는 데 방해가 되는 대상들은 하나도 빠뜨리지 않고 제거한다.[258]

이렇게 엄청난 능력을 지닌 하늘이 알아서 모든 것을 가장 잘 자연스럽게 처리하기 때문에, 성인조차도 자신의 행위가 부자연스러움을 알고 용단을 내림에 대해 어려워한다. 하물며 얕은 사고에 머물고 있는 범인(凡人)들이야 말할 것도 없다고 노자는 73장에서 말하고 있다. 그래서 현명한 사람은 인위적인 삶을 멈추고 하늘의 도에 맞추어 억지가 없는 삶을 살아간다. 73장에서 말하는 하늘의 도는 25장에서 "하늘은 도를 본받고 도는 자연을 본받는다."고 할 때의 자연(自然)을 가리킴이 분명하다.

---

257) 이때의 하늘은 음기(陰氣)로서의 땅과 대비되는 양기(陽氣)로서의 하늘이 아니다. 음기와 양기를 포함한 모든 존재를 통제하는 존재 자체이다.

258) 성인인 공자도 "악한 일을 하여 하늘에 죄를 지으면 빌 곳이 없다."고 하였다.

질 문

1. 하늘 혹은 자연의 아이큐(IQ)는 얼마나 될까?

2. 하늘이 어떤 일을 감행하고자 용단을 내릴 때 그 기준은 무엇인가?

3. 우리들은 현명하지 못해도 수많은 용단을 하면서 살아야 하는데 어떻게 해야 하는가?

74장

내 용

백성들이 죽음을 두려워하지 않는다면, 어찌 죽이는 것으로 백성들을 두렵도록 할 수 있겠는가? 만약 사람들에게 항상 죽음을 두려워하게 해 놓은 상태에서 부정한 자가 있을 때, 내가 그를 잡아들여 죽인다면 어느 누가 감히 부정을 저지르겠는가?

그리고 항상 죽이는 일을 맡은 자가 있어서 죽이는 것이다. 무릇 죽이는 일을 맡은 자를 대신해서 죽이는 것을 일러 뛰어난 기술자인 목수를 대신해서 나무를 벤다고 한다. 무릇 목수를 대신하여 나무를 베는 자 중 그 손에 상처를 입지 않는 자가 드물다.

民不畏死 奈何以死懼之 若使民常畏死而爲奇者 吾得執而殺之 孰敢 常有司殺者殺 夫代司殺者殺 是謂代大匠斲 夫代大匠斲者 希有不傷其手矣(민불외사 내하이사구지 약사민상외사이위기자 오득집이살지 숙감 상유사살자살 부대사살자살 시위대대장착 부대대장착자 희유불상기수의)

도 표

국가의 통치자라고 해서 백성을 함부로 죽여서는 안 됨	
죽임을 통한 통치를 가능하게 하려면	백성들이 죽음을 두려워해야 함
	죽임의 전문가가 백성을 죽여야 함
백성들이 죽음을 두려워함	죽이는 것으로 백성들을 두렵게 할 수 있음
죽임의 전문가와 목수의 비유	목수를 대신해서 나무를 베면 상처를 입음
	통치자는 서툰 목수와 같지만, 자연은 생사의 전문가임

해 설

74장에서는 73장과 72장에 이어 인위적인 행위를 하면 안 되는 이유가 거듭 설명되고 있다.[259] 특히 국가를 통치하는 일은 백성들의 생사가 달린 문제이기 때문에 더욱 그렇다는 것이다. 74장에서 노자는 칼, 톱, 도끼 등 위험한 물건을 다루는 일은 뛰어난 기술자가 하지 않으면 위험하다는 점을 예로 들고 있다.

"무릇 목수를 대신하여 나무를 베는 자 중 그 손에 상처를 입지

259) 72장, 73장, 74장은 시리즈로 붙여 읽어도 되는 장으로 생각된다. 아니면 혹시 원래 붙어 있는 장인데, 편집자가 전체를 81장으로 맞추기 위해서 띄어 놓았는지도 모른다.

않는 자가 드물다." 일에 서툰 자가 위험한 장비를 가지고 일을 하면 거의 다치게 된다. 나라를 다스리는 일에 서툰 통치자들이 위험한 장비인 군사무기를 가지고 백성들을 위협해서 말을 듣도록 강제하고 있는 모습이 노자의 눈에는 불안하기 그지없다.

우리들은 일상에서 일에 서툰 자가 일을 했을 때 손을 다칠 수 있는 정도만 예상되어도 그런 사람에게 일을 맡기지 않는다. 숙련된 기술자가 직접 일을 하면서 일에 서툰 자를 가르치고, 일에 서툰 자는 숙련된 기술자의 일을 도우면서 배워간다. 그러다가 일에 서툰 자가 어느 수준에 이르게 되면 숙련된 기술자가 보는 앞에서 직접 일을 하게 된다.

숙련된 기술자가 보기에 이제는 안심이 된다는 수준에 이르면 서툰 자가 스스로 하도록 놔두게 된다. 이러한 패턴은 자동차 운전처럼 위험이 동반된 일을 할 때에도 해당된다. 운전면허를 따고 난 뒤에 마지막으로 전문기사가 옆에 탄 상태에서 도로주행실습을 마쳐야 비로소 스스로 운전을 할 수 있다.

그런데 한 사람의 손을 다치는 정도에 머물 일도 이렇게 신중하게 처리되는데, 모든 백성의 목숨을 빼앗는 일을 뛰어난 기술자가 하지 않는다면 어떻게 되겠는가? 그래서 노자는 다음과 같이 말한다. "항상 죽이는 일을 맡은 자가 있어서 죽이는 것이다. 무릇 죽이는 일을 맡은 자를 대신해서 죽이는 것을 일러 뛰어난 기술자인 목수를 대신해서 나무를 벤다고 한다." 여기서 '죽이는 일을 맡아서 하는 자'를 노자는 누구라고 생각하고 있겠는가?

가장 쉽게 생각하면 사형집행관을 들 수 있다. 그러나 사형집행관은 상관의 명령에 따라 움직일 뿐이다. 이번에는 사형집행의 명령을 내린 그 상관에게 그런 권한을 준 사람은 누구인가? 권한을 준 사람의 정점에 국가의 최고 통치자인 군통수권자가 있다. 그래서 결국 '죽이는 일을 맡아서 하는 자'는 통치자이다.260)

그런데 이 통치자는 과연 뛰어난 기술자인가? 노자가 보기에 서툰 자이다. 왜냐하면 그는 백성들로 하여금 죽음을 두려워하지 않을 정도의 폭정을 쉽게 하기 때문이다. 서툰 통치자는 폭정을 하면 백성들이 두려움에 떨면서 자신의 말을 듣는 줄 알고 있다. 그러나 한계에 도달하면 백성들이 이렇게 죽으나 저렇게 죽으나 마찬가지라고 생각해서 더 이상 통치자의 말을 듣지 않게 된다.261) 그래서 노자는 다음과 같이 말한다.

"백성들이 죽음을 두려워하지 않는다면, 어찌 죽이는 것으로 백성들을 겁나게 할 수 있겠는가?" 그리고 서툰 통치자가 이것을 잘 하지 못하기 때문에, 만약에 백성들이 항상 죽음을 두려워하는 상태를 유지한다면 나 같은 사람도 나라를 잘 다스릴 수 있다는 의미의 말을 한다. "만약 사람들에게 항상 죽음을 두려워하게 해 놓은 상태에서 부정한 자가 있을 때, 내가 그를 잡아넣어 죽인다면 어느 누가 감히 부정을 저지르겠는가?"

'죽이는 일을 맡아서 하는 자'는 백성들이 항상 죽음을 두려워하는 상태를 유지시킬 수 있어야 한다. 백성들로 하여금 죽음을 두려워하

---

260) 사회계약설의 입장에서 군통수권자의 권한은 국민으로부터 나온다. 그 권한이 국민으로부터 나온다고 하더라도 국민이 통치자에게 계약을 맺어 '사람을 죽이는 일'까지 일임을 했기 때문에 그런 일은 통치자가 하게 된다.

261) 이러한 한계를 잘 알고 있는 맹자도 무력으로 백성을 다스리는 패도정치(覇道政治)를 해서는 안 되고 덕으로 백성을 다스리는 왕도정치(王道政治)를 해야 한다고 주장했다.

는 상태를 유지하기 위해서는 백성들이 자신의 삶에 대한 희망이 지속적으로 솟아나야 한다. 즉 백성들 입장에서는 살 만한 세상이어야 한다. 가장 좋은 것은 신바람 나는 삶이어야 한다. 그래야 백성들은 죽지 않으려고 애를 쓰게 된다.

뛰어난 통치자는 그런 세상을 만들어 낼 수 있지만, 서툰 통치자는 백성들의 삶보다 자신의 삶을 더 우선하기 때문에 쉽지 않다. 자신의 삶을 우선하는 사람은 노자가 소중하게 여기는 세 가지 보배인 자애, 검소, 겸양을 잃은 사람이다.

세 가지 보배를 지닌 뛰어난 통치자는, 첫째로 백성들을 자식 보듯이 자애해야 한다. 자식들이 살 만한 세상이라고 신나게 살아가는 모습을 보고 기뻐하지 않을 부모가 있겠는가. 그는 둘째로 자신의 경제생활을 검소하게 유지해야 한다. 통치자의 검소한 생활은 자신의 권력을 지탱하게 해주는 귀족들의 사치를 막을 수 있어 백성들의 삶을 핍박하지 않게 한다. 셋째로 겸손하고 양보하여 백성의 밑이나 뒤에 있으면서 자신의 잘났음을 드러내지 않아야 한다. 자신이 잘났다는 의식 밑에는 백성들이 상대적으로 못났다는 의식이 깔려 있다. 그래서 자신은 백성들을 함부로 대해도 된다는 잘못된 특권의식262)이 작동하게 된다.

통치자의 위치에 있으면서도 세 가지 보배를 잃지 않은 사람이 있

262) 특권의식에서 소위 갑질이 나온다. 자신은 우월한 갑이고 상대는 열등한 을의 입장에 있는 것으로 여기는 데서 갑질이 나온다. 역사적으로 보면, 특권의식으로 형성된 신분사회가 타파된 것은 근대 이후의 일이다. 그리고 지금도 사실상 새로운 특권층이 생기고 그들은 특권이 없는 계층을 동일한 사람으로 보지 않는 경우가 많다. 하물며 신분사회에서 최고의 특권을 지닌 통치자가 특권의식을 내려놓기는 쉽지 않다.

다면, 그 사람이야말로 '죽이는 일을 맡아서 하는 사람'이다. 왜냐하면 그 사람은 당연히 백성들의 죽음을 가볍게 여기지 않을 것이며 신중에 신중을 거듭해서 그 분야의 전문가가 되어 있을 것이기 때문이다. 군통수권을 지녀 백성들의 생살여탈권을 쥐고 있는 상태에서는 세 가지 보배를 잃기 쉽다.

군통수권을 지닌 통치자가 무력으로 백성들의 생명과 재산을 마음대로 할 수 있는 위치에 있으면서 자애, 검소, 겸양을 유지하기 위해서는 자신의 내면을 다루는 수행이 엄청 깊어야 가능하기 때문이다. 노자는 통치자가 세 가지 보배를 잃지 않으면, 백성들은 통치자가 있는지만 알 정도가 된다고 말한다.

그래서 노자는 17장에서 다음과 같이 말한다. "가장 훌륭한 통치자는 피지배자들로 하여금 자신을 있는지만 알게 한다." 백성들이 통치자가 있는지만 알 뿐이면 그 통치자는 백성들을 당연히 무력으로 인위적인 겁박을 하지 않는다. 무력을 쥐고 있지만 무력으로 겁박하지 않고 지켜보다가 백성들이 위험에 처하거나 도움이 필요할 때만 말없이 자연스럽게 도와주는 통치자가 뛰어난 통치자라고 노자는 말하고 있다.

질 문

1. 74장에서 '죽이는 일을 맡아서 하는 자'를 자연(自然)으로 보았을 때, 통치자는 구체적으로 생살여탈권을 어떻게 사용해야 하는가?

2. 가정, 직장, 조직에서 장이 되었을 때, 현실적으로 조직원들이 자신을 있는지만 알 뿐인 상태에서 통치가 가능한가?

75장

내 용

백성들의 굶주림은 그 윗사람인 통치자가 취할 세금의 많음과 관계된다. 이것 때문에 백성들이 굶주린다. 통치자의 이러한 행위 때문에 백성들을 다스리기 어렵다. 백성들이 죽음을 가벼이 여기는 것은 그 통치자가 삶을 두텁게 추구함과 관계된다. 이것 때문에 백성들이 죽음을 가볍게 여긴다. 무릇 통치하는 윗자리에 있으면서도 오직 이러한 삶을 살지 않는 사람은 고귀한 삶을 추구하는 자보다 더 현명하다.

民之饑 以其上食稅之多 是以饑 民之難治 以其上之有爲 是以難治 民之輕死 以其上求生之厚 是以輕死 夫唯無以生爲者 是賢於貴生(민지기 이기상식세지다 시이기 민지난치 이기상지유위 시이난치 민지경사 이기상구생지후 시이경사 부유무이생위자 시현어귀생)

도 표

		세금과 기아	늘림과 난치	두터움과 가벼움
원 인	윗사람의 행위	윗사람이 세금을 취함	윗사람이 늘리려는 행위를 함	윗사람이 자신의 삶을 두텁게 함
결 과	백성의 상태	백성이 굶주림.	아랫사람이 잘 다스려지지 않음	백성들이 죽음을 가볍게 여김
해결책	현명함을 앎	삶에서 늘리려는 행위를 하지 않는 자는 고귀한 삶을 추구하는 자보다 현명함을 앎		

해 설

75장에서는 백성들이 죽음을 두려워하지 않는 단계까지 가서 다스리기 어려운 지경에 이르는 구체적인 이유가 밝혀지고 이것을 해결하기 위한 방안이 제시된다. 그 구체적인 이유는 윗사람인 통치자가 세금을 많이 거두어 자신을 위해 사용하기 때문이다. 즉 세금을 지나치게 많이 거두니 백성들은 생업에 종사해서 생산을 많이 하여도 국가에 다 빼앗기고 굶주리게 된다는 것이다.

'가혹한 정치는 호랑이보다 더 무섭다.'는 말이 있다.263) 이것은 공

263) 공자가 35세에 제나라로 가는 중 산속에서 울고 있는 여인을 만났는데, 그 여인은 시아버지와 남편을 호랑이에게 잃었다는 것이다. 그래서 공자가 그런데도 왜 이곳을 떠나지 않고 있느냐고 물었더니, 그래도 이곳은 가혹한 정치가 없다고 대답했다.

자가 한 말이지만, 공자와 비슷한 시기에 살았던 노자도 동일한 상황에 직면했을 것이다. "백성들의 굶주림은 그 윗사람인 통치자가 취할 세금의 많음과 관계된다. 이것 때문에 백성들이 굶주린다."

윗사람인 통치자가 왜 세금을 많이 거두는가? 노자가 보기에 부자나라 강한 병력을 목표로 하기 때문이다. 통치자 입장에서는 자기 나라가 다른 나라보다 부자며 강한 나라가 되어야 자신의 영향력을 행사할 수 있는 영역이 커지기 때문이다. 통치자는 자신의 영향력이 커지면 커질수록 자신이 더욱 잘났다는 생각을 한다. 즉 자신은 더욱 고귀한 존재가 되어간다는 생각을 한다.

이러한 생각에는 상대적으로 백성들은 비천한 존재라는 것이 전제(前提)되어 있다. 통치자 자신이 더욱 고귀한 존재가 되기 위해서 부자나라 강한 병력의 나라를 만들어야 되니 세금을 많이 거둘 수밖에 없고, 세금으로 인해 백성들이 굶주리는 것은 그의 눈에 들어오지 않는다. 왜냐하면 그들을 비천한 존재로 여기고 있기 때문이다.

굶주리게 된 백성들은 통치자가 자신들을 비천한 존재로 여긴다는 것을 알게 된다. 왜냐하면 자신들은 굶주리고 있는데도 통치자는 더욱 화려하게 살고 있고, 강한 국가를 만든다는 명목 아래 통제는 더욱 심해지고 있기 때문이다. 통제가 심해진다는 것은 통치자가 백성들을 인격적으로 대하지 않기 때문이다.

칸트의 언어로 말하면 '사람을 수단으로 대하는 것'[264]이다. 결국

---

264) '사람을 목적으로 대하지 수단으로 대해서는 안 된다.'는 칸트의 말에서 사람을 목적으로 대한다고 할 때의 목적은 그 사람 자신의 행복이다. 따라서 사람은 누구나 자신의 행복을 목적으로 삼아 자신의 삶을 자유롭게 선택할 수 있어야 한다. 자신의 삶을 자유롭게 선택할 수 없다면 자신의 삶이 다른 사람의 행복을 위한 수단이 될 수 있기 때문이다. 자신이 다른 사람의 행복을 위한 수단이 된다

백성들은 통치자가 고귀한 존재로 되는 데 자신들이 하나의 도구나 수단으로 취급된다는 사실을 알고, 그의 통제에 따르지 않게 된다. 백성들은 굶주려서 죽음으로 몰리고 있는데다가 동물이나 물건취급 당하니 통치자를 따르지 않는 것은 당연하다.

백성들을 자유롭게 살게 놔두면 스스로 의식주를 해결하면서 잘 살아간다. 통치자가 하는 일은 백성들 사이에 분쟁이 있으면 해결해 주고 외적을 막아주며 스스로 살아갈 수 없는 처지에 놓인 사람을 돌봐주는 정도의 일에 그쳐야 한다. 이것을 근대정치이론에서는 '야경국가론(夜警國家論)'이라고 한다.

정부는 야간에 경비 쓰는 정도의 일에 그쳐야 한다는 이론이다. 이 이론의 슬로건은 '최소의 정부가 최선의 정부'이다.[265] 정부는 국민들에게 최소한의 간섭에 머물러야 한다는 주장이다. 물론 이 주장이 노자의 정치사상을 모두 표현하고 있는 것은 아니지만 어느 정도 근접한 측면이 있다.

노자가 부자나라 강한 병력을 부정하고 대안으로 내놓은 것은 '작은 나라 적은 백성'이다.[266] 그는 작은 나라 적은 백성으로 이루어진 소박한 나라를 지향했다. 작은 나라 적은 백성인 상태를 유지하면 백성들의 자유로운 삶이 보장되며 백성들은 세금에 시달리지 않고 여유롭게 살게 된다. 이에 비해 부자나라 강한 병력을 지향하면 필연적으로 강제적인 행위가 강화되어 세금을 지나치게 거두게 되면서 백성들은 굶주리게 된다. 그리고 마침내 죽음에 몰리게 된 백성들이

는 것은 자유가 없는 비인격적 존재로 취급을 받는다는 것이다.

265) 이 말은 미국의 3대 대통령인 제퍼슨이 했다.

266) '작은 나라 적은 백성'은 80장에 나오며 그때 상세히 다룰 것이다.

죽음을 가볍게 여기면서 통치자의 통치에 따르지 않게 된다.

백성들이 죽음을 가볍게 여기는 이유를 노자는 통치자가 자신의 삶을 두텁게 하기 때문이라고 말한다. "백성들이 죽음을 가벼이 여기는 것은 그 윗사람이 삶을 두텁게 추구함과 관계된다. 이것 때문에 백성들이 죽음을 가볍게 여긴다." 삶을 두텁게 추구하는 것은 자신을 고귀하게 만들면서 부귀영화를 누리는 것이다. 통치자가 부귀영화를 누리기 위해서는 권력을 이용한 뇌물을 챙기게 되고, 그 뇌물은 결국 백성의 세금으로 충당되니 백성들은 굶주림에 시달리면서 죽지 못해 살게 된다.

그러다가 백성들은 굶어죽으나 맞아죽으나 마찬가지라는 생각에 이르게 되니 목숨을 담보로 어떤 일이든지 하게 된다. 이렇게 죽음을 가볍게 여기는 백성들은 무서운 것이 없어진다. 무서운 것이 없는 백성들이 많아지면 통치는 무너지고 결국 윗사람도 모든 것을 잃게 된다. 통치자가 현명하다면 이런 상태가 되도록 두지를 않을 것이다. 그래서 노자는 다음과 같이 말한다. "무릇 통치하는 윗자리에 있으면서도 이러한 삶을 살지 않는 사람은 고귀한 삶을 추구하는 자보다 더 현명하다."

통치자가 현명하지 못하면 자신의 삶을 두텁게 하면서 백성들을 죽음으로 내몬다. 그러면서 자신은 고귀하고 백성은 비천하다고 생각한다. 그는 그러한 생각이 얼마나 어리석은지 모른다. 그래서 그는 더욱 높고 귀한 자리에 오르려고 권력, 지위, 명예를 높이고 재산을 늘리기 위해 부자나라 강한 병력에 몰두한다. 물론 부자나라 강한 병력을 위해서는 세금을 많이 거둘 수밖에 없다. 이것이 노자가 보기에 통치자가 하는 인위적인 행위이다. 통치자 중에서 이러한 '인위적인 행위에 따르지 않는 자'는 자신을 높고 귀하게 여기지 않는다.

따라서 자신의 권력, 지위, 명예를 높이려고 하지 않고 재산을 늘리려고 하지 않기 때문에 작은 나라 적은 백성에 만족한다. 작은 나라 적은 백성에 만족하니 세금을 더 거둘 필요가 없고, 백성들의 삶에 인위적인 영향력을 행사하지 않고 최대한 자유롭게 살도록 둔다. 그래서 노자는 '인위적인 행위에 따르지 않는 삶을 사는 자'는 '고귀한 삶을 사는 자'보다 더 현명하다고 말한다. 이러한 이치를 아는 현명한 자가 많은 나라는 소박하지만 행복한 나라이다. 나라뿐만 아니라 가정을 비롯한 어떠한 조직이라도 이 이치는 통한다.

질 문

1. 소박한 삶보다 부귀영화의 삶이 더 성공이며 가치 있는 삶이 아닌가?

2. 작은 나라 적은 백성의 국가는 힘이 없어서 부자나라 강한 병력을 지닌 국가에 먹히지 않는가?

3. 국가가 가난한 자에게는 세금을 거두지 않고, 부자에게 많이 거두어 가난한 자에게 나누어주는 통치자는 세금으로 백성을 돕는 일이 아닌가, 그런데 세금 때문에 백성들이 굶주린다는 것은 옛날 말이 아닌가?

76장

내 용

사람이 살아 있으면 부드럽고 약하지만 죽고 나면 단단하고 강해진다. 만물과 초목도 살아있을 때는 부드럽고 약하지만 죽으면 시들고 마르면서 단단하고 강해진다. 그러므로 단단하고 강한 것은 죽음의 무리이고 부드럽고 약한 것은 삶의 무리다. 그런 까닭에 군대가 강하면 이기지 못하고 나무도 강하면 부러진다. 강대한 것은 아래에 있게 되고 유약한 것이 위에 있게 된다.

人之生也柔弱 其死也堅强 萬物草木之生也柔脆 其死也枯槁 故堅强者死之徒 柔弱者生之徒 是以兵强則不勝 木强則兵(折) 强大處下 柔弱處上(인지생야유약 기사야견강 만물초목지생야유취 기사야고고 고견강자사지도 유약자생지도 시이병강즉불승 목강즉병(절) 강대처하 유약처상)

도 표

부드럽고 약한 것이 단단하고 강한 것보다 좋음		
	부드럽고 약함	단단하고 강함
사람, 초목, 만물	살아 있을 때	죽은 후일 때
군대	전쟁에서 이김	전쟁에서 이기지 못함
초목	잘 부러지지 않음	잘 부러짐
위치	위에 있음	아래에 있음
영역	삶의 무리	죽음의 무리

해 설

76장은 부드럽고 약함이 단단하고 강함보다 좋은 이유를 설명하고 있다. 부드럽고 약함은 삶의 무리들이 지니는 특징이며, 단단하고 강함은 죽음의 무리들이 지니는 특징이라는 것이다. 그 근거로 인간이 살아 있으면 부드럽고 약하지만 죽으면 단단하고 강해짐을 들고 있다. 나아가 인간뿐만 아니라 초목과 만물도 살아있을 때는 부드럽고 약하지만 죽으면 시들고 마르면서 굳고 단단해진다고 말함으로써, 이를 자연의 이치나 원리로 나타내고 있다.

그런데 우리들은 대부분 부드럽고 약함보다 단단하고 강함을 선호하고 있다. 왜냐하면 단단하고 강함이 생존경쟁에서 부드럽고 약함보다 유리하다고 생각하기 때문이다. 개인의 몸도 단단하고 강해야 건강하고 오래 산다고 생각하며, 사회생활에 있어서도 자신의 직장이나 사업이 단단하고 강한 영향력을 발휘할 수 있는 위치에 있어야 안심을 한다.

그래서 그런 직장이나 사업을 하는 사람을 높이 평가하고 그렇지 못한 유약한 몸이나 사회적 위치에 있으면 낮게 평가한다. 이러한 가치관을 가진 이들이 많은 사회에서는 높이 평가받기 위해, 혹은 낙오자가 되지 않기 위해 사람들이 능력과 재산 등을 늘려서 경쟁에 대비한다.

이러한 경쟁은 개인 간에만 일어나는 것이 아니다. 사회의 각 조직들 간에도 일어나고 결국은 국가 간의 치열한 경쟁으로 이어진다. 국가 간의 치열한 경쟁은 필연적으로 전쟁을 불러일으키고 그 전쟁에서 이기기 위해 군비경쟁을 하지 않을 수 없다. 이것은 조금이라도 더 단단하고 강한 군사 장비를 먼저 도입하고 군사 훈련으로 단단하고 강하게 무장된 군인들을 만들어 낸 국가가 승리한다고 믿기 때문이다.

강한 군사장비와 군사훈련에는 물론 큰 자금이 필요하다. 그래서 경쟁하는 대부분 국가들이 부자나라 강한 병력을 목표로 하고 있다. 그런데 노자는 전쟁에서 이기기 위해서는 강병이 되어서는 안 된다고 말한다. 그 이유는 나무도 강하면 쉽게 부러지기 때문이다.

나무가 강하면 부러지는 이유는 강풍을 만났을 때 쉽게 꺾이거나 뽑히기 때문이다. 이에 비해 부드럽고 약한 나무는 휘어져서 꺾이거나 뽑히지 않는다. 또한 단단한 나무는 쓸데가 있기 때문에 나무보다 더 강한 인간에게 뽑히거나 잘리게 된다. 이에 비해 부드럽고 약한 나무는 아직 더 자라야 쓸모가 있게 되니 쉽게 재앙을 만나지 않는다.

강대하다고 자랑하는 개인이나 어떤 집단도 오래가지 못한다. 그보다 더 강하고 큰 개인이나 단체가 필연적으로 생기게 되며, 오히려 강대한 개인이나 집단이 타도 목표가 되어 있기 때문에 더 빨리 쇠망의 길로 들어서게 된다.

이에 비해 부드럽고 유약한 개인이나 집단은 재앙을 만나지 않고 제대로 살게 된다. 그래서 노자는 강대한 것은 아래에 있게 되고, 유약한 것은 위에 있게 된다고 말한다.[267] 이것은 유약한 것이 강대한 것보다 더 좋은 위치에 있다는 것을 의미한다. 그래서 노자는 유약함을 유지하기 위해 작은 나라 적은 백성을 이상적인 국가로 여기고 있다.

작은 나라 적은 백성의 유약한 나라가 부유하고 강한 병력을 지닌 강대한 나라보다 위에 있다고 주장하는 이유는 무엇인가? 유약한 나라가 강대한 나라를 이기기 때문이다. 원문에서 "군대가 강하면 이기지 못하고"라고 했는데, 누구에게 이기지 못하는가 하면 당연히 유약한 군대에 이기지 못한다고 봐야 한다.

노자는 여러 장에서 다음과 같이 말하고 있다. "부드럽고 약함이 단단하고 강함을 이긴다"(36장). "세상에서 지극히 부드러운 것이 지극히 단단한 속을 여기저기 부산하게 돌아다닐 수 있고, 부드러운 것은 단단함이 없기 때문에 틈이 없는 곳에도 들어갈 수 있다"(43장). "약함이 강함을 이기고 부드러움이 단단함을 이긴다"(78장).

그런데 우리들은 일상에서 단단하고 강한 도끼날로 부드럽고 약한 나무를 쪼개고 있고, 강한 사자가 약한 사슴을 잡아먹는 것을 보고

267) 왕필은 "강대한 것은 나무의 뿌리이고 유약한 것은 나뭇가지"라고 해석했다.

있다. 그리고 인간세계에서도 힘이 센 개인이나 단체가 약한 개인이나 단체를 짓눌러 아래에 두고 부리는 모습을 자주 보게 된다. 그래서 우리는 세상살이에서 조금이라도 더 강해지려고 자신을 단련하고 있다.

이것은 강자와 약자가 싸우면 강자가 이기는 것이 당연하다고 여기기 때문이다. 그러면 이기는 자가 좋은 윗자리를 차지하는 것이 당연한데 왜 노자는 반대로 말하는가? 그 이유는 강자와 약자가 싸우면 강자가 이기는 것처럼 보이지만 그렇지 않다는 것이다. 이것은 일시적인 현상에 불과하며 전체를 보지 못한 단견에 불과하다는 것이다. 오히려 그렇게 생각하는 것에 근원적인 문제가 있다고 노자는 보고 있다.

그러면 강함을 전체적으로 확대하면서 지속가능하게 유지하려면 어떻게 해야 하는가? 이것에 대해 노자는 52장에서 "어린 상태의 부드러움을 지키면 강하다."면서 부드러움을 지녀야 그것이 가능하다고 말한다. 필자는 이것을 '깊은 강함'이라고 하고, 이에 비해 일시적이고 단편적인 강함은 '얕은 강함'이라고 이름 붙이고자 한다. 얕은 강함에 해당하는 강함을 노자는 55장에서 다음과 같이 말한다. "늘리려는 마음으로 기운을 쓰면 자신이 강해진다고 생각하기 때문이다. 그런데 만물은 장성해서 강해지면 곧 쇠퇴한다. 강해지기 위해 억지로 늘리려고 함을 가리켜 도에 어긋난다고 한다."

그런데 우리는 도가 아닌 얕은 강함을 좇고 있어 재앙이 깊어지고 있는데도 그것을 보지 못하니 노자는 우리에게 40장에서 반대방향으로 가라고 말한다. "되돌아가는 것은 도의 움직임이고, 약한 것은 도의 쓰임이다." 현재 우리 사회는 얕은 강함으로 상대를 이기려는 무한경쟁을 하고 있어 재앙이 커지고 있다. 인간이 자연보다 강하다고 생각하여 도끼로 나무를 찍듯이 자연을 마음대로 유린하니 전체적인 생태계의 파괴가 일어나고 온갖 자연재해가 발생한다. 인간들 간에도 얕은 강함에 불과한데도 자신이 정말 강하고 잘난 줄 알고 약자를 얕보니 사회는 우월감과 열등감으로 가득 차 행복은 줄어들고 불행이 증가한다.

얕은 강함은 강한 힘으로 약자를 강제로 제압하기 때문에 일시적이고 부분적으로 약자를 제압할 수 있다. 그리고 제압했을 때 강자는 모르는 사이에 우월감을 갖게 되고 제압당하는 약자는 열등감을 갖게 된다. 우월감에서 행복을 찾는 강자도 자신보다 강한 자에 대해서는 열등감을 갖게 된다. 그런데 열등감을 갖지 않아도 되는 최강자는 각 분야에 1명밖에 없다. 그것도 짧은 시기만 가능할 뿐이다. 행복이 줄어들고 불행이 커질 수밖에 없는 이유이다.

깊은 강함을 지닌 사람은 우월감과 열등감을 지니지 않는다. 대신 자신에 대한 긍지와 타자에 대한 존경심을 지니고 있다. 그래서 타자를 대할 때 부드럽고 약한 모습으로 겸손할 수 있다.

질문

1. 양육강식은 자연현상이 아닌가, 그런데 왜 노자는 자연에 속하는 인간과 식물의 예를 들면서 이것을 부정하는가?

2. 지금 학교에서는 경쟁에서 이기기 위한 교육을 시키고 있는데 이것은 얕은 강함을 목표로 한 것인가? 그렇다면 깊은 강함을 지향하게 하려면 어떻게 해야 하는가?

77장

내 용

하늘의 도는 마치 활을 당김과 비슷한 것 같다. 높은 곳은 누르고 낮은 곳은 올리며 남는 것은 덜어내며 부족한 것은 더해준다. 하늘의 도는 남는 것을 덜어 부족한 것에 더해준다. 사람의 도는 그렇지 않다. 부족한 자의 것을 덜어내어 남는 자에게 바친다.

누가 남는 것으로 세상을 위해 봉사할 수 있는가? 오직 도를 가진 자뿐이다. 그러므로 성인은 자신이 도를 실행하고도 그 대가가 돌아올 것을 믿지 않으며 공을 세우고도 그 자리에 머물지 않는다. 그것은 자신의 어진 행동을 드러내고 싶지 않기 때문이다.

天之道 其猶張弓與 高者抑之 下者擧之 有餘者損之 不足者補之 天之道 損有餘而補不足 人之道則不然 損不足以奉有餘 孰能有餘以奉天下 唯有道者 是以聖人爲而不恃 功成而不處 其不欲見賢(천지도 기유장궁여 고자억지 하자거지 유여자손지 부족자보지 천지도 손유여이보부족 인지도즉불연 손부족이봉유여 숙능유여이봉천하 유유도자 시이성인위이불시 공성이불처 기불욕현현)

도 표

<table>
<tr><td colspan="3">하늘의 도는 남는 것을 덜어 부족한 것에 더해주지만, 사람의 도는 그렇지 않음</td></tr>
<tr><td rowspan="2">하늘의 도</td><td rowspan="2">활 당김의 비유</td><td>높은 곳은 누르고 낮은 곳은 올림</td></tr>
<tr><td>남는 것은 덜어내며 부족한 것은 더해줌.</td></tr>
<tr><td>사람의 도</td><td colspan="2">부족한 자의 것을 덜어내어 남는 자에게 바침</td></tr>
<tr><td rowspan="4">하늘의 도를 행하는 자</td><td rowspan="4">도를 지닌 성인은</td><td>남는 것으로 세상을 위해 봉사할 수 있음</td></tr>
<tr><td>도를 실행하고도 그 대가가 돌아올 것을 믿지 않음</td></tr>
<tr><td>공을 세우고도 그 자리에 머물지 않음</td></tr>
<tr><td>자신의 어진 행동을 드러내려고 하지 않음</td></tr>
</table>

해 설

77장에서는 노자가 강조하는 억지가 없는 삶과 노자가 기피하는 인위적 삶을 활의 예를 들어 설명하고 있다. 활을 쏘려면 화살을 활시위에 걸어 팽팽하게 당겼다가 놓아야 한다. 활시위의 중간 부분에 화살을 걸어서 팽팽하게 당기면 활대의 윗부분은 낮아지고 밑부분은 높아진다.

이것은 높은 곳을 누르고 낮은 곳은 올리는 것이고, 높은 곳의 여유분을 덜어 낮은 곳의 부족분에 더해주는 것으로 볼 수 있다. 이렇게 하지 않으면 활시위를 떠난 화살이 멀리 날아갈 수가 없다. 노자는 이 이치가 하늘의 도와 비슷하다고 말한다.

하늘의 도도 남는 것을 덜어 부족한 것에 더해주면서 평형을 유지시켜 준다. 그래서 생태계도 유지되고 자연의 질서가 지켜진다. 먹이연쇄에 있어 어느 한 생명체의 숫자가 지나치게 남게 되면 그것을 줄이기 위해 천적(天敵)들이 생기게 된다. 일반적으로 천적이 없는 최강자의 숫자는 자연적으로 넘치지 않도록 생식기능에 제한이 가해져 있다.

그러나 최강자의 숫자에 대한 조절 기능에 문제가 생겨 생태계의 파괴가 이루어지면 자연재해에 의해 조절된다.[268] 그리고 밀물과 썰물, 춘하추동에 따른 낮과 밤의 길이, 더위와 추위의 조절 등은 자연의 평형상태의 유지를 잘 드러내고 있다. 그래서 하늘의 도에 따르는 자연은 스스로의 조절 기능을 지니고 있기 때문에 한쪽으로 치우치지 않고 평형을 유지한다. 평형을 유지하기 때문에 자연에는 잘나고 못나고가 없다.

이에 비해 인간의 도는 그렇지 않다고 노자는 말한다. 즉 인간의 도는 하늘의 도와 반대방향으로 가고 있다는 것이다. 남는 것을 덜어 부족한 것에 더해주는 하늘의 도와 달리 인간의 도는 부족한 자의 것을 덜어내어 남는 자에게 바친다. 인간의 세계에서 누가 왜 그렇게 바치는가? 중간의 위치에 있는 '중간 자'가 '남는 자'에게 잘 보이기

268) 한 때 지구상의 최강자였던 공룡의 소멸이 그 예이다. 아직까지 공룡의 소멸원인에 대해서는 여러 가지 학설이 있지만 소멸된 것은 부인(否認)할 수 없다. 지금 지구상의 최강자는 인간이다. 그런데 인간의 숫자가 빠른 속도로 늘고 있으면서 생태계 파괴가 이루어지고 있다. 생태계 파괴가 지속적으로 이루어지면 자연재해에 의한 인구소멸이나 인구감소가 불가피할 것이다.

위해 그의 수족이 되어 '부족한 자'의 것을 덜어내어 바친다. 그래야 그도 '남는 자'처럼 출세 성공하기 때문이다.

이러한 일은 탐관오리269)만 하는 것이 아니다. 탐관오리가 물론 더 심하게 하겠지만, 출세 성공을 바라는 모든 사람들이 이미 자신이 몸담고 있는 조직의 대표에게 인정받기 위해서는 그 대표가 이익을 더 남기는 방향으로 행위할 수밖에 없다. 그렇게 하지 않으면 높은 지위에 올라갈 수 없기 때문이다. '중간 자'가 '남는 자'의 것을 덜어 '부족한 자'에게 돌아가도록 조취를 취하고도 그 조직에서 살아남을 수 있겠는가.

그래서 노자는 이런 상황에서 누가 남는 것을 세상에 바칠 것인가라고 묻는다. 이 말은 조직의 중간 자에 해당하는 사람 중 누가 남는 자의 것을 덜어 부족한 자에게 바칠 것인가라고 묻고 있는 것이다. 그런 사람이 있다면 그 사람은 그 조직의 대표에게 잘 보여서 출세 성공하려는 마음을 포기한 사람이다. 그 조직의 대표에게 잘 보여서 출세 성공하려는 마음을 포기한 사람 중에는 다시 둘로 갈린다.

첫째는 '그 조직의 대표가 오래가지 못할 것을 알고 미래의 대표가 될 사람 쪽에 붙어 출세 성공을 바라는 사람'이다. 이 사람은 미래의 대표가 될 사람에게 잘 보이기 위해 지금 대표의 것을 덜어 부족한 세상 사람들에게 바칠 수 있다. 이것은 지금 대표와 대립각을 세우면서 미래의 대표체제의 탄생을 돕는 공신(功臣)이 되어 더욱 출세 성공을 빠르게 하기 위해서이다.

이렇게까지 할 수 있는 사람은 새로운 대표체제가 되었을 때 누구보다도 더욱 부족한 자의 것을 덜어 남는 자에게 바치는 행위를 하게

---

269) 재물을 탐하고 행실이 깨끗하지 못한 관리

된다. 이 사람은 자신의 출세 성공을 위해 온갖 권모술수를 쓴다. 이런 사람이 많아지면 믿을 수 없는 세상이 된다.

둘째는 '처음부터 자신의 출세 성공에는 관심이 없고 부족하게 살고 있는 세상 사람들도 함께 잘 살면 좋겠다고 생각하는 사람'이다. 이 사람이 조직에 몸을 담고 있는 이유는 그 조직이 부족하게 살고 있는 세상 사람들도 함께 잘 살게 하는 데 도움이 된다고 생각하기 때문이다. 이러한 조직이 되려면 그 조직의 구성원들이 진정으로 그러한 생각을 갖고 있고 특히 대표는 진정성이 아주 강해야 한다.

따라서 이 사람은 그런 조직이 아니면 처음부터 그 조직에 발을 들여놓지 않는다. 그런데 처음에는 그렇지 않았는데 그 조직이 부족한 자의 것을 남는 자에게 돌아가게 하는 쪽으로 바뀌어져 간다면 당연히 이 사람은 그 조직의 대표에게 초지일관(初志一貫)할 것을 건의할 것이다. 그래도 안 된다면 원래부터 출세 성공에 관심이 없었기 때문에 미련 없이 그곳을 떠난다. 이런 사람은 권모술수를 쓰지 않는다. 그래서 이런 사람이 많아지면 믿을 수 있는 세상이 된다.

첫째의 사람이 많으면 결과적으로는 부족한 자의 것이 남는 자의 것에 바쳐지고, 둘째의 사람이 많으면 남는 자의 것이 부족한 자에게 채워진다. 그런데 노자는 인간 세상에 첫째의 사람들이 많고 둘째의 사람은 드물다고 보았다. 왜냐하면 세상 사람들은 대부분 출세 성공하여 '남는 자'가 되면 행복할 수 있다고 믿으며 그것을 삶의 목표로 여기기 때문이다. 이러한 목표를 지니고 사는 사람에게 남는 자는 잘난 사람이고 부족한 자는 못난 사람이다.

이런 생각이 지배적인 세상에서 남는 자는 승리자로서 우월감을 지니고 부족한 자는 패배자로서 열등감을 지니게 된다. 우월감과 열등감이 증폭되어 있는 세상에는 행복감이 반대로 축소된다. 왜냐하면 우월감 후에는 공허감이 따르기 때문이다. 더욱 불행한 것은 그 공허감이 덜 우월한 위치에 있어서 그렇다고 착각하면서 그것을 메우기 위해 더욱 노고(勞苦)를 한다는 점이다. 사실은 덜 우월한 위치에 있다는 생각이 바로 열등감인데도 말이다.[270]

오직 이 원리인 도를 아는 사람만이 남는 것으로써 세상에 바칠 수 있다고 노자는 말한다. 이 사람은 처음부터 자신의 출세 성공에는 관심이 없고 부족하게 살고 있는 세상 사람들도 함께 잘 살면 좋겠다고 생각한다. 이런 도를 사람의 도와 대비해서 하늘의 도라고 하고, 이것을 아는 사람을 노자는 성인이라고 한다. "그러므로 성인은 자신이 하고도 그 대가가 돌아올 것을 믿지 않으며 공을 세우고도 그 자리에 머물지 않는다. 그것은 자신의 어진 행동을 드러내고 싶지 않기 때문이다."

질 문

1. 출세 성공을 목표로 하지 않는다면 노자의 인생목표는 무엇인가?

2. 하늘의 도에 따르는 자와 67장의 세 가지 보배인 자애, 검소, 겸양을 지닌 자는 같은 자인가?

---

270) 이것은 마치 바다에 표류(漂流)되어 있는 사람이 갈증을 해결하기 위해 바닷물을 마시면 일시적으로 해결되는 것 같아도 더욱 갈증이 심해지는 것과 같다.(증일아함경 42권 결금품(結禁品) 제10경)

78장

내 용

세상에 물만큼 부드럽고 약한 것은 없다. 그러나 단단하고 강한 것을 공격해서 이길 수 있으려면 물만한 것이 없다. 그 어떤 것도 물을 대신할 수 없기 때문이다. 약함이 강함을 이기고 부드러움이 단단함을 이긴다는 것을 세상에 모르는 사람이 없지만 실행할 줄 아는 사람도 없다.

그러므로 성인이 말하기를 나라의 더러운 일을 떠맡는 사람을 조정(朝廷)의 주인이라고 하고 나라의 상서롭지 못한 일을 떠맡는 사람을 세상의 왕이라 한 것이다. 바른 말은 반대로 말한 것처럼 들린다.

天下莫柔弱於水 而攻堅强者 莫之能勝 以其無以易之 弱之勝强 柔之勝剛 天下莫不知 莫能行 是以聖人云 受國之垢 是謂社稷主 受國不祥 是謂天下王 正言若反(천하막유약어수 이공견강자 막지능승 이기무이역지 약지승강 유지승강 천하막부지 막능행 시이성인운 수국지구 시위사직주 수국불상 시위천하왕 정언약반)

도 표

<table>
<tr><td colspan="2">약함과 부드러움이 강함과 단단함을 이긴다는 원리를 실행하는 자가 드묾</td></tr>
<tr><td rowspan="2">물의 비유</td><td>세상에 물만큼 부드럽고 약한 것은 없음</td></tr>
<tr><td>단단하고 강한 것을 공격해서 이기는 데 물을 대신할 것이 없음</td></tr>
<tr><td rowspan="2">원리 이해</td><td>약함과 부드러움이 강함과 단단함을 이기는 원리를 누구나 이해함</td></tr>
<tr><td>원리를 세상에 모르는 사람이 없지만 실행할 줄 아는 사람도 없음</td></tr>
<tr><td rowspan="3">성인의 말</td><td>나라의 더러운 일을 떠맡는 사람을 조정(朝廷)의 주인이라고 함</td></tr>
<tr><td>나라의 상서롭지 못한 일을 떠맡는 사람을 세상의 왕이라 함</td></tr>
<tr><td>약함이 강함을 이긴다는 등의 바른말은 반대로 말한 것처럼 들림</td></tr>
</table>

해 설

78장은 '약함이 강함을 이기고 부드러움이 단단함을 이긴다.'는 이치를 누구나 알지만 실행하기 어렵다는 점을 강조하고 있다. 특히 노자는 세상에서 가장 부드럽고 약한 것은 물이라는 점을 들고, 그 물이 세상에서 가장 단단하고 강한 것271)을 공격해서 이길 수 있다

271) 지금까지 알려진 바에 의하면 자연물 중에 가장 단단하고 강한 것은 다이아몬드 즉 금강석이다. 실제로 금강석을 자르는 데는 얇은 물을 빠르게 쏘는 방식을 사용한다. 이 방식을 수압절단(Water-Jet Cutting System)이라 하고, 이 방식은 현재 어떠한 공작 기계보다도 우수한 절단능력을 가지며 거의 모든 소재를 구분

고 말한다. 나아가 가장 단단하고 강한 것을 공격해서 이길 수 있는 것으로는 물에 대신할 만한 것이 없다고까지 말한다.

노자는 가장 유약한 것으로 물을 들고 있다. 그리고 8장에서 '물처럼 사는 것이 가장 좋다.'는 상선약수를 말하면서[272] 물의 성질인 유약성의 유용함을 말하고 있다. 물은 가장 부드럽고 약하기 때문에 모든 생물들이 살아가는 데 필수적인 요소가 된다. 지구에 생명체가 생존 가능한 것도 물이 있기 때문이다. 노자는 물이 만물을 이롭게 하면서도 다투지 않는 점에 주목한다.

그는 다투지 않는 이유로 자신을 내세우지 않고 남들이 싫어하는 곳에 스스로 머물기 때문이라고 말한다. 우리가 목욕을 하거나 설거지를 하는 경우 물로 때와 더러운 것들을 씻어 낸다. 이러한 물의 역할은 우리 몸 안에서도 일어난다. 그래서 생물체의 생존은 물과 함께 가능해진다. 이것이 가능한 이유는 물이 부드럽고 약하기 때문이라는 것이 노자가 보는 관점이다.

한편 물은 온갖 더러운 것들을 받아내면서 정화시킨다. 그리고 정화시키기 위해서 자신은 더렵혀진다. 자신이 더렵혀지는 만큼 타자는 정화된다. 노자는 이 원리를 설명하면서 '나라 일'을 예로 들고 있다. 나라의 더러운 일을 떠맡는 사람을 조정(朝廷)의 주인이라고 하고 나라의 상서롭지 못한 일을 떠맡는 사람을 세상의 왕이라 한 것이다.

없이 정밀하게 절단한다.

272) 물처럼 사는 것이 가장 좋다. 왜냐하면 물은 만물을 이롭게 잘하면서 다투지 않고, 모든 사람이 싫어하는 낮고 더러운 곳을 찾아가기 때문이다. 그러므로 도에 가깝다.(8장).

나라 일 중에는 깨끗한 일도 있고 더러운 일도 있을 것이다. 그리고 상서로운 일도 있고 상서롭지 못한 일도 있을 것이다. 깨끗하고 상서로운 일은 누구나 하려고 할 것이고, 더럽고 상서롭지 못한 일은 누구나 하기 싫어한다. 그런데 노자는 나라 일 중 더럽고 상서롭지 못한 일을 떠맡은 사람이 조정의 주인이거나 왕이 된다고 말한다.

이러한 이치를 아는 성인은 국가 경영도 이러한 이치대로 할 때 지속 가능하다고 주장한다. "그러므로 성인이 말하기를 나라의 더러운 일을 떠맡는 사람을 조정(朝廷)의 주인이라고 하고 나라의 상서롭지 못한 일을 떠맡는 사람을 세상의 왕이라 한 것이다."

물이 때와 더러운 것을 받아내어 씻어내기 때문에 생명체의 존속이 가능하듯이, 어느 조직이든지 그 조직을 위해 더럽고 궂은일[273]을 도맡아 하는 자가 있기 때문에 그 조직의 존속이 가능하다. 그리고 이러한 더럽고 궂은일을 도맡아 하는 자가 당연히 그 조직의 장이 되어야 한다. 국가라는 조직의 경영도 마찬가지라고 노자는 말한다.

그런데 현실은 어떤가? 더럽고 궂은일은 하지 않으면서 그 나라에서 나오는 이익이나 명예를 포함한 지위나 권력을 차지하려는 자가 조정의 실권자나 왕이 되려고 하지 않는가? 만약에 더럽고 궂은일은 하지 않으려 하고, 깨끗하고 좋은 결과만 차지하려는 자가 실권자나 왕이 된다면 그 나라의 백성은 불행하다.

그런데도 정치에 꿈을 둔 사람들이 대부분 실권자나 왕이 되려고 하는 이유가 나라의 더럽고 궂은일을 하겠다는 것인가, 아니면 깨끗하고 좋은 결과를 차지하려고 하는 것인가? 이렇게 질문했을 때 솔직하게 대답한다면 후자를 위한 자가 많다. 그리고 이 사람들은 나랏일

---

273) 언짢고 꺼림칙하여 하기 싫은 일, 즉 상서롭지 못한 일.

을 했으니 그 대가를 받는 것은 당연하다고 말한다.

만약에 나라의 더럽고 궂은일을 하기 위해서 정치에 몸을 담고 있으면서, 깨끗하고 좋은 결과라는 대가를 염두에 두지 않는 사람이 있다면 우리는 그 자를 실권자나 왕으로 뽑아야 한다. 오늘날의 정치에 적용하면 이런 사람을 지방자치단체장, 국회의원, 대통령으로 뽑아야 한다.

그런데 불행하게도 나라의 더럽고 궂은일을 하면서 그 대가를 바라지 않는 사람은 자신을 드러내려고 하지 않기 때문에 출마를 하지 않으려고 한다. 이와 반대로 나라의 더럽고 궂은일을 하지 않으면서 그 대가만 바라는 사람들이 기를 쓰고 출마를 하려고 한다. 그러니 인간 세상은 물과 같은 자연의 이치와 반대로 돌아간다.

각종 선거에서 그 조직의 더럽고 궂은일을 하기 위해서 출마를 한 사람이 당선이 되었을 때 날듯이 기뻐할까? 기뻐하는 이유가 깨끗하고 좋은 결과를 자신이 차지할 수 있기 때문이 아닌가. 만약에 그렇다면 선거에 당선되고 난 뒤에 기뻐하는 자를 우리는 뽑아서는 안 된다.

그런데 선거에 나와서 당선되었을 때 기뻐하지 않을 것이라면 처음부터 선거에 나오지 않을 것이다. 그래서 노자가 하고 싶은 말이 바로 이것이다. '조직의 장이 되고 싶어서 출마하는 사람은 조직의 장이 되어서는 안 된다.' 이 말이야말로 바른 말이다. 그런데 인간세계에서는 이 바른 말이 말도 안 되는 소리로 들린다. 그래서 노자는 "바른 말은 반대로 말한 것처럼 들린다."고 한 것이다.

자연세계에서의 물은 자신이 더러워지면서 남을 깨끗이 한다. 그리고는 자신을 드러내려고 하지 않고 스스로 낮은 곳을 향해 간다. 이에 비해 인간세상에서 조직의 장들은 남을 더럽히면서 자신이 깨끗해지려고 한다. 자연의 이치를 아는 노자의 입장에서 보면 조직의 장이 되는 것은 기뻐할 일이 아니다. 피해야 하는 일이다.

그러나 누군가 조직의 더럽고 궂은일을 대가 없이 즐겁게 하다보면 조직원들이 가만두지 않는다. 그가 그들의 추천으로 어쩔 수 없이 장이 된다면, 그는 잘못 걸렸다고 생각하면서도 운명으로 받아들이고, 남들에게 도움이 되는 일을 하는 것에 보람을 느끼면서 즐겁게 일을 할 뿐이다.

사람들은 물이 하는 역할처럼 약함이 강함을 이기고 부드러움이 단단함을 이긴다는 것을 알지만, 물이 더럽고 상서롭지 못한 일을 떠맡는 것은 잘 모른다. 그리고 설사 안다고 해도, 노자가 말한 것처럼 상서롭지 못한 일을 떠맡는 것을 실행할 줄 아는 사람도 거의 없다.

질 문

1. 사람들은 부드럽고 약한 것이 단단하고 강한 것보다 낫다는 것을 알면서도 왜 실행에 옮기지 못하는가?

2. 노자의 말대로 하면 아무도 조직의 장이 안 되려고 할 텐데 큰일이 아닌가?

3. 바른 말은 반대로 말한 것처럼 들린다고 했으니 그럼 노자의 말은 대부분 그렇다는 말인데, 근본적인 이유는 무엇인가?

79장

내 용

큰 원한은 화해해도 반드시 원한이 남는다. 화해하는 것만으로 어찌 최선이 될 수 있겠는가. 그렇기 때문에 성인은 좌계[274]인 계약서를 지니고만 있지, 지불할 것을 요구하지 않는다. 덕이 있으면 계약서를 지닐 뿐이고, 덕이 없으면 계약서대로 관철시켜 돈을 받아낸다. 하늘의 도는 사사로이 친함은 없지만, 언제나 착한 사람과 함께 한다.

和大怨 必有餘怨 安可以爲善 是以聖人執左契 而不責於人 有德司契 無德司徹 天道無親 常與善人(화대원 필유여원 안가이위선 시이성인 집좌계 이불책어인 유덕사계 무덕사철 천도무친 상여선인)

---

274) 좌측부신(左側符信)인 좌계(左契)와 우측부신(右側符信)인 우계(右契)는 오늘날에 비추어보면 계약 당사자들 사이에 계약서를 서로 나누어 가지는 것과 유사하다. 일반적으로 계약서 중 한 장은 돈을 받을 자가 지니고 다른 한 장은 돈을 갚아야 하는 자가 지닌다.

도 표

<table>
<tr><td colspan="3">하늘의 도를 실행하는 사람은 원한 살 일을 처음부터 하지 않음</td></tr>
<tr><td rowspan="3">덕과 계약서</td><td colspan="2">성인은 계약서를 지니고만 있지, 지불할 것을 요구하지 않음</td></tr>
<tr><td>덕이 있는 사람</td><td>계약서를 지닐 뿐임</td></tr>
<tr><td>덕이 없는 사람</td><td>계약서대로 관철시킴</td></tr>
<tr><td>계약서와 원한</td><td colspan="2">덕이 있는 성인은 계약서를 통해 원한을 사려고 하지 않음</td></tr>
<tr><td>원한과 화해</td><td colspan="2">큰 원한은 화해해도 반드시 남기 때문에 화해가 최선이 아님</td></tr>
<tr><td rowspan="2">하늘의 도</td><td colspan="2">사사로이 친함은 없지만, 언제나 착한 사람과 함께 함</td></tr>
<tr><td colspan="2">계약관철을 하지 않음은 친해서가 아니라 선하게 대하기 때문</td></tr>
</table>

해 설

79장은 송사(訟事)가 일어났을 때를 생각하면 문맥을 이해하는 데 도움이 된다. 일반적으로 작은 원한은 법정까지 잘 가지 않고 대화를 통해 풀려고 노력한다. 도의적인 방식의 대화를 통해 해결이 잘 되지 않으면 법적 방식인 법정에 가게 되어 송사가 일어난다. 이 송사를 통해 가부간 결정이 나더라도 제 3자[275]의 중재를 받아 해결하였기 때문에 두 사람 사이의 원한은 남는다. 노자는 그래서 이것만으로는

275) 여기서의 제 3자는 국가의 사법부이다.

최선이 될 수 없다고 하면서, 성인의 말을 빌려 원한이 남지 않는 해결책을 제시하고 있다.

성인은 금전 관계로 계약서를 작성할 때 자신이 지불해야 하는 쪽만 지니고 자신이 받아야 하는 쪽 계약서는 지니지 않거나 혹시 지녔다고 하더라도 상대에게 지불하라고 요구하지 않는다. 자신이 지불해야 하는 쪽 계약서를 지녔을 경우 상대가 달라고 요구하면 당연히 즉시 준다. 아니 상대가 요구하기 전에 계약서에 적힌 대로 상대에게 피해가 가지 않도록 조치를 취한다.

성인은 원한 살 일을 처음부터 아예 하지 않는다. 만약에 자신이 금전을 받아야 하는 계약서를 지녔을 경우에는 상대가 갚으면 받겠지만, 상대가 갚지 않는다고 독촉하지 않고, 더구나 법원의 힘을 빌려 강제로 받으려고 하지 않는다. 그래서 덕이 있는 사람은 계약서를 맡을 뿐이지만, 덕이 없는 사람은 그 계약서에 적힌 것을 관철시키려 한다고 노자는 말한다.

원한이 생기는 것은 대부분 상대에게 어떤 것을 요구하고, 그 요구한 것을 관철시키려는 데서 발생한다. 만약에 상대의 잘못으로 인해 내가 피해를 입었을 경우에 상대에게 사과할 것을 요구하고, 피해 입은 것에 대한 손해배상을 청구한다고 가정해보자.

상대가 순순히 자신의 잘못을 인정하면서 사과하고 손해배상을 해준다면 원한은 발생하지 않는다. 오히려 서로 간에 미안하다면서 이 사건을 계기로 두 사람이 친해질 수도 있다. 그러나 상대가 사과를 해도 형식적으로 하면서 손해배상을 하지 않거나 피해 입은 것에 비해 적은 액수만 했을 때는 일반적으로 다툼이 일어난다.

피해를 입은 사람은 피해를 입힌 사람에게 정중한 사과를 받고 싶어 한다. 왜냐하면 그래야 상대에게 자신이 무시당하지 않고 있음을 확인할 수 있고, 특히 다시는 그와 같은 피해의 반복을 없앨 수 있기 때문이다. 그리고 이때의 정중한 사과 속에는 말뿐만 아니라 물질적인 보상이 충분히 담겨 있어야 한다. 그래야 진정성이 느껴지기 때문이다. 이때 상대의 진정성이 느껴지면 물질적 보상을 줄여줄 수는 있다.

피해를 입은 사람은 이번 일로 무시당하지 않을 뿐만 아니라 오히려 은혜를 베푸는 위치에 놓일 수 있음과 피해의 반복을 없앨 수 있는 것으로 충분히 보상을 받았다고 생각할 수 있기 때문이다. 그러나 일반적으로 '준 만큼 받는(give and take)' 정신에 입각해 자신이 피해를 입은 만큼 받으려고 한다. 이렇게 하지 않으면 어리석은 사람처럼 보인다.

노자는 '준 만큼 받는' 정신에 입각해서 자신이 피해를 입은 만큼 상대에게 피해보상을 관철시키는 사람을 덕이 없는 사람이라고 한다. 피해보상금을 받아내어 그 문제는 일단락될지 몰라도 상대는 원한을 갖게 되고, 이것이 새로운 문제의 씨앗이 될 수 있다고 노자는 보기 때문이다. 노자가 작은 원한이라도 있으면 이것이 나중에 큰 문제를 낳는 문제의 씨앗이라고 보는 것은 63장에 잘 드러난다.

"작고 적은 쉬운 일이지만, 이것을 방치하면 크고 많은 우환거리가 생겨 어려움에 봉착하기 때문이다." 그러나 피해를 입고도 손해배상을 청구하지 않아 원한을 덕으로 갚는 사람의 행동은 이해타산적인 사람의 눈으로 보면 어리석게 보일 것이다. 이런 행동은 현실적인 손해로 보이기 때문이다. 그러나 보다 더 멀리 밝고 크게 내다본다면 그렇지 않다.

보다 밝고 큰 행위들을 기록해 놓은 책인 "경행록에 다음과 같이 적혀 있다. 은혜와 의리를 널리 베풀어라. 인생이란 어느 곳에서든 서로 만나게 마련이다. 원수와 원한을 맺지 마라. 길 좁은 곳에서 만나면 피하기 어렵다."276) 경행록의 말은 현실의 작은 이익을 챙겨서 원한을 만들기보다는 미래의 큰 손해를 미리 예방한다는 의미에서 원한을 만들지 않는 것이 좋다는 것이며, 미래의 큰 이익을 위해서는 은혜와 의리를 널리 베푸는 선행을 하라는 뜻이다.

이것은 한자어 '선행(善行)을 베풀다'는 의미를 지닌 덕(德)이라는 글자가 '큰' 덕으로 불리는 이유를 나타내고 있다. 더 멀리 밝고 크게 보면 주위에 선행을 베풀기 위해 일시적인 작은 손해를 감수해야 하지만, 사실은 큰 이익을 얻게 된다는 말이다. 자신에게 주어진 큰 이익 중 가장 큰 것을 '영원히 천국에서 사는 것'으로 보면, 성경(聖經) 중 마태복음에 나오는 '원수를 사랑하며 그를 위해 기도하라.'는 말277)과 누가복음 15장의 탕자이야기 등을 이해할 수 있다.

---

276) 景行錄曰 恩義廣施 人生何處不相逢 讐怨莫結 路逢狹處 難回避. 경행록은 송나라 때의 밝고 큰 행실을 기록한 책이며, 원나라 대신인 사필(史弼, 1233~1318)이 쓴 책으로 알려져 있으나 확실치는 않다. 원본은 남아 있지 않고 명심보감에 경행록의 글이 다수 적혀 있다.

277) "'또 눈은 눈으로 이는 이로'라고 한 말을 너희는 들었다. 그러나 나는 이렇게 말한다. 앙갚음하지 마라. 누가 오른뺨을 치거든 왼뺨마저 돌려대고 또 재판에 걸어 속옷을 가지려고 하거든 겉옷까지도 내 주어라. 누가 억지로 오리를 가자고 하거든 십리를 같이 가주어라. 달라는 사람에게 주고 꾸려는 사람의 청을 물리치지 마라. '네 이웃을 사랑하고 원수를 미워하라'고 한 말을 너희는 들었다. 그러나 나는 이렇게 말한다. 원수를 사랑하고 너희를 박해하는 사람들을 위하여 기도하여라. 그래야만 너희는 하늘에 계신 아버지의 아들이 될 것이다. 아버지께서는 악한 사람이나 선한 사람에게나 똑같이 햇빛을 주시고 옳은 사람이나 옳지 못한 사람에게나 똑같이 비를 내려주신다."(마태복음 5장 38-46)

노자는 덕이 있는 사람이 손해를 감수하면서도 이러한 행동을 취하는 것이 옳은 이유로 "하늘의 도는 사사로이 친함은 없지만, 언제나 착한 사람과 함께 한다."는 것을 들고 있다. 여기서의 착한 사람은 상대의 선함과 선하지 않음에 관계없이 선하게 대하는 사람이다.[278] 자신에게 잘해주는 사람과는 친하고 자신에게 잘못해주는 사람과는 친하지 않는 것이 이해타산에 젖은 일반적인 인간의 도리이다. 그러나 하늘의 도는 그렇지 않다. 성인은 하늘의 도에 따른다.

질 문

1. 하늘의 도를 따른다면서 계약 이행을 관철시키지 않는다면 사기 당하지 않겠는가?

2. 원한을 좀 사면 어떤가. 지나치게 원한을 사지 않기 위해 노력하는 것이 오히려 노이로제가 아닌가?

278) 성인은 선과 악의 기준이나 믿음과 불신의 기준을 정해 놓은 항상의 마음이 없어서 백성들의 마음을 자신의 마음으로 삼는다. 선한 백성을 선하게 대하고 선하지 않는 백성도 역시 선하게 대한다. 도를 실천하는 덕이 선을 확대시킨다는 것을 알기 때문이다. 믿음이 있는 백성을 믿음으로 대하고 믿음이 없는 백성도 믿음으로 대한다. 그렇게 하는 덕이 믿음을 확대시킨다는 것을 알기 때문이다.(49장)

80장

내 용

작은 나라 적은 백성의 상태가 가장 좋다. 왜냐하면 그 나라에는 수많은 물건이 있다 하여도 사용할 필요가 없고, 백성들로 하여금 죽음을 무겁게 여기도록 하여 먼 곳으로 이주하는 일이 없다. 그러면 비록 배와 수레가 있어도 그것을 타는 일이 없고, 비록 갑옷과 무기가 있어도 그것을 펼칠 일이 없기 때문이다.

그리고 백성들로 하여금 옛날처럼 다시 새끼줄을 묶어 사용하게 한다. 그러면 자기의 음식을 맛있게 먹고, 자기의 의복을 아름답게 입고, 자기 집을 안식처로 여기고, 자기네 풍속을 즐기게 된다. 그리고 이웃나라를 서로 바라보고 닭과 개의 소리가 서로 들린다 하더라도 백성들은 늙어 죽을 때까지 서로 왕래하지 않는다.

小國寡民 使有什佰之器而不用 使民重死而不遠徙 雖有舟輿 無所乘之 雖有甲兵 無所陳之 使民復結繩而用之 甘其食 美其服 安其居 樂其俗 隣國相望 鷄犬之聲相聞 民至老死 不相往來(소국과민 사유십백지기이불용 사민중사이불원사 수유주여 무소승지 수유갑병 무소진지

사민부결승이용지 감기식 미기복 안기거 낙기속 인국상망 계견지성 상문 민지노사 불상왕래)

도 표

강한 병력을 지닌 부자 나라보다 적은 백성이 사는 작은 나라가 좋음		
이유 1		수많은 물건이 있다 하여도 사용할 필요가 없음
사례	1	갑옷과 무기가 있어도 그것을 펼칠 일이 없음
	2	옛날처럼 다시 새끼줄을 묶어 사용함
이유 2		백성들이 죽음을 무겁게 여겨 먼 곳으로 이주하지 않음
사례	1	배와 수레가 있어도 그것을 타는 일이 없음
	2	백성들은 가까운 이웃과 늙어 죽을 때까지 서로 왕래하지 않음
이유 3		현재 있는 곳의 삶을 충분히 즐김
사례	1	자기의 음식을 맛있게 먹음
	2	자기의 의복을 아름답게 입음
	3	자기 집을 안식처로 여김
	4	자기 나라의 풍속을 즐김

해 설

80장은 노자의 이상국가 즉 유토피아(utopia)가 '작은 나라 적은 백성'임을 나타내고 있다. 그 이유는 그곳에 사는 사람들은 의식주에 불편함이 없이 만족하며 자신들의 풍속을 충분히 즐기고 있기 때문이다. 그들은 자신의 음식을 맛있게 먹는다. 비록 그 음식이 보리밥에 한두 가지 나물반찬이라도 개의치 않고 꿀처럼 달게 먹는다. 그러면서 부자들의 산해진미[279]를 부러워하지 않는다.

그리고 자신의 의복을 아름답게 입는다. 비록 그 의복이 낡고 변변찮은 무명옷이라 할지라도 천사의 날개옷을 입은 것처럼 멋진 옷이라 생각하고 아름답게 여긴다. 그러면서 고관대작[280]의 화려한 옷을 부러워하지 않는다. 그리고 자신의 집을 안식처로 여긴다. 비록 그 집이 초가삼간[281]이라 할지라도 기와집 못지않게 튼튼하고 안전하게 여기면서 편안히 잠을 잔다. 그러면서 구중궁궐[282]을 부러워하지 않는다.

이와 같은 의식주의 만족에 더해 자신들이 정답게 오순도순 사는 삶을 귀중하게 여기며, 여러 가지 세시풍속[283]을 충분히 즐기고 있기 때문에 다른 어떠한 삶도 부러워하지 않는다. 그러므로 이웃나라를 서로 바라보고 닭과 개의 소리가 서로 들릴 정도로 가깝다고 하더

---

279) 산과 바다의 온갖 진귀한 산물을 다 갖추어 차린, 매우 맛이 좋은 음식.
280) 지위가 높고 훌륭한 벼슬. 또는 그 벼슬에 있는 사람.
281) 세 칸 되는 초가라는 뜻으로, 아주 작은 집을 비유적으로 이르는 말.
282) 문으로 겹겹이 막은 깊은 궁궐이라는 뜻으로, 임금이 있는 대궐을 이르는 말.
283) 해마다 일정한 시기에 되풀이하여 행해 온 고유의 풍속.

라도 백성들은 늙어 죽을 때까지 서로 왕래하지 않는다. 이웃나라와 왕래하지 않는 데는 이웃나라와 교류가 없어도 충분히 자립자족할 수 있기 때문이다.

자립한다는 것은 이웃나라의 도움 없이도 충분히 살아갈 수 있다는 의미이며, 자족한다는 것은 이웃나라와 비교해서 자신들의 삶을 부족하게 여기지 않는다는 것을 의미한다. 그러니 굳이 이웃나라에 갈 일이 없다. 따라서 비록 이웃나라에 갈 때 쓰이는 배와 수레가 있다 하더라도 타는 일이 없게 된다.

이 나라는 자립자족이 되기 때문에 이쪽에서 먼저 이웃나라를 침범하는 일은 없다. 그리고 이웃나라와 교류가 없기 때문에 이웃나라에 원한을 살 일이 없다. 이웃나라에서는 이 나라에 와 보겠지만, 탐낼 만한 물건도 없고 교류해서 얻을 것도 없음을 알게 된다. 그리고 이 작은 나라는 자신들을 위협할 만한 나라가 아님을 확실히 알게 된다. 왜냐하면 이 나라 사람들은 새로운 것이나 더 발전된 것들을 소유하려고 하지 않고 자신들이 가진 것 안에서 충분히 만족하면서 살고 있어서 이웃나라를 넘보는 일을 생각조차 하지 않기 때문이다.

게다가 이들의 땅은 잘 사는 나라가 보았을 때는 쓸모없는 곳이다. 잘 사는 나라는 넓은 평지에 대집단을 이루어 살 수 있는 곳을 선호하지만, 이 나라 땅의 대부분은 골짜기를 개간하여 이룬 곳이다. 왜냐하면 이 나라 사람들은 남보다 앞서는 일이 쓸모없다는 것을 잘 알고 있기 때문이다.

작은 나라 적은 백성을 지향하는 이 나라와 달리 '부자나라 강한 병력'을 지향하는 나라들은 다른 나라보다 더 부자나라가 되고, 더 병력이 강한 나라가 되기 위해서 큰 병력을 집결시키고, 큰 시장을 이룰 만한 넓은 땅을 차지해야 한다. 그래서 굳이 이 작은 나라를 침범하려고 하지 않는다.

많은 병력을 지닌 큰 나라가 적은 병력만 지닌 작은 나라를 침범하지 않는 다른 이유는 골짜기 전투에서는 지리적 여건을 잘 아는 적은 병력으로도 많은 병력을 물리칠 수 있어서 자신들이 오히려 당할 수 있기 때문이다. 상대가 자신들을 침범하지 않음이 확실하고, 침범해서 얻을 것도 별로 없으며, 침범해서 승리하기에는 희생이 많이 따를 수 있다면, 큰 나라가 어리석게 작은 나라를 도모하지 않는다.

그래서 작은 이 나라에서는 비록 갑옷과 무기가 있어도 그것을 펼칠 일이 없다고 노자는 말한다. 그러니 이 나라 사람들은 가장 안전한 곳에서 즐겁게 사는 것을 선호하지, 위험하게 목숨을 걸고 다투는 곳으로 가지 않는다. 이 작은 나라를 제외하고 대부분의 나라들은 부자나라 강한 병력을 지향하고 있다.

부자나라 강한 병력을 지향하는 나라들은 다른 나라와 비교해서 더 부유하고 더 강력한 군대를 지녀야 한다. 그리고 그런 힘을 지니기 위해서 혹은 지니고 나서 전쟁을 불사한다. 전쟁을 불사하니 그곳은 전쟁터가 되기 쉽고 백성들은 제 명대로 살기가 어렵다. 안전한 곳에 있는 작은 나라의 백성들은 자신의 죽음을 무겁게 여기기 때문에 다른 나라로 이주하지 않는다. 따라서 작은 나라의 통치자가 백성으로 하여금 죽음을 무겁게 여기도록 하면 백성들은 이주하지 않는다.

그래서 노자는 "백성들로 하여금 죽음을 무겁게 여기도록 하여 먼 곳으로 이주하는 일이 없다."고 말한다. 통치자가 백성들로 하여금 죽음을 무겁게 여기도록 하는 것에 대해서는 75장에 나와 있다. "백성들이 죽음을 가벼이 여기는 것은 그 통치자가 삶을 두텁게 추구함과 관계된다. 이것 때문에 백성들이 죽음을 가볍게 여긴다." 이 말에는 통치자가 자신의 삶을 두텁게 여기지 않는다면 백성들은 죽음을 무겁게 여긴다는 의미가 내포되어 있다.

위의 사람이 자신의 삶을 두텁게 여긴다는 말은 남보다 비교우위를 차지하기 위해 권력, 지위, 재산, 명예 등을 키우는 것이다. 이들은 이것을 출세 성공이라고 한다. 이 국가에서 출세 성공하지 못한 사람은 인간으로 대접받지 못하고 무시당한다. 이렇게 인간으로 대접받지 못하고 무시당하면 죽음을 가볍게 여길 수밖에 없다. 죽음을 가볍게 여기는 사람은 수단과 방법을 가리지 않고 출세 성공에 매진하거나 자포자기한다. 어느 쪽 길을 택하거나 둘 다 인간답게 대접받는 길이 아니다.

부자나라 강한 병력을 지향하는 나라 사람들은 비교우위를 차지해야 한다는 관념에 사로잡혀 있기 때문에, 출세 성공한 사람은 그렇지 못한 사람을 인간취급하지 않아서 스스로는 인간답게 산다고 우쭐댈지 모르지만 실제로는 인간답지 못하다. 그리고 출세 성공하지 못한 사람은 자신을 스스로 인간답지 못하다고 여기니 인간답지 못하다.

이에 비해 이곳의 작은 나라에 사는 사람들은 남과 비교하지 않고 자신의 삶에 만족하고 즐겁게 사니 모두 인간답다. 이들은 남과 비교하지 않기 때문에 자신보다 더 많이 가진 사람들을 시기하거나 부러워하지 않는다. 그리고 자신보다 덜 가진 사람을 업신여기거나 무시하지 않는다. 이들은 소위 부자나라 강한 병력을 지향하는 사람들이 말하는 출세 성공을 바라지 않는다.

출세 성공은 결국 자신이 남보다 잘났다는 것을 드러내는 것이다. 이들은 이것에 대해서 먹다 남은 잔밥으로 여긴다.284) 이들은 남보다 앞서려고 하지 않으니[285] 출세 성공을 바라지 않는다. 출세 성공을 바라지 않는 사람이 출세 성공한 사람을 높이 평가하는 나라에 갈 리가 없다.

노자가 보기에 출세 성공을 높이 평가하는 나라는 부자나라 강한 병력을 지향하는 나라이다. 이 나라에서는 조금이라도 더 빨리 다른 나라보다 새롭고 강한 무기를 개발해야 한다. 그리고 무기개발에 필요한 부를 축적해야 한다. 무기의 개발과 부의 축적은 많은 분야의 발전을 선도한다. 그래서 소위 선진국이 된다. 즉 출세 성공한 국가가 된다.

출세 성공한 나라는 그렇지 못한 나라에 대해 우월감을 갖고, 출세 성공하지 못한 나라가 열등감을 갖는다면 세계는 평화롭지 못하다. 마찬가지로 한 나라 안에서 백성들이 출세 성공의 정도에 따라 우월감과 열등감을 갖는다면, 백성들 사이에 갈등과 불만이 고조된다. 국가 간에 경쟁이 심해지고 우월감과 열등감이 고조되면 전쟁으로 치닫게 되고, 개인 간에 경쟁이 심해지고 우월감과 열등감이 고조되면 폭동이나 내란으로 연결된다. 이 모든 근본원인을 노자는 비교우위에 서려는 마음에서 비롯되었다고 본다.

이것을 해결하는 지름길로 제시한 노자의 문장은 "감히 천하에 앞서지 않는다."이다. 노자는 천하에 앞서지 않고 오히려 뒤로 물러서

---

284) 자신을 드러내기 위해 스스로를 현명하다고 하는 자는 밝지 못하고, 자신이 옳다고 주장하는 자는 남들에게 그 옳음이 밝혀지지 못하고, 자신이 공을 세웠다고 말하는 자는 공로가 없고, 스스로를 자랑하는 자는 조직의 장으로서 오래가지 못한다. 이것들은 도의 입장에서 보면 먹다 남은 밥과 같다.(24장)

285) 나도 사람들이 본받을 만한 세 가지 보배가 있어 지키고 보존하고 있다. 첫째는 자애이고 둘째는 검소이고 셋째는 세상 사람들 앞에 서지 않는 겸양이다.(67장)

는 것을 근원적 해결 길로 보았다. 그래서 "백성들로 하여금 옛날처럼 다시 새끼줄을 묶어 사용하게 한다."고 하였다. 비교우위에 서기 위해서는 신상품을 지녀야 한다. 그러나 작은 나라의 통치자는 오히려 백성들에게 구상품을 선호하도록 만든다.

물론 구상품이 신상품보다 세련이 덜 되고 불편할 수도 있다. 그런데도 그 불편함과 투박함을 만족하면서 즐길 수 있으면 어떤 상황에서도 즐겁게 살 수 있게 된다. 이것을 아는 백성들이 욕심 없이 서로 위하며 소박하게 사는 속에 진정한 행복이 있으며 이상국가도 있다고 노자는 말한다.

질 문

1. 백성들이 신상품을 선호하지 않으면 경제가 발전하지 않아 나라가 망해서 백성들 모두 거지가 되지 않는가?

2. 출세 성공을 목표로 하지 않으면 무엇을 목표로 인생을 살아야 하는가? 그리고 그 목표로 살면 정말 즐거운 인생이 되겠는가?

3. '부자나라 강한 병력'을 목표로 하여 힘을 키워가지 않고 반대방향인 '작은 나라 적은 백성'을 목표로 하면, 과연 그 나라는 열강들 속에서 살아남을 수 있는가?

81장

내 용

미더운 말은 화려하지 않고 화려한 말은 미덥지 않다. 착한 사람은 다투는 말을 하지 않고 다투는 말을 하는 사람은 착하지 않다. 깊은 원리를 아는 사람은 박식함을 자랑하지 않고 박식함을 자랑하는 사람은 깊은 원리를 모른다.

성인은 쌓아두지 않는다. 지니고 있는 것을 이미 남에게 다 쓰지만 결과적으로는 자기에게 점점 더 있게 되고, 이미 남에게 다 주지만 자기에게 점점 더 많아진다. 하늘의 도는 만물을 이롭게 하되 해를 끼치지 않고, 성인의 도는 남을 위하되 다투지 않는다.

信言不美 美言不信 善者不辯 辯者不善 知者不博 博者不知 聖人不積 既以爲人己愈有 既以與人己愈多 天之道 利而不害 聖人之道 爲而不爭(신언불미 미언불신 선자불변 변자불선 지자불박 박자부지 성인부적 기이위인기유유 기이여인기유다 천지도 이이불해 성인지도 위이부쟁)

도 표

<table>
<tr><td colspan="2">성인은 쌓아두지 않고 남에게 다 쓰지만, 자기 것이 점점 더 많아짐</td></tr>
<tr><td>미더운 말과
화려한 말</td><td>미더운 말은 화려하지 않고 화려한 말은 미덥지 않음</td></tr>
<tr><td>착한 사람과
다투는 사람</td><td>착한 사람은 다투지 않고 다투는 사람은 착하지 않음</td></tr>
<tr><td>아는 사람과
자랑하는 사람</td><td>아는 사람은 자랑하지 않고 자랑하는 사람은 모름</td></tr>
<tr><td rowspan="2">하늘의 도와
성인의 도</td><td>하늘의 도는 만물을 이롭게 하되 해를 끼치지 않음</td></tr>
<tr><td>성인의 도는 남을 위하되 다투지 않음</td></tr>
</table>

해 설

81장은 도덕경의 통행본에 있어 마지막 장이다.[286] 통행본을 만든 사람이 왜 이 장을 마지막으로 배치하였을까? 통행본에서는 1장에서 37장까지 도경(道經)으로, 38장에서 81장까지를 덕경(德經)으로 구분한다. 이렇게 보면 81장도 덕을 정리한 글이라고 볼 수 있다. 도가 이론적이라면 덕은 실천적이다. 81장이 자연의 도를 인간생활에 실천하는 덕으로 정리하였다면, 우리는 여기서 노자가 주장하는 인간 삶의 핵심을 읽을 수 있을 것이다.

286) 백서본에는 30장에 해당하고, 죽간본에는 나타나지 않는다.

노자는 마지막 구절에서 하늘의 도와 성인의 도를 비교하고 있다. 성인의 도는 인간이 생활 속에서 실천하는 것과 연결되어 있기 때문에 덕이라고 할 수 있다. "하늘의 도는 만물을 이롭게 하되 해를 끼치지 않고, 성인의 도는 남을 위하되 다투지 않는다." 여기서 말하는 하늘의 도는 노자의 존재론에서 보았을 때는 땅의 도를 합친 자연의 이치인 도라 할 수 있다.

자연은 주어진 여건 안에서 만물의 이익을 늘이고 피해를 줄이기 위해 최선을 다한다. 자신의 존재를 내세우면서 고집하거나 자신의 이익을 위해 타자를 버리지도 않는다. 이것을 우리는 자연치유력 또는 자연복원력이라고 한다. 자연을 훼손하는 많은 일이 일어나더라도 자연은 끝까지 좋은 상태를 유지하기 위해 최선을 다한다.

그러다가 더 이상 버틸 수 없으면 파괴되면서 근원인 없음으로 돌아갈 뿐이다. 인간생활에서 성인도 이와 같이 타자를 위해 최선을 다해 노력하지만 타자를 통제하려고 하지 않는다. 따라서 타자의 생각을 억지로 바꾸려고 하지 않기 때문에 그와 다투지 않는다.

자연의 이치에 따라 생활하는 성인의 삶에 대해 노자는 물을 예로 들어 잘 설명하고 있다. 물은 생물체가 살아가는 데 없어서는 안 되는 존재이다. 그런데도 생물들 위에 군림하지 않고 낮은 곳으로 흐르면서 낮은 자세를 취한다. 게다가 물은 상대를 씻어 깨끗이 하면서 자신은 기꺼이 더러운 상태가 된다. 이렇게 남들에게 큰 도움을 주면서도 자신을 드러내면서 자랑하지 않으니 다툴 일이 없다.

노자는 인간 세상에서의 성인이 바로 이러한 존재라고 생각한다.287) 깊이 생각해보면 물뿐만 아니라 자연에 있는 대부분의 존재

---

287) 백서본에는 '하늘의 도'에 대비해 '사람의 도'라고 적혀 있다. 통행본에는 사람의

들인 불, 나무, 쇠, 흙 등도 자신을 드러내려고 하지 않고 각자의 분야에서 전체와 조화를 이루고 있는 것은 아닌가. 그래서 노자는 "하늘의 도는 만물을 이롭게 하되 해를 끼치지 않고"라고 말한다.

그런데 왜 우리는 자연의 이치인 도처럼 살지 못하고 다투면서 살며 인류의 멸망과 자연환경의 파괴를 스스로 자초하고 있는가? 인간의 사고능력에 대한 오만함 때문으로 여겨진다. 인간이 지구상에서 다른 존재들을 지배하는 위치에 있는 것은 지구상의 어떤 존재보다도 IQ가 높으며 사고능력이 탁월하기 때문임을 부정할 수 없다.

인간은 다른 존재보다 IQ가 높으며 사고능력이 뛰어나서 자연의 이치들을 알아내고 적용한다. 그래서 지구상의 다른 존재들을 마음대로 지배하면서 편리하고도 풍부한 삶을 누리고 있다. 물론 그 능력을 소유한 특수계층에게 풍부한 삶이 편중되어 있긴 하지만 조류인플루엔자 때문에 살처분되는 수많은 가금류(家禽類) 등에 비하면 인간들은 상대적으로 대접을 받고 있는 것도 사실이다.

인간의 사고능력이 다른 존재보다 뛰어난 것은 인정하지만, 자연의 도를 모두 알기에는 턱없이 부족하다. 인간은 자연의 아주 작은 일부밖에 알 수 없으며, 그 근원에 대해서는 사고가 닿지 않는다. 그런데 모든 사고는 근원적 사고에 뿌리를 두고 있다. 따라서 인간이 내리는 판단은 오류투성이다.[288] 오류투성인 인간의 사고에 대한 지

도 앞에 성스러울 성(聖)자를 더 넣어 '성인의 도'로 고쳤다고 볼 수 있다. 물론 문맥상으로는 성인의 도로 하는 것이 더 정확하게 보인다. 하지만 필자는 백서본에서 '사람의 도'라고 한 것에 의미를 두고 싶다. 도덕경의 마지막 장 마지막 구절인 점을 감안한다면 인간들 중에 소수에 불과한 성인만 자연의 도에 따를 것이 아니고 대다수 인간이 자연의 도에 따랐으면 좋겠다는 노자의 염원이 담겨 있을 것 같기 때문이다.

나친 믿음은 인간보다 월등하게 뛰어난 자연의 도에 어긋나게 된다. 우리는 자연 앞에서 겸손해야 한다. 잘난 체하는 인간의 말을 믿어서는 안 된다. 노자는 이 점을 누구보다도 잘 알고 있었다.

"미더운 말은 화려하지 않고 화려한 말은 미덥지 않다. 착한 사람은 다투는 말을 하지 않고 다투는 말을 하는 사람은 착하지 않다. 깊은 원리를 아는 사람은 박식함을 드러내지 않고 박식함을 드러내는 사람은 깊은 원리를 모른다." 깊이 공부한 사람은 자신이 얼마나 모르고 있는지를 안다. 그래서 단정적인 말을 거의 하지 않고 조심스럽게 말한다. 이에 비해 얕게 공부한 사람은 자신이 아는 지식이 진리인양 자신있게 말한다. 그래서 모르는 사람이 들으면 대단히 공부를 많이 한 사람처럼 보인다. 그렇게 보이기 위해 얕은 지식을 늘어놓으면서 화려한 말을 구사한다.

이런 사람은 깊은 지식이 없거나 착한 사람이 아니다. 왜냐하면 깊이 공부한 사람이라면 자신이 얼마나 모르고 있는지를 스스로 알고 있으며, 양심이 있는 착한 사람이라면 모르면서 아는 체를 할 수 없기 때문이다. 깊은 지식을 지닌 사람은 '이다'와 '아니다'의 이분법으로 알 수 없는 근원적인 지식에 사고가 닿아 있기 때문에 '이다'와 '아니다'로 표현할 수밖에 없는 말은 하지 않게 된다.

그래서 56장에서는 "아는 사람은 말이 없다. 이름으로 분별해서 말하는 사람은 진실로 있는 것을 제대로 알지 못한 것이다."고 한다. 그러니 깊은 지식을 지닌 사람이 화려한 말, 다투는 말, 박식함을 자

---

288) 소크라테스는 '무지(無知)의 지(知)'를 강조했고, 석가는 인간의 모든 불행이 무명(無明)에 의한 것이라고 했다. 칸트는 인간이성의 한계를 지적하면서 이율배반을 말했고, 화이트헤드는 인간의 의식이 가장 오류가 심하다고 하였다.

랑하는 말을 할 리가 없다.

그리고 근원적인 지식에 사고가 닿아 있는 사람은 성인인데, 성인은 자신의 것을 쌓아두지 않고 남에게 모두 베푼다. 왜냐하면 만물을 낳은 근원은 만물의 어미와 같은데 그 어미의 마음을 자신의 마음으로 여기기 때문이다. 이렇게 자신의 미래를 위해 쌓아두지 않고 모두 남을 위해 베푸는데도 결과적으로는 오히려 더욱 덕이 많이 쌓여 베푼 것 이상 많이 있게 된다. "성인은 쌓아두지 않는다. 지니고 있는 것을 이미 남에게 다 쓰지만 결과적으로는 자기에게 점점 더 있게 되고, 이미 남에게 다 주지만 자기에게 점점 더 많아진다."

이와 반대로 남에게 베풀지 못하고 자신을 위해 쌓아두면 오히려 결과적으로 줄어들 것은 당연하다. 왜냐하면 하늘의 도인 자연의 이치가 그렇기 때문이다. 하늘의 도는 베풀기만 하지 다투지 않는다. '이건 이렇고 저건 저렇고' 하면서 따지는 일을 하지 않는다. 구분하지 않는다.

특히 누구의 잘못이라면서 심판자의 역할을 하지 않는다. 모두 잘되기를 바라면서 최선을 다할 뿐이다. 모든 것은 저절로 돌아가게 한다. 이에 비해 인간의 도는 자신이 생각한 것을 옳다고 여겨 구분하며 따지고 시비를 가린다. 그래서 다툼이 일어난다.

노자는 48장에서 "학문을 하면 나날이 일삼는 일이 늘어나고 도를 행하면 나날이 일삼는 일이 줄어진다."고 하였다. 세상의 다툼은 나날이 늘어난 학문으로 인해 더욱 심해진다. 학문은 바로 시비를 가리는 일이기 때문이다. 그러나 진정으로 학문이 깊어지면 시비가 없는 경지에 이르게 된다.

이러한 경지를 1장에서 "모호하고 더욱 모호한 곳으로 나아가면 여러 오묘한 궁극적 실재의 세계로 들어가는 문이 나온다."고 표현하고 있다. 앞으로 우리의 후손들이 시비를 가리는 학문만 늘도록 가르치지 않고, 시비를 줄여가는 도를 함께 가르치는 학교의 교문을 드나드는 날이 오기를 기대한다.

질 문

1. 노자는 다투지 않음을 마지막까지 강조하였는데, 그것은 노자가 살던 춘추전국시대가 지니고 있는 특수한 상황에서 생긴 것이 아닌가. 오히려 인류의 역사는 다투면서 발전을 해 왔고, 이것에 대해서는 서양의 변증법이 잘 증명하고 있다. 만약 그렇다면 이러한 사고방식 때문에 동양이 서양에 뒤처진 것이 아닌가?

2. 노자가 '성인은 쌓지 않는데 더욱 많아진다.'는 역설을 사용하는 진정한 의도는 처세술인가? 즉 '출세 성공을 하려면 베풀어라.'는 의미로 받아들여도 된다는 말인가? 그렇다면 칸트가 말한 가언명법(假言命法)이 되어 정언명법(定言命法)을 위배해서 올바른 행위로 볼 수 없지 않은가?

3. 노자의 말대로 살면 결과적으로는 생활도 여유롭고 풍족하게 되는데 끝까지 비우고 줄이는 작업을 해야 하는가? 그리고 주변에 사는 사람들이 생활에 여유가 없이 쪼들리면서 사는 모습을 보면서도 자신을 드러내지 않기 위해 나서지 않아야 하는가?

꼬리글

꼬리글

이 책을 만드는 시기와 장소가 코로나 19와 관련이 깊다. 우리나라에서 코로나19가 가장 많이 창궐한 대구(大邱)라는 장소에서, 확진자가 급증하는 시점에 작업을 시작해서 어느 정도 확진자가 줄어드는 시점에 작업을 마무리하였다.

책을 마무리하면서 필자에게는 노자의 생각을 거울삼아 자신의 삶을 되돌아보는 반성의 기회가 되었다. 한편으로는 쓸데없는 쓰레기를 추가한 것이 아닌지 걱정도 해보지만, 노자가 이 책을 보면 빙그레 웃지 않을까라는 생각도 해본다.

코로나19는 인간문명에 대한 자연의 보복이라고 할 수 있다. 그렇지만 이때의 보복은 악의적인 앙갚음이 아니다. 만물이 함께 건행(健幸)하기 위한 자연의 자애로운 설득과정이다. 이 메시지를 알아차리지 못하면 우리들이 노자가 걱정하는 것처럼 충분히 살 수 있는데도 일찍 죽음을 향해 달려가는 부류에 속할 수도 있다.

필자는 30대 초반에 바이러스에 의한 간경변(肝硬變)에 걸렸고, 이것으로 인해 식도정맥류(食道靜脈瘤)가 터졌다. 의사 친구의 도움으로 응급조치를 해서 위험한 고비는 넘겼지만, 현대의학적 지식으로는 별 치료방법이 없다는 사실을 알고는 절망감에 빠졌었다. 그때 간경변을 낫게 하고 건강을 회복할 중요한 생각을 하게 되었다. 그리고 그 생각이 지금 이 책의 큰 줄기가 되었다.

흔히 현대를 과학만능시대라고 하지만, 현대의학을 포함한 과학은 아주 가파르게 가속도가 붙고 있다. 그렇다면 오백 년 후나 천년 후의 사람들이 지금의 의학이나 과학의 수준을 보면 원시의학이나 과학으로 취급할지 모른다. 이렇게 낮은 수준의 의학에서 내가 지닌 병을 치료할 수 없다고 해서 좌절하고 절망감에 빠져 있어서는 안 된다.

이에 비해 자연에는 자연회복력이나 자연복원력으로 불리는 자연치유력이 있다. 내 몸은 자연이다. 그러므로 내 몸은 자연치유력을 지니고 있다. 이 자연치유력은 앞으로 천년 만년 뿐만 아니라 훨씬 더 미래까지도 변하지 않을 근원적인 힘이다. 이 힘을 끄집어내어 병을 치유하면 가능성이 있다.

생각이 여기에 미치자 희망이 솟았다. 자연치유력으로 바이러스를 물리치려고 작심하였다. 구체적인 방법으로는 세 가지를 염두에 두었다.

첫째는 정신요법이다. 몸이 안 좋아서 불안이 닥쳐올 때마다, '나는 지금 자연치유력을 증강시키고 있다.'는 확신을 갖고 자기최면을 걸면서 명상을 하였다. 신기하게도 명상을 한 지 1시간 쯤 지나면 온몸이 뜨거워지면서 피곤이 싹 가시는 것이었다. 피곤이 가장 큰 증상이었는데, 이것이 없어지니 살 것 같았다.

둘째는 음식요법이다. 음식을 자연식으로 모두 바꾸었다. 가공한 식품은 먹지 않았고, 짭고 매운 것도 멀리하고 싱겁게 먹었다. 쌀밥보다는 잡곡밥을 먹는 등 영양가가 있으면서 싱싱한 음식을 충분히 먹었다. 내 몸에서 싸우고 있는 면역체계의 전투병들에게 풍부한 군수물자를 보급한다는 마음으로 먹었다.

셋째는 운동요법이다. 피곤하면 일단은 쉬었지만, 몸이 허락하는 한 걷고자 노력했다. 그리고 건강이 회복되어가면서 낮은 산부터 등산을 하고 좋아하는 탁구도 쳤다. 무리하지 않게 조금씩 운동량을 늘려나갔다. 운동량이 늘려가자 활력이 생겼다. 직장생활도 운동한다는 생각으로 지속했었다.

몇 년 후 바이러스 항체가 생겼다는 진단을 받았다. 자연치유력의 증강으로 바이러스를 물리친 것이었다. 그 후 삼십 몇 년이 지난 지금까지도 조심은 하지만 세 가지를 실천하면서 건강하게 잘 살고 있다. 그리고 언젠가는 중병을 앓고 있는 사람을 위해서 자연치유력을 증강시키는 방법에 대해서 책을 쓰려고 한다.

이번의 코로나 바이러스의 창궐은 과학만능시대를 무색하게 만들 정도로 그 위력의 대단함을 세상에 알렸다고 볼 수도 있다. 우리들은 코로나19 라는 바이러스 전염병으로부터 인류를 지키기 위한 백신을 조금이라도 더 빨리 만들기 위해 전념하고 있다. 물론 백신을 빨리 만들어야 한다.

그러나 또 다른 바이러스가 창궐할 수 있기 때문에 이것은 근원적인 해결책이 아니다. 그리고 자연의 보복은 전염병 이외에도 다양한 방식으로 전개될 수 있다. 자연의 보복을 근원적으로 막고, 자연과 더불어 편하고 즐거우며 건강하게 살기 위해서는 자연을 바라보는 관점의 변화가 필요하다. 변화된 관점은 '자연을 IQ가 아주 높은 자애로운 어머니처럼 대하는 것'이다. 이러한 자연관 변화가 여러 가지 관점의 변화로 이어져 평화로운 세상이 되는 데 이 책이 기여하면 좋겠다.

필자가 독자에게 드림

논 문

노자 『도덕경』 이해를 위한 이분법적 사고의 극복

Ⅰ. 시작 말

노자 도덕경을 읽다 보면 이해가 안 되는 부분이 많다. 그 이유는 여러 가지가 있겠다. 그 중 하나는 글이 한문(漢文)으로 되어 있으니 한문에 약해서 그럴 수도 있다. 특히 도덕경에 쓰이는 문장들이 고대 중국문자로 되어 있으니 그 당시의 용법에 익숙지 않은 비전공자(非專攻者)로서는 이해하기 어렵다. 그러나 이 부분은 중국 고대어를 전공한 학자들이 친절히 풀이해 놓은 해설서들을 대조하다 보면 어느 정도 해소할 수 있다.

도덕경을 지금의 우리말로 잘 번역을 해 놓았는데도 불구하고 이해가 안 되는 부분이 있다. 이것은 노자의 말이 우리들의 상식에 어긋나기 때문이다. 왜냐하면 여기서 말하는 상식의 근저에는 이분법적 사고(二分法的 思考)가 놓여 있는데, 도덕경에는 이분법적 사고를 극복한 논리가 깔려 있기 때문이다.

이번 글에서는 상식적으로 옳다고 생각하는 근저에 왜 이분법적 사고가 놓여 있으며, 도덕경에서는 이분법적 사고를 극복한 어떤 논리가 깔려 있는지 알아보고자 한다. 도덕경의 논리를 더욱 정확히 알기 위해서 이분법을 극복한 다른 논리들도 함께 살펴보고자 한다.

Ⅱ. 이분법적 사고

우리가 어떤 사물이나 사실을 인식하려면 그 사물이나 사실을 다른 사물이나 사실과 구분해야 가능하다. 이 구분의 기초[1]가 이분법적 사고이다. 이 사실을 정확히 안 철학자는 동양에서는 맹자(B.C. 372-298)이며, 서양에서는 아리스토텔레스(B.C. 384-322)이다. 맹자는 인간의 본성이 선하다는 주장의 단서(端緖, 근거, 이유)로서 4단(端)[2]을 들었다.

4단 중 지(智)에 해당하는 시비지심(是非之心)은, 인간은 무엇이 윤리적인 행위인지를 스스로 안다는 것이다.[3] 어떤 행위가 윤리적인지를 알기 위해서는 무엇이 옳은지 그른지를 구분할 수 있어야 함이 전제(前提)되어 있다. 이렇게 구분하는 행위를 우리는 '시비(是非)를 가린다.'고 말한다.

---

1) 아리스토텔레스는 이것을 논리학이 성립되기 위한 제1전제(第一前提)라고 한다.

2) 사단은 인의예지(仁義禮智)이다. 인(仁)은 측은지심(惻隱之心), 의(義)는 수오지심(羞惡之心), 예(禮)는 사양지심(辭讓之心), 지(智)는 시비지심(是非之心)이다.

3) 이것은 칸트가 인간에게는 실천이성(實踐理性)이 있기 때문에 인격적이며, 자유로운 존재로서의 인권이 있다고 말한 것과 유사하다.

시비에는 두 가지 의미가 있다. 하나는 윤리적으로 옳고 그름이고, 다른 하나는 긍정의 '이다'와 부정의 '아니다'이다. 어떤 행위를 보고 저것이 옳은 행위냐고 물었을 때, 시(是)라고 답하면 긍정의 '그렇다'는 말이다. 이에 비해 비(非)라고 답하면 부정의 '그렇지 않다'는 말이다. 이렇게 긍정의 시(是)와 부정의 비(非)를 구분할 수 있는 인간의 인식능력을 맹자는 높이 평가한 것이다.

아리스토텔레스는 더욱 정치(精緻)하게 이러한 인식의 근저(根底)를 논리의 기초로 삼았다. 그래서 여기서는 아리스토텔레스를 좇아 이분법적 사고가 무엇인지, 우리가 사물이나 사실을 인식하는 데 있어 이분법적 사고가 왜 필요한지, 어떤 한계가 있는지를 알아보고자 한다.

(1) 이분법적 사고란?

이분법이란 "논리적 구분의 방법으로 그 범위에 있어서 서로 배척되는 두 개의 구분지(區分肢)로 나누는 것이다. 예를 들어 만물을 생물과 무생물로 나누는 것이나 동물을 척추동물과 무척추동물로 나누는 것 따위이다."(네이버 사전) 이러한 분류방법을 체계화시킨 사람이 아리스토텔레스이다.

아리스토텔레스는 우리가 어떤 대상이든지 그것을 정확히 알기 위해서는 정의(定義, definition)를 해야 하고, 정의하는 방법으로 '유종차(類種差)에 의한 정의(定義)'[4]를 만들었다. 오늘날까지도 사전을

---

4) 만물을 생물과 무생물로 나누는 경우를 예로 들면, 만물이 유(類)이고, 생물과 무생물이 종(種)이며, 차(差)는 살아 있음(生)이다. 살아 있느냐 살아 있지 않느냐

만들 때 사용되는 등 아리스토텔레스의 정의는 널리 쓰이고 있다. 그리고 일상에서는 종류(種類)라는 용어로 널리 쓰이고 있다.

정의는 어떤 대상에 대해 뜻의 범위를 정하는 것이다. 대상에 대해 뜻의 범위를 명확히 해 놓지 않으면, 우리가 말을 할 때 어느 대상을 지칭하는지 불분명하게 된다. 이 점을 분명하게 해두는 것을 '정의한다'고 한다. 특히 학문의 세계에 있어서는 엄격성이 요구된다. 이러한 정의가 성립되기 위한 논리적 전제조건으로 아리스토텔레스는 '논리의 제1전제'라고 불리는 세 가지를 제시하고 있다. 동일률(同一律), 모순율(矛盾律), 배중률(排中律)이 그것이다.

동일률은 'A는 A이다', 모순율은 'A는 A가 아닌 것이 아니다', 배중률은 'A와 A 아닌 것 사이에는 아무 것도 없다'이다. 이 세 가지는 결국 같은 것을 다르게 표현하고 있다. 세상에는 A와 A 아닌 것 두 가지뿐이라는 '이분법의 입장'을 세 가지 입장에서 강조하고 있다. 우리가 어떤 사물이나 사실을 A라고 한정해서 뜻을 정하면(definiteness), 그 A를 인식하기 위해서는 세상을 A와 A 아닌 것으로 이분(二分)해야만 가능하다.

이분한다는 말 속에는 첫째, 'A는 A이다'는 의미가 포함되어 있다.

가 만물이라는 유(類) 가운데 생물이라는 종(種)과 무생물이라는 종(種)을 구분하는 차이(差異)이다. 그리고 이 정의는 외연(外延)과 내포(內包)를 기준으로 한 이분법을 사용하고 있다.

외연은 피정의항(被定義項, 정의되는 사물이나 사실)의 밖을 표시하는 연장(延長, 크기)으로 유(類)와 종(種)이고, 내포는 피정의항이 안에 품고 있는 특성으로 차(差)이다. 예를 들면, 생물보다 외연이 큰 것은 유(類)인 만물이며, 외연이 작은 것은 종(種)인 식물과 동물이다. 생물의 내포는 모든 생물이라면 안에 품고 있는 성질로서, '살아 있음'이다. 이때 생물과 무생물, 동물과 식물 등이 이분법에 의한 인식방법이다.

이것은 주어에서의 A와 술어에서의 A가 동일하다는 것을 전제로 한다. 그래서 이 전제를 동일률이라고 한다.

둘째, 'A는 A아닌 것이 아니다'는 의미가 포함되어 있다. 이것은 A와 A 아닌 것이 모순관계에 있다는 것을 전제로 한다. 모순관계는 두 항이 양립불가능하다는 의미이다. 이때의 두 항은 'A'와 'A 아닌 것'이다. 그리고 양립불가능하다는 것은 두 항이 동시에 참일 수 없다는 의미이다. 그래서 이 전제를 모순율이라고 한다.

셋째, 'A와 A 아닌 것 사이에는 아무 것도 없다'는 의미가 포함되어 있다. 만약에 A와 A 아닌 것 사이에 중간영역이 있게 되면, A도 아니고 A가 아닌 것도 아닌 영역이 있게 된다. 이 중간 영역을 배제(排除)한다는 전제를 배중률이라고 한다.

(2) 이분법적 사고의 장점

이분법적 사고는 우리들이 어떤 것을 분명히 인식하는 데 도움을 준다. 우리가 무엇을 정확히 알았다는 것은 그 무엇에 해당하는 것과 그에 해당하지 않는 것을 이분법으로 구분할 수 있기 때문에 가능하다. 우리들이 시험을 칠 때 정답을 찾아가는 것도 이분법을 사용하기 때문에 가능하다.

'나는 매미라는 곤충을 알고 있다.'고 하는 말은 나는 곤충 중 매미와 매미가 아닌 것을 구분할 수 있다는 것이다. '나는 존경심이 무엇인지를 안다.'고 하면, 나는 마음 중에 존경하는 마음과 존경이 아닌 마음을 구분할 수 있다는 말이다. 따라서 이분법적 사고는 어떤 사물이나 사실을 다른 사물이나 사실과 명백히 구분해서 인식하는 데 도움이 된다.

우리가 어떤 사물이나 사실을 다른 사물이나 사실과 구분하여 분명히 인식하기 위해서는 이분법이 필요하다. 그리고 이렇게 분명히 분리하여 인식하고 정의(定義)할 수 있어야 대화를 통한 상호소통이 가능하다. 특히 우리의 삶 중에서 국가가 개인이나 법인을 강제할 수 있는 법률용어와 진리를 추구하는 학문의 용어들은 그 의미가 분명해야 하기 때문에 더욱 이분법이 강조된다.

우리의 인식을 정확히 하기 위해서 긍정(~이다)과 부정(~이 아니다)의 이분법이 기초가 되어 있지만, 실제로는 다분법(多分法)도 많이 사용되고 있다.[5] 다분법의 바탕에 이분법적 원리가 놓여 있기 때문에 이분법적 원리를 이해하면 다분법도 같은 맥락이 연장되고 있음을 알 수 있다. 따라서 다분법도 넓은 의미의 이분법이다.

(3) 이분법적 사고의 단점

우리에게 이분법으로 인식된 사물은 사물 자체[6]는 아니다. 사물의 현상(現象, appearance)인 겉모습이다. 즉 우리에게 인식되기 위해 드러난 사실(事實, fact)일 뿐이다. 우리는 이 사실을 통해서 진정한 실재인 사물 자체나 참 실재를 추정할 뿐이다. 현상과 실재를 구분하는 일은 중요하다.[7]

---

5) 3분법(크기 : 小.中.大., 수량 : 少.中.多), 4분법(4方 : 동.서.남.북), 5분법(5行 : 목.화.토.금,수), 10분법(10陳法) 12분법(12支) 등 다양하다. 이렇게 다양하게 구분하는 이유는 유(類) 안에 종(種)이 몇 개인가에 따른 것이다.

6) 사물 자체를 칸트는 물자체(物自體)로 표현하면서 이것에 대해서 우리는 알 수 없다고 했다. 다만 우리가 아는 것은 사물의 현상이라고 했다.

실재는 인식이 잘되지 않지만, 그 실재의 겉모습인 현상은 우리들에 인식된다. 이때 잘 드러난 현상들은 여러 차이를 지닌다. 그 차이들 중 하나를 기준으로 우리는 사물을 분류한다. 생물과 무생물은 물체라는 공통성이 있으면서 생명이 있는가 없는가의 차이에 따라 구분된다. 즉 생물과 무생물에 있어서 물체는 공통성이고, 생명은 차이성이다.

여기서 다시 의문을 가질 수 있다. 생물과 무생물의 공통성인 물체와 차이성인 생명은 우리가 어떻게 알 수 있는가? 물체와 생명 자체는 우리에게 드러나 보이지 않는다. 다만 물체의 현상과 생명의 현상이 우리에게 드러나 보인다. 물체의 현상은 모양과 색깔로 시각에 드러나고, 만지면 촉감으로 드러나는 등 오감(五感)[8]에 포착된다. 생명의 현상은 조금 더 관찰이 필요하지만, 외부의 작용 없이 스스로 움직이거나, 세포분열을 통한 성장의 모습이 오감에 포착된다.

이렇게 현상은 최종적으로 오감에 의해 확인되는 경우가 많다. 오감에 의해 인식되는 느낌은 외부의 대상[9]에 대한 느낌이다. 그래서 이것을 외감(外感)이라고 한다. 이에 비해 외부의 대상 없이 마음 안에서 느낄 수 있는 것이 있다. 이것을 서양의 경험론자들은 내감(內感)이라고 한다.

---

7) 이러한 구분은 철학의 세계에 들어가는 문이다. 소크라테스가 '무지함을 알아야 한다(무지의 지).'고 했을 때, 실재에 대해 우리가 모르고 있음을 알아야 한다는 말로 이해할 수 있다.

8) 오감은 안이비설신(眼耳鼻舌身)에 의해 느껴지는 감각이다. 즉 눈에 의한 시각, 귀에 의한 청각, 코에 의한 후각, 혀에 의한 미각, 피부에 의한 촉감이다.

9) 외부의 대상은 감각여건(感覺與件, sense data)이다. 예를 들어 시각인 경우에는 색깔과 모양이고, 청각의 경우에는 소리이다.

동양의 한문권(漢文圈)에서는 이것을 의(意)라고 한다. 앞의 예를 다시 든다면 존경심 같은 것이다. 존경심은 오감에 의해 인식되지는 않지만, 자신의 마음 안에서 일어난다. 이때 자신의 마음을 살펴봄으로써 그것을 인식할 수 있다. 증오심과 질투심도 내감이다. 우리는 옛날부터 이 여섯 가지를 합해서 육감(六感, 眼耳鼻舌身意)[10]이라고 한다.

결국 현상은 육감에 의해 최종 확인된다. 그러나 현상을 불러일으키는 진정한 실재는 육감에 의해 포착되지 않는다는 점을 알아야 한다. 현재 우리는 과학 만능시대를 살고 있다고 한다. 그렇지만 우주과학자들은 우리에게 알려진 우주는 전체의 4% 정도라고 한다. 나머지 96%는 우리에게 포착되지 않는다고 한다. 그 중에서 23%가 암흑물질[11]이라 하고 나머지는 암흑에너지라 불린다고 한다.

물론 암흑물질과 암흑에너지도 언젠가 밝혀질 것이다. 그러나 모르는 부분이 더욱 많이 있음도 함께 밝혀져 가고 있다고 과학자들은 말하고 있다.[12] 따라서 현상세계를 아는 데 편리한 이분법적 사고를 진정한 실재에 확대 적용하는 것은 무리이다.

이분법은 편리함을 위한 가정(假定)이라고 보아야 한다. 그런데 진

---

10) 현재 우리가 사용하는 육감(六感)이라는 용어에는 오감(五感) 이외의 느낌으로 예감(豫感), 영감(靈感) 등도 포함하고 있다. 그러나 여기서는 의(意)에 의해 확인되는 마음만으로 한정한다.

11) 최근에는 대부분의 과학자들이 무거운 입자지만 전자기적 상호작용을 하지 않아 우리가 관측할 수 없는 새로운 입자가 암흑물질의 정체일 것이라고 생각하고 있다.(네이버캐스트, 물리 산책, 암흑물질에서 인용)

12) 2015년 7월 26일, '장영실 쇼'(KBS1 TV)에서 참석자들이 쇼를 마무리하면서 소크라테스의 말을 인용해서 "인간이 위대한 것은 자신이 모르고 있다는 사실을 아는 것"이라고 말함.

정한 실재가 실제로도 이분법으로 분리되어 있다고 보면 흑백오류보다 더 심한 오류에 빠지게 된다. 화이트헤드는 이것을 '잘못 놓여진 구체성의 오류'라고 불렀다.

우리들에게 인식되는 현상은 추상적(抽象的)인 것이다. 즉 진정한 실재로부터 떼어낸 것이다. 떼어낸 이것은 비시간적인 영원한 대상이다. 화이트헤드는 진정한 실재는 시간적인 과정을 겪고 있는 현실적 존재자라고 말한다. 구체성을 띤 현실적 존재자가 진정한 실재인데, 추상성을 띤 현상에 불과한 영원한 대상을 진정한 실재로 본 것이 잘못이라고 화이트헤드는 지적하고 있다.

현상은 추상된 것으로 비시간적이기 때문에 아리스토텔레스의 'A는 A이다'는 제1전제가 성립된다. 만약에 진정한 실재가 시간적인 과정을 겪는다면 A는 A가 아니다. 왜냐하면 'A는 ~'이라고 말하는 동안 이미 시간이 흘러 '~ A이다'라고 말할 때는 벌써 다른 존재(A′)로 변했을 수도 있기 때문이다.

헤라클레이토스는 '만물(萬物)은 유전(流轉)한다.'고 하면서 '같은 강물에 발을 두 번 담글 수 없다.'고 하였다. 아리스토텔레스의 제1전제가 참인식의 근거로 성립되기 위해서는 전제조건이 필요하다. 그것은 진정한 실재를 부동(不動)의 것으로 보는 관점이다. 유동(流動)을 진정한 실재로 보는 헤라클레이토스와 달리 아리스토텔레스는 진정한 실재를 부동(不動)의 성질을 띠고 있는 실체(實體, substance)라 하였다.

진정한 실재가 부동(不動)인지 유동(流動)인지는 우리의 감관에 포착되지 않으니 알 수가 없다. 그러나 현상이 비시간적으로 우리 감관에 포착되는 것은 분명하다. 그러니 현상에 대해서는 이분법으로 지칭해서 언급할 수 있다.

문제는 현상에 대해서 언급할 수 있는 이분법을 진정한 실재에 적용했을 때 오류가 일어난다는 점에 있다. 지금까지 동서양을 막론하고 이 문제의식을 지니고 극복해 온 이론들이 있다. 그것들에 대해 간략히 알아보고, 그 중 하나인 도덕경의 극복이론에 대해서는 오늘의 주제이기 때문에 좀 더 상세히 알아보고자 한다.

Ⅲ. 이분법적 사고의 극복이론들

(1) 서양사상은 고대로부터 이분법에 입각한 이론이 주류(主流)를 이루었다. 그렇지만 그 한계를 극복하고자 하는 시도도 있었다. 그 대표적인 것으로는 흑백논리, 변증법, 유동철학이다.

1) 흑백논리(黑白論理)

아리스토텔레스의 제1전제는 중간을 인정하지 않는 모순개념이다. 그래서 그 학파에서도 중간을 인정하는 반대개념을 모순개념으로 오해해서는 안 된다는 점을 흑백논리로 표현했다. 흑백논리는 '흑백오류'라고도 한다. 흑백오류는 흑색과 백색의 중간에 회색이나 빨강, 파랑, 노랑 등의 색이 있는데도 없는 것처럼 인식하는 오류이다.

흑백오류는 3분법(⦷)을 2분법(⦶)으로 오해한 오류이다. 소중대(小中大), 소중다(少中多) 등 중간항이 있는 개념의 양쪽 끝인 작음과 큼(小大), 적음과 많음(少多)을 논리학에서는 반대개념이라고 한다. 이에 비해 시비(是非), 유무(有無), 생사(生死)처럼 중간항이 없는 개념을 모순개념이라고 한다. 이렇게 중간영역의 존재를 인정해서 반대개념과 모순개념을 구분하면 흑백오류는 벗어날 수 있다.

작음과 큼(小大), 적음과 많음(少多)은 두 개념이 동시에 참일 수는 없지만, 동시에 거짓일 수는 있다. 예를 들어 어떤 한 사람이 '저 사과는 작다'고 말하고 나서 동일한 사과를 지칭하면서 '저 사과는 크다'라고 말한다면 그것은 잘못이다. 따라서 그 두 말은 동시에 참일 수는 없다. 그렇지만 그 사과의 크기가 중간쯤일 때 그 말들은 동시에 거짓일 수는 있다. 왜냐하면 '저 사과는 작다'는 말도 거짓이고, '저 사과는 크다'는 말도 거짓이라고 주장할 수 있기 때문이다.

흑백논리는 3분법 이상으로 나눌 수 있는 것을 2분법으로만 나누어진다고 잘못 보는 논리이다. 물론 이것은 분명한 잘못이다. 그러나 넓게 보면 3분법 이상으로 나누어진다고 하더라도 이분법의 기초가 되는 아리스토텔레스의 제1전제인 동일률, 모순율, 배중률을 벗어나지 못한다. 왜냐하면 몇 분법으로 자르든지 관계없이 분류를 하면 이미 분류된 것들 사이의 차이는 분명하기 때문이다. 따라서 흑백논리는 이분법을 극복했다고 말하기에는 부족하다.

2) 변증법(辨證法)

변증법은 모순을 통해 진리를 찾아가는 방법이다. 모순은 이분법적 사고에서 나온 것인데, 이 모순을 단순히 모순으로만 여기지 않고 대립을 통해 오히려 보다 높은 단계의 진리에 도달하려는 방법이다. 이 방법은 정립(定立), 반정립(反定立), 종합(綜合)의 토론 단계를 거친다. 변증법은 대립된 모순을 이분법으로만 보지 않는다는 면에서 이분법을 극복할 수 있는 유용한 방법이다.

예를 들어, 'S는 A다'라고 누가 주장했을 때 이 주장에 대해 'S는 A가 아니다'고 말하면 토론이 된다. 이 토론에서 'S는 A다'는 정립이고, 'S는 A가 아니다'는 반정립이다. 그 사이에는 중간이 없다. 중간이 없기 때문에 정립이 맞든지 반정립이 맞든지 둘 중 하나는 참이고 다른 하나는 거짓으로 토론이 끝이 날 것 같지만 그렇지 않다.

토론 결과는 'S는 A다'와 'S는 A가 아니다'의 두 주장 모두가 아니면서 둘 다를 포함하는 'S는 B다'에 이르게 된다. 물론 이때의 'S는 B다'라는 주장은 앞의 두 주장 모두가 아니면서 둘 다를 포함하는 새로운 개념이거나 이론이다. 그래서 학문적 진전이 있게 된다. 'S는 B다'에 이르게 된 이후에는 다시 'S는 B다'와 'S는 B가 아니다' 사이에 토론이 일어나고 다시 이번에는 'S는 C다'에 이르게 된다.

물론 이때의 'S는 C다'는 주장도 바로 앞의 두 주장 모두가 아니면서 둘 다를 포함하는 새로운 개념이거나 이론이다. 이렇게 진리를 인식하는 수준을 높이는 방법이 변증법이다. 현대에 이르러 정상과학이론(正常科學理論, theory of normal science)을 주장한 토마스 쿤의 이론도 변증법의 정신을 확대한 것으로 볼 수 있다.

3) 유동철학(流動哲學)

이분법은 부동철학(不動哲學)의 논리이다. 그래서 'A는 A이다'가 성립된다. 이에 비해 유동철학은 'A는 A이다'가 처음부터 성립되지 않는다. 왜냐하면 유동철학은 흐름을 근원으로 보기 때문에 'A는' 이라고 말하는 동안에 벌써 시간이 흘러버려서 'A이다'고 말할 때는 이미 다른 것으로 변해버렸기 때문이다. 물론 이때 'A는 A이다'가 처음부터 성립되지 않는 것은 실재(reality)이다.

그리고 이분법은 진정한 실재를 부동의 실체로 보는 입장이다. 이에 비해 유동철학은 진정한 실재를 흐름 속에 있다고 보기 때문에 부동의 실체를 부정한다. 유동철학은 흐르는 과정을 진정한 실재로 본다. 흐르는 과정을 진정한 실재로 보는 유동의 철학을 과정철학(過程哲學)이라고 한다.

현대에 와서 과정철학을 가장 잘 전개시킨 철학자는 화이트헤드이다. 물론 부동의 철학도 변화과정을 인정은 한다. 그러나 변화과정을 겪는 것은 부차적인 것으로 보고 부동의 것을 궁극자로 본다. 이에 비해 과정철학은 반대다. 부동을 부차적인 것으로 보고 과정을 궁극자로 본다.[13] 화이트헤드는 자신의 철학을 스스로 유기체 철학이라고 불렀다. 그렇지만, 과정을 궁극자로 본 그의 논점 때문에 그의 학파에서는 과정철학이라고 부르기도 한다.

과정철학으로도 불리는 화이트헤드의 유기체 철학에서 'A는 A이다'를 인정하는 영역이 있다. 이 영역은 개념적인 사고 속에서이다. 실재는 유동하기 때문에 'A는 A이다'가 성립되지 않지만, 그 A를 바라보거나 생각하는 주체의 사고 속에서는 A가 지속되는 것으로 생각된다. 이 지속되는 것으로 생각되는 대상을 화이트헤드는 영원한 대상이라고 한다. 이 영원한 대상은 실재가 아니다. 실재를 한정하는 한정형식에 불과하다. 따라서 유동철학은 이분법을 원천적으로 극복한 이론이다.

---

13) 화이트헤드는 그의 주저(主著)인 『과정과 실재』에서 "유기체 철학은 서아시아나 유럽의 사상보다는 인도나 중국의 사상기조(思想基調)에 더 가까운 것으로 생각된다. 후자 쪽에서는 과정(過程)을 궁극자로 보는데, 전자 쪽에서는 사실(事實)을 궁극자로 보고 있다."(Ⅰ부, 1장, 2절)고 했다.

(2) 동양사상은 고대로부터 이분법을 극복한 이론들이 사상계의 주류(主流)를 형성했다. 그 대표적인 것으로는 주역논리, 공이론, 현동론 등이 있다.

1) 주역논리(周易論理)

주역논리는 천지자연 변화의 상징이며 우리에게 지혜의 눈을 갖게 하여 취길피흉(取吉避凶)을 이루어 나가도록 하는 원리와 이치를 체계화시켜 놓은 것이다. 주역은 음과 양의 조화를 천지만물의 근원으로 여기기 때문에, 음(陰)과 양(陽)이라는 이분법이 전제되어 있는 것으로 보인다.

그렇지만 음과 양이 고정되어 있지 않고 조화를 이루기 위해 끊임없이 움직이기 때문에, 진정한 실재를 변화로 보는 입장이다. 그리고 이분법에서는 분리된 영역 간에는 상호간 중복될 수 없는데도, 주역논리에는 음 속에 양이 있고 양 속에 음이 있다. 이 둘은 서로 다르면서 의존하는 관계를 지니고 있다. 충남대학교 최정묵 교수가 이 부분에 대해 잘 말하고 있다.

"『주역』은 음양을 근본으로 하여 존재의 생성과 변화를 설명하고 있다. 서로 다른 성질을 지닌 존재라는 측면에서 동일한 것이 아님을 나타낸 것이 대(對)이고, 음과 양 둘 간의 상호의존과 영향의 침투를 통한 운동과 변화를 단적으로 말한 것이 대(待)이다. 결국 대대(對待)의 논리란 서로 다른 성질의 차이와 이들 간의 상호 의존성을 동시에 묶어 표현한 것임을 알 수 있다."14)

---

14) 최교수는 이 논문에서 대대(對待)의 논리를 '대대와 교감의 논리'로 표현하고 있다. 그리고 중정(中正)의 논리와 극즉반(極卽反)의 논리를 포함하여 주역의

최정목 교수가 말한 대대(對待)의 논리는 이분법의 극복을 잘 나타내고 있다. 음인 밤이 한창 깊을 때 이미 양인 낮이 시작되고, 낮이 한창일 때 이미 음이 시작된다. 양인 여름 속에 음인 겨울이 있고, 겨울 속에 여름이 있다. 그래서 음양을 합친 태극문양이 직선이 아니라 영역의 중복을 나타내기 위해서 굽어져 있다.

우리나라의 국기가 태극기라는 것은 이분법을 극복한 논리가 우리나라 사유의 근간을 이루고 있다는 것인데, 이분법에 의한 휴전선으로 갈라져 있는 것은 묘한 일이다.[15] 이것은 분리에 따른 분단의 아픔을 뼈저리게 느끼면서 조화의 기운을 키워서 세계평화에 기여하라는 사명이 우리나라에게 있음으로 이해하고 싶다.

2) 공이론(空理論)

불교의 공이론은 연기설(緣起說)과 연결되어 있다. 연기설은 인연생기설(因緣生起說)의 약자(略字)이다. 이 이론은 이분법을 정면에서 부정하는 강력한 주장이다. 이분법은 A와 A가 아닌 것이 분리되어 있다는 것인데 비해 연기설은 분리될 수 없다는 입장이다. 즉 A와 A 아닌 것이 함께 일어난 것이 진정한 실재라는 의미이다. 이 두 가지를 함께 일어나지 않은 것으로 보면 어리석은 관점인 무명(無明)이 된다. 깨달은 법성(法性)의 관점에서 보면 연기가 된다.

불교에서의 공(空)은 바로 'A이면서 동시에 A가 아니며', 'A가 아

기본 논리를 논하고 있다. 『유학연구』 「『주역』의 기본 논리에 대한 고찰」, 2012, vol.27, pp. 253-280.

15) 1945년 해방 이후에 38선이라는 직선으로 갈라져 있던 것이 1950년 6.25 전쟁 후 1953년 휴전협정을 체결하면서 태극무늬의 물결모양으로 바뀐 것도 묘하다.

니면서 A가 아닌 것도 아닌' 존재의 모습이다. 이것은 불이론(不二論)과 연결된다. 예를 들면, 불교에서는 생사불이(生死不二)라고 한다. 생(生)과 사(死)는 양립불가능(兩立不可能)한 모순관계로서 이분법을 피할 수 없다. 그런데 불교에서는 이 둘을 둘이면서 둘이 아니라고 한다.

생과 사를 깨어난 상태와 잠자는 상태에 비유한다. 잠을 자는 것과 깨어난 것은 의식이 작동하느냐 작동하지 않느냐의 차이밖에 없다는 것이다. 이 이론은 다르게 비유하면 옷을 입은 나와 옷을 입지 않은 나를 둘로 보는 것은 현상의 모습만 본 것이며, 진정한 실재를 보면 그 둘은 둘이 아니라 같다는 입장이다.

또한 공이론에서는 즉시(卽是)라는 용어를 사용하기도 한다. 대표적인 것이 색즉시공(色卽是空) 공즉시색(空卽是色)이다. 색은 현상세계다. 이에 비해 공은 실재세계다. 그런데 이 두 세계가 즉시 하나라는 것이다. 여기서의 '즉시'는 시간·공간의 변화 없이 그대로라는 의미가 있다. 불교에서 깨달음의 세계는 이분법이 극복되어 있다.

3) 현동론(玄同論)

필자가 노자 도덕경을 해설하면서 제시한 이론이다. 현동(玄同)은 검을 현(玄)과 같을 동(同)자가 합쳐진 글로서, 글자의 의미로만 보면 '검어서 같다'는 말이다. 물론 이때의 검다는 것은 단순히 검은 색을 말하는 것은 아니다. 조금 더 풀이하면 '진정한 실재는 현상으로 드러나지 않기 때문에 분별되지 않으며 모두 같게 본다.'는 의미이다. 한정형식이 들어가서 분별되기 전의 '진실로 있는 그대로의 같음'이다.

현동이란 말은 '현묘한 같음'이라는 뜻을 지니고 있다. 이 단어는 도덕경 56장에 나온다. “진실로 있는 것을 제대로 알기 위해서는 사물들을 분별하는 감각기관이라는 구멍을 막고 판단작용이라는 문을 닫아야 한다. 이렇게 하면 분별하는 예리함은 꺾이고 공통부분을 보게 되어, 다툼의 원인이 되는 분열을 해소하여 통합한다. 감각기관을 통해 들어온 한정형식의 두드러진 빛깔을 다른 빛깔과 조화시켜 두드러지지 않게 하고, 티끌처럼 분별되지 않도록 같게 한다. 이것을 ‘현묘한 같음’이라고 한다.”16) 이분법이 차이를 드러내어 양립불가능성을 확인하는 방법이라면 현동론은 모호한 같음을 직관하여 양립가능성을 확인하는 방법이다.

이 현동론은 달리 말하면 상이이론(相已理論)이라고도 할 수 있다. 상이이론에서 ‘상’은 서로 상(相)이고, ‘이’는 이미 이(已)이다. 이미 서로 깊이 연관되어 있어서 하나가 없으면 다른 것도 없다는 이론이다. 그 대표적인 것이 유무상생(有無相生)이다. 있음(有)과 없음(無)은 서로 생존의 근거가 된다. 있음 없이는 없음이 있을 수 없고, 없음 없이는 있음이 있을 수 없다.

상이이론은 도덕경 2장의 논리에 이름 붙인 것이다. “있음과 없음은 서로 낳고, 어려움과 쉬움은 서로 이루며, 길고 짧음은 서로 비교되고, 높고 낮음은 서로 기울며, 음표와 소리는 서로 화합하고, 앞과 뒤는 서로 따른다.”17) 이렇게 서로 상반되는 것들끼리는 이미 서로 함께 있어야 가능하다는 것이다.

여기서 가능하다는 것은 세 가지가 가능하다. 첫째는 상반되는 것이 있어야 다른 상반자의 존재가 가능하다. 둘째는 상반되는 것이

16) 塞其兌 閉其門 挫其銳 解其分 和其光 同其塵 是謂玄同

17) 有無相生 難易相成 長短相較 高下相傾 音聲相和 前後相隨

인식되어야 다른 상반자도 인식이 가능하다. 셋째는 상반되는 것이 가치가 있어야 다른 상반자도 가치 있음이 가능하다. 첫 번째 가능성을 존재론에서, 두 번째 가능성을 인식론에서, 세 번째 가능성을 가치론에서 발견할 수 있다. 따라서 노자의 존재론, 인식론, 가치론에는 상이이론이 깔려 있다.

노자는 만물이 원래 차이가 없는 것인데, 사람들이 인위적으로 차이를 만들고, 그 차이를 차별화시켜서 잘났다니 못났다니 함으로써 세상에 다툼이 생겼다고 보았다. 그래서 노자는 차이를 분명히 드러내는 이분법적 사고를 '억지가 있음(有爲)'이라고 했다. 그리고 원래의 자연상태인 같음을 드러내는 현동론과 상이이론을 '억지가 없음(無爲)'이라고 했다.

노자는 억지가 없는 방법인 무위법(無爲法)을 사용하여 이분법을 극복하였기 때문에 '노자의 무위론(無爲論)'이라고도 할 수 있을 것 같다. 그리고 현동론을 장자의 언어로 표현하면 '제물론(齊物論)'이 된다. 제물론은 만물이 모두 가지런하게 차등이 없이 같다는 의미이다. 장자는 『장자』 제물론 편에서 호접지몽(胡蝶之夢)[18] 등의 우화를 들어서 현동론을 설명하고 있다.

밝은 곳에 있어도 눈을 감으면 세상이 모두 검게 동일하게 보인다. 세상이 검게 보인다는 것은 눈을 떴을 때 드러난 많은 사물이나 사실이 구별되지 않는 상태에 있음을 의미한다. 왜냐하면 사물이나 사실

18) 호접지몽(胡蝶之夢)은 '나비의 꿈'이라는 말이다. 장주가 꿈에 나비가 되었던 것인지, 나비가 꿈에 장주가 되어 있는 것인지 알 수 없었다. 장주와 나비는 이분법으로 보면 나누어져 있을 것이지만, 현동론이나 제물론으로 보면 구분이 되지 않는다는 것이다.

의 구별은 우리들 감각에 드러날 때 일어나기 때문이다.

우리들 감각에 포착되는 것은 현상에 불과하다. 그 현상의 이면에 있는 '진정한 실재는 동일'한데 우리들은 육감으로 사물이나 사실들을 인식하니 구별이 되고, 그렇게 구별되는 대로 세상이 되어 있다고 생각하지만 실제로는 그렇지 않다고 도덕경은 말한다.

Ⅳ. 이분법을 극복한 현동론으로 도덕경 읽어보기

노자의 '현묘한 같음'이라는 현동론의 관점에서 도덕경 1장을 읽어보자.

> 도라고 생각하여 말할 수 있는 도는 항상의 도가 아니다. 왜냐하면 도라고 생각하여 말할 수 있기 위해서는 이름을 붙여야 하는데, 이름을 붙여 부를 수 있는 이름은 항상의 이름이 아니기 때문이다. 이름 없음이 천지의 시작이고, 이름 있음이 만물의 어미이다. 그러므로 늘 이름 붙이고자 함이 없어야 그 대상의 오묘한 실재(實在, reality)를 보고, 늘 이름 붙이고자 함이 있어야 그 대상의 분명한 현상(現象, appearance)을 본다.
>
> 이 실재와 현상은 같은 곳에서 나왔으며 이름이 없고 있고의 차이가 있을 뿐이다. 이 양자는 만물들 사이의 차이를 드러내는 방향으로 나아가면 더욱 분명해지겠지만 같음 방향으로 나아가면 그 경계는 모호해진다. 모호하고 더욱 모호한 곳으로 나아가면 여러 오묘한 궁극적 실재의 세계로 들어가는 문이 나온다.

도라는 이름이 있음과 도라는 이름이 없음은 이분법으로 보면 분명히 구분된다. 그렇지만 현동론으로 보면 이들은 같다. 이름이 있음은, 실재가 우리의 감각이나 사고에 드러난 현상이다. 이에 비해 이름이 없음은, 그러한 현상을 불러일으킬 수 있는 실재이다. 즉 실재가 없으면 현상이 일어날 수 없고, 현상이 일어났다는 것은 이미 실재가 있다는 것이다. 그래서 이 둘은 드러났고 드러나지 않았다는 차이뿐으로 사실은 같은 것이다.

이렇게 만물을 차이 방향으로 보지 않고 같음 방향으로 보아가는 현동론의 관점에 서면, 만물을 불러일으킨 궁극적 실재의 세계로 들어갈 수 있다. 반대로 차이 방향인 이분법이라는 관점에 서면 궁극적 실재인 도와 멀어진다. 그래서 노자는 도덕경 1장에서 이 방향(Orientation)을 제시했다. 1장에서 제시한 오리엔테이션이 제대로 되면 도덕경 읽기가 쉬워진다.

이번에는 현동론을 상이이론으로 나타낸 2장을 살펴보자.

세상 사람들은 자신들이 좋아하는 인위적인 아름다움을 아름다움으로 알고 있다. 그러나 그 아름다움은 이미 자신들이 싫어하는 추함이 전제(前提)되어 있다. 세상 사람들은 자신들에게 좋은 행위인 인위적인 선함을 선함으로 알고 있다. 그러나 그 선함은 이미 자신들에게 좋지 못한 행위인 악함이 전제되어 있다. 그렇게 서로 전제가 되어 있으므로 있음과 없음은 서로 낳고, 어려움과 쉬움은 서로 이루며, 길고 짧음은 서로 비교되고, 높고 낮음은 서로 기울며, 음표와 소리는 서로 화합하고, 앞과 뒤는 서로 따른다.

이 때문에 성인은 억지가 없음에 머물면서 인위적인 일을 하지 않는다. 그 예로 말 없는 가르침을 행하고, 만물을 작동시키지만 그 일을 자신이 했다고 말하지 않으며, 만물을 생성시켜 놓고 소유하지 않고, 어떤 일을 할 때 그 일이 자신의 공이 되리라 믿지 않고, 공을 이루더라도 그곳에 머물지 않으며, 무릇 오직 머물지 않는다. 이로써 오히려 공이 사라지지 않는다.

아름다움과 추함, 선함과 악함을 구분하는 것은 이분법적 사고 때문이다. 무엇을 아름답다거나 선하다고 정하게 되면, 그렇지 않은 것은 추하거나 악하다는 것이 전제된다. 이때 전제된다는 것은 손등과 손바닥처럼 함께 있다는 것이다. 함께 있다는 것을 나타내기 위해서 "있음과 없음은 서로 낳고, 어려움과 쉬움은 서로 이루며, 길고 짧음은 서로 비교되고, 높고 낮음은 서로 기울며, 음표와 소리는 서로 화합하고, 앞과 뒤는 서로 따른다."는 문장이 제시된다.

물론 손등과 손바닥은 다르다. 손등을 손바닥이라고 하거나 손바닥을 손등이라고 하면 잘못이다. 그런데 노자는 그 둘을 왜 굳이 구분하느냐고 우리에게 묻는다. 같은 방향으로 보아가면, 둘 다 손이지 않느냐고 말한다. 그러면 둘 다 손인 것을 알지만 구분할 때는 구분해야 하지 않느냐고 우리가 말한다. 노자도 우리의 말에 동의한다. 즉 구분할 필요가 있을 때는 구분해야 한다고 말한다. 문제는 구분할 필요가 없거나 구분하지 않아야 될 상황인데도 구분하는 것이다.

'눈이 큰 것을 아름답다'고 하면, 반대로 '눈이 작은 것을 추하다'고 하게 된다. 눈이 큰 것과 작은 것은 분명히 다르다. 그런데 정말로 눈이 크면 아름답고 작으면 추한가? 키가 크면 아름답고 작으면 추한가? 쌍꺼풀이 있으면 아름답고 없으면 추한가? 눈이나 키의 크고 작음과 쌍커풀의 있고 없음은 아름다움이나 추함으로 구분할 필요가 없는 일이 아닌가. 손등과 손바닥처럼 양쪽 다 있는 일이다. "길고 짧음은 서로 비교되는 일"이다. 비교해서 길 수도 있고 짧을 수도 있다.

이것을 비교해서 구분하면 짧은 쪽은 추하다고 열등감을 가질 수 있고, 긴 쪽은 아름답다고 우월감을 가질 수 있게 된다. 그래서 이런 것은 날카롭게 구분하지 말고 '같은 키와 눈'으로 보라고 말한다. 노자가 보기에 우리들은 구분할 필요가 없는 것을 이분법으로 너무 많이 구분하고 있다. 젊음을 아름답다고 하면 늙음은 추함이 된다. 젊음이 손바닥이라면 늙음은 손등 정도로 보면 안 될까. 손바닥은 아름답고 손등은 추하다고 하면 손등은 억울하지 않는가. 손바닥과 손등이 함께 손이듯이, 젊음과 늙음이 함께 우리의 삶 아닌가.

이렇게 현묘한 같음 쪽으로 계속 나아가면, 삶과 죽음조차도 손바닥과 손등처럼 같은 손의 양면에 지나지 않음을 보게 된다. 그래서 삶은 아름답고 죽음은 추하다고 할 수 없는 경지에 이르게 된다. 삶과 죽음이 같다는 경지에 이르게 되는데, 하물며 권력·지위·명예·재산 등의 있음과 없음을 어찌 같은 것으로 보지 않겠는가. 그래서 노자는 "공을 이루더라도 그곳에 머물지 않으며, 무릇 오직 머물지 않는다."

공을 이루고 그곳에 머문다는 것은 권력·지위·명예·재산 등을 자신이 지닌다는 것이다. 이런 것들의 있음과 없음을 같은 것으로 보면 굳이 그것들을 자신이 지닐 필요가 없다. 그런데 노자는 이렇게 권력·지위·명예·재산 등을 지닐 필요가 없다고 생각하기 때문에, "이로써 오히려 공이 사라지지 않는다."고 말한다. 공을 이루고자 한 이유가 그 결과물을 차지하고자 한 것이 아니기 때문에 공이 사라지지 않는 것은 당연하다. 이것이 노자의 현동론을 응용한 성공학이며 생활철학이다.

지금까지 현동론을 적용해서 1장과 2장을 살펴보았다. 특히 1장은 '현묘한 같음'의 현동론적 관점으로 보아야 도덕경을 제대로 볼 수 있다는 관문으로서의 장이다. 그리고 2장은 현동론의 관점으로 보아야 하는 이유와 그 결과를 제시한 장이다. 이 두 개의 장을 살펴보았으니 나머지 장도 이런 방식으로 살펴보면 도덕경 전반을 이해하는 데 도움이 될 것이다.

V. 맺는 말

우리는 선함 자체나 아름다움 자체가 있으며, 그것을 우리가 알 수 있는 것으로 자꾸 착각을 한다. 노자는 그것들은 인간이 인위적으로 정한 것에 불과하다고 말한다. 인위적으로 정한 것은 사고의 변화에 따라 달라져서 항상 아름답거나(常美) 항상 선한 것(常善)이 아니다. 그리고 무엇을 아름다움과 선함으로 정하면 이분법에 의하여 그것에 해당하지 않는 것은 아름다움과 선함이 아닌 추함과 악함으로 된다.

진정한 실재는 이분법으로 구분되지 않는 상태로 있는데도 인위적으로 구분한 아름다움과 선함을 좋게 여겨 수용하며, 그렇지 않는 추함과 악함을 좋지 않게 여겨 배격하려고 한다. 이러한 수용과 배격은 편가름이 되어 다툼의 씨앗이 된다. 성인은 이분법으로 정한 것의 한계를 알고 다툴 일을 처음부터 만들지 않는다. 그래서 억지가 없는 일을 하며, 말 없는 가르침을 행한다. 그리고 그 한 일에 대해 가타부타[19] 언급하지 않는다.

지금까지 살펴보았듯이 이분법은 우리가 대상들을 구분하기 위해서는 필요하다. 그렇지만 실재를 인식하는 데에 있어서는 오히려 방해가 된다. 그 방해로 인해 우리들은 잘못된 사고의 틀을 갖게 된다. 이분법을 극복한 현동론의 관점으로 도덕경을 읽으면서, 우리들의 잘못된 사고의 틀을 바루어 편안하고 즐거움 삶이 되기를 바란다.

19) 가타부타는 '옳다느니 그르다느니'라는 말이다. 이렇게 언급하는 것은 다시 이분법적 사고로 돌아가는 것이 된다.

찾아보기

(ㄱ)

(ㄴ)

(ㄷ)

(ㄹ)

(ㅁ)

(ㅂ)

(ㅅ)

(ㅇ)

(ㅈ)

(ㅊ)

(ㅋ)

(ㅌ)

(ㅍ)

(ㅎ)

인물찾기

해설자 이태호(李太浩)

철학박사
화이트헤드철학 전공자 / 도덕경 해설자

전 한국화이트헤드학회 회장
전 대구철학회 회장
전 토마스학회 회장

현 인문학 통청아카데미 원장
현 한국과정사상연구소 수석연구원
현 인문학 강사

저서 : 『나무논술』, 『사고 디자인과 논리』
역서 : 『화이트헤드의 형이상학』, 『종교철학입문』, 『자연의 개념』
논문 : 「화이트헤드의 한정형식이론에 의한 노자의 존재론적 구조분석」, 「화이트헤드의 과정철학적 관점에서 노자 도덕경 1장 해석」, 「노자의 존재론적 관점에서 도덕경 10장, 11장 번역과 해설」 「노자의 '무거움과 가벼움'에 대한 상대론적 관점」, 「노자 도덕경 이해를 위한 이분법적 사고의 극복」, 「노자의 명(名)개념에 대한 화이트헤드적 시각」, 「노자와 화이트헤드는 상대론자인가」, 「불교와 화이트헤드 철학의 존재론」, 화이트헤드의 상대성 원리와 불교의 불이(不二)사상 비교」, 「화이트헤드와 노자의 환경관 비교」, 「화이트헤드의 상대성 원리와 범주도식」, 「화이트헤드의 환경철학 소고」 Ⅰ,Ⅱ,Ⅲ, Ⅳ 등.

노자가 묻는다 자연의 IQ는?

펴낸곳／이문출판사 (변경등록: 2012. 6. 22. 제2012-9호)
발행인／지경원
지은이／이태호
초판 발행／2020년 9월 25일

주소／42425 대구시 남구 중앙대로40길 11-14 101호
／03728 서울시 서대문구 모래내로24다길 15-5
전화／02) 359-8250, 053) 624-3113　팩스／02) 359-8251

책값은 뒷표지에 있습니다.

ISBN 978-89-7334-247-1 03150